中华现代学术名著丛书

科学方法论 科学概论

王星拱 著

2020年·北京

图书在版编目(CIP)数据

科学方法论　科学概论／王星拱著.—北京：商务印书馆，2011(2020.7 重印)
(中华现代学术名著丛书)
ISBN 978-7-100-08480-2

Ⅰ.①科…　Ⅱ.①王…　Ⅲ.①科学方法论②科学哲学　Ⅳ.①G304②N0

中国版本图书馆 CIP 数据核字(2011)第 139922 号

权利保留，侵权必究。

《科学方法论》据北京大学出版部 1920 年版排印
《科学概论》据商务印书馆 1930 年版排印

中华现代学术名著丛书
科学方法论
科学概论
王星拱　著

商 务 印 书 馆 出 版
(北京王府井大街 36 号　邮政编码 100710)
商 务 印 书 馆 发 行
北京通州皇家印刷厂印刷
ISBN 978-7-100-08480-2

2011 年 10 月第 1 版　　开本 880×1240　1/32
2020 年 7 月北京第 2 次印刷　印张 13¼　插页 1
定价：45.00 元

王星拱

(1887—1949)

創進物質
奮發精神

王莹揮

作者手迹

出版说明

百年前,张之洞尝劝学曰:"世运之明晦,人才之盛衰,其表在政,其里在学。"是时,国势颓危,列强环伺,传统频遭质疑,西学新知亟亟而入。一时间,中西学并立,文史哲分家,经济、政治、社会等新学科勃兴,令国人乱花迷眼。然而,淆乱之中,自有元气淋漓之象。中华现代学术之转型正是完成于这一混沌时期,于切磋琢磨、交锋碰撞中不断前行,涌现了一大批学术名家与经典之作。而学术与思想之新变,亦带动了社会各领域的全面转型,为中华复兴奠定了坚实基础。

时至今日,中华现代学术已走过百余年,其间百家林立、论辩蜂起,沉浮消长瞬息万变,情势之复杂自不待言。温故而知新,述往事而思来者。"中华现代学术名著丛书"之编纂,其意正在于此,冀辨章学术,考镜源流,收纳各学科学派名家名作,以展现中华传统文化之新变,探求中华现代学术之根基。

"中华现代学术名著丛书"收录上自晚清下至20世纪80年代末中国大陆及港澳台地区、海外华人学者的原创学术名著(包括外文著作),以人文社会科学为主体兼及其他,涵盖文学、历史、哲学、政治、经济、法律和社会学等众多学科。

出版说明

出版"中华现代学术名著丛书",为本馆一大夙愿。自1897年始创起,本馆以"昌明教育,开启民智"为己任,有幸首刊了中华现代学术史上诸多开山之著、扛鼎之作;于中华现代学术之建立与变迁而言,既为参与者,也是见证者。作为对前人出版成绩与文化理念的承续,本馆倾力谋划,经学界通人擘画,并得国家出版基金支持,终以此丛书呈现于读者面前。唯望无论多少年,皆能傲立于书架,并希冀其能与"汉译世界学术名著丛书"共相辉映。如此宏愿,难免汲深绠短之忧,诚盼专家学者和广大读者共襄助之。

商务印书馆编辑部
2010年12月

凡 例

一、"中华现代学术名著丛书"收录晚清以迄20世纪80年代末,为中华学人所著,成就斐然、泽被学林之学术著作。入选著作以名著为主,酌量选录名篇合集。

二、入选著作内容、编次一仍其旧,唯各书卷首冠以作者照片、手迹等。卷末附作者学术年表和题解文章,诚邀专家学者撰写而成,意在介绍作者学术成就、著作成书背景、学术价值及版本流变等情况。

三、入选著作率以原刊或作者修订、校阅本为底本,参校他本,正其讹误。前人引书,时有省略更改,倘不失原意,则不以原书文字改动引文;如确需校改,则出脚注说明版本依据,以"编者注"或"校者注"形式说明。

四、作者自有其文字风格,各时代均有其语言习惯,故不按现行用法、写法及表现手法改动原文;原书专名(人名、地名、术语)及译名与今不统一者,亦不作改动。如确系作者笔误、排印舛误、数据计算与外文拼写错误等,则予径改。

五、原书为直(横)排繁体者,除个别特殊情况,均改作横排简体。其中原书无标点或仅有简单断句者,一律改为新式标点,专名号从略。

六、除特殊情况外,原书篇后注移作脚注,双行夹注改为单行夹注。文献著录则从其原貌,稍加统一。

七、原书因年代久远而字迹模糊或纸页残缺者,据所缺字数用"□"表示;字数难以确定者,则用"(下缺)"表示。

目　　录

科学方法论

序言 …………………………………………………………… 3
引说 …………………………………………………………… 7
第一章　现象界之繁复 ……………………………………… 15
　　　联合和换合
第二章　或然之理论和他的测算 …………………………… 19
　　　或然之测算
第三章　归纳的论理 ………………………………………… 30
　　　因果律　密耳(Mill)的五律令　历史的方法和物理的方法
第四章　现象的权量 ………………………………………… 50
　　　确切的权量之需境　权量之仪器　单位之选订　常数之规定
第五章　错误之免除和减少 ………………………………… 67
　　　免除之方法　常定　更正　赔偿　反覆　平均
第六章　观察和试验 ………………………………………… 83
　　　观察　观察之错误　负号的辩论　试验　无关的情境之移除
　　　特别情境之创造　外拶的情境之访求　负号的结果
第七章　逼近之理论 ………………………………………… 106
　　　逼近之算学的原理　微果之独立之逼近
第八章　假定之用法 ………………………………………… 116

假定之条件　判决的试验　不完全的假定之容纳　假定之节用
第九章　知识之类别 …………………………………………… 129
　　经验的知识　理解的知识　证实的知识　引伸的知识　分量的研究所得的知识　分量的研究中理论试验之不符
第十章　综合和推较 …………………………………………… 141
　　综合　综合之价值　推较　总言
第十一章　分类 ………………………………………………… 152
　　分类之分类　演绎的分类　归纳的分类　总言
第十二章　例外之应付 ………………………………………… 168
　　虚伪的例外　貌似的例外　独殊的例外　极端的例外　外搀的例外　未解的例外　限制的例外　冲突的例外　总言
第十三章　概括的结论 ………………………………………… 178

科学概论

序 ……………………………………………………… 丁文江 185
第一章　联续和无限 …………………………………………… 186
第二章　附时间与空间之相对观 ……………………………… 203
第三章　物质 …………………………………………………… 225
第四章　能力 …………………………………………………… 254
第五章　生物进化与球面沿革 ………………………………… 281
第六章　科学与哲学 …………………………………………… 321
第七章　科学与美术 …………………………………………… 337
第八章　科学与伦理 …………………………………………… 353

王星拱先生学术年表 …………………………………… 李维武 374
王星拱的人生、著述与科学主义哲学思想 …………… 李维武 382

科学方法论

序　言

　　这一部书,是我从北京大学讲义稿子编辑起来的。自从蔡孑民先生到北京大学之后,大学里的各部分,都极力的要革除"文理分驰"的弊病;因为"文""理"不能沟通,那文学哲学方面的学生,流于空谈玄想,没有实验的精神,就成些变形的举子了。那科学工程方面的学生,只知道片段的事实没有综合的权能,就成些被动的机械了。这两种人材,都不能适应将来世界之环境。试问我国教育之目的,能说不是要造就适应将来世界环境的人材吗?如何能够达到这个目的,自然要从各科的教学同时下手;但是我希望这一部小书,在这个大功业之中,也能尽他分内的力量。

　　这部书分为上下两卷:卷上是科学方法论,卷下是科学发达史和科学中之综合的理论*。九年一月编者志。

---

*　卷下(第二卷)未能成书出版。——编者注

卷上　科学方法论

引　说

自华太(Watt)发明蒸汽机以来,各种应用的科学,兼程前进,一日千里,生出许多奇异的事业,为前古所未闻;人类战胜天然界之权力,一天一天的增长,而且人类生活的状况,也一天一天的改变了。于是有人以为科学之价值,不过是浅近的功利,至于搜探宇宙之奥奥,维持社会之道德,自然有那"玄之又玄"和那"天经地义"的学术,去担负这个责任,不是科学所敢与闻的。此种谬误的见解,也不是自现在起的。即十六七世纪中著名哲学家培根(Bacon),对于科学,也曾有偏而不全的评判;他说:"科学和人类的权力,互相依附,并且趋向同一的目的。"若把培根的意思,简约成一个公式,就是"知识即权力。"笛卡儿(Descartes)对于科学的评判,比较的宽阔些;他以为:从科学之中,我们可以取得最有益于人生的知识。至于近代的普通观察家,看见飞机可以升入天空一万多英尺,电极炉可以热到三千六百度,等等事业,都伸着舌头奔走相告,说道:"奇异哉科学";他们以为这些事业,是科学之唯一的出产品。若说及我国之持"东方尚道西方尚艺"之论调的老先生,他们必定以为科学是区区微艺,和个人方面之"正心诚意",社会方面之"体国经野"无关,那更是不待言了。

从历史上看来,科学之进步,不是单在应用一方面进行,也不单是理论一方面进行。若是单在一方面进行,则科学不能发达到现在的地步了。埃及的古科学所以中绝的缘故,是因为他们单在量地,数星上做工夫,没有理论上的综合。希腊的古科学所以中绝的缘故,是因为他们单在他们所叫做理性的(Rational)、非功利的(Disinterested)学术上做工夫,于人类生活太不相关。至于现在我们所享受的所研究的科学,是在文艺复兴时代重行出世的。科学何以在那个时代重行出世呢?是因为那个时代宗教势力太大,大家都想解脱思想,从不可知的神道上,迁移到可知的人道上来,所以那个时代的科学,完全以求正确的知识为目的。自文艺复兴算起,一直过了好几百年,科学在应用的方面,都没有若何的关系。所以有人说,科学之发生原于求知而不原于应用。当牛敦(Newton)著《天然哲学之算学原理》的时候,决没有料及后世航海家,须用他的吸力定律以资测算。当安柏耳(Ampère)、法来德(Faraday)研究电磁感应之现象的时候,决没有料及现在的工业状况,为电机所摇动的,有如此之大。然而应用的科学之发达,又可以供给理论之材料。加耳脑(Carnot)之《火之动力论》,原来是用以解释机器为火所鼓动之原理,他当初并没有料到热动学就由此而产出,而近代之能力论,又从热动学而产出。德斐尔(Deville)研究白金之接触的作用,本是为实业而进行,那个时候,他也未曾料到析解之理论,就由此而发明,而化学的力学之发达,又即以此为发轫之始。故应用理论两方面须得同时并进。若没有应用方面的利用厚生,则理论家不能有药品仪器等试验室的材料,和工厂商场等社会的材料以供研究,而且决不能永远受社会上的欢迎和辅助,于是本身不能自立。若没有理论方面的搜求新理,则应用的知识每天照旧演习,其来源之涸竭,是可立而待的;而且人民之思想,永不能逃出于原有的范围之外,而社会上之罪恶,也永远不能洗除,则轮船,火车,大炮,飞机,都变成制造奴隶的东西了。

科学初发生的时候,_{指文艺复兴时代}所谓科学,不过指算学,天文学,力学,数种而言。以后科学的意义,渐渐的增长,所以科学的范围,也渐渐的推广。到了现在,我们以为:凡是确切的明晰的有系统的学术,都可以叫做科学。伍耳夫(Wolff)说:"凡有系统而探其真实的教训,我皆谓为科学的。"换一句话说,凡是经科学方法研究出来的,都可以叫做科学;因为科学之所以为科学,非以其资料之不同,正以其方法之特异。宇宙间之资料,总不外乎天地日月,草木鸟兽,政教风俗,爱憎苦乐,等等。便是在非科学的学术_{如文学宗教之类}之中,所用的也是这些资料。从这些资料之中,若是探求真实出来,那就成为科学了。科学方法,就是探求真实之工具啊。

自孔德(Comte)提倡实证主义,穆勒(Mill)实行逻辑革命以来,科学方法之重要,渐渐的为公众所承认。因为中古经院派(Scholasticians)遗留下来的逻辑,陷于形式的窠臼,于实事的研究,竟直漠不相关;所以有科学方法出来取而代之。科学方法是什么呢?换一个名子,就可以叫做实质的逻辑(Material logic)。形式的逻辑重推论,实质的逻辑重试验;形式的逻辑重定律,实质的逻辑重事实;形式的逻辑重理性,实质的逻辑重直觉;形式的逻辑重传衍,实质的逻辑重创造;形式的逻辑重证明,实质的逻辑重发明;形式的逻辑是静的,实质的逻辑是动的;形式的逻辑把未知包在已知之中,像一个小圈包在一个大圈里边一样,实质的逻辑把未知伸在已知之外，像从一条直线向前另外伸长一条直线出来一样。科学之所以能有进步，因为他无处不用这个方法，无处不有这个精神。这个方法精神之影响，在人类思想上，非常的大，不可遏抑，所以科学不但是改变人类之物质的生活啊。

哲学界有人曾分学术为行、知、觉、三科；属于行的，是道德的 Moral，以善为归属于知的，为智慧的(Intellectual)，以真实为归；属于觉的，为情感的(Sentimental)，以美为归。科学乃是属于知的。有把这个界限看得过于板滞的人，竟直以为科学的知识，是完全客观的，若是把科学的力量增高，人类将要为客观所驱遣，甚至于堕落灭亡。其实用我们自己的器官脑髓去研究科学，决不至陷于客观之桎梏。我们姑且不论科学的起源，是否有求善和求美的心理，夹在求真实的心理里边，然而科学所得的效果，于行和觉的方面，却是大有裨益，已经是大家所公认的。

科学之于人类，不但是在物理的方面（物质的方面），有利用厚生之利益，他在道德的方面，使人能深辨是非，而改变物我之观念。因为科学所贡献于道德界的，有二种礼物：（一）真实之意义；科学不以从前遗留下来的真实算作真实，是要从自己的鉴别得来。换一句话说，科学中之真实，是要随时进步的。（二）因果的秩序；科学以为：我是物的分子，物是我的环境，若是要有好果，须得我去造个好因。这不是科学对于道德的方面的利益吗！而且科学之中，具有秩序与谐和(Order and harmony)二个原素。这两个原素，就是美中之不可缺乏的。秩序之反对为紊乱，谐和之反对为冲突，科学之中，若是有紊乱和冲突的地方，那就不成其为科学了。所以科学对于美的方面，也是大有利益的。

依以上所说的结论下来,科学是求真实的。真实和善,和美,是分不开的。然而科学的真实,果能算得真实吗?这倒是个很有研究的价值之问题。现在讨论这个问题,先要在"知识缘何而来"着手。

科学是什么呢?乃是人类智慧之出产品;在心的方面,和思想律相符,在物的方面,又适宜于外界的。心的方面的动作,有思想律去管理他,物的方面的动作,有天然定律去管理他。这两方面都是有定的,然后科学才能构成。

思想律是普遍的,凡人之思想之动作,都经历这个途径;所以人类之审度,在同一的情境之中,必定得同一的结论。然而我们寻常辨论,每有意见不同,又是什么道理呢?难道各人的思想之进行,不经历同一的途径吗?这是因为事实繁复,或张本不同的缘故。当我们心中对于一桩事实构造一个意见的时候,若是事实之原因过于复杂,而各人所认定的原因不同,或者各人之习惯,遗传,气质(Temperament)不同,都可以生出不同的意见。持个性主义的人,并且重视这些主观的因子^{指习惯遗传气质}。希腊人对于知识和意见,曾划有鸿沟的界限:他们以为无可辨驳的,是知识,可以辨驳的,是意见。其实这个区别,也不过是等级的问题罢了。

我们生活于宇宙之间,必定和外界的环境相适应,不独支体的生活,是这样的,即精神的^{智慧的}生活,也是这样的。我们的手足耳目,若不能和环境相适应,必不能发达到现在的地步。即我们审度之权能,若不能和"用我们的审度以应付的"外界之物相符合,那就也无从发达了。如果我们根据于观察的事实以预测将来，而屡次受了欺骗_{如根据每日太阳皆出之经验、预测明日太阳将出、若明日太阳不出、那就是天然界欺骗我们了}，则审度之权能，无从发达。但是天然界是不欺骗我们的。赫胥黎（Huxley）说，天然界向来不置我们于紊乱之乡。朋加烈（Boincare）说："天然界是和一（Unity），若不是和一，则其各部决不互相关系。"_{这是说无因果之可言。}从经验的方面看来，足见外界的物，是有一定的秩序，经由定律而进行的；而我们的智慧，若是经由思想律而审度，可以逐渐的寻出这些秩序，用定律去管理他。科学的真实，是把智慧的我，和天然的物，同装在一个不可分离的圈子里，何曾是完全客观的呢！

我们为何要发达审度之权能呢？同肢体之发达，是一样的原因，是因为我们有生存之欲望。若要生存，不能不有这个权能。我们遇着一个困难，就要思想一番；思想所得的结果，若是和事实相符，就是适用的——真实的知识了，那审度的权能，就增加一层了。纵然偶有不符也是增加我们的新教训，于我们也是有益的。人类以下的动物，也是如此；达尔文（Darwin），垩文（Owen）做过许多试验，证明高等动物的智慧，是由低等动物的本能进化而来的。波格生（Bergson）也以为智慧是从本能中晶结出来的。本能是因为生存而有的，智慧也是因为生存而有的。这样看来，惟其因为人类要满足生存之欲望，才发达智慧，才发达科学，何至于随着客观而堕落灭亡呢！

宇宙各部之各方面，和我们的器官，有联续不同的接触，输入于意识范围之中。由我们的直觉，从这些多而异的中间，选择出简而同的出来，用以构造知识，如定律理论假定等等。故我之自己，乃是外物变迁之认识所靠作定准的，换一句话说，我就是参考之中心点。

再就概念一方面而言：当我们和外物接触的时候，我们察见这些外物有两种原素：一是客观的原素，如密度坚度等等，是外物所自有的；二为主观的原素，如物与我之距离，和我所用以窥此物之角度，等等，是由我所定的。这些原素，是无限的。我们只能选择这两种原素之若干保存起来，叫做概念。故概念之成立，有强订（Arbitrary）的性质。换一句话说，乃是由我的选择而定的。一物之概念之成立，既是强订的，则将来此物之概念，或因新原素之发生，或因主观的原素，和客观的原素之关系，加进分明，都有修正之余地。概念既可修正，则凡以概念为基础所构造起来的知识，都可以修正了。所以科学的真实，仅有逼近的（Approximate）性质。既是逼近的，就可以进步而无穷了。

再就思想的方面而言：当我们解决一个问题，或构造一个理论的时候，应如何着手呢？若将所有的知识之分子合拢在一处，依联合换合^{见第二章}支配起来，可以得无限的结合式。惟其因为我们有解决构造之志愿，我们可以在这些知识之分子之中，直觉的选择若干适宜的分子出来，再驱策这些分子，四方驰骤，就同化学中之气体分子一般，一直到了这些分子中之有效的分子^{Successful Molecules 这原是化学中的语词}彼此联合，成了一个言之成理的理论，才算得圆满；然后再拿试验去证明他。总而言之，无论是什么理论假定之构造，都有我们的志愿，在那边做驱策的主人，不是纯粹的理性所能奏效的^{详见Boincare's《科学和方法》。}

总括一句话说，科学的真实，是用简约之方法求出来的。什么是简约之方法呢？就是抛除无关紧要的情境，在异之间求出同来。惟其如此,所以我们能用过去预测将来,因为过去的现象,和将来的现象,只要有重要的同点,我们就可以预测,至于无关紧要的情境,只好不计算他。然而我们何以知道这些情境是无关紧要的呢?这也有强订:假定的色彩,因为我们有这强订假定之必要。请看外界如此的繁复,若是我们想用智慧把他表托(Represent)出来,非简约不能动手。我们明明的知道:简约不能免有牺牲之连带,然而必得如此,我们才能走到较紧而较有定的界线之中,使我们所研究的,较为确定,而在较稳固的基地上旅行,于是我们才能和真实相逼近。科学家用这个方法,在永增不已的繁复之中,按步进行,且相信科学之各部,都有同一的趋向,而希望在永不停歇的劳动之终局,可以寻得一个和一。这个和一,就是意昂尼(Jonia,Greece)的哲子所已经梦想到的,让我们都向着这个目的而前进。但是我们用简约的方法,层层前进,只能说,方法愈好,失望（就是错误所生的）愈少。然而无论什么方法,决不能保证我们一路平安的进步,西揭威克(Sidgewick)说:"错误之危险,乃是我们前进的动作之代价。"我们切莫要因失望而气馁,这才是科学的精神!

第一章　现象界之繁复

现象界是什么呢？就是物质改换能力表现所生出的。物质能力两样东西，是不能分开的。物质借能力而改换，能力依物质而表现。改换前的物质就是因，改换后的物质就是果；表现前的能力就是因，表现后的能力就是果。因为物质能力，两样东西，都是不灭的，所以因果必定相等。_{物质能力究竟是一元二元,两样东西究竟可真是不灭的,详见第二卷中。}物质不同，为水，为石，为木，为空气，为肌肉，为神经。能力不同，为热，为光，为声，为电，为动，为思想。这些不同的物质，改换不息，这些不同的能力，表现不息。所以在这个无限的时间空间之中，生出各种不同的现象。有许多现象，同时间不同空间而发生的，例如我现在正在写这本书，外边树上有只鸟叫，天上有一片云飞过，这样的符合，不必有关系的。有许多现象，同空间不同时间而发生的，例如门外这条路上，今朝有两只狗打架，明朝有一辆摩托车撞死一个人，这样的接续，也不必有关系的。科学的责任，就是要找出这些现象的确切的关系——因果的关系。在这个无限的时间空间之中，无时无处没有现象，因为无时无处没有物质改换，没有能力表现：换个名词来说，就是无时无处没有变迁。

现象就是变迁。无变迁就不能有现象。现象就是异。无异就不能使我们觉得有现象。天然界中的异,异到什么地步呢?我们推求宇宙的原始,有人以为万众之多,是由少生来的,少是由一生出来的,一是由无生出来的;有人以为宇宙中的原素,总只有这么多,前而复前,一直到了无限,永远是这么多。我们在这角两难(Dilemma)的两只角上,我们都不能得结论的,姑且把他放在一边。但是少(原素)能生多,(合物)是大家公认的,并且可以拿算学的原理来表明他;只要有少数的原素,经过联合(Combination)和换合(Par mutation)的支配,可以生出亿万京垓不同的合物。试看英文二十六个字母,可以造成千万无数的字,常见的二十几种原质,可以化成千万无数的化合物,就可以知道天然界中异的可能了。

联合和换合

设有 ABC 三个字母,现在我们要从其中迭取二个字母联合起来,(每次字母不能全同,但是次序无关紧要。)我们可以造成三个不同的字。这个三,就是联合数。若是用公式来表明他,拿 x 代分个的总数,拿 y 代每次取出的字母的数,他的联合的公式,就是

一	二	三
AB	AC	BC
(AB=BA)		
(AC=CA)		
(BC=CB)		

$$\frac{x(x-1)(x-2)\cdots[x-(y-1)]}{1\times 2 \cdots \times y}$$

$$=\frac{3(3-1)}{1\times 2}=3。$$

第一章　现象界之繁复

设有 ABC 三个字母,现在我们要从其中选取二个字母换合起来(每次字母无妨全同,但是次序须得不同。)我们可以造成六个不同的字。这个六,就是换合数。若是用公式来表明他,拿 x 代分个的总数,拿 y 代每次取出的字母的数,他的换合的公式,就是

一	二	三	四	五	六
AB	AC	BC	BA	CA	CB

$x(x-1)(x-2)\cdots[x-(y-1)]$
$=3(3-1)=6$。

据以上榜样看来,可见得换合数比联合数更大。然而这不过是三个分个在那里支配。若是分个的总数增加,则联合数和换合数又增加得非常的快。试看以下所引的例,就知道了。

设有一个会,会中有二十六个会员,现在我们要选三个干事,每次选出的人(分个),不能全同,则我们可以选出不同的干事团,有 $\dfrac{26\times25\times24}{1\times2\times3}=3600$ 三千六百之多,这个三千六百,就是他的联合数。若是每次选出的人(分个),无妨全同,但是职务之分配(就是上节的次序),须得不同,譬如此次甲为主席、乙为书记、丙为会计,下次甲为书记、乙为主席、丙为会计,选出的人虽同,但是职务的分配不同,都算作不同的干事团。则我们可以选出不同的干事团,有 $26\times25\times24=15600$ 一万五千六百之多。这个一万五千六百,就是他的换合数。

然而这还是就每次取出三个而言,若是取出的数,每次变换,则联合数和换合数又增加得非常的快。有人曾经测算,二十四个字母的不同的支配,有 620,000,000,000,000,000,000,000 之多,这个多而加多的权势还了得么!

天然界中的现象有含具联合的原理的;例如造土火药,先放

炭,再加硝,再加硫黄,或是先放硝,再加硫黄,再加炭;又如造人为石,先放西门丁,再加卵石,再加沙,或是先放沙,再加卵石,再加西门丁,只要各部的股分不差,无论次序如何,结果的现象是同的。天然界中的现象,又有含具换合的原理的,例如生电机(Dynamo)用动力变成电,电动机(Motor)用电变成动力,生电机和电动机的现象,是不同的,这是原于时间的缘故。又如地,在日月之间,就有月食,月在地日之间,就有日食,日食和月食的现象是不同的,这是原于空间的缘故。我们研究外界的实在(External reality),思想于时间之中,动作于空间之中,同换合原理相遇的时候,比联合的原理更多,可见得天然界中的异简直是无穷的。在这个无穷的异之中,我们要找出各现象的彼此一定的关系。然后制出定律来管理他。再进一层说,我们遵守天然界的定律来统辖天然界(We command nature by obeying her laws),这就是科学家庄严尊贵的劳动。若要问这些关系如何寻法,我们先从或然之理论入手。

第二章　或然之理论和他的测算

或然是怎么讲呢？就是我们对于外界现象的关系，不敢决定的意思，拿算学来说，必然是一，不能是〇，凡是小于一大于〇的数，都是或然数。譬如我们把一个钱抛掷在空中，若要预测这一个钱落地的时候，还是头朝上，还是尾朝上，我们只能用或然来判断他。又如我们在碗里掷一粒骰子，若要预测他或成幺或成二……或成六，我们也只能用或然来判断他。据这种代表的榜样而言，还是外界现象的关系，都是这样的无定呢？还是我们对于外界的知识不完全，所以不能判断这些关系的必然呢？我们要知道：或然的理论是主观的，不是客观的。是缘于心的，不是缘于物的。外界现象的关系是有定的，是必然的。就是拿以上两个榜样而言，也是如此。抛钱于空中，钱落地时，或为头，或为尾，是因钱的腹背偶有不匀，手抛的力量偶有轻重，空气的抵抗偶有偏向，种种原故而定。掷骰于碗里，或成幺，或成六，是因骰之各方面的形势偶有不同，手掷之力量偶有轻重，碗底对于各面的摩擦，偶有偏向而定的。不过我们不能完完全全知道这些情形，只好下一个或然的判断罢了。这样看来，我们若有完全的知识，就可以判断必然。但是我们对于天然界，若要有完全的知识，除非是能知道无限。试问我们能到知道无限的地位吗？既然不能，那么，我们所用的假定理论定律种种去解释天然界现象的关系,都不过是或然的罢了。

但是或然的数,自〇至一,等级不同,或为0.00……01,或为0.99……。在功用的方面说起来,只要用这个理论的时间很长（时间愈长或然的判断愈准）,等级最低之或然数,等于不能,等级最高的或然数,等于必然。或然数等级的高低,又以我们知识之完缺为准。我们知识之完缺,又以我们经验之多寡和确妄为准。所以科学家的意见,都以为知识从经验而来。科学注重经验,也就是这个道理。现在我们再拿几个具体的事例来说明他。

现在有个某甲,我们要推测他将来如何而死:(一)为鬼打死,(二)为狐蛊死,(三)为刀兵杀死,(四)为轮船火车碰撞而死,(五)由病而"寿终正寝"。我们只须稍有知识,一定撇开(一)(二)两层不算。若再能查考外交内政各节,就能推测某甲生时,应有战争或抢劫与否,那就能定(三)之或然数。若再能知道交通机关管理火车轮船的章程完备与否,那就能定(四)之或然数。若再能得历年人民生死统计表以供参考,再将某甲之体质,习惯,行为,详细考察,就能定(五)之或然数。又如报纸上登载一段新闻,说:某月某日,有一只船在大洋中沉没了,我们要推测这只船究竟因为何故而沉没:(一)为鲸鱼所吞,(二)为海龙王所收没,(三)为飓风所翻,(四)为礁石所碰,(五)因船朽而破败。我们只须稍有知识,也必定撇开(一)(二)两层不算。若再能知道海洋的气候,就能推测该时该处应否有飓风,那就能定(三)之或然数。若再能知海洋的地理,就能推测该处是否有礁石,那就能定(四)之或然数。若再能搜得该公司所记载该船的历史,或再能访求该船的碎块,详加考究,那就能定(五)之或然数。读者诸君,不必疑惑以上所引的(一)(二)两条是奇怪而无谓的。野蛮人的推测之中,这样的理由,占最大的势力,便是我国的士大夫的脑海里头,也是为这般资料所布满的,因为他们都没有知识的缘故。所以我们要在或然的判断之中,而求比较的确切,必须知识增加,知识愈增加,那就愈与必然的判断相近了。

或然之测算

（一）以可遇事为分母,以期遇事为分子,除得的数,就是这期遇事的或然数。例如抛一钱于空中,可遇事为二$^{头和}_{尾}$,期遇事为一$^{头或}_{尾}$,所以每抛一次之中,头$^{或}_{尾}$之或然数为$\frac{1}{2}$。又如掷骰于碗中,可遇事为六$^{幺、二、三、}_{四、五、六}$,期遇事为一,$^{幺或二、或三、或}_{四、或五、或六}$所以每掷一次之中,幺$^{或二……}_{……或六}$之或然数为$\frac{1}{6}$。

（二）若是期遇事为二,但是这二事不能同时发见,则此二期遇事的公共的或然数,等于此二期遇事的各自的或然数相加。例如掷骰于碗中,而期幺和六,但是一粒骰,不能同时为幺而又为六,所以幺和六的公共的或然数为$\frac{1}{6}+\frac{1}{6}=\frac{1}{3}$。

（三）若是可遇事,不能都成期遇事,那就用可成的期遇事为分子,用可遇事的总数为分母除得之数,就是这可成的期遇事之或然数。例如有R,O,M,A四个字母,随便乱摆,我们要知道他的"可成有意义的拉丁字"之或然数是多少。依换合法算之,这四个字母，$4\times 3\times 2\times 1=24$ 可成二十四个字。然而我们考察这二十四字中间，只有七个字 ROMA, RAMO, ORAM, MORA, MARO, ARMO, AMOR 是有意义的。所以他的"可成有意义的拉丁字"之或然数，为 $\frac{7}{24}$。又如有 K, Na, Cl 三个原质，每次用二个迭相化合，我们要知道他的"可成化合物"之或然数是多少。依联合法算之，$\frac{3\times 2=6}{2\times 1}$ 可成三个化合物。然而考察这三个化合物，Kcl, Nacl, KNa 之中，只有 Kcl, Nacl 是可能的，所以他的"可成化合物"之或然数为 $\frac{2}{3}$。

（四）若是有二个^{或多于二个}独立的期遇事，可以同时发见，"这二期遇事同时发见"之或然数，等于这二期遇事各自的或然数相乘。例如我在街上走，每四次遇 A 一次，那就是说"我遇 A"的或然数为 $\frac{1}{4}$。每三次遇 B 一次，那就是说"我遇 B"的或然数为 $\frac{1}{3}$。那么，"我和 AB 同时相遇"的或然数，为 $\frac{1}{4}\times\frac{1}{3}=\frac{1}{12}$。换一句话说，我在街上走，每十二次里，应该有一次和 AB 同时相遇。这种的考察，在科学中是很重要的，如果我和 AB 同时相遇的次数很多就可以推求 AB 必定有关系，或是同在一处做工，或是同受一定的时间的限制，不是偶然碰着的。

（五）若是有二个^{或多于二个}相依的期遇事，B 的发见依于 A 的发见，C 的发见依于 B 的发见^{但是 A 发见的时候、B 可发见、可不发见、B 发见的时候、C 可发见、可不发见}，要求"A 发见的时候 C 的发见"之或然数，用 A 发见的或然数，和"A

为 B 的记号"之或然数,和"B 为 C 的记号"之或然数相乘便是。据这个原理而言,传言之可信的价值极低。例如 AB 二人,同作一桩事的证人;A 是亲眼看见这桩事的,B 是听见 A 说的。设若 A 寻常说话,四次有三次可信,B 寻常说话,五次有四次可信,那就是说"A 的发见"之或然数_{就是A的话可信的价值}为 $\frac{3}{4}$。"A 为 B 之记号"之或然数_{如A所说的话是真实可信的、B所说的话、在这个真实之中、只有五分之四、是真实可信的}为 $\frac{4}{5}$。由这两个或然数往前推测,"A 发见的时候 B 的发见"之或然数_{就是对于这桩事的证明、B的话可信的价值}为 $\frac{3}{4} \times \frac{4}{5} = \frac{12}{20} = \frac{3}{5}$。若是再有 C,是听见 B 说的,也来作这桩事的证人,他的话的可信价值,就更低了。轻信传言和捏造谣诼同罪,求真实的人敢不小心吗!

（六）如有二个独立的期遇事,可以和一桩事同时发见,要求"这两个独立的期遇事同为这桩事的记号"之或然数,用"这两个独立的期遇事各自为这桩事的记号"之或然数,各从一减之,再把这两个剩数_{一减或然数所剩的有人叫做未必然数(Number of improbability)、我意宁可叫做或然数的副数(Complementary number)}相乘,再把这相乘的得数,从一减之,这个剩数,就是我们要求的或然数。设用 P_1 和 P_2 分代"这两个独立的期遇事各自为这桩事的记号"之或然数,用 x 代"他俩同为这桩事的记号"之或然数,他的公式如下：

$$x = 1 - (1 - P_1)(1 - P_2)。$$

这种方法,对于征集的证据,试验的推较,非普遍的理论,都有用处。譬如用一个试验来推较地心究为何体,共有八点可资推较,其中有五点和地心为液体的理论相合,有三点和地心为气体的理论相合;那就是说,地心为液体的理论之或然数为 $\frac{5}{8}$,地心为气体的理论之或然数为 $\frac{3}{8}$。从这两个或然数往前推测,"地心之中液体气体俱有"的理论之或然数,为 $1-(1-\frac{5}{8})(1-\frac{3}{8})=\frac{49}{64}$,稍稍比 $\frac{3}{4}$ 大一点了〔地心之中、可以同时有气体又有液体、就是说可以同时发见的〕。再拿一个榜样,用语言来表明他,多数教育发达的国家都兴旺,多数实业发达的国家也都兴旺,那么,教育实业都发达的国家,更是大多数都兴旺的了〔教育发达实业发达可以同时发见的、并且是常时如此的〕。

（七）若是有不同的原因,都可以独自产出同一的事,则"此事由某原因产出"之或然数,和"某原因可以产出此事"之或然数,成正比例。拿公式来讲:用"某原因可以产出此事"之或然数为分子,用"各原因〔包某原因而言〕可以产出此事"之或然数相加的总数为分母,除得的数,就是"此事由某原因产出"之或然数。再用符号系住我们的思想,以便表明这个道理。譬如有一桩事 E,依我们所知的而言,有三个原因:$C_1 C_2 C_3$。这三个原因之中,只要有一个,此事就可以发见。若是"有 C_1 就有 E"之或然数为 P_1,"有 C_2 就有 E"之或然数为 P_2,"有 C_3 就有 E"之或然数为 P_3 那么;"此事 E 由 C_1 产出"之或然数,为 $\frac{P_1}{P_1+P_2+P_3}$;"此事 E 由 C_2 产出"之或然数,为 $\frac{P_2}{P_1+P_2+P_3}$;其余可以由此类推。

再拿逻辑家常用的一个试验来表明他。现在有三个盒子,每个盒子里,装了十个球。第一个盒子里,有七个白球,三个黑球,就第一个而言,"随便拿取可得白球"之或然数,为$\frac{7}{10}$。第二个盒子里,有四个白球,六个黑球,就第二个盒子而言,"随便拿取可得白球"之或然数,为$\frac{4}{10}$。第三个盒子里,有三个白球,七个黑球,就第三个盒子而言,"随便拿取可得白球"之或然数,为$\frac{3}{10}$。再把这三十个球合在一处,若是随便拿取,得了一个白球$_{说此事E发现}^{就是}$,我们要测算这个白球原来是从哪一个盒子里出来的。那么,"这个白球从第一个盒子里出来"$_{由C_1产出}^{就是此事E}$之或然数,为

$$\frac{\frac{7}{10}}{\frac{7}{10}+\frac{4}{10}+\frac{3}{10}} = \frac{7}{7+4+3} = \frac{7}{14} = \frac{1}{2}。$$

"这个白球从第二个盒子里出来"$_{由C_2产出}^{就是此事E}$之或然数,为

$$\frac{\frac{4}{10}}{\frac{7}{10}+\frac{4}{10}+\frac{3}{10}} = \frac{4}{7+4+3} = \frac{4}{14} = \frac{2}{7}。$$

"这个白球从第三个盒子里出来"$_{由C_3产出}^{就是此事E}$之或然数,为

$$\frac{\frac{3}{10}}{\frac{7}{10}+\frac{4}{10}+\frac{3}{10}} = \frac{3}{7+4+3} = \frac{3}{14}。$$

(八)若是一桩事,屡次发见,永远未曾失误,要求"此事再发见一次"之或然数,用此事已经发见的次数加一为分子,用此事已经发见的次数加二为分母,除得的数,便是。若用 n 代此事

发见的次数,用 x 代此事再发见一次的或然数,他的公式为:

$$x = \frac{n+1}{n+2}。$$

例如太阳系中的九个行星（木火两星中间的五百小行星共作一个行星计算）,都遵守钵德(Bode)的定律（钵德定律说:若以金星与太阳之距离为四、那水星与太阳之距离、就是四加三、地球与太阳之距离、就是四加六、火星与太阳之距离、就是四加十二、小行星团与太阳之距离、就是四加二十四、木星与太阳之距离、就是四加四十八、其余由此类推）,如果海王星外又有一个行星,"这个行星也遵守钵德定律"之或然数,为 $\frac{9+1}{9+2} = \frac{10}{11}$。

（九）若是一桩事,屡次发见,永远未曾失误,要求"此事再发见多于一次"之或然数,用此事已经发见的次数加一为分子,用此事已经发见的次数,加要求此事再发见的次数,再加一为分母,除得的数,便是。若用 n 代此事已经发见的次数,用 m 代要求此事再发见的次数,用 x 代"此事再发见 m 次"之或然数,他的公式为:

$$x = \frac{n+1}{n+m+1}。$$

譬如在太阳系之中海王星外,又有三个行星,"这三个行星也都遵守钵德定律"之或然数,为 $\frac{9+1}{9+3+1} = \frac{10}{13}$。

（十）若是一桩事,发见若干次,失误若干次,要求"此事再发见一次"之或然数,用此事发见的次数加一为分子,用此事发见的次数,加此事失误的次数,加二为分母,除得的数,便是。如用 n 代此事发见的次数,m 代此事失误的次数,x 代"此事再发见一次"之或然数,他的公式为:

$$x = \frac{n+1}{n+m+2}。$$

例如现在已经发明的原质,有八十一个,其中有六十二个是金类$^{\text{就是此}}_{\text{事发见}}$,有十九个是非金类$^{\text{就是此}}_{\text{事失误}}$,若是我们要推测下次发明的原质,还是金类,还是非金类,那"下次发明的原质为金类"之或然数,为 $\frac{62+1}{81+2}=\frac{63}{83}$;"下次发明的原质为非金类"之或然数$^{\text{以非金类}}_{\text{为此事之}}$ $^{\text{发见以金类为}}_{\text{此事之失误}}$,为 $\frac{19+1}{81+2}=\frac{20}{83}$。

凡关于或然的测算,以上已经搜括得很完备了。但是我们运用或然的测算,仍当十分小心。如果测算公式中的符号,不能真正代表天然界中事实之张本$^{\text{如第七条}C_1\text{是否}}_{\text{真正为 E 的原因}}$,或者公式中用作张本的数目,不能明白知道$^{\text{如第七条中}P_1\text{是}}_{\text{否为十分之七}}$,我们仍然难免错误的危险,不过我们把或然的原理记在脑中,用或然的测算去推论问题,总可以使我们限定期望的分量;换一句话说,总可以使我们不期望非必然的为必然的,不期望不可能的为可能的。

依第八,第九,第十三条而言,太阳每日必出,历百万次,永远未曾失误,于是"明日太阳将再出"之或然数,为 $\frac{1000,000+1}{1000,000+2}$。这个或然数之等级极高,固然是不错了。然而我们要推求以后百万日太阳仍然是每日必出,他的或然数,就成了 $\frac{1000,000+1}{2000,000+1}$,几乎成了 $\frac{1}{2}$;这是什么意思呢?难道我们不能判断以后百万日的太阳,也是每日必出吗?凡人都是要死的,历验百万个,永远未曾失误,于是"某甲将死"之或然数,为 $\frac{1000,000+1}{1000,000+2}$。这个或然数之等级极高，固然是不错了。然而我们要推求北京城里一百万人都是将要死的，他的或然数，就成了$\frac{1000,000+1}{2000,000+1}$，几乎成了$\frac{1}{2}$。这是什么意思呢？难道我们不能判断北京城里一百万人，将来都是要死的吗？依或然的理论说起来，我们经验有限，心思有限，凡事在没有发现以前，我们都不能决定他是必然的。如果推测的次数愈多，则或然数的等级就愈低，因为恐怕有我们未曾阅历的，或者并且有我们未曾想到的原因在里面搀杂着。便说日出人死，我们不知道明天的太阳是否和今天的太阳，是全同的，未死的某甲和已死的某乙，是否是全同的，所以凡是预测，都是或然的。然而预测将来，是科学之无上的价值，科学之预测的本领，果然是这样的不中用吗？我们须知道：我们研究现象，都是即"已知"以推"未知"，若是不知道"未知"的情境（Condition），可是和"已知"的情境都同（例如我们不知道海王星外将或寻得的行星的情境、可是能和已寻得的九行星的情境相同、况且海王星已经不十分的遵守钵德定律、若推论到海王星外的行星、这或然的判断、更加减弱势力了），或者不知道"未知"的情境，究竟和那一项"已知"的情境相同（例如我们不知道将来发明原质时候的情境、还是和已知的发明金类原质时候的情境相同、还是和已知的发明非金类原质时候的情境相同），我们只好用或然的测算，为唯一的济穷的方法。至于日出人死等等问题，我们已经擅定（Assume）"已知"和"未知"的情境逐件都相同（我们擅定明天未出的太阳、也吸摄太阳系里的行星、也有温度六千度、和今天已出的太阳、除时间空间外、是同一的、我们擅定未死的某甲、和已死的某乙、在生物学的意义之中、都是人都是相同的。若是明天的太阳、和未死的某甲、不在这些情境之中、那就不是我们用界说所定义的太阳和人了。用太阳和人推论非太阳和非人、自然没有意义可说的），我们可以用归纳的原理，用少数经验的事，去预测多数未曾经验的事。这样的预测当然也有假定的性质(Hypothetical Charactor)。然而这个假定的性质,是含在擅定的阶级里,不是含在推论的阶级里。^{譬如煮水至百度而沸腾、是确切的经验、到将来再煮水的时候、我们擅定这个未经验的水、和已经验的水、在同一的情境之中、这里有假定的性质。至于我们从此推论这个未经验的水、若煮到百度的时候、就沸腾、是必然的、不是或然的。}若是擅定情境^{就是因}是同的,就能推论结果^{简单说就是果}是同的。这就是天然齐一(Uniformity of nature)的定律。至于这个定律如何证明,并无人能说得出。我们只能说千万无数的经验,都指向这个定律的路上去。我们就把这定律做个界限,再讲归纳的论理学的大概,以为以后研究的基础。

第三章 归纳的论理

在第一章里,我们已经用联合换合的公式,表明现象界的异。在第二章里,我们已经用或然的理论,猜度这些各不同的现象,或者有关系存乎其间。这一章所讨论的,是如何自现象之观察,可以前进到定律之规订,以备预测将来之用——就是论理学中所叫做归纳的。预测将来,本是我们唯一的目的。然而我们所有对于外界的知识,最初都是原于经验,那些我们未曾接触的将来,又何从而知道呢?有人必定答道,因审度(Reasoning)而知道,因为审度的功用,就是能告诉我们在一定的情境之中,有一定的现象必将发现。然而我们要问:如果我们可以拿器官去观察这个现象,那就用不着审度了;如果我们不能拿器官去观察这个现象,又凭借什么去审度呢?这样看来,在归纳的审度之中,必定用"已知"去推"未知"。但是把"已知"和"未知"摆在一处,用一个定律去统辖他俩,那么,我们的知识之中,似乎加了若干新材料_{指未知的}了。然而没有新接触,不会增加新材料于知识界;凡推论的审度,无论是演绎的,是归纳的,都不过是拿出我们经验的内容_{指已知的},揭出而整理之罢了。所以培根说:"我们仅仅能知道我们所曾经观察的,但是要拿经验的来原,和知识的内容,合在一处计算。"然而对于这一点,意见不同的很多。重归纳的人说，依心理学的联想律而言，凡人遇同一的情境的时候，必期备有同一的事发现，所以自此推彼，是审度的正轨。重演绎的人说，凡人遇同一的情境的时候，必期备有同一的事发现，诚然是不错，然而这个时候审度人的心里，实在是把"凡有这情境的时候都有这事发现"一个普遍的定律做前提的，仍然是从全推偏，并不是从此推彼呀。又有人说，纵然我们搞定"未知"的情境^因和"已知"的情境相同，我们并没有权柄去审度"未知"的结果^果和"已知"的结果相同，我们所以能如此审度的缘故：全凭借于我们的信仰。至于含有宗教意味的论调，当然更以信仰为主体了。又有人说，我们遇见相同的情境，就期备有同一的事发现，这是因为我们心理上有组合的判断（Synthetic judgment）。我们所以能如此审度的缘故，不是论理的功效，是全凭我们的美的直觉，因为同因必有同果，这中间有和一（Unity）的美。

因果律

　　归纳是什么呢？就是求各现象之因果的关系而构成定律。凡现象都有因，因前又有因，一直到第一因而止，或者到无限而"止"，都不是我们所能讲的。现在我们就呈具于我们面前的现象逐件研求，知道既往将来之中，因必有果，果必有因。因曾为果，果又为因。这因果的关系，是有定的。这叫做因果律。
　　因字究竟怎么讲法，我们还寻不出完全同一的意见。现在我们取一个最普通的最简约的最明晰确切的来说："因"是一个现象的永不变的，无条件的，极相近的（以上是性质的），并且和他（指现象）相等的（以上是分量的）前引。这个现象，就是这个前引的果。

永不变是怎么讲呢？这中间就有天然齐一的原理。有这个因，就有这个果，屡次如此，永不变的。例如煮水至百度就沸腾，煮至百度就是因，沸腾就是果，屡次不变。但是这样虚浮的断论，还不能定因果的关系，因为有些时候，有些地方，水要煮到百零一二度才能沸腾，又有些时候，有些地方，只要煮到九十八九度，就沸腾了，所以要有以下的条件来限制他。

无条件是怎么讲呢？这几个字易生误解；他的真意义，是说一因动作的时候，只要在一定的情境之中，就能生果，除此情境之外，不须有他力相帮助的。例如我们说，煮水至百度就沸腾，应该说在纬度四十五度，海平面上，七百六十公分汞的压力之下，凡不含溶解物的水，煮到百度，就沸腾。这是说，只要有这些条件，另外不须有别样条件——就是不须有他力相帮助，水煮至百度就沸腾。科学愈进步，这种条件愈严密，所以以上所说的无条件，最好是用不须外助去解释他。

极相近是怎么讲呢？这是说：有这个因，立刻就有这个果。因为万物变迁，物中的分子是动而不息的，刚变迁前的情境是因，刚变迁后的现象是果；若是其间有可觉的时间，必定另有别的现象发现，至少也有分子（或电子）的变动。例如煮水到百度就沸腾（在以上所说的情境之中），不容迟过一秒钟的万分之一。

相等是怎么讲呢？这样分量的因果的研究，是近来科学最大的进步。科学的预测的本领，也因之而增加。有这样多的因，就有这样多的果。物质能力都不灭，已经为化学热动学所证明，就是因果相等的道理。例如有这样多的水,从二十度煮到百度,刚要这样多的热,再使这样多的水,尽变成蒸汽,又刚要那样多的热,一毫不须多,一毫不能少。但是这个相等,是说因和果有一定的分量的关系,并不是说数目的同一^{参观现象之权量}。

激力和置境　我们观察现象,有时似乎有极大的果从极小的因生出的;其实因果仍然是相等,不过这个因可以分析为两项:一为激力(Moving force),二为置境(Collocation)。例如用一粒盐加于过饱和点的盐溶液之中,这溶液中所有溶解的盐,立刻全体停积为固体。加一粒盐,不是很小的因吗?全体停积为固体,不是很大的果吗?然而我们须知道:加一粒盐,不过是这个现象的激力,另外还有盐的过饱的情形(Supersaturated state),是这个现象的置境。如果没有这个置境,那加一粒盐的激力,就不能生出全体停积的大果了。又如有一个人演说,可以鼓起多人哄动。一个人演说,不是很小的因吗?多人哄动,不是很大的果吗?然而我们须知道:一个人演说,不过是这个现象的激力,另外还有群众的好动不平的心理,是这个现象的置境。如果没有这个置境,那一个人演说的激力,就不能生出多人哄动的大果了。其余社会的现象彼此互相影响的很多。依表面的观察,往往有因果不相等的表见,这都是因为置境里面,有我们未曾懂得清楚的地方。如果我们懂得清楚这个置境,拿他和激力合算起来,因果没有不相等的。

偶然的符合　天然界中,现象的繁复,第一章已经表明了。我们观察现象,难免不遇见同时间的,同空间的符合,或者同数目的符合,似乎具有直接的,或间接的因果的关系。我们遇见这类的符合的时候,纵然以为这些现象是有关系的,也得要持研究的态度。研究的方法有二：（一）归纳的；就是多集举例,详加考察,可是每次都是如此。（二）演绎的；就是用已知的明晰确切的天然定律去解释他。若是用这两个方法所得的结果不良,我们只能判定这些现象是偶然的符合,不能承认这些现象是同出于一因的,或是此因彼果的。此种以偶然的符合为因果的关系的推论——不合论理的推论,在历史上人类的思想界,占据很大的势力。古代西洋人,以为数目中的七,在天然界中为各现象的关系的标帜。在字母中有七个母音,在琴上有七根弦,在昴星里有七点,在特伯（埃及古京城）有七王,皮达各耳（Bythagoras）又加了天文的七政,音乐的七节,点金化学家又加了金类中的七个原质,星期中的七日,就是"空前绝后"的大科学家牛敦,也曾经有一个时候疑心声有七节,光有七份,是声浪光浪中的关系。古代中国人,（就是现在的中国人何独不然！）以为数目中的五,在天然界中,为各现象的关系的标帜。在物质中有五行,在人身有五脏五官,在物性中有五味五色,在君主有五帝。至于四时四方,似乎和五不相干了；然而他们偏能用土行四季,土居中央的胡说,来穿凿附会这五的关系,巧哉巧哉！

昔日有一个人,在海边游玩,看见一个教堂里面,挂了十三个人的肖像。这个人就问当地的居民是什么原故。居民答说："这十三个人是曾经在这个教堂里祷告；以后航海翻船而获救的。"这个人又问道："曾经在这个教堂里祷告,以后航海翻船而淹死的人的肖像在什么地方呢？"足见中了就算,不中就不算（Men count when hit but not when miss）,本是人类有恐惧有希望的时候最易生的错误。星卜中的迷信,就是依此而成立的。若用以上所说的归纳法来研究,试问所有的举例,可能每次都是如此呢？

一千八百三十年的时候，法国议院里有四百零二个议员；其中有甲党二百二十一人，混号叫做罗伯司皮耳的尾巴（La queue de Robespierre），有乙党一百八十一人，混号叫做中正人（Les honnetes Gens）。若是按字母的次序用一，二，三，……二十四，二十五，二十六代替以上混号中的字母逐个相加，甲党混号的总数，恰恰是二百二十一，乙党混号的总数，恰恰是一百八十一。当时有人以为这些议员的数目，和议员的品格有关系。若是用以上所说的演绎法来研究，试问可有已知的明晰确切的定律，能解释这个关系呢？

密耳（Mill）的五律令

密耳用因果律做根据，发明归纳的律令五条，论理学的书上都有的。科学方法的大部分，都是归纳的论理学，所以我们现在把他简单研究一番。

一　合同之方法（Method of agreement）　在二个或多于二个举例（Instances）之中，有一个同一的现象发现，倘若在这二个或多于二个举例之中，又有一个同一的情境（Circumstance or condition），在这现象之前（或在这现象之后），这情境就是这现象的因（或是这现象的果）。

再用符号来表明他：在第一举例之中，有 ABC 各事实，又有 pqr 各事实随着他。在第二举例之中，有 ADE 各事实，又有 pst

各事实随着他。那么 A 就是 p 的因,p 就是 A 的果。

第一举例

  因 果

  C r

  B q

  A p

第二举例

  因 果

  E t

  D s

  A p

  例如烧一块净炭于空气(氮[四]养)之中,那炭就发生燃炬的现象,有光焰,净炭尽变为气体而上腾,这是一个举例。又把炭末和氯酸钾(钾氯养[三])相和,用火烧他,那炭也发生

第一举例

因	果
C 养少氮多	r 有光焰
B 氮	q 气体上腾
A 养	p 燃炬

第二举例

因	果
E 养气充足	t 微炸而放火星
D 氯化钾	s 留有白灰
A 养	p 燃炬

燃炬的现象,微炸而放射火星,燃炬之后,留有白灰,这又是一个

举例。按以上符号逐一推求,在第一举例之中,有 A p,有 B q,有 C r,没有 D s 和 E t,在第二举例之中,有 A p,有 D s,有 E t,没有 B q 和 C r;那么,在这二个举例之中,有同一的情境 A 在,在同一的现象 p 之前,所以 A 就是 p 的因,p 就是 A 的果_{另外还有反证(见以后差别的方法)就是要证明没有 A 就不能有 p}。在我们所引的举例之中,养就是燃炬的因;或者再用严密的词意来说,自由养气的产出,就是燃炬现象的因。至于 BC 是否为 qr 的因,DE 是否为 st 的因,当另外取别的举例来比较,才能证明。

二　正负合并之方法(Joint method or agreement and difference)在二个_{或多于二个}举例之中,有一个同一的现象发现,这二个举例,仅仅另有一个情境(在这现象之前,或在这现象之后)相同;又在别的二个_{或多于二个}举例之中,这现象不发现。这二个举例,除"没有这个情境"一点相同外,别无他项相同;这情境就是这现象的因,(或果)或者是这现象的因的不可缺少的一部分。

再用符号来表明他:第一组的举例,都有情境 A,都有现象 p;第二组的举例,都没有情境 A,都没有现象 p;则 A 是 p 的因,p 就是 A 的果。

第一组的举例

　　(一) 因　　果

　　　　C　　r

　　　　B　　q

　　　　A　　p

　　(二) 因　　果

　　　　E　　t

D　　s

A　　p

第二组的举例

（一）因　　果

H　　w

G　　x

C　　r

（二）因　　果

K　　z

D　　s

B　　q

现在我们再拿一个具体的举例来讲明他：自达尔文发明"动物用颜色保护他的安全"的理论后，华烈司（Wallace）用他去解释北冰洋动物的颜色。北冰洋有终年雪不融化的地方，这地方有终年颜色皆白的动物，如北极熊，美洲的北极兔，雪鹞，和格林兰鹫，都是可举的例子。北冰洋又有夏季无雪，冬季有雪的地方，这地方有冬季变白，夏季变别种颜色的动物，如北冰兔，北冰狐，北冰貍，都是可举的例子。这白和非白的颜色，依达尔文的理论而言，都是保护安全的东西。肉食的动物，借此易于攫食，被食的动物，借此易于避祸。然而也有人拿别的理论来解释这白颜色。他们说：这北极动物颜色白的原故，是因为雪的白色的化学的反应，或是因为白色可以减少辐射的失热，以便保卫体温，也能言之成理。但是华烈司又寻出有生在终年有雪的地方，而颜色不白的动物，例如冰貂终年永远是褐色，貉羊也是终年褐色，乌鸦的颜色是黑的。依表面上看来，这些举例，似乎可以否

第三章　归纳的论理

证达尔文的理论了。然而华烈司详细考察，才知道冰貂是生活在树上的，他的褐色，恰和树皮的颜色相同；貉羊的生命的安全，全靠速认同伴而归群，所以他需要有可辨的颜色，

第一组的举例

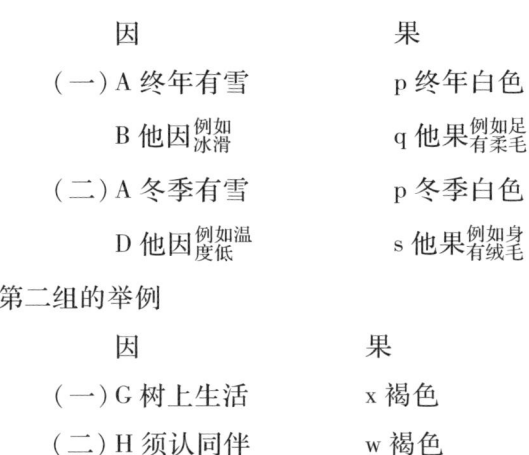

	因	果
（一）	A 终年有雪	p 终年白色
	B 他因（例如冰滑）	q 他果（例如足有柔毛）
（二）	A 冬季有雪	p 冬季白色
	D 他因（例如温度低）	s 他果（例如身有绒毛）

第二组的举例

	因	果
（一）	G 树上生活	x 褐色
（二）	H 须认同伴	w 褐色
（三）	K 不须攫食不须避祸	z 黑色

较之难辨的颜色，还要加重；乌鸦用死肉作食料，不须攫食，也不须避祸，所以不妨"知其白而守其黑"。试就以上所列的表看来，第一组所表明的，或因终年有雪，若要保护安全，必得终年白色。或因冬季有雪，若要保护安全，必得冬季白色。第二组所表明的，或因生活树上，若要保护安全，必得褐色，或因须速认同伴以保护安全，必得褐色，或因没有攫食避祸的需要，所以不必要有白色。由第二组的举例，可以证明"颜色保护安全"的理论的普遍，并可否证反应保温二说的真实。因为冰貂，貉羊，乌鸦，也受雪色的反应，也有保卫体温的需要，和白色的动物是一样的，这第二组的举例可以证明保护安全的理论、同时又可以否证反应保温两个理论就是培根所叫做的判断的试验（Experimental crucis）或判断的事实（Crucial facts）第八章当再详之。

三　差别之方法(Method of difference)　如有二个举例,在第一举例之中,有一个现象发见,在第二举例之中,这个现象不发见,但是在这二个举例之中,除"有一个情境,见于第一举例,不见于第二举例",之外,其余情境都是同的,这一个情境,就是这个现象的因,或是这个现象的因的不可缺少的部分。

再用符号来表明他:在第一举例之中,有情境 A,B,C,有现象 p,q,r,在第二举例之中,有情境 B,C,有现象 q,r,独没有情境 A,又没有现象 p,所以 A 是 p 的因。

第一举例

因	果
C	r
B	q
A	p

第二举例

因	果
C	r
B	q

若要取具体的实事,来证明这个律令的用处,物理化学书的里面,异常的多。例如加里里约用试验证明空气是有重量的,他把一个瓶,装满空气,用天平戥他,有若干重量;他再把瓶里的空气吸出,再用天平戥他,重量减少若干;足见这空气的吸出,就是重量减少的原因,换一句话说,空气也是有重量的。物理学家又拿试验证明空气传声,把一架钟摆在一个玻璃盒里一个弹性极大的钟座上面,我们在盒外可以听见钟摆的声响;再将玻璃盒里的空气吸出,我们在盒外,就只能看见钟摆的摇动,但是他的声

响,非常的薄弱^{所以不能完全无声的缘故、是因为盒里的空气、难于完全吸尽、况且钟座弹性虽大总能传声若干},足见这空气就是传声的原因。

四　同变的方法(Method of concomitant variation)　若是有一个现象,增减递变,又有一个现象,也跟随他递变(但是同时必须没有他项变迁),此现象必为彼现象的因或果,或是这两个现象之间,必有间接的因果的关系。

第一举例

　　因　　果

　　B　　q

　　A　　p

第二举例

　　因　　果

　　B　　q

　　A′　　p′

第三举例

　　因　　果

　　B　　q

　　A″　　p″

(甲)譬如有三个举例,其中现象 A 和 p 同时递变,其余的现象 B 和 q 永远不变,则 A 是 p 的因或果。物理化学书里面,可以证明这个律令的用处的,也是非常的多。例如鲍以耳(Boyle)定律说:凡在温度不变的时候,气体的压力愈大,他的体积愈小,在这个试验里,压力大小,就是体积小大的原因。格罗撒克(Gay-lussac)的定律说:凡在压力不变的时候,气体的温度愈大,他的体积愈大,在这个试验里,温度高低,就是体积大小的原因。不过这个"不变",是由我们强订的,以便研究因果的关系,然后我们才不得为搀扰的情境（即因）所混乱;因为温度和压力,都和体积有因果的关系,并不是 A p 和 B q 各自为因果的。无论研究那一种的问题,用这个方法的,日见其多,又可用方图法(Graphic method)来表明他,经济学里也常用这个方法。

鲍以耳定律

  因   果

  B 温度不变 q 体积不变

  A 压力变 p 体积变

格罗撒克定律

  因   果

  B 压力不变 q 体积不变

  A 温度变 p 体积变

第一举例

  因 果

  C r

  B q

  A p

第二举例

  因 果

  E t

  D s

  A′ p′

第三举例

因	果
G	x
F	w
A″	p″

（乙）譬如有三个举例，其中的现象 A 和 p 同时递变，然而其余的现象，如 B,C,q,r,D,E,s,t,F,G,w,x,等，也屡次不同；若要断定 A 是 p 的因，那就比上节所谈的难得多了。因为第二举例中的，p′或者是由于 D E 的，第三举例中的 p″，或者是由于 F G 的。像这样的难处，在研究历史学社会学的时候，常常遇着。然而只要征集的举例极多，则 A 和 p 的关系的疑点的减少极快_{参观第五章平均法}。但是又有人可以辨驳：A 和 p 的关系，不是相为因果的，是原于同因的，这也不是诡辩哪。我们且拿一个实事来说：费利（Ferri）研究法国刑事犯案，和法国的出产，找出来葡萄收获的增加，和刑事罪案的增加，成正比例。葡萄是造酒的原料，所以他推论酒是犯罪的因。若是拿符号来记他，A 是葡萄收获，p 是刑事犯，然而我们何以知道：当这些时候，没有别的社会的变迁，如生活艰难，繁华增盛，等等情境，在符号中为 B,C,D,E,F,G,所代表的，是犯罪的因呢？我们又何以知道：没有他项情境，逐年递变，是这两个现象公共的因呢？_{譬如依观象台的纪载、犯罪案增加这几年里、日热逐年加多、那么、我们可以说日热加多、葡萄易于长育、所以收获增加、日热加多、可以增加人的暴躁性所以犯罪案加多、那就是说、日热加多、是葡萄收获增加和犯罪案加多的公共的因}费利所取的举例，只有五个，或者还不够做"葡萄收获是犯罪的因"的确证？然而如果我们要说别的情境，是犯罪的因，或者另有一个情境，是这两个现象的公共的因，又必须在各处统计表里搜集举例来证明他，才能下"取而代之"的结论。

把同类的现象列成等级来研究他,或者是发明真理的正轨。若不知道这现象的因,可以用假定作引导,再看和别的事实是否符合。例如高等动物,从狪(Sloth)到猿,从猿到人,他们的前肢的组织的完备,有不同的等级。我们可以假定:操作便利的需要,是前肢发达的因,再考察狪,猿,人其余部分的组织,如耳朵,脑子,声带也有不同的等级,这就是符合了。又如从河貘到三趾马,从三趾马到中趾马,从中趾马到主趾马,从主趾马到现在的一趾马,他们的趾的组织,有不同的等级,赫胥黎假定:奔驶快速的需要,是中趾发达的原因,再考察主趾马的化石,是在多存系和少存系的上部找出来的,中趾马的化石,是在少存系的下部找出来的,三趾马的化石,是在旦存系的上部找出来的,河貘$\frac{五}{趾}$的化石,是在旦存系的下部找出来的——总而言之,时代愈古,马的趾愈多,这些事实,恰恰和进化的理论相符合。

　　五　剩余的方法(Method of residue)　　如果有一班现象,已经定了他们的因果的关系,现在有一个现象,其中有一部分是此果,将此果减除于此现象之中,其剩余的现象,就是一个情境减除此因的剩余的果。

　　再拿符号来表明他:现在有一个举例,他的前引是 A,B,C,他的后随是 p,q,r。我们已经知道:q r 是 B C 的果,于是将 B C 减除于 A B C 之中,将 q r 减除于 p q r 之中,第二层所剩余的 p,必定是第一层所剩余的 A 的果。这个方法,似乎和差别的方法相同;但是在差别的方法里,我们不知道 B C 和 q r 有若何的因果的关系,在剩余的方法里,我们确切知道 B C 是 q r 的因。若是在科学里,我们已经有若干定律可以定因果的关系,然而有时因果似乎不符,生出特殊的现象。这个特殊的现象,必定有个特殊的因^(参观第十三章/例外的应付)。化学中发明原质，往往是由此而得来的。例如氮的性质，我们已经知道得很详细。劳列(Rayleigh)把从氮合物里取出的氮^(纯粹的氮)，和从空气里取出的氮相比，寻出他俩的光份，密度，都不同，他已经知道：纯粹的氮的光份密度，应该是多少，现在他寻出从空气里取出的氮的光份密度不同，那么，必定有个另外的因，才能生出这个不同的果。兰姆塞(Ramsay)跟随这个指导，就寻出空气中除氮和氧之外，又有氩类气体。氩类气体，就是这个现象的剩余的因了。我们再在物理学中，举一个例：鲍以耳定律说：气体的压力，和体积成反比例，现在有一个气体^(要做这个试验、以硫氧二氮轻三等易于变液的气体为最适宜)，他的体积因压力而缩小，但是过于这个压力所能使他缩小的地位；那么，除这个压力之外，必定还有个因，才能生出这个特别的果。从此研求，我们才知道：气体将变液体的时候，体积易于缩小。气体变液，就是这个现象的剩余的因了。我们再在经济社会等学里举一两个例：如一个进口出口货的价值，必定相等，他俩相较的剩余，就是利益，或是外漏。又如人身和社会的组织，用物和需要必定相等；但是现在的人身，有无用(并常有害)的机具，如虫肠，尾骨之类；社会有无用的礼俗，如祭神和其他无谓的风俗，是什么缘故呢？这是因为有遗传力(Hereditary force)和沿袭力(Traditional force)是这些剩余现象的因。

历史的方法和物理的方法

归纳的论理，我们已经用着因果律和密耳的五个律令理出头绪出来了。至于演绎的论理,除形式的一方面外,可讲的不大多,所以我们在这里可以略去他。然而我们研究问题,有时不是纯粹的归纳或纯粹的演绎所能了结的。所以我们要有归纳演绎的合并。这合并的方法,分为两类:一是历史的方法,二是物理的方法。历史的方法,是以归纳为主,演绎为副,又有人把他叫做反行的演绎法。物理的方法,是以演绎为主,归纳为副,又有人把他叫做直接的演绎法。

历史的方法是:搜集同类的事实,研究他实在是否有可较的同点,如果有可较的同点,就设一个经验的定律(Empirical law)来统辖他,然后,再从这些事实的本性,推求一个理性的解释出来。若是拿这个方法分成段落,就是:(一)征集确切可较的事实,(二)设经验的定律,(三)就这些事实的本性,找出一个因果的理由。生物社会等学之中,用这个方法的时候极多。例如我们研究历史,搜得若干事实,如希腊的文明,起于雅典,罗马的文明,起于罗马城,埃及的文明,起于特伯,这是确切可较的事实。然后设一个经验的定律说:"凡文明都起于城市。"然后就这些事实的本性,来找出其中因果的理由。这理由是什么呢?凡是城市的地方,人民必多,人民既多,必定有公众的组织,公众的组织,就是文明的起点。又如我们研究生物学,搜得若干事实,如猪的耳朵是垂的,狗的耳朵也是垂的,驴的耳朵也是垂的,牛的耳朵也是垂的,这是确切可较的事实。然后设一个经验的定律说:"凡家畜的乳哺的耳朵,都是垂的。"然后就这些事实的本性,来找出其中因果的理由。这理由是什么呢?凡家畜生命的安全,有主人保护他,没有外来的危险,用不着有竖耳朵替他来做岗位。凡是这样订成的定律,就可以作后人研究的指导了。

第三章　归纳的论理

物理的方法是：用一个已知的定律作前导，来研究呈具于我们面前的现象，推论一个结果出来，然后再拿试验来证明他。若是拿这个方法分成段落，就是：（一）详寻可用以研究这个现象的定律_{若是没有定律、可用假定代替}，（二）详记在这个现象的情境之中，由这些定律演绎所得的结果，（三）比较理论的结果，和试验的结果，可是两相符合。物理学化学之中，用这个方法的时候极多。例如我们研究抽水管里水之升起的问题，有三个已知的定律，可以拿来研究这个问题。（A）空气压力每平方寸有十五磅之重；（B）凡液体传递压力，各方面都相等；（C）凡物受压力的时候，若是没有他力和这压力相抗，必定要生"动"的效果。然后把这三个定律摆在抽水管的情境之中，看演绎出来的结果如何。当抽水管中活栓（Piston）上升的时候，管中成了真空，管外空气的压力压在水上，这水受了空气的压力，自然要往没压力的处所走去。没压力的处所，就是管中的真空，所以水应该向管中上升，一直到了管中水的重量，和管外空气压力相等时，方才停止。然后再看试验的结果，可是和这个理论的结果相符。据我们的试验，在纬度四十五度海平面，用抽水管抽水，可以升到三十三英尺之高_{三十三英尺高的水的重量恰恰和空气压力相等}，恰恰和理论的预测相符合。于是这个现象可以解释，而古人"天然怕真空"（Nature abhors vacuum）的谬说，可以破除了_{古人相信水在真空管中、可以升到无限}。有时我们研究的问题，无从直接试验，那么，我们只能用小式的试验代替他。例如我们研究太阳系的进化的问题，有流体球旋转的定律_{凡流体球旋转的时候、他的离心力随速率而增加、可以使此球的赤道射出若干流体}，可用于此事的研究。然后把这个定律，摆在太阳系进化的情境之中_{假定太阳}

^{为流体旋转不已}，看演绎出来的结果如何。当太阳绕轴自转的时候，他的赤道可以射出流体若干，先成环，后成断片，后成圆球。圆球自转公转，和中心太阳旋转的方向一样^{地球为扁圆形、土星有三环、都是因为赤道射出流体的缘故}。但是我们不能拿着太阳地球在手里来做试验，所以我们只能用小式的试验来推较他，看他的结果，可是和理论相符。第一二层的理论的推度，康德（Kant）已经想到拉布拉司（Laplace）又将他修备一番。至于第三层试验的证明，一直到了布拉托（Plateau）方才做到。布拉托把一点油珠悬于酒精和水的互交溶液之中^{因为油的密度大于酒精、小于水、布拉托把水和酒精相搀和、使其互交溶液的密度、和油的密度相等、所以油珠不受地心吸力的影响、可以在互交溶液里不上不下的悬着}，用一根铜丝穿过这个油珠，把这铜丝的上端，嵌在一个铜盘的中心，将这铜盘旋转，油珠也跟着旋转。当旋转到一定的速率的时候，油珠的赤道处，射出油若干，成一个环，这环也跟着油珠旋转。"此事虽小，可以喻大"，这不就是太阳系进化的证明吗？科学里边用小式的试验去证明天然现象的很多，如火山，地动的变形，虹，蜃楼等现象，都是用这个方法证明的。这样小式的试验，又可以叫做天然的仿效（Imitation of nature）。

我们把第一方法叫做历史的方法，把第二方法叫做物理的方法，不过是因为第一方法，多用于历史等学之中，第二方法，多用于物理等学之中，并不是第一方法不能用于物理化学的研究，第二方法不能用于历史社会学的研究。其实物理化学中有许多问题，例如物理的性质和化学的成分的关系，光学和化变的关系，现在科学家正在用第一方法研究他，便是算学的发明，也靠着异中求同的归纳，并不是演绎的^{详见朋加烈（Boincare）《科学和方法》}。生物学，社

会学中，有许多问题，可以用我们已知的定律——如生物学里的遗传律，心理学里的联想律，经济学里的价值，租贷，工薪，利润等律——作个指导来研究他。总而言之，用历史的方法，必有理解，否则没有预测的价值，用物理的方法，必有试验证明，否则恐怕落于虚妄了。

第四章　现象的权量

物理的科学愈发达,分量的权量愈精确;分量的权量愈精确,预测的本领愈高,而且发明的机会愈多。因为有许多微细的现象之区别,非精确的分量的权量,不足以表见出来。加耳底(Chaldee)天文家以"在某小时之内有日食发见",为精确的时间的权量,现在的格罗维基把一秒钟的百分之一,都算作不可忽的时间了。埃及的量地家以"用码计算地之长短"为精确的空间的权量,现在的测量家,便是一寸的十分之一,都是必算的数了。亚拉伯的化学家以一钱为精确的重量的权量,现在的化学试验室中,一格兰姆的千分之一,部是很大的数了。赫切耳(Herchel)说:"数目的精确,是科学的唯一的灵魂。"试问我们所常用的转瞬,须臾,小而无内,轻如鸿毛,这些空疏的狀说,对于外界现象的研究,能有数目的精确么? 但是要得这样精确的权量,不是我们的器官所能奏效的,必须有仪器来辅助他。所以在科学之中,一个新仪器的发明,往往是一个新时期的开始。因为我们人类工作的进步,原于裸体的智慧的,远不及原于人为的方法的,和原于人为的材料的之多。然而精确的权量,也不能本身独立,必定有算学的理论同时并进,相辅而行。在理论的方面,有这样精确的预测,在实验的方面,就应该有这样精确的权量去证明他。科学之中,并不是要实验就不要理论哪。

第四章 现象的权量

上章所说的因果相等之关系，必须有精确的权量，才能进行研究。我们研究外界的实在，如仅为性质的研究，那不过是"是否此事发见，是否此物存在"的问题。若是进到分量的研究，这问题就立刻派演支繁了。第一，我们要问：这事（现象）和他的因相等不相等，同变不同变？若是同变，我们又要问：还是同方向呢？还是异方向呢（如气体之温度愈高、体积愈大、是同方向的同变、气体之压力愈大、体积愈小、是异方向的同变）？得了这一层的答案，我们又要问：这事之变，和他的因之变，还是成一个简单的比例呢（例如气体温度体积之同变气体压力体积之同变）？还是有何种高级的关系呢（例如气体行动之速率、和他的密度之平方成反比例、又物之辐射、和他的绝对温度之四乘方成正比例）？譬如我们研究盐（化学中盐之意义甚广、凡是酸根和基化合而成的都是）之溶解于水之问题；首先为性质的研究，此盐还是能溶解于水，如硝酸化钾 KNO_3 呢？还是不能溶解于水，如矽酸化镁 $MgoSiO_2$ 呢？如此盐能溶解于水，其次就须做分量的研究了。我们就要问：此盐的溶度（Solubility）几何？换一句话说：在一定的情境之中，每立方寸的水，能溶解此盐若干公钱（格兰姆）？我们又要问：此盐的溶度，是否和温度同变？如和温度同变（凡物之溶度都和温度同变），我们又要问：还是同方向，——温度愈高，溶度愈大，和硝酸化钾一样呢（多数物之溶度都因温度增加而增加）？还是异方向，——温度愈高，溶度愈小，和硫酸化钙 $CaSO_4$ 一样呢？还是首先同方向，然后异方向，——当温度加高的时候，此盐之溶度渐大，到了一个最高点后，温度加高，溶度反渐小，和硫酸化钠 $Na_2SO_4 10H_2O$ 一样呢（先同方向时、是含水结晶的硫酸化钠、后异方向时、是无水的硫酸化钠）。若是此盐之溶度，和温度的同变，为同方向的，我们又要问：还是当温度加高的时候，溶度之增加极快，和硝酸化钾一样呢？还是当温度加高的时候，溶度之增加极缓，和盐酸化钠一样呢？以上数盐之溶度，在本页表中，都可以看得出，足见每盐都须得有独自的试验，还没有一定的定律，可以包括无遗。然而以上不过是说，温度和溶度的关系，我们又要知道压力和溶度，也许有关系。例如炭酸化钙 $CaCO_3$ 在水中之溶度，因压力增加而增加（气体溶度和压力的关系极其明显）。而且

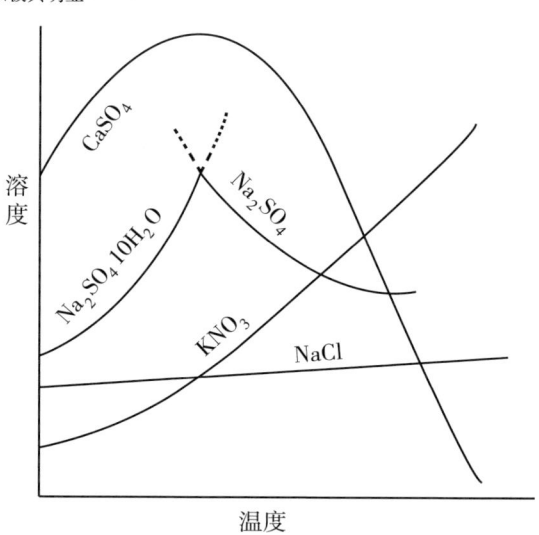

水中如有已溶解的盐，则已溶解的盐，和后来溶解的盐，也许有关系。例如两个同电驶（ions 或译电离子）的盐，同溶解于一施溶物（Solvant）之中，必互减其溶度（如硝酸化钠、和硝酸化钾、同在一施溶物中溶解、则互减其溶度、又如硝酸化钠和盐酸化钠同在一施溶物中溶解、亦互减其溶度。因为在前例中、有硝酸根 NO 是同的电驶、在后例中、有钠 Na 是同的电驶）。然而以上所说的，都是拿水作施溶物而言。其次又当拿别的施溶物来试验，例如酒精，煤油，和他项液体，还多得很咧。这样看来，溶解之问题之研究，实在是一个探不尽的北极了。我们研究科学的，不怕没有新发生的问题。

第四章　现象的权量

确切的权量之需境

我们要求确切的权量,有两个必需的情境:第一是,界线之清晰,若是一事或一物的两端,浑沌不分,则权量甚难确切。例如月食的影子,颇难断他何处为端,何处为末,然而用屡试的方法(Repetition)可以减少此困难若干度。又如一事或一物之中,联续不断,没有可较的点,则权量亦难确切。例如光份自紫至红,联续渐变,毫无间断,若是没有日光光份的黑线,和一定的盐所发的单光份_{如含钠的盐发黄光份}(Franhoffer's lines),那就无从得确切的权量了。便是历史中的纪事,也必拿几行大事,作为参考点,以明前后,和以上所说的,是一样的理由。

第二是标准物和所量物之可等。有时我们把标准物的分量不动,而增减所量物的分量,使他俩相等;例如我们量一灯之光浓,把一个标准灯不动,移动所量灯,至所量灯的光浓和标准灯的光浓相等的时候,然后计算_{详法见后}。有时把所量物的分量不动,而增减标准物的分量,使他俩相等;例如我们用天秤称物重,递加法码,到法码的重量,和物的重量相等时候才止。总而言之,我们须能够增减标准物或所量物之分量,或和所量物的分量有数学的关系的分量,使他相等,才能有确切的权量。我们如何能到这步田地呢?须得标准物之单位,能屡次试验而不误,又须得所量的得数确是标准单位的倍数或分数,依这两层说来,我们须得考较仪器之精良了。

权量之仪器

什么叫做权量,就是设法使标准物的分量和所量物的分量相等,既已如上节所说了。然而我们可以换一句话说什么叫做权量,就是寻觅一个标准物的分量和一个所量物的分量之中间的比例数^{例如十秒和一秒、是十和一的比例、百寸和一寸、是百和一的比例}。要寻觅这个比例数,不能不倚靠仪器来辨别他,因为我们的器官的辨别力有限,并且易生错误的缘故。但是就便我们用仪器了,然而最终的辨别,还须得用器官来判断,或是以听官断二声之相等,或是以视官断二长之相等,或是以触官断二臭味之相等,不过仪器的用处,能够叫外界的现象呈具易于辨别的性质,所以我们用器官去判断他,不至易生错误罢了。况且科学中的权量,渐渐趋入"用空间的权量代替各种的权量"之途径。例如汞寒暑表之量温度,以其狭管中汞之上下为凭。天平之量物重,以其垂针之左右为凭。就是时间之长短,也可以用一筒纸卷上的墨线为凭^{法以一筒纸卷沾于圆轴之上、在若干时间内、自转一次、例如空气压力表和加伦德的火度表(Calendar's Pyrometer)都用这个方法},有若干时间之流行,就有若干空间之越过,去代替他。又如机器之量力表(Indicator)也是用一张纸上的墨线,量机器轮一周的力。因为空间的现象,易接触于知官,而空间的观念,又易成立于精神界的缘故。

我们拿标准物和所量物的分量相较,可以用主变式,客变式,共正变式,共负变式,使之相等。各种不同的仪器之权量现象,都不外乎用这四个方法。设以 p 代所量物的分量,q 代标准物的分量,以 x 和 y 代他俩的比例数,而他俩的等式为 $p = \dfrac{x}{y}q$, x 和 y 就是我们所要寻的比例数。这个公式,可以有四个写法:(一)主变式,(二)客变式,(三)共正变式,(四)共负变式^{见揭芳斯 Jevons 科学之原理,}

(一)主变式

$$p = \dfrac{x}{y}q$$

(二)客变式

$$p\dfrac{y}{x} = q$$

(三)共正变式

$$py = xq$$

(四)共负变式

$$\dfrac{p}{x} = \dfrac{q}{y}$$

什么是主变式呢?就是变标准物的分量,使之和所量物的分量相等的式子。我们用这个方法的权量极多。如所量物的分量,小于标准物的分量,我们就分标准物的分量,使之和所量物的分量相等。例如测量学中的角度,是一周的分数;普通汞寒暑表的度数,是自水的冰点到水的沸点之间的分数。如所量物的分量,大于标准物的分量,我们就乘标准物的分量,使之和所量物的分量相等。例如测量学中之量长,以一尺为基础,我们就可以说某物之长若干尺;物理学中之量热,以一咖(Calory)为基础,我们就可以说某物所含之热若干咖。他例多不胜举。

什么是客变式呢？就是变所量物的分量，使之和标准物的分量相等的式子。如所量物的分量过小，我们须将此分量乘起来，使之和标准物的分量相等。例如汞寒暑表中，汞之涨率甚小，不能量极小的温度之变迁，我们可以增加表管之细狭，则汞之涨缩，就可以看得出了^{如柏克茫（Beckmann）寒暑表}。金类杆因热而增加的长甚少，我们可以用联杆去加大他^{如下图甲}。如所量物的分量过大，我们须将此分量除出来，使之和标准物的分量相等。例如空中

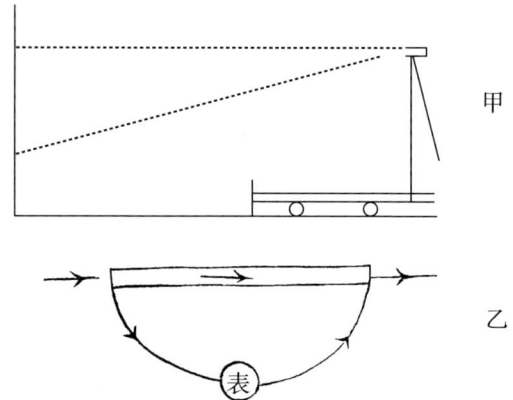

甲

乙

坠物之速率太快，无从权量，加里里约（Calileo）权量一物泻于斜面之较缓的速率，然后用三角术，算得空中坠物之速率。又如电力过大，无从权量，卫脱司东（Wheatstone）抽出此电力之一小部分而量之，然后用算术能得此一小部分和全体的一定的关系，就可以得全体的电力了^{如上图乙}。

什么是共正变式呢^{亦名为屡试法}？就是既乘标准物的分量，又乘所量物的分量，使之底于公倍数时而相等。例如球摆（Pendulum）之试验，就是用这个方法^{以细线悬一球摆、使之左右摇动、若是接幅（Amplitude）不大、（不过三度）则其一}

摆之时间、与其线长成正比例、与地心吸力成反比例。这三个分量的关系,可以 $t=2\pi\sqrt{\dfrac{g}{L}}$ 的公式表明之。t 为一摆的时间、L 为线长、g 为地心吸力、π 为 3.1416。如我们欲求各处地心吸力之不同、只须以既知的 t L 算之、我们欲考定时间之定准、只须以既知的 L g 算之。法以不同长的二球摆,悬于一处,一前一后,同时摆动,至彼球摆为此球摆所遮蔽的时候,记之。至第二次彼球摆为此球摆所遮蔽的时候,又记之。再把这两个球摆摆动的次数记下来,我们可得 $t_1 y = t_2 x$ 的等式 此公式中 t_1 为此球一摆的时间、t_2 为彼球一摆的时间、y 为两次两球相蔽之间此球摆的次数、x 为两次两球相蔽之间彼球摆的次数。设如我们知道 t_1 为一秒(标准物的分量)、我们就可以知道 t_2 为若干秒了。○我们把 $t=2\pi\sqrt{\dfrac{g}{L}}$ 可以变作 $g=\dfrac{4\pi^2 L}{t^2}$、但是 球摆的线长、和两次两球相蔽之间该球摆的次数成反比例、所以 $t_1 y = t_2 x$。在同一的地方、g 是同一的、所以 $\dfrac{4\pi^2 L_1}{t_1^2} = \dfrac{4\pi^2 L_2}{t_2^2}$ 即 $\dfrac{L_1}{t_1^2} = \dfrac{L_2}{t_2^2}$。设若以 p 代 t_1,以 q 代 t_2,那 $t_1 y = t_2 x$ 的等式,

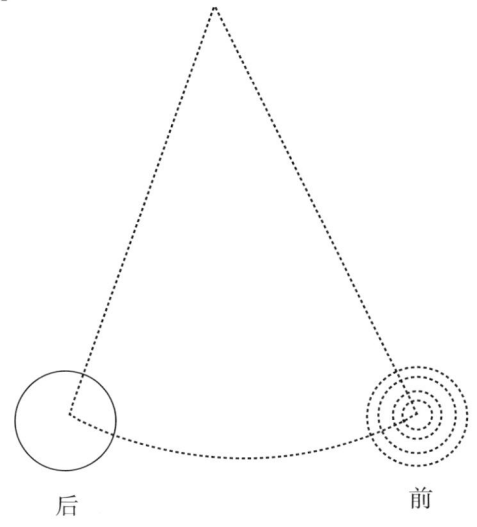

后　　　　　　　　前

就是 py = xq 的同正变式。球摆之试验,简约而甚确切,宇宙间许多大题目,如地心之吸力,地球之密度 即比重。和时间之权量,都是用

他考定的。

什么是共负变式呢？就是既除标准物的分量，又除所量物的分量，使之低于公分数时而相等。光浓表（Photometer）之权量，就是用这个方法的。法以一黑竖杆摆在一张平白纸之前，黑竖杆之两旁，斜置二尺，以一标准灯 p 置左尺之上，以一所量灯 q 置右尺之上，前后移动，到了那黑竖杆所射于白纸上的两个影子_{此灯所生之影处、仅受彼灯之光、彼灯所生之影处、仅受此灯之光、白纸上其余的处所、同时受彼此二灯之光}等浓的时候，再量二灯各自和白纸的距离。因为我们知道一个灯之在某处之光浓，和某处和此灯之距离之平方成反比例，所以我们可以用 $\dfrac{T_1}{d_1^2}=\dfrac{T_2}{d_2^2}$ 的等式去算他_{T_1 为标准灯之光浓、是已知的、d_1 和 d_2 是量得的、T_2 是所量灯之光浓、可以一索而得}。这个等式，就是通用的 $\dfrac{p}{x}=\dfrac{q}{y}$ 的共负变式。

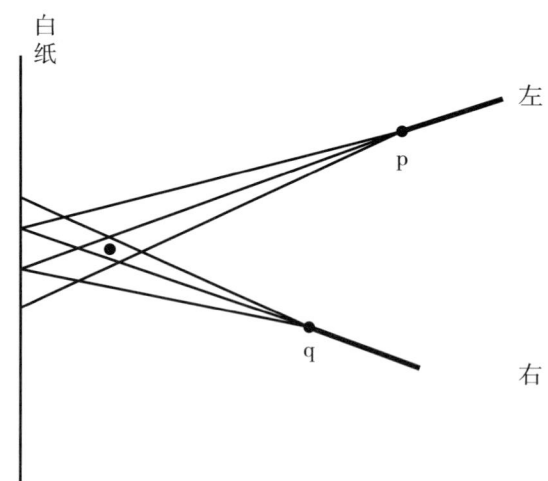

间接的权量　以上所说的，都是直接的权量，有时所量的分量 A，和另外一个分量 B 之间，有一定的算学的关系。我们只须

知道 B,就可以知道 A,这叫做间接的权量。科学之中,采用这个方法的时候也极多。例如法来德(Faraday)权量金叶之厚,积二千片金叶,量得他的总重量,是 24.89 公钱（格兰姆）,量得他的面积,是 21.45 平方公寸（生的来达）。他知道金的比重是 19.5,所以他算得这金叶的总厚,应该是 22.30 公寸。但是这金叶共有二千张,所以每张是 $\frac{1}{90000}$ 公寸（以上权量的单位是由英国的单位变来的）。换一句话说,我们直接量金叶的重量,就可以间接量金叶之厚。又如加伦德(Calendar)的热偶火度表(Thermocouple pyrometer)之构造,是利用电力和温度的关系。如有二不同的金类丝,两端相交,若是两端交点处温度不同,则此丝之中,生有电流,此电流之力之大小,和二交点处之温度差成正比例。若是甲交点处温度永不变,那么,我们只要直接量金类丝里之电力,就可以间接量乙交点处之温度了。

权量之分序　有时所量物过多最好是先后其中取出几个详细量之以备后来权量他物之参考。例如测量家先定基础点若干,然后山谷村庄,都靠他作参考。天文家考求星之行动,以一定的星为标准,其余的星,都取考于此标准星,至今格林维基尚有标准星表册。但是这种基础标准的权量,必得很确切,否则误而生误,遗害就不浅了。

有时所量物的分量,和标准物的分量,相差过大,我们可以在二者之中,取出一个承上接下的分量暂作标准以便计算。譬如我们测量的标准分量是一尺。若是要量北京和上海的距离,至少也得用一里为标准,才能进行。又如我们比较太阳和星的光浓,可以用满月的光浓为标准:乌拉司敦(Wollaston)用这个方法,量得太阳的光浓,大于满月的光浓 801072 倍,满月之光浓,大于天南星 A, centauri 星的光浓 27408 倍,由此可以进推太阳的光浓,和此星的光浓的比例,是 22000000 和 1 的比例。

单位之选订

权量的方法,既是以二量相较,那么,我们必得有一个标准的分量,经公众所承认的,才能进行哪。标准的分量,叫做单位(Uuit)。科学中之分量的研究,只有两种题目,不要单位;第一是抽象的数目,第二是周天的度数。因为抽象的数目,不沾物质,不用有具体的单位去计算他;周天的度数,是一周的分量,只要是一周,无论是地球赤道处的一周,或是网球联迹处的一周,度数都是一样的,不须有此周为彼周的单位。其余的权量,都要有标准的单位去驾驭他。然而各种现象,森罗不一,从各方面研究起来,各方面都要有单位,才能应用。若是没有基础的单位,把他们联属起来,那就过于复杂,在理论的方面,不能收"左右逢源"的功效了。我们把现象之发见之需要、分析起来,可以看得出以下的理由。现象发见于时间空间之中,所以我们记载现象,首先须定时间和空间的单位。现象因为物质改换而发见^{至于能力表见、以速率、速差、热量、光量、电量等等演产的单位量他},况且以客观的物质而言,依科学实用的方面看起来,至少也有物质之体量(Mass),是物质所自有的,所以其次要定体量的单位^{用地心吸力乘体量、就是重量}。这三项叫做基础的单位。有了这三项做基础,然后可以积次(Dimension)而定其他各项分量的单位了。但是我们须知道:各分量之单位,都是人类所强订的,以便我们的研究,并不是天生如此的。

时间之单位　时间之流行,毫无间断,无从知其始终,凡各种动作生活,都发见于其中。然而时间究竟是什么?仍无人能说得出。从前有人问圣僧奥格司丁(St. Augustin)道:"时间是什么?"奥格司丁的巧答是:"你若不问,我到知道他。"亚里士多德(Aristotle)说:"时间乃是用前后记动的数目。"毫柏司(Hobbes)说:"时间是动之前后之幻象。"康德(Kant)以为时间空间,是先天的,不是由经验得来的,因为我们不能设想没有时间空间。波格森以时间为实体的存在。但是这些辩论,都不能增加我们的知识。我们只要知道时间流行,是有定的,是可量的,并不是对于甲是从容缓步对于乙是马上加鞭哪。我们既是要量时间,必得有个单位。最初的时间之单位,自然是以一日为方便。以后因为一日里的动作太多,所以我们又用一日之二十四分之一,叫做一小时,以后又用一日之八万六千四百分之一,叫做一秒。但是日有常日(Solar day)和星日(Sidereal day)的区别,前单位利于日用的生活,后单位利于天。推测起来,地球自转之速率,因潮之摩擦,当逐渐缩小,那么,我们究竟拿什么^{文的考察、而且据理论}做时间分量的标准呢?现在科学权衡制(C.G.S.Units)强订平均常日之八万六千四百分之一为一秒。时间之权量之精确,近来进步甚快,用球摆量时间,可到一秒,用时计线(Chronograph)量时间,可到一秒之千分之一,卫脱司东(Wheatstone)用电花的试验量时间,可到一秒之十万分之一,那柏耳(Nobel)用炸药的试验量时间,可到一秒之百万分之一。我们要量外界的现象,以时间之权量为最重要。"时之为用大矣哉。"

空间　空间究竟是什么?"亦有难言之处。"依哲理说起来,空间是相对的,不是绝对的。譬如我今天在这里讲书,我说,下星期一,我还到这里讲书。今天的"这里",和下星期一的"这里",并不是绝对的同一的空间。因为地球天天旋转,太阳天天旋转,到下星期一,不知道又转到那里去了。我们只能说,我今天在离景山若干丈或尺的地方讲书,下星期一我还到离景山若干丈或尺的地方讲书。这是硬拿空间的一点作标准,其余的空间,是和这个标准相对的。不过依科学的"浅陋"的意见看起来,把空间当做绝对的——像牛敦就是这样的——并无妨碍——不但无妨碍,并且可以砺助力学之进行。因为我们只要可量在二点之间空间的分量,这分量不变迁,就够了。纵然这分量变迁,只要别的空间的分量,同时变迁到同一的地步,仍是无妨碍的——我们仍然可以得确切的权量。譬如我们拿尺量布,得若干尺,明天布变长了,只要尺也变长,我们的体干,以及各物都变长了,那有什么关系呢?所以在实用的方面,我们尽可断言空间是可量的。

现象发见,有只须时间而不须空间的,例如精神界之思想。然而据科学唯物的眼光看来,思想是缘于神经物质之改换,这种改换也在空间之中,不过不能像外界的空间之可量罢了。至于外界的现象,自然都可以分析为分子之动^{进一层说、可分析为电子之动},凡动之研究,都要拿时间和空间来做参考。所以我们定了时间的单位之后,又要定空间的单位。

空间的标准,如何定呢?有三个方法可以定他:(一)造一个标准的金类杆,使百长皆取考于此,(二)以地球之圆周,或地球之圆周之一部分为标准,(三)以每秒摆动一次的球摆之长为标准。这三个方法,从外貌看起来,都很便易。然而详细考察起

第四章　现象的权量

来，各有各的困难之点。若是以金类杆为标准，金类又随温度而涨缩。若是以地球的圆周为标准，则地球因失热而稍缩小，况且地球过大，也难得确切的权量。现在我们所定的空间标准，是一根白金杆，藏在巴黎记录院（Les archives de Paris）里面。在零度时，他的长算作一密达_{从前密达之界说、是地球圆周之四分之一的一千万分之一}。空间权量之确切，在科学里，进步也是非常的快，我们用极端显微镜，可以量得一密达之一万万分之一了。

体量　依放射的试验而言，物质之有体量，不过是外貌的，其实他是电磁力之表现。并且物质体量之大小，依其中电子之速率之大小而不同，不过在一定的速率限制以内，不至于发生体量的变迁，所以我们觉得体量是有定的。现在我们就以此为界线，说体量是可量的。这体量的标准如何定呢？我们取一立方公寸生的密达之水，在四度时的重量_{体量和地心吸力相乘就是重量}，算作一公钱_{格兰姆水在四度时密度最大}。现在最精的天秤，可量到一格兰姆之百万分之一了。

以上三个单位，叫做法国权衡制_{Centimeter-gramme-Second system 或简称 C.G.S. Units}。物理学家马克司惠儿（Maxwell）曾经提议用一定的光浪在以太中之浪长为空间之单位，以光浪所需过此浪长的时间为时间之单位，用最低的原子量，为体量的单位。如此乃是天然的单位，不是强订的单位。然而分量过小，在实际的方面，却没方法去用他。

附属的单位　以上选定的三个单位，既不是过大，又不是过小，适宜于多数权量之用。然有时所量物的分量过大或过小，我们也可以用这些单位的分数或倍数为单位。但是这些附属的单位，和基础的单位的关系，必定要确切。先以量长而言，密达之

63

上,有基罗密达^{一千密达},密达之下,有生的密达^{密达之百分之一},米里密达^{密达之千分之一}。至于用显微镜量长,须用 M ^{米里密达之千分之一}为单位。又化学中尝用毛尔(Mol)为单位,毛尔是什么呢? 乃是分子量之数,用具体的格兰姆表出来^{例如轻之分子量是二、所以轻之一毛尔是二格兰姆,炭氧二之分子量是四十四、所以炭氧二之毛尔是四十四格兰姆}。又如量量小的电流,可用小电压(Microvolt)为单位,量量小的电抗、可用小昂姆(Microhm)为单位^{但电压和昂姆都不是基础的单位}。总而言之,诸如此类的附属的单位,都可以随时新订以便利用的。

演产的单位　从时间、长、体量三个的单位,可以演产出来许多单位。如体积之单位,是由长之单位自乘三次而来,速率之单位,是由长之单位,被时间之单位除一次而来的,速差之单位,是由长之单位,被时间之单位除两次而来的。其他由此演产出来的单位,都可以如此算出。单位之演产的关系之研究,叫做积次之理论(Theory of dimension)。兹将普通的演产的单位,和基础的单位之积次的关系,用空隙^{数目前无记号字}代为所乘,以一代为所除,以〇代无关系,列表表见出来,如下。

暂用的单位　凡能力之变相——如热如电——之权量,都可以用这理论,求出他和基础的单位之关系。因为热和工作的关系,可以乔耳(Joule)

单位(Units)	积次(Dimension)		
	长	体　量	时　间
速率(Velocity)	1	0	−1
速差(Acceleration)	1	0	−2
力(Force)	1	1	−2

工作（Work）能力（Energy）	2	1	−2
体积（Volume）	3	0	0
密度（Density）	−3	1	0
面积（Area）	2	0	0
压力（Pressure）	−1	1	−2
角度（Angle）	0	0	0
权力（Power）	2	1	−3
动量（Momentum）	1	1	−1

表出电和工作的关系、可以华太（Watt）表出，都是我们所能知道的。若光浓和能力的关系，我们尚不知道。试问我们必须等待到我们能知道光浓和能力的关系的时候，我们才去量光浓吗？果其如此，则光学以及他学和光学有关系的部分，都要停滞不前了。所以我们设一个暂用的单位叫做一烛的（Candle power）来量他。

常数之规定

我们研究现象同变的时候，可以寻得出两个分量之间，有一个关系数。这关系数叫做常数（Constant）。设以 AB 代两个同变的分量，以 K 代常数，则此分量的关系，可以 A=KB 的公式表明之。若是把 K 规定了，我们对于 AB 二数，只要知其一，就可以知其二。这样看来，常数 K 的功用，岂不极大吗！他可以节省多少工夫，他可以促进多少进步，他可以解决多少问题。各支科学里边,都有这种常数。科学愈发达,其中的常数愈加多,因常数加多,而科学更易于发达^{就是因为节省工夫……等等缘故}。例如算学中的 π,3.1416 替我们省多少麻烦,凡圆周圆球之测算,都要靠他成事;物理学中的 J(Joule's equivalent of heat, 42 ergs),对于热动学之测算,和能力论之综合,他的功用,真是擢发难数。便说其余各科学中,比较 π,J 的功用较少的常数,对于其所属的本部,都有莫大的功劳。例如算学中之对数表,天文学中之诸星出没表,物理学中之蒸汽压力表,水之涨率表,化学中之原子量,以及其他的常数,都是逐年增加,并且已规定的常数,也是逐年愈加确切。若是我们要做分量的研究,只须揭开书箧,予取予携,使我们不至花费脑筋于无用之地;这是何等的方便!即以有机的现象之研究而言,医学家常以人的形式,身材,食料之分量,含蓄之分量,排泄之分量,筋肉的能力,神经的能力之分量,列成比较表,然后用常数来表明他们的分量的关系。社会学中也可以用统计比较的方法,去寻经济的状况,卫生的状况,肉体和精神的状况,彼此分量的关系。这种关系数,有时叫做"社会数"(Social number)。这种"社会数",自然难免有歧分的地方;然而这样的知识增加,纵不能使我们构造定律,总可以供给我们各种张本,而作假定的引导,不至于毫无凭借,逞力思辨,流入于虚妄的途径啊。

第五章　错误之免除和减少

现象界的繁复,既已如第一章所说的了。然而我们须得生活动作,决没有畏难而退的道理。所以无论如何繁复,我们还是要研究的。我们研究现象,理想的最好的方法,是每次提出一个现象出来而研究之权量之。无奈现象界不能应允我们的要求,每次送一个"六亲无靠"的现象于我们之前,等我们详细权量他,所以这个目的,(每次提出一个现象而权量之)无论我们如何精巧,是不能完全达到的。从根本上说起,我们为什么要权量呢?是因为要寻出现象之因果的关系,而发明现象界的定律。既是要寻出因果的关系,最好是变换因的情境,而考求果的现象之变换〔归纳法之同变律令〕。倘若我们能够每次变换一个情境,(没有他项情境与之俱变)以考求之,则试验并非难事。然而每次变换一个情境的时候,不能撇开少许外搀的情境之同时变换,所以结果的现象,也有少许外搀的现象杂在里边。这些外搀的现象,在另外一个范围之内,每每能供给发明之材料〔归纳法之剩余律令〕;然而从我们所要权量的现象的方面看来,这些外搀的现象,乃是扰乱的分子,就是错误的根源。科学既是要求真实,自然是要免除错误,纵然不能免除,亦必得把他减少到最低度。

先举一两个例子来说。如我们量液体温度之增加的方法,是用汞寒暑表置于此液体之中，再看他窄管里边汞之升起多少。因为汞是遇热而澎涨的。然而当汞受热而澎涨的时候，储汞的玻璃泡和窄管，也受热而澎涨，所以"我们所凭借以指示温度"的汞之外貌的澎涨，实在是汞之绝对的澎涨，和玻璃泡管之澎涨之差数。再进一层，来考究这个问题，玻璃泡必因外受液体的加大的压力^{因液体温度加高}而收缩，又必因内受汞的加大的压力^{因汞的温度也加高}而澎涨，不过这个澎涨收缩所生的错误，都是很小的罢了。又如我们用气压表^{或名风雨表}去量空气压力之变动，温度也在里边扰乱，因为表管里汞之升降，一由于空气压力之变动^{压力大则汞升、压力小则汞降}，一由于空气温度之变动^{温度高则汞升温度低则汞降}。所以管里汞之升降，实在是这两个原因所生的结果之总数。就是拿空气压力来说，又有一小部分，是

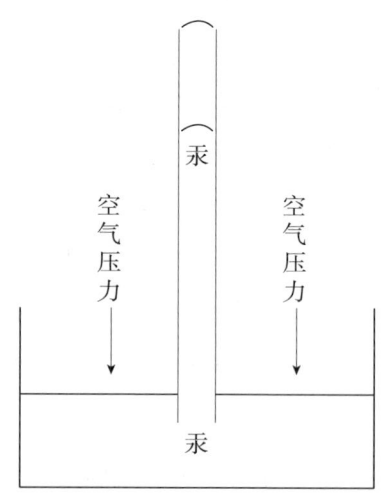

空气中所含的水蒸汽之压力，并非空气本身之压力，所以我们所量的空气压力，又是空气本身之压力，和空气所含的水蒸汽之压

力之总数。所以记录气压表的人,要把当时空气所含的水蒸汽之压力,和当时空气的温度找出来,以便更正气压表的数目。

又有外搀的现象之分量,比欲量的现象之分量还大的,大有"婢作夫人"之势。例如汞之可缩率(Compressibility)^{受压力而缩小的分量},远小于储汞之玻璃管之涨率^{因压力外挤而澎涨的分量}。试验的方法,置汞于玻璃管中,在汞上加以压力,则汞因此压力下压而缩小之分量,远小于玻璃管因此压力外挤而涨大之分量;那么,我们若要量汞之可缩率,反为玻璃管之涨率所搀扰,不能量了。又如恒星之平替(Parallax)之分量,较小于望远镜所生的错误之分量;那么,我们若要量平替,反为望远镜的错误所搀扰,不能量了。又如二物化变的速率,往往甚小,然而有时可以化变甚速,因为有第三者外搀物接触的缘故(Catalysis)^{例如轻和养在燃点下、化合甚缓、若有外搀物如瓷瓦、如玻璃、如金类(以白金为最)炭屑等接触剂来促进他、则化合甚快。又如小粉和水化合而成两种糖,因为有麦精酵促进的缘故。又如白糖的甜味、原于外搀物褐糖(Raminose)之刺激的占大部分、盐之咸、原于外搀物溴化镁之刺激的、占大部分。又如各种香水之香、多原于外搀物的刺激、也可同此比较}。凡如此类的问题,必须先考定外搀的现象之分量,然后能够谈到权量我们所要量的分量。

据此看来,我们权量现象,随处都可以发生错误,因为随处都有外搀的现象的缘故。最好的办法,当然是完全将他免除。然而免除之目的,能达到的时候很少。不得已而思其次,我们只能减少他。现在我们依照揭芳斯(Jevons)的方法,把物理学里所用免除和减少错误之方法,分为六项,逐一研究,如下:(一)免除(Removal);(二)常定^{或译微分}(Differentiation);(三)更正(Correction);(四)赔偿(Compensation);(五)反覆(Reversal);(六)平均(Means)。

免除之方法

我们观察试验,有时可以寻得一个机会没有外搀的现象发见,就令发见,分量也是极小的,不至于生出扰乱的结果。例如天文家研究天体的行动,第一最重要的仪器,就是时计表。就时计表的根本上说起,他计时间是以球摆之摆动为凭。然而球摆的悬杆之长,因温度不同而伸缩;那么,球摆每次摆动的时间,也因温度不同而有长短不同_{见时间之单位节}的错误了。若要免除或减少这个错误,有两个方法:第一是用不同的金类作球摆的悬杆_{见后赔偿节},然而这个方法所得的结果,尚不足以满天文家之意。天文家所常用的是第二方法,他用一个确切的时计表,摆在入地二十余丈深的地洞里边,使他不受地面温度变迁之扰动,这项错误,就可以免除了。又如航海家用指北针去定方向,他所遇的扰动的分子,是浪动和船上的铁。因为浪动使船不平,而罗盘也因之不平,指北针和吸铁石同性,铁可以改变他的方向。这两项所生的错误,都是很大的。要免除这种错误,法以罗盘浮在一盆汞的面上,如此则船虽不平,而汞面总是平的,可以免除第一错误;再把这个罗盘的仪器,放在一个大铁环里边,使指北针各方所受的吸力,都是相等的_{这实在是常定之方法},可以免除第二错误。又如用汞之涨缩,量温度之高低,必先得汞之绝对的涨率为标准,这个权量,才能确切_{参观上节}。法以 U 形管中贮汞,使其左支永在零处,使其右支热至若干度。因两支上可相通,并且 C 处有一孔可与空气相通,所以两支里的汞之平面,永与 C 平行。然后用气压表 G 量两支中压力之不同,右支压力大,左支压力小,从压力之差别,我们可以算"得密度之差别,从密度之差别,我们可以算得出右支里汞澎涨若干而"得汞之绝对的涨率,于是贮汞的玻璃管之澎涨,完全没有关系了。又如朋孙热量表(Bunson's ice calorimeter),当试

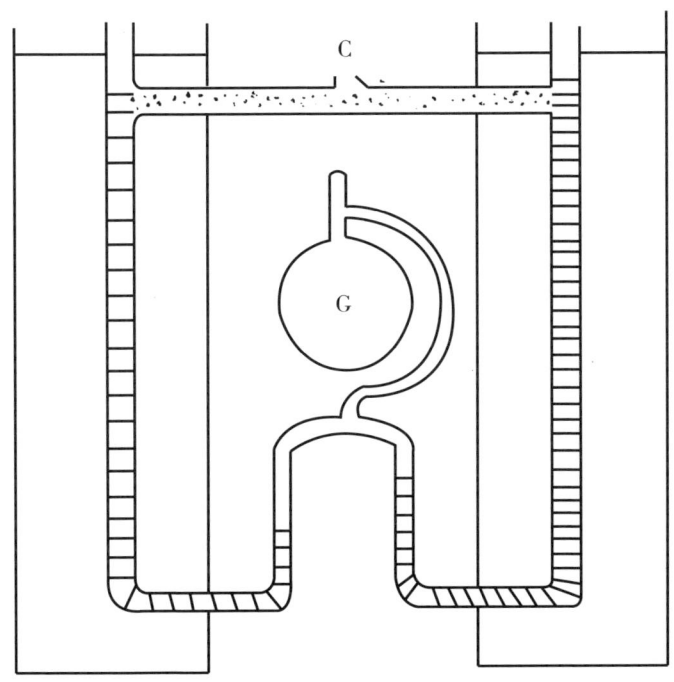

验的时候,外边用冰围之,使外搀的热不得由传导或辐射而至热量表之中,由此而生的错误,就可以免除了。

常定

我们观察试验,有时可以制造一种情境,使外搀的现象当观察试验的时候,常定而不变,所以我们做二次或多于二次的权量,受他的扰动,都到同等的地位,所以得数可免错误。拿符号说起来,我们要量 X 和 Y 的差数,当量 X 的时候,有错误 R 夹在里边,到量 Y 的时候,又有错误 R 夹在里边,那么,(X+R)-(Y+R)还是等于 X-Y,所以总得数是没有错误的。例如我们用天秤戥物,左盘有 A,右盘有 B,两边如果相称,则 A B 的重量,必定是相等了。然而我们恐怕天秤的横竿,尖架,法码,各处,微有缺点,则 A B 的重量,究竟相等不相等,还是一个疑问。若是取去 B 而以 C 代之,如 C 仍和 A 相等,则 C 和 B 之相等,必是一定的。因为凡有外搀的情境,使 B 的分量,生那么多的错误,必定使 C 的分量,也生那么多的错误,两下相消掉了。又如植物学家要研究"植物萌芽生长之偏向由于内部生机"之问题,对于这个研究,可生错误的外搀的情境,有光,有热,有湿空气,有地心吸力四项。因为这四项情境,都可以使植物萌芽偏向一边。这些扰动的分子,都不易于免除,至于地心吸力,则竟直不能免除。所以植物学家想出一个缓转的方法(Method of slow rotation)来试验他;法以一杆横卧,杆之一端,有一爪可握一盆底,盆里贮土和植物,用一个缓转的摩托,使此杆绕其长轴而自转,于是光热湿空气地心吸力,对于植物萌芽之扰动,各方皆等 。如果植物的萌芽,仍有偏向,则这个偏向,必定是原于内部的生机了。

第五章 错误之免除和减少

更正

我们观察试验,有时可以另外权量外搀的现象的分量,由此可以更正我们所要量的分量。这样的更正,往往可以靠科学中已定的常数而做到的。例如气压表,无论在何温度时的数目,可以更正为在零度时的数目^{气压表中汞之升起、有一小部分、由于汞之温度加高而澎涨、参观本章第一节}。又如我们测量日星之高,可以减去已经测定的平替,和空气折光的错误。然而有时没有一定的常数,可以决定错误的多寡,到这样的地方,我们须得另外权量外搀的现象。例如我们要量一架机器之工作,工作原于能力^{看第四章演产的单位之表},机器之能力,一部分变为有用的工作(Useful work),又有一部分消耗于机器之摩擦。但是我们不知道摩擦消耗多少,所以必定另外权量他。司密敦(Smeaton)用这个方法去量水轮^{和我国水磨水碓一样的道理}之有用的工作,他先量水轮每点钟所用的水之体积,和水源之高,而得水之能力之总数。然而这个能力之总数,不尽变为有用的工作,有一部分消耗于水轮之摩擦,所以他另外做个试验,去量水轮摩擦要消耗能力多少。法以一滑车挂一根绳子,这绳子之一端,系着法码,这绳子之又一端,绕在空水轮之轴上,法码下坠而轮转,并且使轮转的速率,和水转轮时相等,因为我们知道法码的重量,所以我们可以算得出水轮摩擦所消耗的能力。把这个消耗的能力,在能力之总数里减下来,其剩余的,就是水轮之有用的工作。又如我们量一物之比热;先增高此物之温度,然后置于热量表里边,于是热量表里的水之温度加高若干。既知道热量表中水之体积，又知道表中水之温度，又知道水之比热，所以我们知道热量表中之水，所受于此物之热有几何。然而当热量表中之水温度加高的时候，表外的空气较冷，所以必有少许的热，由辐射而失去于表外。若是我们要量这个失去的分量，法以二个同样的热量表，同时试验，以第一表量此物之比热，以第二表量由辐射失去的热，以所失的热加于第一表所量的热，就得了我们所要量的热之真数。又如化学定量分析里的空白试验（Blank experiment），也是更正的方法。例如我们要量一肥料中氮之分量^{波生的或百分数（Percentage）}，恐怕我们所用的化学品中，杂有氮合物，又恐怕当试验的时候，有从空气中或从水中来的氮合物搀在里边。所以我们做定量分析的时候，另外用一个空瓶^{中间没有肥料}，用真试验里所要用的化学品，照真试验的方法一样的做去，看他的结果，究竟有氮没有。如果有氮，这氮就是从化学品或空气或水里来的，不是从肥料来的^{因为空白试验里没有用肥料}。把这个氮的分量，从真试验的得数中减去，则剩余的得数，就是肥料之氮的波生的了。

赔偿

我们观察试验的时候，如果知道外搀的错误之性质和分量，有时可以用一个相等而相反的去消除他。例如用天秤戤物，此物必占据空间，则此空间之中之原有的空气，必为此物所代替；那么，法码所记载的重量，乃是此物的真重量减少此物所代替的空气的重量,就有错误发生了。不过所戥的物,若是固体液体,由此发生的错误极小,可以不必计算。若是气体,这错误就很大,不能不设法免除了。所以我们权量气体之分量,要用两称(Buoyancy)之方法:法以两个同体积的玻璃泡,悬于左右二盘之上,以右泡储空气_{右盘上摆法码},将左泡抽成真空,看两盘相等的时候重

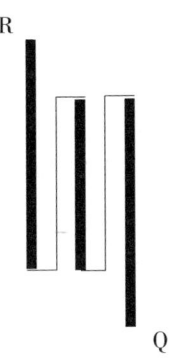

量多少,再将我们所要量的气体,装在左泡之中,再看两盘相等的时候,重量多少,两下相减,才能得在泡里气体的真重量_{若是极精细的权量、即法码所代替的空气之重量、亦必计算}。又如时计表上球摆之悬竿,随温度之变而长短不同,因之而摆动时间不同。我们可以用两个不同的金类,造球摆之悬竿;叫做赔偿的悬竿(Compensating pendulum)。如圆粗线为一金类A,细线为另一金类B,A B之涨率不同,如R点_{悬心}不动,当温度增高的时候,A涨使Q_{球心}下坠,B涨使Q上升,若上升下坠恰相等_{在构造悬竿之前可由A B之涨率算出},则自R至Q之长,就永远不因温度高低而变,于是我们可以得真实的时间之权量了。

反覆

我们观察试验，有时可以反覆仪器之秩序，或反覆试验之次第，使所有外搀的扰动，在顺行的时候生自此向彼的错误，在逆行的时候，生自彼向此的错误，再取二法所得的平均数算做得数，就可以准而不误了。凡能用这个方法的时候，总要用他；因为这个方法，减少错误之能力极大。例如我们用天秤戥物，若是天秤之横杆尖架，稍有缺点，则得数必有错误，这种错误，可用反覆之方法去免除他。法以物置右盘，以法码置左盘，戥之，再以物置左盘，以法码置右盘，戥之，那么所有外搀的错误，在这两次里，方向必定相反，而且分量必定相等。若是我们取二次的平均数做得数，就没有错误了。又如我们要量空气传声的速率、有外搀的情境——空气之不静风和不净灰尘和水蒸汽来扰动他而生错误。这个错误，也可以用反覆之方法去免除他。法从距离若干里之甲乙二站，同时发声，在乙站记载甲站所发的声之速率，在甲站记载乙站所发的声之速率，若有空气之扰动，增加此声之速率，必减少彼声之速率，所以二速率之平均数，就是声在空气中之速率。又如我们求电流表（Ammeter）之标准，先反覆电流之分量，渐加渐减，每次考察电刺表（Galvanometer）里磁针偏向之角度若干，然后又反覆电流之方向，又渐加渐减，如前，于是我们可得四行得数，在这四行得数之中，取其平均，那错误就很少了。电磁学的试验之中，用反覆方法的时候甚多。

第五章　错误之免除和减少

平　均

上段反覆之方法，也是用平均得数为凭，所以也可以算得是平均之方法。这一段所说的平均之方法，专是就得数的平均而言，至于如何得到这个得数（或用反覆之方法、或用其他的方法）一层，在所不论。这是平均之方法本身的用处。因为到了我们不能知道外揽的扰动是什么，又不能用反覆之方法去免除他的时候，惟有多集得数，取其平均，可以逼近于真实。从实际的方面讲起来，我们研究现象，权量愈精确，则微细的错误之发明愈多。所以二以上的得数，终不能十分符合，纵然有时十分符合，丝毫不差，真正的科学家，不但不信这样得数是绝对的真实，反而疑惑这样得数的错误更多。因为丝毫不差的符合，往往缘于仪器之缺点，永远偏于一方面的错误，或者缘于观察人之偏见，永远桎梏真实，使之和他所期望的得数相符合（这种偏见有时是无意识的(Unconcious)）。这样看来，微细的错误，乃是我们权量里面必有的，而且不可少的事情。To err is human！所以我们对于小有不合的得数，除非有专门长久的经验，或可凭他的眼光去判断这些得数之是非，否则没有以此为真实以彼为错误的理由；那么，惟有平均之一法，可以使我们较逼近于真实了。

平均可分三类：一是假用的平均(Ficticious mean)；二是确切的平均(Precise mean)；三是或然的平均(Probable mean)。

假用的平均　假用的平均，是多数的分量之普通代表数，可以和他项多数的分量相比较的。例如物体之重心点、磁石之极点、气体之平均速度、都是的。凡一物之体积,无论他的形式是怎样,我们可以寻出一个重心点^{此点或在物体之中、例如一球之重心在球之中心、或在物体之外、例如一环之重心点、在环心之空处}。这样平均之方法,可以使我们设想此物体所有的物质微点,都聚集在此点,所以此物体所有的重力,都可以算是自此点

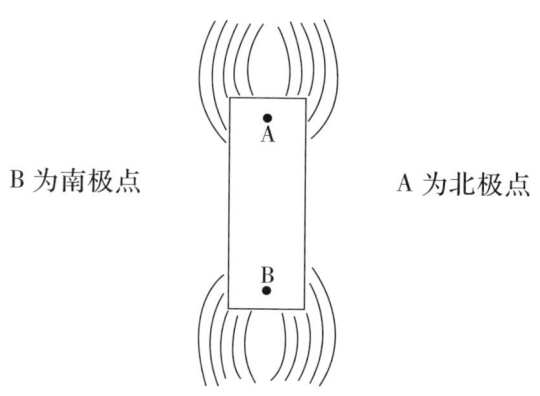

B 为南极点　　　　A 为北极点

发出的。磁石之吸力,弯曲如弧,繁多如丝,我们可寻出一个极点,这样办法,可以使我们设想所有磁石之同性的物质,都聚集在此点^{如图},所以此磁石所有的吸力,都可以算是自此点发出的。又如气动说(Kinetic theory of gases)里所说的气体分子的平均速率,气体分子的平均径长(Mean free path),都是假用的平均,因为各分子之速率,大小不等,各二分子之距离^{即径长},也是长短不等,繁杂纷乱得很,但是我们可以用一个平均速率径长,去代表无数的不同的速率径长,使我们可以设想:气体分子之动,无论如何杂乱无章,然而他们的总结果,等于"他们的速率,都是和平均速率相等,他们的径长,都是和平均径长相等"的结果。这叫

做大数之定律(Law of large numbers)。朋加烈(Boincare)说："凡是分子复杂的时候，若是他们的动作，是半秩序的，我们倒没有方法对付他，若是他们的动作，是完全无秩序的，我们反可以找一个秩序出来。"这就是用假用的平均之方法。

假用的平均数（又可以叫做均数(Average)，以下简称均数），依算学而言，有三种不同。一是数学的均数，他的公式是：$\frac{1}{2}(a+b)$，$\frac{1}{3}(a+b+c)$……；二是几何的均数，他的公式是：$2\times\sqrt{a\times b}$，$3\times\sqrt{a\times b\times c}$，……；三是谐和的均数，他的公式是：$\frac{1}{\frac{1}{2}(\frac{1}{a}+\frac{1}{b})}$，$\frac{1}{\frac{1}{3}(\frac{1}{a}+\frac{1}{b}+\frac{1}{c})}$……。设以 a b c 代三个数，以 x 代此三数的均数，则 y(xxx……)必等于 y(abc……)，设 a 为 1，b 为 2，c 为 3，则此三数的数学的均数为 $\frac{1+2+3}{3}=2$，此三数的几何的均数为 $3\times\sqrt{1\times 2\times 3}=1.85$，此三数的谐和的均数为 $\frac{1}{\frac{1}{3}(\frac{1}{1}\times\frac{1}{2}\times\frac{1}{3})}=0.46$。可见几何的均数，小于数学的均数，谐和的均数，又小于几何的均数。凡社会的经济的统计学里所用的均数，例如人口增加，货价增加等类的均数，都是几何的均数。譬如某国人口在百年里增加一倍——就是增加百分之百，倘若我们要知道每十年里平均增加率若干，依几何的均数求之，是 $10\times\sqrt{\frac{100}{100}\times\frac{200}{100}}=10\times\sqrt{2}=1.072$。取其大数而言，每十年中之平均增加率，是百分之七（譬如中华民国元年、中国人口一百兆、到民国百年、中国人口增加到二百兆。这不过取其数目之便利以作比喻。）他的增加率之几何的均数，是百分之七，据此算之，民国十年时，中国人口是一百零七兆，民国二十年时，是一百一十五兆，民国三十年时、是一百二十二兆有奇、民国四十年时、是一百三十一兆、民国五十年时、是一百四十兆、民国六十年时、是一百五十兆、民国七十年时、是一百六十一兆、民国八十年时、是一百七十二兆、民国九十年时、是一百八十四兆、民国百年时、是一百九十七兆、一百九十七和二百稍有不符、是因为以上是用百分之七算的、没有用百分之七·二去算的缘故。

确切的平均　确切的平均,是说正的错误和负的错误恰恰相消所以平均数在这个范围以内,可以算得确切的。上段反覆之方法所得的平均数,就是属于此类的。现在另举一例,来表明这种方法的用处。如有二因同时生果,有时二因同道而联,所以结果的现象,是二因之果之总数。有时二因背道而驰,所以结果的现象,是二因之果之差数。若是我们要求二果之各自的分量,可以用平均之方法。例如朔望的时候,日月之吸力同升潮,所以此潮是日潮月潮之总数。二弦的时候,日之吸力降潮,月之吸力升潮,所以此潮是日潮月潮之差数。若是我们要求日潮月潮各自的分量,以一朔望潮加一弦潮,以二除其总数,就得月潮之分量。以一朔望潮减一弦潮,以二除其差数,就得日潮之分量。

或然的平均　如有二以上的得数参差不齐,而完全不知其出于何因,我们可以从此不齐的得数之中,先求得一个均数（假用的平均）,然后求出一个界限则真实的得数必在这个界限以内,这叫做或然的平均,这个方法又叫做错误之定律(Law of error)。这个定律是算学的,不是物理的,是形式的,不是实质的,因为我们不知道微细的错误之原因是什么,所以用个笼统的方法去驾驭他。这方法可分为八层:

（一）以所有的试验的得数相加,以试验之次数除之,是得均数。

（二）求此均数和各得数之差（或正或负）,是得各差数。

（三）将此差数自乘（其得数自然都是正号的）,是得各差数之平方。

（四）将所有的差数之平方相加，是得差数之平方之总数。

（五）以试验之次数减一，除此总数，是平均的错误之平方。

（六）求上层得数之平方根，是得每次试验之平均的错误。

（七）以试验之次数之平方根，除上层得数，是得平均的得数（均数）之平均的错误。

（八）以常数 $\frac{2}{3}$（或以较确的 0.6745）乘上层得数，是得平均的得数之或然的错误。

例如我们测量一山之高，共测量五次，其得数为 293，301，306，307，313。若要知道他们的平均的得数之或然的错误，照上列各条求之。先寻诸得数和均数之差数，这五个差数，是 11，3，2，3，9 _{我们不管他是正号的、是负号的、因为他们的平方都是正号的}。此诸差数之平方，为 121，9，4，9，81。把这些平方加起来，得总数 224。再用试验之次数减一（即四）除之，得 56。56 之平方根，为 7.5，5 _{试验之次数}之平方根为 2.24，以 2.24 除 7.5，得 3.35。以 $\frac{2}{3}$ 乘之，得 2.26，或 $2\frac{1}{4}$ 就是均数之或然的错误。以 304 加 $2\frac{1}{4}$ 得 $306\frac{1}{4}$，以 304 减 $2\frac{1}{4}$ 得 $301\frac{3}{4}$，则此山之高之真数，必在 $306\frac{1}{4}$ 和 $301\frac{3}{4}$ 之间。依此方法推求，可以知道得数之可信的价值。

用平均之方法去求真实，足见人类智慧之孱弱，不能有"包涵万象"的本领。然而又足见人类智慧之高强，于"无可奈何"之中，总寻得出一条进行的途径出来。以或然的理论而言，我们虽不能知道外搀的情境是什么，然而正号的错误和负号的错误，或可相等而相消。若是再要进求确切,须用各种不同的仪器来作试验。例如温度之权量,可以同时用汞寒暑表,空气寒暑表,酒精寒暑表,去考订他;或者用根据原理不同的试验,从各方面去考求他。例如原子量之考订,可以用化学分析法,气体密度法,比热法,同式法,沸点法,冰点法去研究。若是各试验的得数都相符,那得数必定有"虽不中不远矣"的资格了。历史家考求事实之真确(Authenticity),也须得从根源不同的书籍之中,搜出结案相同的证据来_{若此书根据于彼书、不能算作两个证据、参观或然之测算第五条}。因为根据不同的证据之数,和"错误同一方向"之或然数,成反比例;换一句话说,证据愈多,则"错误同一方向"之或然数愈小,而可逼近于真实。否则一有错误,无法补救,所以研究历史的人,有一个"金科玉律"的命令,是一证就是无证(Testis unus, testis nullus),科学家所以如此小心谨慎的道理,也是因为错误最易陷入啊。

第六章　观察和试验

　　知识缘于经验以前已经说过。经验最初的起源,往往由于无意的接触。——开眼必有所见,张耳必有所闻,——由这种无意的见闻,再用假定经验双方进行,于是成个有系统的科学。例如极光(Polarisation)之物理学,原于巴托林那司(Batholinus)无意发现白垩之复折光;电磁学原于加耳方尼(Galvani)无意发现蛙腿之颤动;动物学之分类,原于俄根(Oken)无意察见高等动物之脊椎。又有牛敦(Newton)之故事告诉我们说,普遍吸力定律之发明,原于牛敦无意看见苹果之落地。读者诸君有曾读过兰姆故事(Lamb's tales)的,必定知道中国人烤猪之寓言。这段故事说:古代中国人,不懂得烹饪。有一天住宅失火,所畜的猪烧死了。这中国人用手搬那烧死的猪,适巧他的指头触到口里,顿觉有味,以后他就知道烧猪吃和他项烹饪之艺术了。但是无意的接触,不过是发起兴趣的起点。从此往下,若是没有有眼光有系统的研究,仍是没用。我们怎样去研究呢? 就是先设个假定^{参观第八章},然后用经验去证明。现在我们先说科学的经验。经验分为两种:一是观察,二是试验^{或译实验、我以为实验二字可以留给Pragmatism、至于Experiment可以试验译之}。

　　观察和试验之区别　　在天然的情境之下,记录现象之进行,叫做观察。用人力改变天然的情境,然后记录现象之进行,叫做试验。简括一句说,试验就是观察和天然的情境之改变之总数。所以赫切耳(Herschel)说:观察和试验,统同可以叫做观察,不过"观察"是被动的观察,试验是主动的观察罢了。试验的结果,比观察的结果,较为确切。因为在试验的时候,现象之情境,是我们自己规定的,所以可疑之点较为少些。然而观察和试验之区别,也不过是等级的问题,并不是类别的问题。古代天文家记录日星之行动,纯为观察的科学,然而现在天文家,选择一定的时间和空间,来考察各星之平替和他们的出没,已经是试验了。又如气候学,可以算得纯粹的观察的科学,然而我们可以上高山,升飞机入空中,乘船入海,取各种不同的观察点,也就是试验了。总而言之,纯粹的观察之价值,究有多高,实有可以怀疑之处。我们现在所注重的,是要把人力的改造加入于天然界之活动之中。再看这"非天然"的结果,可是和指导的预测相符。而且判断真实错误之本领,试验也比观察高得多。我们举两个极端的例子来说:地球是圆的这个理论,文艺新生时代的天文家,已经由很精详的观察证明了。然而倘若没有哥仑布,麦哲伦之亲身环行地球,恐怕欧美的人民,也还有相信地是平的之说的咧。又如地球扁圆^{两极处圆径较短
赤道处圆径较长}这个理论,牛敦已经由液体旋转之定律推出,夫兰司梯(Flansteed)^{牛敦的
助手}已经由观察证明了。然而若是没有毛波第(Maupertuis)亲身往北极测量,这个理论之真实之价值,能有如此的高吗?

观察

天然界中之现象,往往甚缓而柔,易于逃出我们的观察之范围,因为天然的主司(Natural agency)之工作往往甚缓而柔的缘故_{主司之工作为因、现象为果}。例如日热可以使水变成蒸汽,气候之干燥可以使动物觅水于他方,这两样现象,都是很缓而柔的,不易入我们的观察界。若要研究这种现象,有两个方法:(一)观察之时间之延长;天然的主司之工作虽缓而柔,然而日计不足,岁计有余,只要时间甚长,耐心观察,总可以看见他的结果。例如江河之两岸,当浪的处所,必定逐日侵削,避浪的处所,必定逐日增长。不过这样的侵削增长,都是极缓而柔,不易使人注意。然而数十年后,侵削的处所,必定成港,增长的处所,必定成滩,这个结果,就是很大的了。又如固体分子之摆动,是一个极其不易观察的现象。然而有人以一平金块放在一平铅块之上,到四年后取出,将金块铅块都切成薄片而分析之。在金块之上部,寻出铅,在铅块之下部寻出金,足见有金之分子逃入铅块之中,有铅之分子逃入金块之中了。(二)主司力之增加;天然界中之主司力,如热,如光,如电,如动力,往往甚缓而柔,但是我们能增加此种主司之分量_{此已有试验的性质},而考察其结果。例如以灰石放在浓炭酸之中,立刻溶解,则天然界中雨所含之炭酸,也必定能溶解灰石,和他种可溶解于炭酸的崖石,不过较缓而柔罢了。又如以火煮水,水就逐渐蒸发而沸腾、则天然界中之日热,也必定使水蒸发,蒸发就是较缓而柔的沸腾。

我们当观察的时候要得确切的结果必须留意以下三种情境是否是错误的来源。(一)心理的情境;(二)器官和仪器的情境;(三)外界的情境。

心理的情境　我们若是要得确切的结果,不能有主观的偏见。培根说:"人心就同不平的镜子一样,他所摄的天然之影相,不能和天然完全相同。"若是有希望,恐惧,爱悦,等等情绪夹在里面,那就更易生错误了。然而各镜之不同,不必一律,此镜甲处稍凸,乙处稍凹,彼镜甲处稍凹,乙处稍凸,所以确切的结果,必以多数观察为凭,并须以多数不同的人的观察为凭,则错误或有相消之机会。所以皮加(Picard)说,科学的真实,也有公众的意义。

心理的情境,各人不同,对于无机界之鉴别,已经可以生出不同的意见,至于对于有机界——社会问题之研究,更可以生出的意见了。依失勒(Schiller)说,这些不同的意见,不是完全由于问题中事实之繁复,但是又由于观察人的生理组织之不同。这样看来,主观的心理的情境,也是缘于客观的生理的组织。例如甲见猫而欢悦,乙见猫而恶恨,甲见红色而郁闷,乙见红色而愉快,这是因为甲乙二人生理组织不同,感触同一的东西,可以生不同的反应。所以对于同一的社会的现象,甲可以抱乐观,乙可以抱悲观,甲乙二人都有理由,不能抑此而扬彼。这就是个性主义之理由之一端。不过个性必得无害于群性,所以我们终当以公众的意义为凭哪。

公平的研究,不能容有情绪杂于其间,纵使观察人忠诚公正,以真实为目的,尚且有时被特异的心理所奴隶而不自知。至于有心作伪,或记忆力之萎弱,或眼光之短促,必生错误,那更不待说了。总之,观察人在观察的时候,虽然要能深信其所信的原理,才能勇猛前进,寻觅他所预期的结果(这种态度在试验中尤为重要)。例如牛敦(Newton),德斐(Davy)遇着试验理论微有不合的时候,宁可相信试验有错误,而不相信他们所根据的理论有错误。然而同时又要有谦虚认错之态度,承认观察所得的和他所预期的不符的结果,肯抛弃他的原来错误的意见。这种态度,好多科学家不能抱持。例如达尔敦(Dalton)看见波赛里约(Berzelius)用字母作化学符号之简易,仍然保守他自己的图画的化学符号。波赛里约看见别人较好的化合之理论发见后,仍然要替他的两配的化合之理论(Dualistic theory of chemical combination)作无理的辩护。这是我所不能讳言的,歉甚!歉甚!

历史中所载的事实,有真实的,有非真实的,夹在一处。如历史所纪载的日食,气候之特变,地震,火山,山崩,川竭,现今淘汰的生物之存在,动物和民族之迁移,奇怪的风俗,无论记载如何不完,我们终须用他作研究的资料。但是我们须得考察他的真实,然后能定取舍。考订历史的事实之唯一的方法,也是从各不同的方面,搜集举例而比较之(Comparison of independant record or tradition),不能以一派沿习的传说为凭^{参观上章平均法},因为那是先入为主的主观的偏见。

历史上遗传的误信,最足使人存主观的偏见,在社会学的各部,固然是如此的,就是在物理的科学之中,也曾有此种误信,见于科学历史之中。例如日绕地球之说,直到哥白尼(Copernicus)方才破除;轻物下坠缓于重物之说,直到加里里约(Galileo),牛敦(Newton)方才破除;中古学子都以为永行的机器(Perpetual engine)是可能的事,直到加耳挪(Carnot)方才破除。凡此种的误信都是用试验破除掉的。因为那些误信的学说,不能解释他们所做的试验。

又有习惯的错误,或叫做个人的错误,也易于混入观察的结果之中。所以我们观察,须得取多数的人的观察为凭。例如算学中之测算,有人屡以9为6,有人屡以6为9,颜色之辨别,有人屡以红为橘,有人屡以紫为蓝,都是这种错误。

　　器官和仪器的情境　我们观察现象,以公众的器官所能观察的,和我们所有的仪器所能观察的为凭,至于器官必不能有缺陷,仪器必能合用,那是不待说的了。但是器官和仪器之观察,也有一定的限制。天然界中也许有微细的现象,不是器官所能观察的。例如音度(Frequency)过于每秒三万八千次的声,不能为耳所闻,过紫(Ultraviolet)以外和极红(Infrared)以内的光,不能为目所见。就便说到仪器,也许有微细的现象,不是我们现在所有的仪器所能观察的。例如望远镜不能窥见暗于第十二级〔这是四寸口的望远镜所能窥见的、若要窥见更暗的星、必须用更大的镜口但是镜口过大、实际上极其困难。无病的裸眼、可以窥见第六级的星〕以上的星,极端显微镜不能窥见小于十万分之一米里密达之物。然而此种现象未入观察界的,除非另有方法证其存在〔参观外界的情境〕,我们决不承认为事实,因为恐怕流于虚妄的缘故。

　　科学中之观察,注重仪器过于器官,因为器官观察,纵然确切,有时仍然不能入真实之门。例如管口激水,以裸眼观之,乃是一条不断的线,然而实在是无数水珠联接摇摆,印于眼珠甚快,故成一条线。又如手执一火,在暗室中,摇成一圈,以裸眼观之,乃是一个火圈,然而实在是一点火接续旋转,印于眼珠甚快,故成一圈。又如影戏之活动,竟像一体之行动,然而实在是无数相片接续射影而成的幻像。凡这些现象,精巧的仪器,都可以辨别得出。如管口射水,快镜可以分成水珠,轻养爆炸之火浪,也可以快镜分为三级,每级的浪式不同。又如微细的热的分量,我们的触官不能察觉的,寒暑表热量表可以试得出。又如电的分量,竟直不是器官所能察觉的,当然要用仪器侦探了。

外界的情境　就令心理公平,器官准确,然而还要考察外界的情境,是否尽为观察界所收罗。因为天然界所呈的现象,有易为我们所观察的,有不易为我们所观察的,有竟直不能为我们所观察的。我们对于第一种的现象,必须详考当我们观察的时候,是否为主观的偏见所驱使,或为外界的貌似所蒙蔽如忙觉时短,闲觉日长,重物下坠,似速于轻物,日似绕地而行之类。对于第二种的现象,必须用精巧的仪器,来辅器官之不足。如水和空气中的微霉,非显微镜不能窥见,分量甚少的物之存在,非精细的化学分析不能发见之类。对于第三种的现象,必须用旁证推较之法以证明之。例如原子之重量,我们无法可以直接去戥量他,必须用分析的结果,或蒸汽之密度去旁证他。这些不能直接观察的东西有人叫做具体的观念。地质历史中,冰川时代所遗留的磊泥石、上有刓迹,现在冰川区域如阿耳皮司格林兰的磊泥石,也有刓迹。现在有刓迹的磊泥石,都是原于冰川的,那么,地质历史中所遗留的有刓迹的磊泥石,或者也是原于冰川的。这个或然数很高、因为这两种磊泥石的同点很多。由此而知地质历史中有个冰川代。这是用推较的方法。凡历史中不能重行发见不让我们试验的事实历史的事实、以时间为重要的分子、时间是一去不返的、故曰不能重行发见,只能用即今推古的方法去推较他。

外境的情境,不能为我们的所观察的,历史学里极多。天文学中之彗星,依历史所记载的,不过四五千之多,然而我们若将南半球所见的而未经记载的彗星,和天空远处未经望远镜所窥见的彗星,合而计之,则拉布拉司(Laplace)之测算,说天空中之彗星,多如海中之鱼,或者也是无足怪的。地球上所见的陨石,历史所记载的有限,然而以天文家的测算而言,每二十四小时,当有四百兆陨石,见于地球的空气围之中。但是此种测算,在该科学之中,必有确切的张本,方才有可信的价值;并且要由各不同的张本而测算所得的结果,都能互相符合,我们才能承认他是真实;这叫做事实之互符(Consilience of facts)。若是不能做到这步田地,我们只能给予各不同的结果,一个比较的或然数。例如地球之寿算,物理学家依地球失热率推算,约为四十兆年,生物学家依生物进化率推算,为数百兆年以上,仍然还是未解决的问题啊。

　　历史所记载的事实,往往缺而不完,就此缺而不完的事实,首先须从各方面,考察他们本身之真实不真实。至于未曾记载的事实,须用复原(Restoration)之方法求之。复原之方法也不外乎推较——就是用现在的事实,推较古时的事实。例如希腊罗马之金类古器,遗传在博物院里的,黄铜(Brass)多而铁少。依外貌看起来,好像希腊罗马人多用黄铜而少用铁了。实在是因为铁之朽坏,比黄铜较易,所以古时遗留下来的铁,比黄铜较少。又有人误信古人所住的房屋_{指希腊罗马古建筑},比现在人所住的房屋较为坚固。然而实在是古时平民所住的不坚固的房屋,都倒塌了,我们不能亲眼看见他,凡我们所能看见的古建筑,都是贵族的"很考较的"——坚固的房屋罢了。又如地层中之化石所代表的动物,都是坚甲或有骨之类,那么,难道地质历史的古代之中,就没有昆虫_{如蝴蝶}环节_{如蚯蚓}等等动物吗?这不过是因为他们没有坚结的部分,不能遗留于化石界罢了。

　　我们观察现象界之活动,有时只能得段落的事实;若是要把

第六章 观察和试验

这些事实接续起来，成一个有系统的理论，那就不是纯粹的观察（Pure empericism）记载无数的事实所能了事的了。必须经过以下两种方法：（一）事实之联续。我们观察事实，将所得的短系的因果的关系，联成长系的因果的关系，例如水蒸发而成蒸汽，是一个事实，蒸汽凝结成云，又是一个事实，云降成雨，又是一个事实。雨流而成江河，又是一个事实。我们虽未曾看见一定的水之分子，走过这些阶级，然而我们可以把这些事实联续起来，于是知道自水而蒸汽，而云，而雨，而江河，有长系的因果的关系。又如我们考察地质，看见崖石疏解而成泥沙，又见河流夹有泥沙，又见泥沙停淀为三角洲，又见海岸逐渐升起。我们虽未曾看见一定的崖石之一部，历过这些阶级，然而可以将这些事实联续起来，于是知道崖石疏解而成泥沙，为河流所迁徙，停淀于海底，又升起而成陆地，有长系的因果的关系，同一条练子一样的贯串于这些现象之中了。（二）过渡物之发见。我们观察现象界之活动，有时看见两个事实，并无直接的因果的关系，若是我们能够发见他俩中间的过渡的事实，那就可以把他俩联合起来了（算学之中置（Intrapolation）与此可相比较）。例如日光养育植物，是一个事实，植物经燃炬而生火之热，又是一个事实。我们并不知道日光和火热有若何的关系，我们必须发见"植物中的叶绿质，吸收日光而变成潜能力，藏于植物组织之中"，这个事实，才知道日光变为潜能力，火之热就是由这潜能力变换而来。又如我们考察化石，见有爬行，又见有飞禽，不能断定他俩有进化的关系。我们必须发见化石界中之飞蜴（Pterosaurus）和古翼（Archaeopteryx）等类——飞蜴是爬行而能飞的（近于飞禽），古翼是飞禽而有齿的（近于爬行），这些动物，是爬行飞禽中间之过渡物——才能说明爬行经历飞蝎古翼等过渡物而进化为飞禽啊^{参观第九章}。

观察之错误

以上所言的心理的，器官的，外界的情境，都可以生出观察之错误，德毛根(Demorgan)把这些错误分为四条，如下：

（一）A不是B之因，但是"我们察觉A"为B之因，巫觋之符咒，催眠家之催眠，都是依此而成立的。例如催眠的人使人心中预期他的法术之灵验，因为受者的心上，有尊崇畏惧各种心理的状况，而施者的预令果成事实。若是受者没有这些心理，那施者就无法可施了。这是缘于心理的情境之错误。

（二）A不是B之因，但是必须有A，然后我们能察觉B。若在没有A的时候，就令有B，我们也不能察觉他，或者易于忽略而不察觉他。古代天文家，都以为夏天多彗星，换一句话说，就是以为气候之热是彗星发见之因。然而其实是：因为夏天云少^{西欧气候更是如此}，人就易于察觉彗星罢了。古人又以为月光能生冷，换一句话说，月光是冷之因。然而其实是因为凡有月光的时候，必定没有云，空气围中既没有云，那地面上昼间所受的热，就易于散到空中，所以我们觉得冷罢了。这是缘于外界的情境之错误。

（三）A不是B的因，但是我们察觉A，是我们察觉B之因。在天文学气候学中，大家都曾经以为月满是无云的因，就是著名天文家赫切耳（Herschel）也曾经以为月满和无云两个现象，每每同时发见。然而其实是：寻常月光不满的时候，我们多不注意天空有云没有，而且必到了无云的时候，我们才能察觉月满之光。因为我们察觉月满之光，我们才察觉无云之气候。他俩的中间，并没有因果的关系。这项误信，一直到近代格罗维基（Greenwich）天文台记录许多观察的结果，方才破除。这是缘于心理的和外界的情境之错误。

（四）A 不是 B 的因，B 实在是 A 的因，但是 B 不易为我们所察觉，所以我们必察觉 A，才能察觉 B。例如空气含水蒸汽而流动上腾，是结云之因。然而空气和水蒸汽，都是透明的，我们不能或不易察觉空气中之有水蒸汽，和空气之流动上腾，到了成云的时候，我们才察觉天空有云。因云之行动，反像云是空气流动之因，因云能致雨，反像云为空气中有水蒸汽之因。又如从前哲学家以为客观的美，是主观的爱之因，现在哲学家详细研究人类之志愿和兴趣，才知道主观的爱，是客观的美之因。因为主观的爱之起源，是个很精敏的心理的现象，不易为我们所觉的，所以从前的哲学家，反以为客观的美，是主观的爱之因。这是缘于心理的和器官的情境之错误。

负号的辩论

观察之错误，我们固然可以种种方法减除了。然而现象无限，我们所能观察的，能有几何。况且宇宙间不同的原素，又可以联合换合而生出新现象，我们那里能观察得尽呢？现象界中有目所未见之色,有耳所未闻之声,有热点所未触之热。……自从科学发达,新发见的现象,日见其多。古人不知道微霉是什么东西,现在我们能辨别霉种类之多,等于他类的动物了。古人不知道天王星海王星,现在我们能窥见他们了。二十年前的化学家,以为原质不变、现在我们知道有能变的镭了。二十年前的地质学家,以为新成世之前无人类,现在我们在冰川系中寻出人类的化石,而知道冰川代〔新成世之前〕已有人类了。从前历史学家以为希腊哲学是一时崛起的,现在我们知道:希腊哲学也是由印度斐尼西亚的文明逐渐进化而来的了。这样看来,有许多古代所未曾观察到的,现在已能证明其有,则现在所未曾观察到的,又何能断定其无呢?里毕诗(Liebig)说:"发明之秘诀,就是以无事为不可能。"换一句话说,凡是未曾观察到的,都是可有的,那么,我们所持的负号的辩论(Negative argument)——以未曾观察到的当作不可有的——都不足信吗?

　　设若有一个人,向我说道"现象界里,有若干现象,必定在那里发见,现在我们不曾观察得着,不过是因为我们的观察不精详罢了"。我的第一个反问,就是:"你可能用旁证的方法去证明他"〔见上节〕?如果不能,我的第二个反问,就是:"你所说的现象之分量有多大〔包时间的和究竟的分量而言、有时间的分量很小的现象、可以适在观察人观察间断的时候发见、例如流星陨石需时甚短、当天文家未观察的时候、他发见了、有究竟的分量很小的现象、可以在那里发见、而我们无从观察、例如空气中之微尘和微霉〕?你所说的现象,可有确切的理论的根据?"如果分量很小,或有确切的理论的根据,我们须得详细研究他,倒是个很好的发明之指导。若是他不能答复这两个条件,那就是虚妄的悬想(Chimeric speculation),我就可以拿负号的辩论来抵制他了。所以负号的辩论,有这两个条件,也自有他的价值。(一)以观察力之范围为限制。例如有人说,生物界里尚有大如肺劳霉的微霉,尚未发现,这个论调之或然数很高。若是他说生物界里尚有大如牛马的乳哺,未曾发现,我们就可以说是决没有的。因为现在动物学家的搜考,已经如此详备,若有大如牛马的动物,必定已经发见了。又如有人说,海王星轨道以内,尚有大如木火二星间小行星的行星,尚未发见,这个论调之或然数很高。若是他说,海王星轨道以内,尚有大如木星的行星,我们可以说是决没有的。因为天文家所用的望远镜,已经如此精确,若有大如木星的行星,必定已经发见了。拿或然的言词来说,"未见的现象可有"之或然数,和此现象之分量成反比例。此未见的现象之分量愈大,则其"可有"的或然数愈小。(二)以确切的理论的根据为辅助;例如蛮德里耶夫(Mendeléef)因为周期律中有一定的空隙,而断定天然界中必有我们现在所叫做的镓(Gallium)、钪(Scandium)和锗(Germanium)之存在。至于有机化学中之构造,化学家往往能预测"可以由人构造而成"的化合物之性质,那更不待言了。又如植物食炭养$_二$而泄养又吸养而吐炭养$_二$这两项动作同时并行。第一层是易于观察的,第二层是不易于观察的,里毕诗并且以为:植物自食其粪,是一个毫无道理的意见。然而据生物的理论说来,生物必借养气而生活,植物既是生物,也应该有吸氧气而吐炭养$_二$之动作,嗣后植物学家照试验动物的方法去试验植物,果然寻出植物也有呼吸之现象。这都是根据于确切的理论的。

设有一现象 p,依我们所知道的,有两个原因 C_1,C_2。现在我们已经证明了 C_1 不是 p 的原因,我们固然可以用负号的辩论,说 C_1 不是 p 的原因。然而我们若用换对的(Alternative)"二者必居一于此"的理由,说 C_2 必是 p 的原因,那还是很靠不住的。科学中虽也有时候用这个方法,然而那是在应用的范围以内,我们的确知道:除这几个换对分子以外,决无他分子可以搀入_{拿因果的话来比较、就是除这几个原因之外、决无他项原因},我们才能够如此判断。例如我们证明横线垂线所成之角,既不是锐角,又不是钝角,就可以断定他是直角,因为除钝角锐角直角之外,别无他角。若不能的确知道 C_1 C_2 之外,别无他因,则我们仍须求 C_2 为 p 之因之实证。例如音乐之性质之美劣,我们可以拟定有两个原因,一为音度(Frequency)之多少;二为声浪摆动之形式。音度不是音乐性质之因,早已证明。然而声浪之形式,为音乐性质之因,从前因为仪器粗卤,不能证明,一直到赫耳姆毫司(Helmholtz)用亮针嵌于各种乐器之上,以显微镜窥之,才能证明声浪形式果有不同。于是声浪的形式为音乐之性质之因,方才算得证明的事实。又如湖_{宣泄原于 湖河流澎涨不在此例}之成立之原因有三:一原于妨碍物之停积;二原于石层之刓下;三原于外海之划割。地质学家研究阿耳皮司和喜马拉亚山间的湖,已经证明这些湖不是原于外海之划割,和石层之刓下的,然而必待寻出湖旁有冰川停积物,才能承认这些湖实原于妨阻物之停积而成立的。

试验

我们研究现象,有时可以改变现象发生时的情境,如温度,压力,电力扰动,光之浓度,化力之分量,……再考察这些现象之

第六章 观察和试验

相随的变迁,这叫做试验。

在做一个试验的时候,可数的情境极多,竟直可说是无限的。试取"二木摩擦生热"这个简单的试验而言,可数的情境有多少呢?二木之形式坚度,及其化学的组织,化学的性质;摩擦之压力,及其速率;周围空气之温度,压力,及其化学的成分;二木和地面之距离,及地之吸力和地之磁流;摩擦人之温度,及其他性质;日热之辐射;云中之电扰;就是行星之位置,也是要计算的。若从纯理的(Apriori)方面说来,我们不能断定以上名单里边,那种情境和摩擦生热的现象没有关系。我们到了这个时候,只能取出似乎和这现象有关系的情境而试验之。

试验之方法,在每次移去一个似乎和这现象有关系的情境<small>参观差别之方法</small>。即以二木摩擦生热而言,周围的空气似乎和生热有关系,所以我们须在真空之中,以二木互相摩擦,若二木仍然生热,我们就知道空气和生热没有关系了。又周围的热物件,也似乎和生热有关系,因为周围的热物件,可以传热于二木,所以我们须用一器,周围用冰围之,使器中之温度,永在冰点,然后以二木摩擦于此器之中,若二木仍然生热,我们就知道周围的热物件,和生热没有关系了。又二木之性质,也似乎和生热有关系,所以我们要用二金类互相摩擦,若二金摩擦也能生热,我们就知道二木之性质,和生热没有关系了。如此进行,每次移去一个似乎和这现象有关系的情境,到最后的结果,然后知道摩擦之能力——仅此摩擦之能力——和生热的现象有因果的关系,那就是说摩擦之能力是热之因。

这样看来我们做试验的时候,要将现象发生时所有的情境,一个一个的都试验一番,那就烦苦极了。古人说得好,人生不满百,一生能够成就几个试验呢?设有一现象 p,当发现的时候,有情境 A,B,C,D,我们尚不知道哪项情境是这现象之因。若依联合之原理来做试验,则 ABCD, ABC, ACD, BCD,……A,B,C,D 都要试验过,共有十六个试验,若是这现象发现的时候,有十二情境,则须做的试验,有四千〇九十六个之多,若情境更多,则须做的试验,更多得吓死人了!我们到了这个地方,乞灵于形式的逻辑,没用的。那么,我们究竟用什么做指导呢?有人说,在这样地方,惟有经验可作指导,因为有充足的经验,所以有深切的眼光(Insight)。由这个眼光,可以猜度那项情境似乎和这现象有关系,然后再拿这些"考取"的情境试验一番。有人说,要有充足的经验,才有深切的眼光,固然是不错的,然而这还不是探本穷源的说法,在这样地方,惟有志愿可作指导。因为我们有想化繁为简的志愿——想用最简约的方法去构造科学的志愿(先有这个欲望然后有这个志愿)(The desire of constructing the science in the most simple way, in Schiller's words),所以我们有综合的直觉(就是把和这现象有关系的经验综合起来)。这个直觉,可以告诉我们哪项情境大约是和这现象有关系的,决不至于拿那些完全的牛头不对马嘴的情境来骗我们去做那些繁杂嘈乱无所归属的试验。例如摩擦生热之现象,由直觉之指导,决不至于叫我们去试验他和地球之磁流有关系么,他和行星之位置有关系么。

第六章　观察和试验

无关的情境之移除

　　无关的情境,若不能移除,往往误认为有关的情境。例如珍珠壳之光泽,从前的人都以为是原于珍珠壳之化学的成分,换一句话说,珍珠壳之化学的成分,是他的光泽之因——和光泽有关的情境。柏罗司特(Brewster)无意之中,以松脂印珍珠壳,看见松脂之印面上,也有光泽和珍珠壳一样。随后他又以珍珠壳印于坎拿大胶,黄腊,和铅的上面,看见这些物件之印面上,也有光泽和珍珠壳一样。然后才知道化学的成分,是和光泽无关的情境。和光泽有关的情境,乃是珍珠壳表面一层之特别组织(Surface structure)。又如声之尖度(Pitch)从前的人都以为是原于乐器之材料。换一句话说,乐器之材料,是声之尖度之因——和尖度有关的情境。现在我们寻出声之尖度,以其音度(Frequency)_{每秒钟里声浪摆动之次数}为凭,无论乐器是什么材料——或金,或石,或土,或木——只须音度是一样的,他们的尖度也是一样的,然后知道音度是声之尖度之因。又如用铜球贮电,铜球贮电之量,似乎和铜球的内组有关,然而依试验的结果,空心铜球和实心铜球,只要体积_{不是体量}相同,他们的贮电之量也相同,然后知道铜球之面积之大小,乃是贮电量之大小之因。总而言之,如果我们疑心那项情境和一项现象有关,就要去试验:把这个情境移除的时候,可是没有这个现象。如果移除这个情境还有这个现象那么这个情境就和这个现象无关了。

当试验的时候,必每次移除或改变〔改变指增减分量说〕一个情境,使其余的情境完全都同,然后再考察那结果的现象。若是同时移除或改变两个情境,而结果的现象有变迁,则我们很难判断此结果之变迁,还是原于此情境之移除或改变,还是原于彼情境之移除或改变,还是原于彼此二情境之移除或改变之合总。若是同时移除或改变两个情境,而结果的现象没有变迁,则我们也很难判断还是此现象和彼此二情境都尚有关系,还是彼此二情境对于此现象之关系,恰相反而相消,所以结果的现象,仍然没有变迁。例如鹿化西(Lavoicier)试验动物必需养气而生活,先以一瓶内贮空气燃烛其中,到养气用尽的时候,拿一只兔放在里边,这只兔就死了。然而这个试验,尚不能证明动物必需养气而生活。因为这个试验,同时移除一个情境——养气,又添入一个情境——炭养₂,所以我们不能断定这只兔之死,还是原于养气之缺乏,还是原于炭养₂之毒。所以我们须得另外做个试验,用汞代烛,照上法试验之,于是瓶中所剩的气体,都是氮气〔因为汞和养化合而成固体的汞养₂〕,拿一只兔放在瓶里,兔也死了才能证明动物必需养气而生活。又如我们试验物面凝露之多寡,有两个情境,对于凝露之现象,都似乎有关系:一为物面之形式,二为物之传热之快慢。设若用一块粗铁板,一块铜板,一块玻璃板,同摆在露天之下,这三块板上的凝露,必有多寡不同。然而我们不能断定:形式或传热是凝露之因。所以我们须得先用同物〔传热率是同的〕不同面〔使其面之形式有光滑、凸凹不同〕板,去试验物面之形式,是否和凝露有关系;再用同面〔使其面之形式都是光滑的〕不同物〔各物传热快慢不同〕板,去试验物之传热之速率,是否和凝露有关系。依试验之结果，两项都是和凝露有关系的。

特别情境之创造

我们住在地球上面，地球上的空气，有一定的密度，温度，压力含水量；地球上的日光，有一定的浓度；地球上所受的吸力，也有一定的分量；总而言之，地球上天然情境之变迁甚小，若是我们仅在这些天然情境之中研究物之现象和这些情境之关系，则我们所得的知识有限。例如空气之温度永在二十度上下，若我们要研究一物在高温度时之行为如何，例如要研究氮气在高温度时，是否仍是惰气，或者我们要研究一物在低温度时之行为如何，例如要研究氢气在低温度时，是否遵守鲍以耳定律，则我们必须用电弧炉制造高温度^{可至三千六百度}，用液气机制造低温度^{可至零度下二百五十度}，然后试验才可以进行。又如我们要研究一物不受压力时之行为如何，例如要研究电之穿过空玻璃管之时，呈具何等状况，或者我们要研究一物在受最大的压力时之行为如何，例如要研究水是否因压力而缩小，则我们必须用吸气机制造真空，用螺纹纽制造最大的压力，然后试验才能进行。科学之进步，大半都由于特别情境之创造。因为天然的情境，往往甚缓而柔，不但供给我们知识有限，并且很难使我们有增进知识之机会^{参观观察节}。而这些特别情境之创造，也就是人类战胜天然之方法。培根的知识即权力之公式，对于这一点是很有道理的。况且天然界中，还有些现象，发见于我们所住的情境之外的，例如日月行星上的问题，地球中心之问题，那些温度压力等情境，都和球面上的不同，所以必有人造的情境去仿效他，否则无从试验了。

外挽的情境之访求

试验的时候，或有外挽的情境，和我们所研究的现象有关，因为我们不知道这种外挽的情境之性质，所以虽有极谨慎的防闲，尚恐不能免除他们所生的错误。亚拉伯点金化学家（Arabian alchemists）贱金可变贵金之谬说，一半由于外挽的情境。因为金类_{如铅如铜}矿储中，多半杂有少数的金_{金之量虽少、然而几乎无处不有、每吨海水中有三英分（Grain）金、崖石泥土之中、都有少数的金在里边}，铅矿中杂有银，若将这些不净的贱金类_{如铅如铜}，用法化炼，可得少许金银。所以古化学家，以为这少许金银，是由铅铜等变来的，这是外挽的情境所生的错误。

在化学中不净物之研究，乃是一个最重要的问题。古人以电析水，屯轻之极_{负电极}有碱，屯氧之极_{正电极}有酸，他们就以为电可以生碱和酸。德斐（Davy）以玛瑙池贮水，电析之后，碱和酸顿减少，他用最净的蒸馏水，碱和酸更减少。德斐至此，得了正当的指导，知道两极处之碱和酸，不必是缘于电的。他再做试验的时候，就特别小心，不用手沾仪器，又把仪器摆在一个盒子里，将盒子里空气抽出，于是电析之后，屯轻之极并无碱，屯氧之极并无酸，他然后知道两极处之酸和碱，不是电所生的，乃是外挽的情境_{不净物}所生的。因为水中有少许盐，玻璃中有碱，手上和空气中都有垢腻，垢腻中也有盐，虽为量无多，然而有时可以生错误而

第六章 观察和试验

有余。又如古人以三角棱镜窥察光份,看见凡物之燃炬,都出黄光_{D line 为钠之特具的光份},所以他们以为黄光份乃是物之普通的光份。赫切耳竟直以为分光镜之分析是无用的。以后司汪(Swan)发明最少的盐——一格兰姆百万分之一——都可以生出黄光,才知道无论何处,都有少许盐,所以无论何物,当燃炬时,都发黄光。然后化学家才把分光镜之分析,算作分析中的最准的方法。因为各原质都有特具的光份。朋孙(Bunsen)和罗司各(Roscoe)于是用分光镜发明许多原质。到了近来,有许多的大问题,如物质一元说_{窥测太阳和星中的原质和地球上的原质是否一样}、电子论_{光份之不同、由于电子之速率不同},都要借分光镜之辅助而解决了。

近日化学分析,一天精密似一天。化学家寻出有些化学的变迁,原于第三不净物_{就是接触剂}之促进。例如以钠置水中,则钠自燃而生轻气,若以钠置于最净的水中,则几乎没有自燃之现象。因为钠之自燃,并不是原于钠和水之直接化变,实在是原于不净物之促进的缘故。又如炭到燃点的时候则自燃而生炭养_二,若以极干的炭和极干的养气摆在一处,就是到了燃点,也不自燃。因为炭和养之化合,原于不净的水蒸汽之促进的缘故。

据以上所说的几个举例看来,我们做试验的时候,首先必定要知道仪器和药品之性质——要研究仪器中的物质,是否和我们所研究的现象有关系_{如玻璃中有碱,可以扰乱电析之类}。又要研究药品是否是纯净的_{观察节里所说的空白的试验、可以减少这个错误}。所以我们凡是要做重要的试验——为他项试验的基础之试验,须得特意用材料不同的仪器_{如德斐用玛瑙池}用由不同的方法取来的药品_{如剩余律令中所引的劳列用由空气中取出的氮气、和由氮合物中取出的氮气相比}来做试验。

并且改变试验之做法此时而如此彼时而如此^{如德斐电析之试验}期望或可发见错误之弱点使我们可以寻出错误之来原。若是用同一的仪器,同一的药品,同一的做法,而所得的结果完全同一,切莫自许为权量之确切,更当用刚才所说的方法去锻炼他。一误岂容再误,不过是叫人防备错误的教训,我们须知道:一误之后,是最容易再误的^{参观平均之方法}。

负号的结果

我们当试验之时,有时不能得预期的结果。若断为无此结果——就是以未见为非有——仍是不妥当的,因为或者有极细的结果,不能试验得出,或为较大的结果所蒙蔽的缘故。例如我们没有看见月球上有空气,而断言月球上无空气,实在是不妥的。我们只能说:如果月球上有空气,也必定是最稀薄的,同抽气筒里所剩的一样。又如我们不能量吸力之速率,而断言吸力传达,是不需时间的(Instantaneous),也是靠不住的结论,我们只能说:吸力之速率如此之快^{依拉布拉斯测算,至少亦等于光之速率之五千万倍},我们没有方法量他罢了。但是现在权量之仪器之侦探之能力,已经大得可惊可骇。依化学分析,每立方寸水中,有一格兰姆之五千万分之一的夫新^{Fuchine 有机颜料},都可以发见;若是用分光镜分析,一格兰姆之万万分之一,都可以发见;寒暑表之量温度,可以量到一度之八千八百分之一;若说有分量若何大的物质之改换,能力之表现,逃出于试验范围之外,他的或然数,也必是极小的。但是这是就我们

第六章 观察和试验

观察试验所已到的区域而言,若是我们对于未曾详细的观察试验的问题,而持"以未见为非有"的意见,那就等于武断。譬如有一瓶天然水我们仅仅粗率的把他电析过一次,便断言这水中除氢氧外,别无他质,那是极靠不住的。近来有持侵略主义的人,说:"战争是人类的天性",他又说:"若是天地之间,有'人类可以不战争而存在'的原理,这个原理,必定已经被人发明了。从历史上看来,既没有人发明过这个原理,足见宇宙中无此原理。"这个荒谬之谈,正犯着这个弊病。我们要问:从前思想言论不自由的时代,可是曾有人详细研究过这个问题?设若我们回到十四五纪的时候,没有见过近代"光怪陆离"的科学,可能挺着肚子说:科学是不可能的,若是可能的,古人必定已经发明了呢?这位侵略家的论调,不是和这个说法是一样的"逻辑"吗?诸君诸君,研究要紧;不要拿耳朵当眼睛_{参观或然之测算},也不要把走马看花的浏览当作细拨牛毛的搜寻。

第七章　逼近之理论

科学的真实,可分三种:一为经验的真实是由直接的观察试验得来的;二为方法的真实,是由推论得来的;三为擅定的真实,是无从证明而我们必须擅定的。这三种真实之价值,据科学家唯物的意见,以第一种为最高,因为他是经历制造最少的。然而这些经验的真实,都是绝对的真实,不能再进的吗?我们的答案,是:不然!不然!科学中之观察试验之方法,虽是极其严密,然而他所得的真实,仍不过是逼近的(Approximate),不是绝对的。

经验的真实,不过是逼近的,有两个原因:(一)凡与我们相接触之物,无论是天然的,是人为的,因为受了多数的因——大的小的极小的——同时对于此物发生的影响,决不能有个完全的性质,和恰如一定的数之分量。(二)纵然有物有个完全的性质,和恰如一定的数之分量,然而依我们的有限的器官仪器,也没有方法可以寻得出来。现在且拿几个举例来讲他。

几何学中常常的说完全的点,完全的直线,完全的圆球,都不过是假定的,是逼近的。其实宇宙之间,客观界里并无"完全"之存在。完全之一字,不过在字典上可以找得出来。完全的点是不能有的,点一着迹,便有体积,便不成其为完全了。客观界里也没有完全的直线,即陨星向地球而陨落,因为他星球之吸引,因为空气各方面抵抗之不同,因为空气流动之搅扰,也不能成其为完全的直线。客观界里,也没有完全的圆球,即水和酒精互交溶液中之油珠_{见物理的方法中布拉托之试验},因为油珠之动,不能同时各方皆等,因为溶液之流动有偏向,也不能成其为完全的圆球。纵令天然界中有完全的点——算学的点,完全的直线,完全的圆球,然而我们所用的显微镜,无论如何精巧,决不能察见完全的点;我们所用的绳尺,决不能辨别直线究竟是否完全;我们所用的量圆表,决不能辨别圆球是否完全。物理学中研究力,速率,电流,光,热,种种分量,常常的说此分量和彼分量恰相等,此分量恰为彼分量之若干倍数,此分量恰为彼分量之若干分数,都不过是假定的,是逼近的,纵有恰相等,恰为倍数,或恰为分数的两个分量,然而我们所用的权量的仪器,也决不能证明这个"恰"——这个完全。

就牛敦吸力定律——科学中之最真实的最普遍的定律而言,似乎可以算得完全的真实了。然而详细考察起来,也不过是逼近的。吸力定律说道:宇宙间所有的物之微点,和他物之微点皆相吸,他俩相吸之力之大小,依他俩的体量之大小和距离之远近而定;那么,若要知道二物相吸之力之大小,必定先知道二物之体量,和二物之距离,和二物以外的物之位置,才能下手,然而天文家测算太阳和行星之吸力,并未曾计及太阳系以外的千万星球对于太阳系之吸力,是若干大。他们擅定这些星球和太阳系之吸力很小——小到可忽的地步。就令他们集合太阳系以外的星球之吸力而计算,这个定律仍不过是逼近的。这个断案有两个原因:(一)天文家拿星球都当作椭圆,擅定这些星球之面,都是平匀而无凸凹,他的内质又无各部浓薄之不同。其实这个擅定,并不是和事实细部相符合,球面有山海之不平,球心之物质,又较浓于他部之物质。(二)纵云球面平圆,内质均匀,然而我们用算学去测算,决不能拿许多物体暴露同时互吸之现象，收在一个公式之下来算他，我们对于三体以上之互吸的问题，已经没方法可以驾驭，所以我们只能将我们所认为无关重要的，弃之于不算之列，然后才能进行。然而这样表现出来的结果，已经不是完全的真实了——不过是逼近的了。

无论在那种物理的科学之中，拿算学来研究现象，都只能得逼近的结果，因为外界的现象是复杂的，我们必定用简约之方法，把他们收缩到最小的时间的延续，和最小的空间的占据。先说时间的方面，我们不能把一个现象之完全进步的历史，笼统计算。我们只能把这个现象和这个现象之极相近的前引_{果律}^{参观因}，合在一处计算，并且擅定这个现象，不受他的最远的历史何等的影响。这个擅定是极有用的，然而并不是真实的！我们必定如此办法，才能拿微分公式去驾驭他。再说空间的方面，我们观察试验的时候，也不能把一个现象之四围及其内部淆乱的事实，完全托出。我们只能把他分析到占据空间最小的部分。例如我们研究固体渐冷之现象，这热在这固体之中，流行不已，刚离 A 点，已到 B 点，刚到 B 点，又离 B 点而到 C 点，如此类推，我们若要研究他，只能计算两个比邻的点之中之热之交换，而擅定距离甚远的分子之温度，决不至于互相影响。又如一杆之折弯形式，极其复杂。若直接研究，竟直无路可寻。但是我们把这个折弯当作杆中无数分子变迁之结合（Resultant），而擅定每个分子之变迁，是依他直接所受的力而定，和他间接所受的力_{子而来的}^{经过旁的分}不相关_{之独立}^{参观微果}。这些擅定，都不是绝对的真实，不过是逼近的真实罢了。

把一个现象收缩到最小的部分之行动，还不够，我们还要用简约的方法去驾驭他。一群微点，每个有每个的动作。例如每个有每个的行动的速率,换一句话说,每个有每个的能力之储蓄(Energy contents)。即以一个特别的微点而论,他的行动之速率,因碰击而变迁;以前行动的速率,和以后行动的速率,不是一样的;那么,我们究竟用什么时候什么微点之行动之速率为标准呢?这个标准,没方法寻得着,所以我们只能取这些微点之平均的速率。这就是擅定这些微点_{部分}^{最小的}之动作之总数,可以为此平均所代表。这样的擅定,更不能算作绝对的真实了^{参观平均}_{之方法}。

据以上所说的而言,在理论的方面,既没有完全的真实。现在我们再在试验的方面考察之。凡我们所有的仪器,以备观察及试验之用的,都没有完全的性质。例如以一线悬铅锤,是我们所用的垂直线,然而此线既不能为完全的直线,此锤又不能为完全的各面皆称的锤。况且地面不平,若是此线之左有一山,此线之右有一洼,则此锤各方所受的吸力不等:于是此线之引伸线,不能恰抵地球之中心,就不是完全的垂直线了。以盒贮水银,此水银之平面,是我们所用的水平线。然而液体和贮器相值之处,因微管吸力而有斜上(其形如⌣)斜下(其形如⌢)之不平,影响及于全面。又因地面不平,故地心吸力对于此平面,不能各处皆等,所以水银之平面,也不能为完全的水平线。又如球摆(Pendulum)之完全,必在极小的幅振(Amplitude)以内,纽戥(Torsion balance)之完全,必在极小的角度以内。这个极小,都是指无限的小说的。试问到了无限的小,还有什么幅振角度之可言。所以试验所得的结果,都不是完全的真实啊。

科学家研究现象,或从事实而构造定律,或依定律而解释事实,如果理论^定_律试验^事_实两方面的得数,不能十分相符,一方面要考究这个定律是否将所有对于此现象有关的情境,都计算在里边,一方面要增加仪器之精巧,使我们可以得更确切的得数。当构造定律的时候,总要抛除若干关系较小的情境,然后这个定律之骨架,才可以撑得起来。这个定律,当然只有逼近的价值,描写的价值,并不是客观的实在。再增进仪器之精巧,往往可以把从前未经计算的情境,详细的找出来,于是又可以修正从前所定的定律之公式。但是无论如何修正,总不过在逼近的地步。例如鲍以耳试验气体体积和压力之关系,而构造一个定律(pv=c),他并没有计算气体之分子之本身的体积,和分子之互相的吸力,换一句话说,他用简约之方法,擅定气体之分子,都是算学的点,而且这些分子之彼此的距离甚远,没有互相的吸力,然后体积和压力,才能够完全成反比例。在鲍以耳或者是不自觉的(Unconciously)用着这个简约之方法,因为他所用的试验的仪器,过于简单,并不能找出气体分子之本身的体积,和分子之互相的吸力。到了后来仪器精巧了,许多物理学家找出来:气体的行为,和鲍以耳定律不符。所以方德华(Van de Waals)把气体之分子之本身的体积,和分子之互相的吸力,这两个情境,加入计算之中,将鲍以耳 pv=c 之定律公式,修改为(p+$\frac{a}{v^2}$)(v-b)=c 之定律公式$^{a\text{为分子之互相的吸力}}_{b\text{为分子之本身的体积}}$。然而这还不过是逼近的真实,因为方德华之计算,仍不能逃出上段所说的时间,空间,平均,三个简约之方法之外$^{\text{现在物理家的普通论调,是"鲍以耳定律只能对于完全气体}}_{\text{(Perfect gas)算得真的",这完全就是说:气体分子之本身的}}$
体积,和气体之体积相比较,是极小的,气体分子之彼此的距离,是极远的,但是这个极字,必定当作无限的讲,那定律才算得是真的,试问那是可能的吗?。又如牛敦拿吸力定律解释太阳系之行动,先擅定太阳和行星都是完全的圆球,又擅定这圆球所生的吸力,等于此吸力皆发生于圆球之中心点$^{\text{参观假用}}_{\text{的平均}}$。因为吸力定律所说的二物相吸,原指二点而言,星球既不是点,那么,他这个解释,只能算作逼近的了。这是一层的简约。他然后再把"地球赤道处凸起甚于两极"这个情境,收入计算,而测度地球赤道凸起处之吸引月球,生出繁复的结果。但是他将海陆不平搅扰的情境,屏之不入计算之列。这又是一层简约。足见我们所有的定律,就是到了鲍以耳定律,吸力定律——最真实的定律——的地步,决不能和外界完全相符,不过是一种器具,供我们描写现象罢了。从此又可以看得出科学中之真实,都是从简约得来,不过是逼近的,再行前进,又可以更加逼近。若是笼统计算,钜细兼收,势必至紊乱而无系统,虽有人以为"大道其在斯乎",然而实在他和真实还相隔十万八千里咧。

逼近之算学的原理

科学中的真实是逼近的,若用算学的原理来解释他,更加明白。凡科学中的研究,都从性质的而变为分量的,都是要发明此分量和彼分量之关系,换一句话说,都是要发明彼分量对于此分量之函数(Function),因为彼分量随此分量之变而同变。设以 x 代此分量,以 y 代彼分量,则他俩的关系,可以以下公式表明出来:

$$y = A + Bx + Cx^2 + Dx^3 + Ex^4 \cdots\cdots$$

在此公式之中,A、B、C、D、E 都须用试验求出来,都是常数,是有定的。若权量之确切,可到 $\frac{1}{10,000}$ 米里密达,设 x 为 $\frac{1}{100}$ 米里密达,则 x^2 为 $\frac{1}{10,000}$ 米里密达,x^3 为 $\frac{1}{1,000,000}$ 米里密达,至于其余

的 x 之高级方,那就更小了。除非 D 和 E 是特别的大数,则以上的公式,竟直变成 $y=A+Bx$,因为 Cx^2 之数,已经出了权量之限制之外,不必加入于计算之列。如 x 之数更小,则以上的公式,竟直变成 $y=A$,因为 x 已经出了权量之限制之外,那就是 y 不随 x 之变而同变了;换一句话说,就是彼分量不随此分量之变而同变。若是以后增进权量之确切,则 $y=A$ 又可以变成 $y=A+Bx+\cdots\cdots$;拿言词来说,就是向来以为彼分量不随此分量之变而同变,现在找出来彼分量也随此分量之变而同变了。例如天空中有若干星,古时都以为是恒星,因为古人不能侦察这些星之行动。然而自望远镜逐渐进步之后,天文家能够侦察他们的行动,把他们又定作行星了。设以 y 代空间的变,x 代时间之变,古时的公式为 $y=A$,就是这些星的地位,不随时间之变而变,现在的公式为 $y=A+Bx$,就是这些星的地位,也随时间之变而变了。若是将来望远镜更加确切,则 y 和 x^2,x^3,x^4,及 x 之更高级方的关系,也许可以次第发明的。

微果之独立之逼近

在物理的科学之中,研究现象之因果的关系,必用简约之方法,以甚小的因所生的甚小的果,都当作独立的_{参观第一八一页本书第108页空间的占据},换一句话说,就是两个甚小的因各生其果,并没有互相的关系。再拿符号来说,有一个甚小的因 A 生果 p,又有一个甚小的因 B 生果 q,设若 A 和 B 同时动作,则我们擅定他俩所生的果,不过是 p 和 q 相加,没有互相的关系。但是必须 A 和 B 都是甚小的,我们才能如此擅定啊。即以天秤戥物而言,一个一磅的法码,为一磅重,两个一磅的法码,为两磅重。这两个法码都为地心所吸,然而又互相吸,又为周围之物所吸。设若我们拿天秤戥一物,有两磅重,我们何以知道此物中之物质之互吸,和两个法码之互吸是相等的,又何以知道此物和此两个法码所受的周围之物之吸力是相等的,实在无人能说。不过我们擅定这些互相的吸力,和地心吸力比较起来,是小而可忽的罢了。至于其他的权量,都含具这种逼近的擅定的性质。这个擅定,是我们所必需的。若是没有这个擅定,则科学进步,纵然不是不可能的,也必定要慢得多了。

设有一个现象,有一个因 A,可以使他自 1 变到 $1+x$,又有一个因 B,可以使他自 1 变到 $1+y$。若是这两个因同时对于这现象而动作,则此现象必自 1 变到 $(1+x)(1+y) = 1+x+y+xy$。倘若 x 和 y 都是甚小的,则 xy 必更小,可以弃之而不算。所以这公式变成 $1+x+y$。拿言词来说,就是二因共同所生之果,等于二因各自所生的果相加。我们权量现象,所以必用精巧的仪器的缘故,不但是因为要减少错误的本身,并且要减少错误所生的错误。设有一个三角,其勾恰为 3,股恰为 4,弦恰为 5。若量其勾股,依勾方加股方等于弦方之公式,而测算其弦,今量得勾为 3,股为 4.002,则弦为 5.0016;若增加仪器之精巧,量得勾为 3,股为 4.001,则弦为 5.0008,足见勾股之数更逼近于真数,弦之数也更逼近于真数了。

再就力之平行体(Parallelogram of forces)而言,设有二力,其一在 AB 线上,可以移 A 至 B,其一在 AC 线上,可以移 A 至 C。若二力同时动作,则此物自 A 移至 q。当此物自 A 至 q 的时候,第一力为第二力所牵制,他的方向并不是自 A 至 B,第二力为第一力所牵制,他的方向并不是自 A 至 C;简括一句说,这两个力有互相的关系,并不能独立行动。然而这平行体愈小,则二力互相的关系愈微,到了极小的时候,则此二力同时动作所生的结果,竟直等于他俩各自独立的结果相加。所以算学家测算二力相持所生的动心力（如天文中之离心力）,可以撤散成无数小平行体来算他,不至于生出可量的错误。即如曲线一条,若取其极小的一段,竟直可以当作直线,用直线之方程式来算他,凡如此得来的结果,都不过是逼近的。

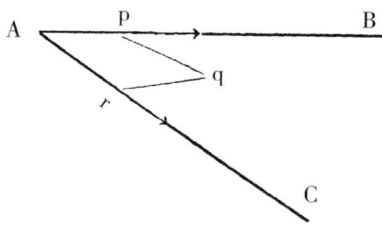

有一班人有一种谬误的意见,他们以为不能完全用算学去研究的生物学社会学之中的定律,不过是逼近的真实,若是能用算学去研究的物理学化学之中的定律,可以算得是绝对的真实。以上所选的几个举例,当可以推翻这种见解了。我们研究现象之因果的关系,看见有若干的因和果,常相接而不离（用归纳的五个律令）,于是定一个定律,说:有这个因必定有这个果。这样的定律,虽从事实得来,然而他的真实,仍不过是抽象的。因为在具体的事实之方面,我们把许多关系甚小的因,都抛弃于这个定律之范围之外。况且据以上所说的看来,二因独自生果,是就现象分析到最小的部分的时候而言。若在别的地方,往往有许多复杂的因(Complexity of causes)同时共作,而发生互相的关系,所以生出的果,不是各因独自的果之相加（参观第三章激力和置境）。到了这个地位,那定律之真实更只有抽象的价值了。《伊索寓言》上载有一段故事,说:有一个老村妪养一只母鸡,她每天喂鸡若干大麦,每天可得一卵之报酬。她想:她每天用对倍大麦喂鸡,每天必能得二卵之报酬了。谁知试验的结果,鸡吃多了,过于肥了,每天一卵亦不可得了!我又记得某某说苑中也载有一段故事,叫做一文典,适和刚才所说的相反。有一村姬,偶尔拾得一文钱,她就用这钱买了一个鸡卵,从卵中孵出一只母鸡。她便将这母鸡三年中所生之卵售得的钱储蓄起来,买了一只牝猪。她又将这牝猪三年以内所生的猪仔售得的钱储蓄起来,买了一只牝牛。"牝牛生牝牛,三年满山头",她以后便多财而财愈多,竟能开了一个典铺。诸君恕我拿如此村野的故事,来占据许多行数,因为我要表明,复杂的因可以同时共作,生出不能预测的果,不是一个简单的抽象的逼近的定律所能管辖得了的。不过我们总得要找出这样的一个定律来,才能有进行的基础,才能有推测的指导。否则就要发"手无斧柯,奈龟山何"之嗟叹了。

第八章　假定之用法

以上所说的观察试验，如何可以确切，如何可以算得真实，都是完全从事实一方面下手。但是我们研究真实，不是仅此事实之记录所能了事的。在根本的方面说起来，知识最初的起源，都是无意的接触。并且有从无意的观察和乱碰的试验，而能得最大的结果的，固然不错。然而若要使这些无意和乱碰之所得，成一个有系统的理论，必得有假定做指导，接续下去，做些选择的观察试验，才能达到这个目的。况且宇宙间的情境，棼杂无量，若是不把无意的观察和乱碰的试验，当作正当的研究之方法，那么，研究人的心中，更必须有预期的假定，来做探海灯。即在每日生活之中，用假定的地方，也是非常的多；例如我们要做一件事，必定预拟一个做法，而期望事实的结果，和我心里的目的相符。这就是假定。假定是什么呢？就是"非由事实直接归纳而成的定律"。况且就是由事实直接归纳而成的定律，也含有假定之性质，因为定律是表明一定的现象，缘于一定的情境而生，还有其他较不重要的情境，没有收入计算之列，试问这个现象将来重行发见之时，我们敢断定未曾收入计算的情境，屡次都是不重要的吗？既不能断定，那定律就含有假定的性质了。若说到非由事实直接归纳而成的"定律"——就是本章所讲的假定——更只有引导之价值。当我们构定这个假定之时，也许把各科科学的知识搜来，用作问题解决之辅助。例如拿水推

第八章　假定之用法

较电,拿空气推较以太,这个假定究竟真实不真实,全靠他将来和事实相符不相符而定,全靠他能够解释事实圆满不圆满而定,全靠他能够进行(work)不能够进行而定,决不能先存一个一定不移的态度。这样"试试看"的态度就是科学家在试验室的态度。如果试验了不成——就是负号的结果,我们并没有虚耗脑力_{指构造假定}手力_{指做试验}去证明_{假定}于无用之地。因为这样的结果,可以示知我们这个假定之虚伪_{各科学学报中常登载一定的试验否证一个理论或假定之真实},并且往往同时可以指示我们另外一个可能的假定之途径,于是重行构造新假定,重拿试验来证实这新假定,直到假定和事实相符时为满足。

假定之价值究有多高,各家的意见不同。大概归纳家轻视假定,演绎家重视假定。培根以"从事实之征集之中构成定律"为研究之唯一的方法;穆勒以"从此推彼"为推论之正宗。这都是轻视假定的。笛卡儿(Descartes)的哲学方程式,是"我想故我是"。引伸出来说,就是心里构造起来的理论_{就是假定},只要是根据于最简约的原理,自然会和外物的事实相符。这就是以为假定是真实的,无须有试验的证明(Fxperimental verification)。莱柏尼(Liebnitz)以充足的理性(Sufficient reason)为可信的基础。这两派都有偏见。其实科学中的研究,不是用纯粹的培根法,也不是用纯粹的笛卡儿法。我们观察现象,看见有若干事实之联续(Association of facts),如月晕而风,础润而雨_{月晕究竟和风有关系没有,我不能说,这个举例,不过取其便当罢了}之类,我们就设个假定,说:这些事实,有若何的因果的关系_{参观试验节摩擦生热之试验},再作试验来证明他。又看见有些事实有若干同点,如气体分子和天河,同为无数分个集成之群之类,我们就设个假定说:这些事实,又有其他的同点,再作

117

试验来证明他^{参观综合}_{和推较}。总而言之，全由玄想的思辨所得的假定，易陷于虚妄，固无价值之可言，若是有理论的根据的假定，或以事实逐层相比较而得的假定，可以作我们的指导，节省我们随处乱碰的精力。况且创造知识，又靠着合宜的假定之构造，远不陷于"随意所之"之虚妄，近不流于墨守旧有之拘泥，但是须得经过证实一层，才能算真有价值罢了。这样看来，若是有一定的条件，叫我们不能随意构造假定，那就可以减少虚妄之危险，而又能收创造知识之功了。

假定之条件

要限制随意逞力之思辨，必有一定的条件，使假定必须经过。这些条件是什么呢？毫柏司（Hobbes）所定的条件有两个：（一）必为我们的心意所能思议的（Conceivable），而非无意识的奇怪；（二）必能应用于事实之解释。鲍以耳（Boyle）另加一个条件，（三）必不和已承认的定律相冲突。然而这三个条件，还不能十分确当。若没有附属的详细条件，仍不能为具体的方法。例如吸力之假定，言：二星球之相吸，即有亿兆里之距离，亦几乎不须时间；光动之假定，言：光浪每秒钟内摆动七百兆兆次，都出乎心意所能思议之外。然而没有他项假定来解释我们所观察的吸力和光之现象，则此种曾经被控告为不可思议的假定，仍为科学中之真实^{参观节用}_{之定律}。又如必不能和已承认的定律相冲突之一层，也有使人拘泥成见之弊病。天然界决不自相冲突，凡是两相冲突的假定，决不能同时并为真实,那是一定的道理。然而我们研究天然现象,决不能笃信旧假定——已承认的定律——而不信用新假定,因为旧假定也许是不对的。试看科学发达史中,新假定推翻旧假定的地方很多。例如天文学中日中之假定,推翻地中之假定;化学中养化之假定,推翻火质之假定;光学中浪动之假定,推翻微点之假定^{详见第二一四页(本书124—125页)}。这种例子非常之多。这样看来,以上所说的两个条件,并不是绝对的必须遵守的,现在总括一句说,假定必与事实相符。

这样看来,假定究竟应该经过那几个条件呢?总括一句话说,假定必与事实相符,至于详细的条件,各家大同小异,现在我们可以将这些条件分列三层如下:(一)物理的概念:假定之意义、必为物理的概念,他的内包外延,必不含糊又不模棱,可以置于试验之法庭,以备严加考证。(二)定律之符合:由此假定得来的结果,不能和已承认为真实的而永未曾失误过的定律相冲突。(三)试验之证实(Verification):由此假定得来的结果,和由试验所得的结果必定相符。现在再为逐条言之。

(一)物理的概念　设若我们假定一物^{或为物质、或为能力、或为抽象的观念}之存在,此物必有一定的表德;设若我假定一物之动作,此动作必有齐一的进行。我所说的齐一的进行,是说在同一的情境之中,必生同一的现象。此表德和进行,必是不含糊而不模棱的,然后可以给我们一个证实之机会。凡神异的学说,所以不能成立的理由,第一就是不能为此条件所通过。例如巫人言能驱遣神说人的过去的历史;试问神之表德如何,巫人之答辞,必含糊而不定。况且他所说的,有验的,有不验的,巫人对于不验之解释,必定说神没来,或是神撒谎,是神之动作,不是齐一的进行了。又如风水家说,地气可以保佑子孙；若问地气之表德如何，风水家也必定无词以对。况且有"一墓之下"的子孙甲乙两支，有甲盛而乙衰的，也有甲先盛而后衰，乙先衰而后盛的，风水家必定说，地气按一定的时期而转的，那就不是齐一的进行了。凡如此含糊模棱的假定，不是物理的概念，无从证明他是真实非真实，凡不允许我们证实的都可以算做非真实的。不然，"胸中无愧"，又怕什么密检严搜呢？

在未经证实^{第三条件}之前，我们虽不能直接观察一物之存在，或一物之动作，然而可以已知的物之存在，物之动作，推较而定其表德和进行。譬如我们假定一物 A 和 A 之动作，以解决一定的问题，因为我们不能于未研究之先，知道 A 之表德和动作如何，我们必从一个已知的 B 之表德和动作而推较之。例如我们假定以太之存在，虽不能直接的知道以太的表德和动作，然而可以由空气浪水浪而推较以太必有弹性，有惰性^{和物质相同的表德}，且必受力而后动，动必生波^{和物质相同的动作}。又如我们假定电流之动作，虽不能直接的知道电之表德动作，然而可以从水之动作，而推较电必有流，自此至彼^{和水相同的表德}，且电悬（Potential）^{或译电压}愈大的，电能力亦愈大，如水悬（Head）愈大的，水能力亦愈大一般，而且有物能贮多电，有物只能贮少电，如大碗可贮多水，小碗只能贮少水一般^{和水相同的动作}。如此推较，而得一定的物理的概念，并可以拿算学式表明出来，那么，这个假定之真实不真实，可以送给试验的法庭去判断了。

（二）定律之符合　我们构造假定，不能和已承认为真实而永未曾失误过的定律相冲突，如果冲突，必定先证明此定律之非真实，然后能成立此假定之真实。若是没有发现可疑为与此定律不符的事实，这种办法，往往劳而无功。例如自地心吸力之定律，已经多方证明以后,若是有人假定有一个和地心吸力背道而驰之物,我们必定嗤笑他是无常识,决不以为他有玄渺的哲学思想。又如自生物必死的定律,久为我们所公认之后,若有人假定人可以长生不死,我们岂不要歪着嘴笑他吗?热动学(Thermo dynamics)中常用能力不灭的定律做根据,去证明一个组体(System)自 A 变至 B 时所发出的热,和此组体自 B 变回 A 时所吸收的热,必定相等。有时没有试验可以证明,而敢如此断言,是什么道理呢?因为这个定律,在能用试验证明他的时候,永未曾失误过一次,他的资格太深了,我们犯不着去招惹他!但是这个条件,不过严行防备假定之虚伪,并不是禁止我们弃旧而求新哪。若遇有事实和旧假定^{或定律}不相符,或貌似相符而实不相符,我们当然可以用与此事实相符的新假定去代替他。这样看来,这个条件,并没有壅塞新进之弊病。大凡我们总是遇着若干事实,似乎有和旧有的定律假定不符的地方,我们方才构造一个和旧有定律假定相冲突的新假定。决不至于无端的捏造一个"明日太阳将出于西"的假定。如果那样的无端捏造,不过是思辨的游戏品罢了,算什么科学知识呢?科学之中,用新假定代替旧假定的极多。但是都是在发见了一班事实和旧假定不符的时候,才有这样的革命的运动。事实必须占有相当的地位(Facts must be accorded their appropriate places),这是实证哲学所提倡,科学家所欢迎的,那有桎梏新事实于旧理论^{假定}之下的道理呢!例如海恩(Huyghens)看见光之速率的现象,依牛敦的微点的光学,无从解释,他就创造浪动的光学——新假定去代替他。又如鹿化西(Lavoicier)看见"金类受燃必增重量"之现象,依施达耳(Stahl)的火质的化学,无从解释,他就创造养化的化学去代替他^{参观判决的试验}。又有时有一个新假定之发生，不是完全推翻旧假定，但是限定旧假定之范围或是修正旧假定之意义，则此二假定，**必不是相对的冲突**（Contradictory）。例如电子论言，原子乃是集电子而成的，似乎和原子论相冲突。然而近来的原子论之组织，不过以原子做一个算学的积体（Mathematical entity），而构成定份倍份换份之定律。至于原子不可分的一层，并不是原子论中不可缺乏的条件^{参观第二卷原子论}。这是原子论的范围，因电子论而限定的。电子论研究原子以下的问题，至于原子以上的问题，如定份倍份之类，仍为原子论所管理的。又如生物进化之理论，达尔文（Darwin）说：强者存，弱者灭；克尔泡得金（Kropotkin）说：互助者存，独孤者灭。这两个假定，也不是相对的冲突。因为强者不必都是独孤者，弱者不必都是互助者。况且达氏强弱二字，不应专指躯力之伟大和薄弱而言。因为地质历史中，有翼耳（Pterygotus），古苇（Calamites），西鸟（Hesperornis），齯齿（Iguanodon）等，人类历史中，有匈恩司（Huns），罗马，波斯，蒙古，土耳其，西班牙，拿破仑，威廉第二等，都是躯力伟大而反灭或衰的，因为独孤的缘故。生物界里，有同类相助的动物，如白蚁和蜂，有异类相助的生物，或称为互生的（Symbiosis）生物，如珊瑚和纳犁波耳（Nullipore），豌豆类（Leguminosae）和他的根上几种微霉，人类历史中有十字军，抵制拿破仑的联盟国，和抵制德国的协约国等，都是躯力薄弱，或是比较的薄弱而反存而盛的，因为互助的缘故。那么，互助的才真是强，那仅此躯力伟大的，不是真强，独孤的才真是弱，那仅此躯力薄弱，不是真弱。而且达氏的重要的意思，还是和兰马克（Lamarck）原来的假定"凡最适宜者皆生存"（The fittest survive）一样的。克氏的学说，更比兰马克和达氏的学说更加精密罢了。所以我们可以说，达氏之假定由克氏的假定而修正了。

第八章 假定之用法

（三）试验的证实　若要一个假定成立为真实,还须得试验去证实他和用他预测的事实相符。这个条件是极重要的。凡用以证实此假定之事实,必是确切的事实（用确切的观察和试验）,必得都和预测的假定相符,若是有一不符,又不能解释这个不符的理由（参观例外之应付）,则此假定仍然没有圆满的资格。因为错于一即错于凡(False in uno, false in omnibus)。例如我们假定以太之摆动,有一定的速率,则在密物中应该较缓,在疏物中应该较快,现在我们量得光在玻璃中的速率缓,光在水中的速率较快,在空气中的速率更快,恰和这假定所预测的相符。又如我们假定生物之保护的颜色,都和环境之颜色相同（先由若干事实之指导、而构造此假定）,则北极之生物颜色,应该是白的,沙漠之生物颜色,应该是黄的。征之事实,果然不错。如此,那假定就算得真实了。反之 ,凡是和事实不符的,都不是真实。例如笛卡儿之烟环行动说(Vortical motion),假定星球之行动,如水之旋涡,则行星在远日端(Aphelia)行动之速率,较缓于在近日端(Perihelia)之行动之速率,现在天文所窥测的,没有这种现象。若依牛敦自转公转同一方向之假定,就没有这个困难了（况且烟环行动说,又不能拿算学表明出来,以供天文家之考验与第一条件亦不合）。又如牛敦颜色之理论,假定物之有颜色之不同,因为他的微点有大小不同,微点大的趋于黑的一端,微点小的趋于白和透明的一端,因为微点大的能返光,微点小的不能返光（只能让光通过缘故）。然而在试验的方面,煤末极细而不能返光,况且用热量表量之,白的反而返光和辐射的热,黑的反而收光和辐射的热,这些事实,都和这个假定不符。若依光份之理论,便没有这个困难了（光份之理论,说各物颜色之不同,由于各物吸收光份不同,返射光份不同,返射的光份,就是该物的颜色）。

判决的试验

有时有两个假定,都能"持之有故,言之成理",都能和一定的事实相符,我们如何辨别他俩的真实非真实呢?对于这样的辨别,培根发明一个方法,至今还是适宜于应用的。这个方法,就是寻出一个或多于一个的事实,和甲假定相符,和乙假定不相符的——可以证实甲假定,又可以否证乙假定的事实,来判断他俩,而定其去留。这个方法,叫做判断的试验,或路牌的试验(Experimental crucis),言如歧路之间,行人彷徨,莫知所之,有了这个路牌,行人就可以定应行的途径了。例如当天文家测算未准窥探未精的时候,地中的天文和日中的天文,都可以解释太阳系中一部分的现象_{就是和事实相符},如每日太阳必出没,每年有四季之类。然而哥白尼(Copernicus)测算,依日中说而推论,水星金星绕行于地球轨道之内,所以我们可以见其各面之不同,依地中说而推论,没有这个现象。到了一千六百十年,加里略(Galileo)用望远镜果然窥见水星金星各面之不同。又地球赤道处之贸易风,证明地球之动,否证地球之不动;天空坠物必偏于东,证明地球向东而行,也否证地球之不动。更有他种天文的现象,如星球之光差,都是这两个假定中之判断的事实。又如光学中牛敦之微点说,和海恩之浪动说,对于光之一部分的动作,如返光折光之类,都能解释。然而依微点说,光为极微的物质,光既为物质,则光在密物中,因受吸力较大,速率应快,在疏物中,因受吸力较小,速率应缓;依浪动说,光为以太之波动,是能力之一种,光既是能力,则光在密物中,因受抗力较大,速率应缓,在疏物中,因受抗物较小,速率应快。现在依试验之所得,光在玻璃中之速率,小于光在空气中之速率,光在空气中之速率,大于光在水中之速率;又光既为物质,则凸镜聚光点处,必可得物质若干,光若为能力,则凸镜聚光点处,必为浓光,或变为他能力。依试验的结果,凸镜聚光点处,光变为热,这些试验,都是能证明浪动之假定,而又能否证微点之假定的。判断假定之真伪,减除心意之游疑,是这种试验之莫大的功劳。

不完全的假定之容纳

假定之真伪,既有以上所说的方法去考订了。然而当新旧假定交代之时,往往有不能划然若割取此舍彼之困难。因为科学之中,旧假定当日之成立,亦必根据于一部分的事实,为其成立之理由。如果这一部分的事实,是对的,而且现在仍然发见的,则此旧假定到倒塌的时候,也许还有偏安的资格。又科学之中,新假定初发见的时代,根基每不能稳固,就同幼稚的婴儿一般。若要增长强壮,必得要逐渐的滋养他。科学只求真实,只求适用,也不是完全的维新,也不是完全的守旧。所以我们对于偏安的旧假定,不能不容纳他,对于幼稚的新假定,也不能不容纳他。

设有一个旧假定,从前以为他可以解释全数的现象,现在找出来,他只能解释局部的现象,那么,这个假定,仍然还有局部的价值。例如地质学中原有的石层成立之假定,以为所有的石层,除火成石外,都是由海水停积而来的。现在我们找出来,有些石层,是原于冰川之停积的,有些石层,是原于河湖之停积的,有些石层,是原于风之停积的。然而还有多数石层,是原于海水之停积的,所以海水停积石层之假定,我们仍当容纳他,不过取消他的"一统天下"的资格罢了。又有一种假定,他原来的目的,本不过是解释他范围以内的事实,本没有要解释他范围以外的事实之野心。我们决不能因为他不能解他范围以外的事实,而不容纳他于科学之中。例如生物进化之假定——就是达尔文《种类之起源》(Origin of species)所呈献的——不过解释高等动物是由低等动物进化而来,并不是解释生命从何而来的。有些宗教家因为他不能解释生命之起源,就笼统攻击种类之起源之假定,那就是责备打渔的不能造船了,不是科学家公平的态度。

　　有时根据于若干事实,或一定的原理,而构造一个新假定,若要搜集多数确切的事实来证实他,往往要需费甚久的时间。然而这个新假定,仍有"前程远大"的希望,我们应当收纳他。例如生物进化论家假定:生物依环境之不同,而分化为不同的种类。至于各生物分化如何进行,当初并没有多数事实去证实他。必从石层中取出各种化石而考察之,又考察现存生物之变迁,方能达到证实的目的。然而这都不是短期以内所能奏效的。又如电子论,有算学原理作根据,又能解释许多事实_{参观第二卷},但是他还有缺点,如正电子之体量,并未计算,和不能解释吸力之类。然而谁知道电子论之将来,不要成科学哲学中无上的"万应丹"吗?后生可畏,安得而不容纳他!

第八章　假定之用法

假定之节用

我们研究现象，有时须得假定一个理论的存体（Theoretical existence），来解释我们所研究的问题。这个理论的存体，若经过各方面的旁证，就成了具体的观念（参观观察章第一四四，本书第88以下页）。然而这种存体，除非是解释现象非此不可的时候，决不能随意捏造。奥康（William of Occam）（中古哲学家）说："理论的存体，非急需切莫增加（Theoretical existences are not to be increased without necessity）。"汉密耳敦（Hamilton）说："切莫假定多于我们所需要以解释事实的因，或烦琐的因（Neither more nor onerous causes are to be assumed than are necessary to account for the phenomena）。"这都含有实证哲学之精神。奥康的原文，就是我们所叫做的节用之定律（Law of parsimony），又叫做奥康刀（Occam's razor）。有了这样的限制，我们的思想的构造，才不至于流于虚妄，然而他又不禁止我们观察新发生的事实。例如我们研究电的现象，非假定电流的存在不可；我们研究光的现象，非假定以太之存在不可。至于雨之现象，只要把空气中水蒸汽算作因，就可以解释了，何必要什么雨神呢？人类之起源，只要把人猿（似人的猿）进化算作因，就可以解释了，何必要什么上帝创造呢？

当我们构造一个假定的观念，来解释一个问题，最好是：我们所用的观念，和我们所研究的问题，是紧接的（Relevant），不是文不对题的。换一句话说，这个观念，是在本问题之区域以内寻出来的。例如用动的观念去解释流体的行为，是紧接的，若是用他去解释固体的行为，那就比较的疏远些了，因为动的观念，原来是从流体之研究中得来的。又如用进化的观念，去解释生物之状态习惯一切，是紧接的，若是用他去解释星球之沿革，那就比较的疏远些了，因为进化的观念，原来是从生物之研究得来的。若是所用的解释的观念，和所研究的问题，不能十分的紧相接属，则事实之证实之要求，必要更加重大些。

若是在本问题区域以内，找不出一个解释的观念来，也可以用推较的方法，在别的区域里，借一个解释的观念来。但是我们须得紧记；这个借来的观念，不过是个记号（Symbol），用来以便描写我们所要研究的对象，千万不能反客为主，为记号所驱使而不自知。这种观念，有人叫做记号的假定（Symbolic hypothesis），有人叫做描写的假定（Descriptive hypothesis）。再拿电和以太作举例来讲：物理学家研究电流，首先用水流来做记号，研究以太，首先拿空气或水来做记号。其实电流和水流不是一样的，水流自此向彼，电流双方对流_{所以电学中有单流和复流两个理论}，以太和空气，也不是一样的，空气之弹性有限，以太之弹性比钢还强_{所以杨氏（Young）说以太不但有弹性，并且是绝对的固体！}。那些争辩单流对流之理论之是非的，和怀疑以太既比气体空疏，他的弹性何以比固体还大的，都是拿记号当作本身，所以才生出这些冲突困难啊。

第九章　知识之类别

我们用已知推论未知,就是预测(Prediction)。这个预测,准到什么地步,大概要靠我们已有的知识之价值而定。依第三章历史的方法,和物理的方法而言,凡用历史的方法,仅由经验得来的知识,叫做经验的知识(Empirical knowledge);先由经验得来,而又寻出因果的理由的,叫做理解的知识(Explained knowledge);凡用物理的方法,仅由假定构造得来的,叫做引伸的知识(Deduced knowledge);先由假定构造得来,而又经试验证实的,叫做证实的知识(Verified knowledge)。在历史的方法之方面,理解的知识之价值较高,经验的知识之价值较低;在物理的方法之方面,证实的知识之价值较高,引伸的知识之价值较低。经验的知识,是知其当然的;理解的知识,是知其所以然的;引伸的知识,是知其应然的;证实的知识,是知其果然的。我们有时要拿多数已有的知识合拢一处,构造一个假定,去预测将来^{包未知的问题之解释而言,凡是我所未知的,都是我之知识之将来},若是这个假定之分子,都是价值很高的,都是和我所预测的问题是紧接的^{见上章},那预测虽不能是必然的,然而他的或然之等级,也一定是很高的了。

经验的知识

经验的知识,由征集事实得来,有时虽能构成一个经验的定律,然而我们尚不能用理论去解释他的理由。这种知识,就同不成篇幅的地图之碎片一般;甲片有山,乙片有河,丙片有城,丁片有野,然而我们不知道这些山河城野彼此方向的关系若何。若要知道这样的关系,必将这些碎片聚成一幅大图,那就成了理解的知识了。经验的知识,虽每次未曾失误,然而依严密的方法说起来,还未便用他去推论未知。因为我们不知道他的情境^{即因}究竟是什么,若是情境有变迁,那更无从推论他的结果了。

蝃蝀在东,朝霁于西,是说一方有日光,一方有雨泡,则有蝃蝀,这是一个经验的知识。然而必待光学家拿折光之理论把他解释之后,我们才能把他当作靠得住的定律。况且人类的心理,也必以能得理解为满足。再以折光的现象而言,如蝃蝀,如露珠上之彩色,如光线穿过三角棱而改方向而分为光份,如以一杆半没于水中而水下之半段斜折,这都是不相联属的现象。然而自笛卡儿,牛敦由试验之表明,而知"光自疏物至密物中,或自密物至疏物中,必折而他向,且分为光份",然后知道凡以上不同的现象,都是折光在不同的情境之中所生出的。化学之中,尚有许多知识是经验的。例如炭轻合物之折光甚剧^{即折光指号甚高},凡物含有一定的电驶^{即伊洪},或一定的色子(Chromophore),必有一定的颜色,因为颜色和成分的关系,我们尚不能明了;这些知识,都不过是经验的。又如蓝眼的白雄猫都是聋子,绛红色(Scarlet)的花都不香,因为我们不知声和香的因究竟是什么,所以不敢断言他是每次如此的。这都是经验的知识。然而经验的知识,终胜于无知识万倍,因为这些知识可以供给我们研究之材料,而且在实用的方面,功用也是很大的^{参观下段分量的知识}。我们切不能保持理性派之意见,把这些知识,都看作一钱不值啊。

无意的发明　科学知识,往往起于无意的发明,以前曾经说过了。例如毫逸(Hauy)无意的在石阶上打破一块白垩,而见白垩碎块的结晶形式,和白垩整个的结晶形式相同,于是发明结晶学_{研究晶体中微点集合之阵法和晶体之形式之关系}。柏克烈耳(Bequerel)无意的察见含铀(Uranium)的矿物发光,和 X 光线相同,于是发明放射的化学。然而欲从无意发明的现象,成就一个有系统的知识,仍须有合法的研究_{详见第六、第八章}、接续下去。所以拉格郎施(Lagrange)说:"凡侥幸以无意而发明的,也必定具有可以侥幸的资格。"况且科学发达之后,无意发明之机会,比较的减少_{社会生活上新发生的事实不在此例}。试看化学发达史十九世纪之上半,为发明事实之时代_{以无意而发明的很多},十九世纪之下半,为综合理论之时代。近来化学中之发明,多半有理论的指导,在旁的科学里,也是这样的。然而天然界,乃是一个吸不尽的喷泉,只要我们和他逐日相接触,仍有意外的现象,常时的挽入研究之途径。但是这个不速之客,也是我们所应该欢迎的。

理解的知识

　　理解的知识,先由事实之归纳得来,再就此事实之本性(The nature of the case),用理论或假定解释出来因果的理由。这种知识,又可以叫做综合的(Generalised),推寻的(Reasoned),说理的(Theorised),联属的(Derived)_{这是说和他项定律或理论或假定相联属的},或理性的(Rational)知识。自经验的知识进而为理性的知识,必经过以下三种方法之一:(一)多因之分析;这是说求出一个事实的几个原因,例如我们知道地球绕日而行,这是一个经验的知识。若要使他成个理解的知识,须分析地球绕日而行之因,为:(A)地球旋转,有离心力,在每切点,均欲照圆径之引伸线而直行,(B)地球和太阳互相吸摄,太阳吸力大〔固体量大〕,故地球时欲向太阳而前行。二力相持,于是地球绕日而行于其所行的轨道。有如此理解的知识,然后可以推求其他星球互相的关系了。(二)写远的因果之接续;这是说寻出经验的因果之间,有多数的因果联成一线〔参观观察章〕。例如无猫即无橄榄(Olive),这是个经验的知识。若要使他成个理解的知识,须将此隔远的因果之间之因果,接续起来。无猫则有鼠,有鼠则毁坏蜂巢,蜂巢毁坏则花之雄雌蕊不能媒合,雄雌蕊不能媒合,则无橄榄之收获。有了这个理解的知识,然后可以推求其他植物之收获和花媒之关系了。(三)分个之综合;这是说用一个普遍的定律,把貌似不相联属的现象贯穿起来,上节所说的折光之现象,就是一个举例。又如水流就下,水上有木则飘,空气中之轻气球可以上升,似是不相联属的现象,都是经验的知识。若要使他成个理解的知识,须用地心吸力之定律,把他们综合起来,然后知道水之就下,是因为地心吸力之吸引,水上之木能飘,是因为木所受的吸力,不及水所受的吸力之大,空气中之轻气球能上升,是因为轻气所受的吸力,不及空气所受的吸力之大,都是吸力这位先生在那里主持。又如铁之锈,血之清刷,灯之燃炬,有机物之腐溃,似是不相联属的事实,都是经验的知识。若要使他变成理解的知识,须用养化之理论,把他们综合起来,然后知道铁之锈,是因为铁和养化合,血之清刷,是因为血球(Haemaglobin)和养化合,灯之燃炬,是因为炭轻合物(Hydrocarbon)和养化合,有机物之腐溃,是因为有机物质和养化合。有了这些理解的知识,然后可以推求别的水动(Hydrolics)的气动(Pneumatic)的现象,然后可以推求别的养化的现象了。综合之方法极其重要,下章再为说明。

证实的知识

证实的知识,先由理论或假定演绎得来,再用事实证实的。如何能得这样的知识呢？第八章第六章里已经将细目说出。大凡科学中之知识,多半是由预测而后证实。预测是理论一方面的事,证实是试验一方面的事。这两样相符,就是真实。孔德(Comte)说:"预测之准确,是理论之真实之证据。"这预测如何能准确,或趋向于准确之方向呢？一要方法之严密^{第八章所说的},二要材料之充足^{各科学部内之分工所得},方法之严密,莫过于科学中所用的方法,材料增加,更有借于科学,所以科学就是增长我们预测之本领之工具。例如野蛮人类能预测明日太阳将出,然而必有气候学的知识,才能预测明日气候知何。又如粗浅觇国者,能预测"人民无知识"的国家必亡,然而必有历史的世界的知识,才能预测"人民没有和当世潮流相适应的知识"的国家亦必亡。

化学中之发明,可以说是原于无意的较多于其他物理科学。然而自十九世纪之中叶,化学中之理论,都具有彼此相关的系统,故近来的化学发明,多有先期的预测,而尤以有机化学为然。例如碱性物(Alkaloid)和松脂类(Terpenes)中新合物之构成,莫不有先期的预测。

从一个确切的因果的关系,或用外因之搀杂,或用因果之反行,往往可以预测一个"可以拿试验来证实"的结果。例如我们已知道热为固体澎涨之因,我们可以预测:若使固体受热,而周围逼塞,无自由澎涨之路,则必内部互相撑挤而破裂。这是在热因之外,又加一个周围之逼塞的因。又如热为气体澎涨之因,我们可以预测:若使气体自行澎涨<small>非受热而澎涨乃自重压力处自行澎涨至压力轻处叫做自行澎涨(Adiabatic erpansion)</small>,则必吸收热,于是发明"使气体变为液体"之气液机。这是把热和澎涨的因果颠倒过来的。但是凡这样的预测,都要拿试验来证实,才算靠得住。

引伸的知识

引伸的知识,是由纯粹的推论或推较得来,无从用试验证明的。此种知识,本身尚待证明,若用他做推论之张本,往往可生极大的错误。所以他的价值不高。例如化学家用理论的推论,而知炭和矽的气体密度是多大,然而我们未曾得着气体的炭和矽<small>矽炭在三千五百度则成气体</small>而权量其密度,则不能用他去推论高温度时炭和矽的他项性质。又如电学家因为铁有磁性,别的金类也有有弱磁性的,于是引伸而说:凡物都有磁性,或反磁性,不过铁之磁性最大,所以我们可以察觉他,他物之有甚弱的磁性或有反磁性的,都不能为我们所察觉<small>但是现在科学家都不相信这话了。他们以磁性是铁和其余少数金类的特有的性质</small>。丁德耳(Tyndol)说:"一铁柱为地之磁力所吸,就是一磁,其顶为南极,其足为北极。"揭芳斯(Jevons)说"由此推论,我们可以说:一石柱为地之磁力所反,是一反磁,其顶为北极,其足为南极。"试问我们对于电磁的问题,能以如此的文不对题的石柱去解释吗?总之,我们对于这种引伸的知识,要设法用试验去证实他。若是徒爱思辨之有趣,不但不证实他,而且引伸不已,即不流于虚妄,亦必陷于诡辩了。离事实而玄想,固无不可能的,然而其如事实何。

分量的研究所得的知识

以上所说的知识,多就性质的而言。科学中分量的研究,日见其多。由此而得的知识,也可以分作经验的,理解的,证实的,引伸的,四类。

（一）经验的　这是说从直接的权量之所得,而没有理论可以贯串的。我们研究现象,若是只能记录现象之一定的分量,而不知道此分量何以不多不少,又不知道此分量和彼分量有若何的关系,都是经验的分量的知识。例如天文台中之星辰出没表,气候台之气候表,地球各处磁浪表,工程师之建筑材料之牵力抗力纽力表,警察处之人民生死表,及各处之统计表,都是属于此类的。此种的表,在实用的方面,功用极大,因为他可以供给我们的考证。至于在理论的方面,各有意见不同。重演绎的以为,此种数目表,不能促使科学进步,因为他没有理论的联属,使人徒费精力,而不知进步之途径。重归纳的以为,此种数目表之功用甚多,因为我们可以在此数目之中,比较此分量和彼分量之同和不同,而寻出经验的普遍的定律,至少也可以寻出经验的逼近的综合(Approximate generalisation)。如政治学社会学所研究的问题,往往涉及人民之气质不同,教育之等级不同,生活之状态不同,颇难得普遍的定律。然而有了逼近的综合,也可以给我们一个指导,可以使我们得个或然的推测。试问在未曾研究过的学科之中,又何从乞灵于已知的定律来演绎呢？况且这些经验的综合或定律,又可有"进而至于理解"的希望。

（二）理解的　这是说先由直接的权量得来,又寻出此分量和彼分量的关系,并可以解释他的理由。归纳法中的同变律,就是自二个现象或多于二个的现象之间,求出因果的关系。这二个分量同变之状况,可用分格图的方法（Graphic method）去表明他。例如生物学家研究各处居民食料之问题,知道寒带居民食料中多肉,热带居民食料中多蔬,温带居民食料中蔬肉约参半;这是一个分量的权量。又知道热带之温度高,寒带之温度低,温带之温度适中,这又是个分量的权量。又知道热带产可食的植物多,温带次之,寒带最少,这又是个分量的权量。用三个平行的方格图,可以看得明白这些分量的关系,然后可以用理论去解释他：（1）气候之温度愈高,则其处居民食肉愈多,因为肉食增长体温之权力,比蔬食较大的缘故。（2）该处产蔬愈多,则其处居民食蔬愈多,若寒带产蔬甚少,则该处居民,惟有猎取鸟兽以充食料,这是生活因环境而变迁的缘故。再取一个理论学书中常引的举例来讲,就是英国茶之消耗之研究。第二图中横标量时间,竖标量三个分量,一为茶税,二为茶价,三为茶之消耗。这三个分量之关系,不难一览而知,茶税愈低,则茶价愈低,茶价愈低,则茶之消耗愈大。所以研究政治经济等学的人,把统计表看得非常的重要啊。

方格图的方法,是将横标竖标所量的分量之交点,联成一条线,而考察此分量和彼分量之伸缩,增减,升降的变迁。然而有时我们所征集的根据中间间断了,只能得两条不相接续的线（如第三甲图中之黑线）,到了这个时候,我们可以用中置（Intrapolation）的方法,照这两条线的倾向联接起来（如第三甲图中之虚线）。有时我们只能征集得一段的根据,在方格图上可以一段之线代表出来^{如第三乙图中之黑线},若是要推论这段前后的两个分量之关系,我们可以用外置(Extrapolation)的方法,照这一条线的倾向,引伸起来^{如第三乙图中之虚线}。但是这种方法,须得有个限制。若是间断不长,中置自无妨碍,引伸不远,外置亦可通融。否则恐怕代表自代表,事实自事实,两下不相符了。

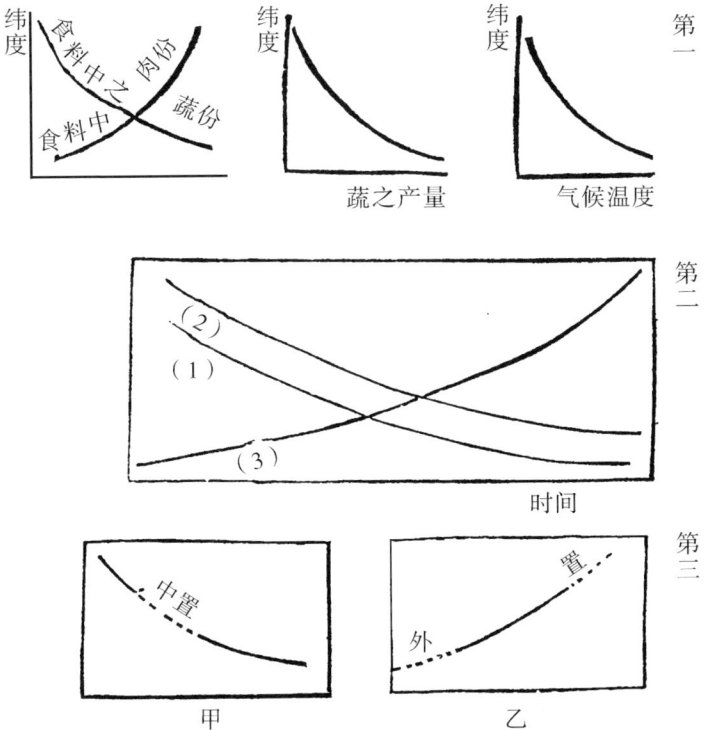

（三）证实的　这是说先由理论预测若干分量再由试验去证实他的。凡在可以用算学驾驭的科学之中,这样得来的知识极多。理论试验之相符,和征集事实而得理解,同是科学研究中的乐事。夫烈纳耳(Fresnel)说:"试验的数目,和预测的数目之符合,是我研究算学之最大的酬报。"科学史中这种符合甚多。例如牛敦以吸力定律测算月球为地球所吸,其向地坠落之速率,必为每分钟十五英尺,再用测量的试验所得的月球轨道之里数来证实他,其得数为每分钟十三英尺,牛敦以为这理论试验两方面的结果不相符合了。不料到了十五年后,他又得了一个更确切的月球轨道之里数,而算出月球向地坠落之速率,恰为每分钟十五英尺,才能证实他的预测之真实。又如空气之比热,依热动学之原理之预测,必为0.2378_{以水之比热为单位}。烈格那脱(Regnault)用试验去量空气之比热,其得数为0.2377,于是他的理论的预测之真实,才算得证实了。

（四）引伸的　依理论预测所得的分量,不能如光浪之速率,直接的用权量证明,又不能如原子之重量,间接的用权量证明_{即第六章所说的旁证},又不能如气体分子行动之速率,可用根据不同的理论所预测的分量相比较而符合_{气体分子行动之速率,由气动之理论所预测的和由气体穿射(Gaseous diffusion)之理论所预测的相符合,第六章所说事实之符合,可相比较}。这种分量的知识也只有研究之价值。若用他去作推论之张本极不可靠。例如地球之寿算,空中陨星之数,火云中之温度_{有人说有七百兆度},都不能算做已证实的数目。

分量的研究中理论试验之不符

在物理的科学之中,常用理论去预测现象之分量,而用试验去证实他。如果二者不相符合,我们应该持如何的态度呢?到了这个时候,我们应该先研究这个不符的理由。这个不符的理由,概括

第九章　知识之类别

起来,约可分为五类:(一)或由于试验时偶尔的错误;(二)理论原来没有错误,或由于算学公式中,所取的常数(Constant)不对,而生错误;(三)或由于算学公式之错误,如以正比例为反比例,以高级的比例为简单的比例之类;(四)或由于不知的情境[因]搀杂在里边,从此前进,可以发明新现象;(五)或由于理论之根本错误。

我们遇着这种不符的时候,究竟应该断定那项错误是这个不符的原因,也没有一望而知的妙诀,须用以下所说的方法,去做严密的侦探。

倘若试验不是十分烦琐的,我们应该多做试验而取其平均。试验次数愈多,则偶尔的错误愈少,因为偶尔的错误和试验之次数之平方成反比例。如结果仍然不相符合,则或有深根的错误夹在里边。我们应该改变仪器之体积[即容量]及其形式,用各种不同的材料去做仪器及附品,而希望错误之发见[参观试验节下德斐之试验]。如果结果仍然不相符合,则须用"根据不同的原理而可得同样的结果"之试验去考求他;如原子量之考订,可用分析法,可用气体密度法,以及他法之类。如结果仍然不符,则我们可以相信权量的试验里边,没有错误,而怀疑理论公式中所用的常数之不对了。如此常数为自己另从一个试验求得的,则照前法再做试验去求他;如此常数为以前科学家所求得的,而又经多数大学会所承认的,则不必怀疑其不对[并不是不能怀疑,如果怀疑须得重行做试验去考订他],而可怀疑另有外搀的因夹在里边了。有了这一线的指导,往往可以发明新大陆出来。

然而以上所说的方法,是依在理论确有根据,而又恰能应用——和我们所研究的紧相接属的时候而言。若是理论没有确切的根据,如以火质说,或空中陨星之数目,或生力说,为根据之类。

或是理论虽有根据,而不能应用于此事实之研究,如用电析律于气析之研究,用淡溶液律于极浓溶液之研究,用人类之目的的运动之理论于无机界之机械的运动之研究。那第一层是"乌何有",第二层是文不对题——驴头不对马嘴,就是理论一方面的根本错误,犯不着枉劳精力,在试验的方面经过以上所说的各层方法了。

科学进步,知识增加,各分科的知识,可以互相贯通,互相解释。所以经验的知识,可以长成理解的知识。然而我们研究之本领,也是逐日增长的参观现象之权量。对于"壁垒森严"的天然界,我们可以有"深入敌境"之权力和精神。所以引伸的知识,往往也可以进为证实的知识。但是无论如何进步,终不能达到究全真实之所在参观逼近之理论。真实是无穷的,我们永远在这条无穷的路上前进前进。

第十章　综合和推较

　　科学之价值,在能用已知推论未知,用少数经验的现象,推论多数未曾经验的现象。这样的推论,有两个方法:从分个推论到共总,叫做综合,从此分个推论到彼分个,叫做推较。这两种推论,都是从观察所得的若干同点,推论其他的同点,不过在综合里边我们可以知道这些,同点之彼此的因果的关系,在推较里边,我们尚不知道这些同点彼此关系若何。总而言之,我们所有的推论,都是自狭而广,自少而多,所以我们推论所得的知识,都可以算得新的。纵然就演绎法而言,自共总推论到分个,似乎是自广而狭,自多而少,换一句话说,演绎中之结论,已包含在大前提之中,不能算得新的了。然而从大前提之构造的时候,到我们用这个大前提来推论的时候,其间中词(Middle term)所代表的对象,谁能保证没有变迁呢?所以我们用普遍的定律去推论分个的事实的时候,必须擅定小前提中之客词,和大前提中之主词,是完全同一的,然后才能得一个一定的结论。试问擅定是怎样讲呢?就是拿不知的当做知的计算。这不知的不能算得新的吗?再拿我们常引的极端的例子来说:由每日太阳必出的定律,而推论明日太阳必出,我们必须擅定明日太阳之情境和从前构造此定律时所观察的太阳之情境,是完全同一的;由凡人皆死的定律,而推论某某必死,我们必须擅定某某之情境,和从前构造此定律时所观察的人之情境,是完全同一的。不过在这样的推论之中,过去的经验如此之多,这擅定之危险极少,所以这推论之假定的性质,也因之而减至最低度。至于综合之推论,虽有因果律为凭,然而我们必须擅定每次的因（情境）,是完全同一的,才能构成一个普遍的定律。若后人用这个定律去推论分个的事实,我们也不能完全保证他,不过这个定律,可以作他们的指导罢了。这样看来,在演绎的推论之中,我们擅定现在所推论的分个,和从前构造定律的时候所观察的分个,是完全同一的;在归纳（即综合）的推论之中,我们擅定将来用此定律以推论的时候所推论的分个,和现在所观察的分个,是完全同一的,都不过是或然的。至于推较,不过在两个对象或两个现象之若干同点而推论他点或者也有同的,那更是或然的了;因为我们还不知道他们的因果的关系的缘故。

据以上所说的看来,我们凡在推论的时候,都不能免第一步擅定的阶级,不是靠得住的。那么,我们何取乎要有综合和推较之方法呢？何取乎要有普遍的定律呢？极端的经验派就有这样的谬误的见解。加来耳(Galyle)说:"除事实之外别无他项是重要的,约翰拉克兰从这里走过,此中有可羡慕的真实,理论有什么用处呢？"然而这是历史的事实,不是科学的事实。科学的事实,在能重行发现。科学之所以成为科学,就是把这些可以重行发见的事实,综合在一处,拿一个普遍的定律去管理他。所以无论是何科学,都含有普遍的性质。至于历史的事实,在科学家看起来,是无用的,因为约翰拉克兰不能再从这里经过,是不能重行发现的,是没有普遍的性质。亚里士多德在二千年以前,已经说过,"没有学问是研究分个的",因为分个是无限的,是不能(完全)为我们所知道的。

综合和推较,都是自物（对象）或现象之同点而推论其他同点,至于此物或现象仍有异点，并无碍于推论之进行。在综合之中，同之外延大而内包小；在推较之中，同之外延小而内包大。譬如有一物，其性质为 A，B，C，D；又有一物，其性质为 A，B，E，F；又有一物，其性质为 A，B，G，H。若将来发见一物，其性质中有 A，则我们可以推论其性质中亦必有 B（参观合同律），或另有他项性质 xy，并不牵涉到这个问题。这叫做综合。例如物有重量皆有惰性，这是由重量之同，A、而推论惰性之同，B。至于物之颜色，坚度，密度，……等等性质，无论异到什么田地，都不能搀入这个综合之范围。又如我们看见光、声、热、电、磁、化学等能力之表现，必有物质之改换，我们可以由能力表现之同，A、推论物质改换之同，B。至于光能力使以太波动，声能力使空气波动，热能力使温度加高，电磁能力使电压（即电慧）变迁，化学能力使物化分化合，这些异点，都于这个综合无关。因为在这两个综合之中，我们知道重量和惰性，能力表现和物质改换，有因果的关系。又譬如有一物，其性质为 A，B，C，D，E，又有一物，我们已看见其性质为 A，B，C，D，则可推论此物亦必有性质 E。这叫做推较。例如气体之行动其分子极繁，其速率极快，其分子之彼此的距离极大，其每个分子之行动，不受他分子之吸引。现在我们拿他去推较天河星体之行动，天河中之星体极繁，这些星体行动之速率极快，这些星体之彼此的距离极大，于是我们可以推论天河中各星体之行动，不受他星体之吸引。又如生物组织中之细胞，其数甚繁，各有各的机能，彼此互相帮助，一部的细胞坏了——不能尽其机能，那生物之全体就要受伤。现在我们拿他去推较人类社会中之个人，数也是极繁的，也是各有各的机能，彼此分工而共治，我们可以推论，若是一部的个人坏了，那社会之全体也就要受害了。至于气体和天河之异点,如形式(气体分子自由行动,其共总为圆球形天河乃是一个平扁盘形)密度(气体中之各分子是最小的微点,天河中之火云(Nebulae)和星球(Cluster)都是中心密而四围疏),之类,细胞和个人之异点,如细胞可以分判(Nuclear division)为二细胞,不能有自由行动(Locomotion)之类,都不在推较范围之内。康德(Kant)说:"有一(性质)在多(物)中,则此一(性质)亦在凡(物)中(Eines in vielen, also in allen)",这样的推论,叫做综合;"有多(性质)在一(物)中,则其余(性质)亦在此一(物)中(Vieles in einem, also auch das übrige in demselben)",这样的推论,叫做推较。综合之凭借,在同之举例之多(外延大),推较之凭借,在同之切入之深(内包大),但是这二个之区别,也不过是等级的问题(因为因果的关系有时不能斩截了当的表现出来)。同之外延小的,必有内包来补偿他,同之内包小的,必有外延来补偿他。然而论他俩确切的价值,当以综合为较高。

综合

综合有两个意义:一是自事实之归纳而构成定律,一是自较少普遍的定律而归并于较多普遍的定律。论及此点,须知科学中之定律,以其普遍之程度不同,可分为二类:(一)一级定律;(二)二级定律。二级定律又可分为二小类:(甲)演产的定律,(乙)经验的定律。一级定律,是普遍的程度最高的定律。他是无处不然的,除自明理外,没有比他的程度再高的了(自明理(Axiom)也可分为二类:一是直觉的(Intuitive)自明理,我们不能设想他不是如此的。例如数学之中,若是对于"一"的命题是真的,对于 n 也是真的,对于 n+1 也是真的,则对于无论何数都是真的。二是共认的(Conventional)自明理,是我们以为如此最适宜的。例如几何学中的自明理都归此类。照这些自明理构造,是成 Euclidian 几何学,不照这些自明理构造,是成 Non Euclidian 几何学。然而 Euclidian 几何学是最简约的最适宜的)。如天文学中之吸力定律,化学中之定份,倍份,换份,诸定律,生物学中之遗传定律,心理学中之联想定律,都是的。二级定律的普遍的程度,比一级程度低了。这些定律可以告诉我们:在一定的情境之中,必有一定的结果,若我们能分析这情境,那就是演产的定律。例如水动学中"水在真空管中必升起三十三英尺之高"这个定律,我们可以分析他的情境为:(一)空气之压力,(二)液体传递压力,(三)物受力必动^{参观第三章}。若我们尚不能分析他的情境,那就是经验的定律。例如钵德定律^{详见第二章},我们尚不能知道何以如此。故经验的定律之价值,较演产的定律更低。

又有逼近的综合(Approximate generalisation),也应当附属在二级定律之下。其公式为"多数 x 皆为 y"。在社会生物等学之中,此种逼近的综合甚多。例如多数人皆先计算自己的利益,多数北极动物皆白色,之类。然须得同时研究,去解释那个少数的"不"。这个少数的"不",叫做负号的举例(Negative instances),或叫做例外(Fxception)。若能解释这些例外,则此逼近的综合,变成普遍的定律。例如华烈司考察飞禽之颜色,看见多数弱鸟^{易为肉食的生物所攫食的}而又栖息于无遮蔽之巢的,雌者之颜色皆黯淡,雄者之颜色皆灿烂,因为雌者有孵卵的职务,必须如此,才能为天然所选择而保存其种。但是他同时又发见许多例外,所以他又要详细的研究这些例外,把他一条一条的解释下来。第(一)例外是:有弱鸟雄雌皆颜色灿烂的。他详细考究,看出这些鸟是住在有遮蔽的巢里的,或是住在穴里的,所以他们用不着保护的颜色。第(二)例外是:有颜色黯淡的弱鸟,也住在有遮蔽的巢里。他又详细考究,看出这些鸟的巢之遮蔽,是为遮蔽风雨的,他们的黯淡颜色,乃是平时生活旷野之中所需要的,不是为孵卵的保护而设。第(三)例外是:有鸟颜色易辨而又栖息于无遮蔽之巢。他又详细考察,看出这些鸟都是攫食他种小动物的^{如昆虫类},无须有保护的颜色。第(四)例外是:有鸟雄者颜色黯淡,雌者颜色灿烂,而又栖息于无遮蔽之巢。他又详细考察,看出这些鸟雄者孵卵,雌者较强,外出取食。然后他才能由以上逼近的综合,构成一个定律,说:凡颜色灿烂的弱鸟,皆栖息于有遮蔽之巢。这样看来,由千头万绪的事实之中,构成一个定律,不是便易的事体。若是不能解释这些例外,也须得把他明白表示出来指示后人一个研究之途径。这样方法,对于大公的共同的科学之进步,最有利益。大科学家的著述里,往往有"我不能解释这个例外"之论调。能够这样的不讳其所不知,那才真正是大科学家的态度呢!

若是能造统计表而计算之,则可用百分数^{波生的(Percentage)},去代替逼近的综合。例如凡染虎疫的人,其百分之七十皆是伤命的;寄居中国的西洋人,其百分之六十皆为英国人;将来由这样的百分数而推论,可以得一个一定的或然数。否则自百分之五十一,至百分之九十九,其间尚有最大的空隙啊。

定律之构成　定律之构造,首先须寻出同点之因果的关系,这部书中已经说得很多了。既寻出确切的因果的关系,即令到了我们观察不能底试验不能及的地方,我们还可以推论他。例如依我们的试验,水和汞以及他物在温度不同的时候,具不同的形体^{温度高则为气体,温度低则为液体,温度更低则为固体},而知道温度为形体变迁之因。于是我们可以综合而构成一个定律,说:凡物在温度不同的时候,皆能具不同的形体。又如依我们的观察,太阳系的星球皆互相吸引,而知道吸力和物质不离,换一句话说,物质之存在是吸力之因,于是我们可以综合而构成一个定律,说:凡天空无量星球皆互相吸引。不过这样的综合,推论到观察试验所不能及的地方,必须保持实证的精神,立两个限制:(一)因果的凭借必确切,(二)推论的阶级不能过多 参观第九章引伸的知识和下段综合之价值。

定律之归并 这就是第九章中所说的分个之综合,是从貌似无涉的定律,看出他的深根的同点来,归并于一个更为普遍的定律之下。例如摩擦必生热,是一个定律,煤油燃炬必生光,又是一个定律,击磬必出声,又是一个定律,酸和碱相遇必化变而生盐和水,又是一个定律,⋯⋯都像是"自为风气"的定律。然而自物理学大进步之后,才知道这些不同的动的现象,都是由能力表现而来。所以把这些定律,都归并于一个更普遍的定律"能力生动"——能力生工作(Energy produces work)——之下。又如松子熟时,必生翅随风而群飞,苔实熟时,必借实壳炸裂的弹力而输送种子于离根较远之处,珊瑚除萌生之外,必另生泅卵,鱼生卵时,必在大浪之处。这些貌似不相关涉的事实,中间有两个同点:一是产儿多,二是播种远。于是,我们可以综合起来,说:凡产儿多的生物,播种必远。又可以把这个定律,归并到一个更普遍的定律,"凡生物都有传种之欲望"之下。那产儿多的生物,必定播种"被于四方",才能勉人口过繁之危险呢。

综合之价值

我们研究众多的现象,求出同点,综合起来。然而他们的异点,都在未曾收录之列。若是到了一个特别的现象,我们仍然要分析研究这个特别的现象之本身。——便是现象之异点,也是必须研究的。那么,分析的方面的知识,必定精密而确切。综合方面的知识，必定挂一而漏万，又何取乎有综合的知识呢？例如若是我们知道椭圆的性质，知道双曲线之性质，知道抛物线之性质（分析的、特别的），又何必要知道第二级之曲线之性质呢（综合的、其同的）？然而我们研究科学，是要获思想经济之效。马赫（Mach）以思想经济为科学之唯一的职务，确是有见地的言论。当我们研究现象的时候，若是有已成的定律作指导，要节省多少的脑力。若是我们自己构造定律，又可以节省后人的脑力。这是综合之莫大的功劳。不然，森维万众，异不胜异，若将分个记录起来，那就劳而无功了。试问若有人想作文章，而读不分部首的字典，是可能的吗？纵云可能，也必定不胜其苦了。所以每次综合，都在科学进步上加一个头衔。

然而我们又不能贪综合之美名而陷入于急促的综合（Hasty generalisation）之弊途。人类原有好作综合之癖性，往往从不多不确的经验之中，未能了解因果的关系，而遽作综合的判断。这样的判断若载在著述之中，最为科学进行之障碍物。例如以前所引的同时间的同空间的同数目的现象，古人曾作急促的综合，遗害于思想界，何等可怕！所以培根说："我们的智慧，无须再加翅膀，但须有铅锤做个坠子，使他缓缓的进行。"朋加烈说："古人综合，我们现在笑他以不同为同，我们综合，谁能知道我们的子孙不笑我们以不同为同呢？"综合之好处虽多，但是要谨防误入迷途啊。

推较

推较也有两个意义：一是，一种没有充分的证明之推论，二是，暂系观念之贷品。凡我们研究现象,若是不能得其因果的关系,只能拿已知的现象和未知的现象之同点,两相比较而推论其他的同点。但是对于这个推论的结果,我们若是把他当作证明,那是极其不充分的。我们若是把他当作假定,那就当设法再去做试验以证明他,这倒是引导发明之好方法。

拿推较去推论,当然只有或然的结论。这个结论的或然数,并且是很低的。就这个很低的或然数之中,若欲定其高下,须用以下三个条件去考察他:(一)同点之数目愈多,同点之重要愈大,则推较之或然数愈高。例如氯与轻化合而成盐酸(HCl),氯与银化合而成难溶解的盐酸化银(AgCl),氯为二原子的分子(Cl_2),氯之气体有嗅,氯易溶解于水。现在拿氯和氰(Cyanogen)推较,氰与轻化合而成氰酸(HCN),氰与银化合而成难溶解的氰酸化银(AgCN),氰为二原子群的分子$((C_3N)_2)$氰之气体有嗅,是氯气和氰气之重要的化学的物理的性质,极多同点,由是而推论氰亦易溶解于水,则或然数很高_{氯和氰另有别的同点因其含具化学的意味过深,所以我未曾引他}。(二)同点之数目愈少,同点之重要愈小,则推较之或然数愈低。例如蛇能游行水里,蛇体长而无足,蛇是有毒的。现在拿蛇和鳝推较,鳝也能游行水中,鳝也是体长而无足,是他俩的同点甚少,而且这些同点,并不是重要的性质_{重要的性质是他的内部的组织},由是而推论鳝也是有毒的,纵云不是错误,也是极其未必然的——就是或然数很低。(三)所推论的未知点愈多,则推较之或然数亦愈低。例如地球上有空气,地球之北极有冰,地球之北极全是白的。现在拿地球和火星推较,火星上也有空气,火星之北极有白点,这个白点并且冬天大而夏天小,由此推论火星北极亦有冰,是很或然的事——就是或然数很高。若是由此推论火星上亦有生物,亦有理性的动物,则所推论的未知点过多,或然数就降低了。然而现在有人窥见火星上有如网的白带,似是运河,地球上也有左右沟通的运河。若是由此推论火星上也有人类（理性的动物）,则或然数可以加高了。因为白点之对于冰,运河之对于人类,都是重要的指示。但是要辨别同点之重要不重要,仍须有充分的知识,才能着手。例如研究鲸之组织,没有动物学知识的人必定用鱼类去推较,而不用乳哺类去推较。研究印度人之人种,没有人种学的知识的人,必定用颜色相同的马来人去推较,而不用骨相相同的欧洲人去推较。有人把推较和归纳（归纳之中必有综合）叫做知识制造法（Knowledge making process）；然而制造也必得有原料,如果原料缺乏,纵令方法如何精密,也是巧妇不能作无米之炊啊。

　　上段已经说过,推较另有一个意义,是暂系观念之货品。这就是第八章中所说的记号的假定。大凡我们觉察一个现象的时候,必须将此现象联合于一个相似的已知的现象（即与此现象具有同点的现象）,然后用观察或试验去研究他,才能走到发明的地位。例如海恩（Haughen）以声浪之现象,推较光浪之现象,而发明浪摆之理论。法来德（Faraday）以电纽之现象（以电传于螺旋的铜线之中）,推较极光纽之现象（光线经过一定的晶体后即折纽而成极光）,而发明光与电磁同出一原之理论。假如有一现象,和已知的现象毫无同点可寻,则欲研究此现象,除乱碰外,别无他法。乱碰既不是正当的方法,则凡欲研究一现象,惟有从推较入手。无论其同点若何的微淡,我们总须利用他作个起点。所以注重"创造的智慧"的人,对于推较之价值,极力增加。克古烈（Kekule）自叙其环类化合物（Ring compounds）理论之发明史,说：他在伦敦车上,恍惚看见空中尘点,结成环形,又有小尘点附属大尘点而跳舞,于是推较环类化合物为六炭集成之环,每一个炭携带一个轻,就同大尘点携带小尘点一般。他从此构成环类化合物之理论,对于有机物质之一部,均有圆满的解释——均与事实相符。汤姆生(Thomson)之电子论,乃是由美约漂磁(Meyer's floating magnets)^{用多数负磁漂于水上,再用一个大正磁悬空吸摄之,则负磁依数目之不同而列成不同的阵势}和太阳系的观念,推较而起原的。以后再用算学的法式去发达他。这样看来,推较之动作,直是引导发明之无上的工具。不过我们须得把他当做研究之起点,不能把他当做结论之终局才不至于陷入唯心的组造(Mental synthesis)之危险哪。

总言

推较和综合之区别,也不过是等级的问题。二者都是取二以上的现象之已知的同点,去推论未知的同点。不过综合中之同,广须多于深,推较中之同,深须多于广。故从多数现象之中之少数同点而推论他同点,叫做综合。从少数现象之中之多数同点去推论同点,叫做推较。综合之中,有时同点虽少,而可以推论,是因为我们须得寻出同点之因果的关系的缘故。推较的条件较宽,所以推较在证明的方面,没有什么价值,然而在发明的方面,就当"名列凌烟"了。

第十一章 分类

分类是什么呢？乃是依事实或对象之同点，在心理上集合的方法。何以说是心理上的集合呢？因为分类也同综合一样，包已知和未知而言。由综合而得的定律，我们可以推论事实或现象之有一定的同点的，都在此定律范围之下。由分类而得的类，我们可以推论事实或对象之有一定的同点的，都归属于此类。例如人为动物中之一类，即我们所未见过的阿富汗人，古巴人，凡是能用天然界制造器具的动物^{Bergson的人之界说}，都归属于人类。又如平行方为几何形中之一类，即我们所未见过的形，其对面的线是平行的，其对面的角是相等的，都归属于平行方之类。故分类也可以叫做综合之一种。不过依寻常的意义，二者是平列的，综合是从天然界的动的方面分析之，分类是从天然界之静的方面分析之。二者皆能拯救我们于繁复杂乱之中。由综合而知一现象之因，由分类而可置一对象于适宜的地位。这一层分类的功用^{凡一对象必有一个适宜的地位}，是希腊哲学家所最注重的。这样宗谱式的分类之观念，近来虽已打消，然分类之方法，仍为研究之必需品。而且依联想律而言，凡忆起一事物的时候，必有与此事物相同的，为联想之介绍，故分类又有可以提醒忆起之功用。

然分类之功用，又能叫我们记忆我们所需要的^{即下文同存的性质}。至于

第十一章　分类

我们所不需要的^{即下文偶见的性质},则不必枉费脑力去记忆他。分类所以能使我们记忆我们所需要的缘故,是因为当分类的时候,有一个重要的性质,为分类之基础(Fundumentum divisions),可以表出同存的性质(Correlated or co-existent properties)。同是一群事物,因分类者之目的不同,可用不同的方法以分之。然而科学的分类,以能表出同存的性质最多的为最适宜。例如化学中之金类原质,分析家所分之类,和化学家^{学理的化学家}所分之类不同。即以汞,铅,银之原质而言,分析家以其皆能成"不溶解于盐酸的氯化物",故置之于第一类。化学家则以汞与锌与镓同归一类,因为他们的原子价都是二,他们的气体都是一原子的分子,以铅与锡同归一类,因为他们的原子价都是四或二,都成同式的氯合物;以银与金与铜同归一类,因为他们的原子价都是一,都是软金类。凡原质的性质,都是和原子价同存的性质。又如植物界之显花类,园艺学家把他们分为草本,木本或依颜色去分,或依花季去分。然而植物学家则分为单子叶类,双子叶类,因为凡单子叶类之叶之水脉皆平行,双子叶之叶之水脉皆如网,单子叶之花瓣皆为三,或三之倍数,双子叶之花瓣皆为四或五,或四或五之倍数,单子叶类之水管束杂乱如星,双子叶之水管束联列如环。这些性质,都是和子叶同存的性质。原质分类之中,原子价是分类之基础,显花植物分类之中,子叶是分类之基础。

再用符号以表明之,设有八物,其可取以比较的性质有五,A,B,C,D,E^{以下符号之中,a为无A,b为无B,c为无C,d为无D,e为无E},试先以 A 为重要的性质而分之,而假定其余的性质,为此分类所表出的,如第一表。

153

第一表		第二表	
A B C d E	a B C d E	A B C d E	A b C D E
A B c d e	a B c d e	A B c d e	A b c D e
A b C D E	a b C D E	a B C d E	a b C D E
A b c D e	a b c D e	a B c d e	a b c D e
（一）	（二）	（一）	（二）

依第一表观之，第一类都有 A，第二类都无 A。然而此二类之中，除一为有 A，一为无 A 外，别无他项分别。换一句话说，以 A 为重要的性质，作分类之基础，不能表出同存的性质。试再以 B 为重要的性质，作分类之基础，将以上换列而类分之，则各性质之表现如第二表。

在第二表之中，试稍加考察，即能看出凡有 B 者皆无 D，凡无 B 者皆有 D，已经寻得同存的性质之一种^{无是负号的也算性质。如凡卵生者皆无乳，凡有喙者皆无齿之类}。比以 A 为重要的性质所分之类好得多了。试再以 C 为重要的性质，作分类之基础，将以上八物再排列而类分之，则各行性质之表现如第三表。

第 三 表	
A B C d E	A B c d e
a B C d E	a B c d e
A b C D E	A b c D e
a b C D E	a b c D e
（一）	（二）

在第三表之中，我们可以看出，凡有 C 者皆有 E，凡无 C 者皆无 E，已经寻出 C 与 E 为同存的性质，并且同是正号的。在第三表之

第十一章 分类

中,凡 CE 以外之性质,如 A,如 B,如 D,都是偶见的性质,无关于分类之进行。故此三法之中,以第三法为最适宜。例如晶学家分结晶体为六类,以结晶形式为其重要的性质,因为以结晶形式而分类,则其同存的性质,如光学的性质,和分子的组织,都可以表现出来。至于结晶体之大小颜色,比重等等的性质,都是偶见的性质,和这个分类无关。又如动物学家以脊椎为重要的性质,分动物为二大类;一为有脊椎类,一为无脊椎类,也可以表明其他同存的性质。如凡有脊椎者皆有齿或喙,凡无脊椎者无之;凡有脊椎者皆有神经总管在背脊上,皆有可涨缩的循环机关^{即心}在腹下,凡无脊椎的神经循环系之组织皆不同。若飞行,游行,步行,肉食,素食,和其他的性质,在这个总分类的阶级,都是偶见的性质。

以上所说的形式^{用符号的}分类法,不过说明同存的性质之表现,为分类之功用之一端。若是每次分类,都照此法实行,那就不胜其苦了。倘有八百物,其可取出以比较的性质有五百,试问能用这类方法去分他们吗? 所以不能不有别的方法去代替他^{参观后节归纳的分类}。

这样看来,分类之价值,以能表现出同存的性质为第一,所以揭芳斯修改赫胥黎的分类之界说,物之分类,乃是实在的或理想的排列,集其同者,离其异者,"第一为表出同存的性质第二"^{凡括弧以内的系揭芳斯所加 其余系赫胥黎之原文}为佑助我们的心思,以便领会和记忆此等物之性质。

前面曾经说过,分类乃是从天然界之静的方面而分析之,故只能表出同存的性质。然而在动的方面,我们还要研究。如能在同存的性质之中,求出因果的关系^{依严格说起来,同存的性质本无因果之可言。例如等边的三角即为等角的三角,等边和等角是此}

三角之同存的性质。我们不能说等边为等角之因,或者等角为等边之因。然而普通事实中所说的同存的性质往往因知识增加,可以寻出因果的理由。例如游水的飞禽,足趾之间皆有网,自无知识者看来,游水和有网是同存的性质。然而自有知识者看来,游水的需要为网足之发展之因。诸如此类甚多,则经验的同存,变为理解的因果。换一句话说,静的方面的类,变成活的方面的定律了。所以有人说,天然界之最终的解释,永远是因果律。因果律乃是经验之系统之脊椎。

分类之分类

分类之方法,可以分为演绎的和归纳的二类。自共总分至分个,叫做演绎的分类。自分个汇至共总,叫做归纳的分类。

演绎的分类

演绎的分类,又可以叫做理想的分类,或形式的分类。在一群之中,取一个重要的性质,为分类之基础。其一类为有此性质者,其一类为无此性质者。然后用两枝法(Dichotomy)逐层前进。每次前进,分一大类为二小类。凡被分的大类叫做属(Genus),凡分出的小类叫做种(Species)。然而在演绎的分类之中,属和种不过是对待的名词,属对于其上的大类也是种,种对于其下的小类也是属。以符号记之,在大类 A 之中,以 B 为重要的性质而分之,得 AB 和 Ab 两小类。再从 AB 和 Ab 两小类之中,以 C 为重要的性质而分之,得 ABC 和 ABc,及 AbC 和 Abc 四更小类。试列表如甲。

甲

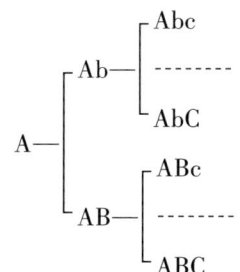

乙

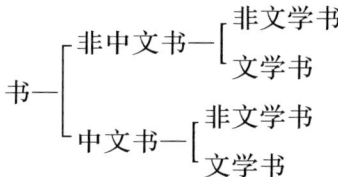

再举一个例来表明他,如我们将书分类,先以中文的为分类之基础,而分为中文的和非中文的二小类。再以文学的为分类之基础,而分中文的书为文学的和非文学的,又分非中文的书为文学的和非文学的,四个更小类,如乙表所呈列的。

丙

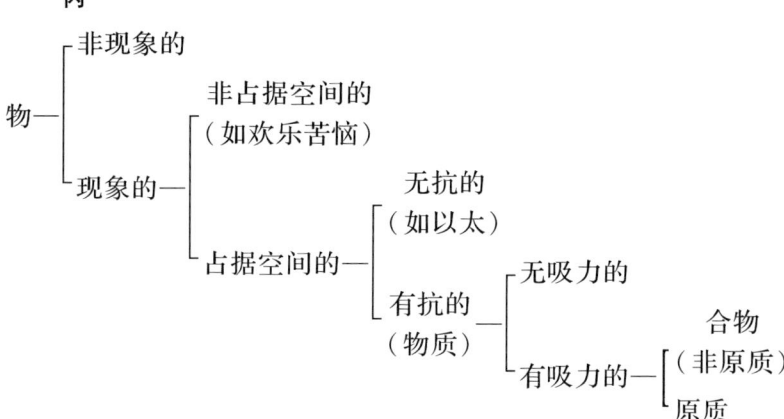

依两枝法而言,我们可以将宇宙间所有的物,作一个最该括的分类,以物为共总,照丙表所表而分之。这样的计划,就是亚里士多德所梦想的"宇宙大成谱"。

照这个分类的方法,就便分到原质,还可从他的异点^{如制法不同和异式}（Allotropy）往下分去。然后又将非现象的,非占据空间的,逐层细分。然而试就此表看来,实有非我们所能思议的。如非现象的物,无吸力的物质,可是能存在的呢？如其不能,我们又何必虚设此类呢？就形式而言,我们分 A 为 AB 和 Ab,若无 Ab,即无无 B 的 A,是我们并未会分 A 了。如此的类,其本身或不能存在,不过为正负二名词所生出的。然而在纯理的（Apriori）^{或译先天的或译无经验的}方面言之,有正即可设想有负。故如此负号的类,是否不能存在,尚非我们所能解决的问题。即以事实而言,炮和铁炮,固然是有分别,因为有非铁的炮,乃是铜或他种金类所造成的。至于炮和金类炮,似乎没有分别了,因为依我们所知道的,凡炮都是金类所造成的。然而谁能知道古代初民,没有用木造炮的呢？又如三十年前,火车和蒸汽火车,毫无分别,因为那时候的火车,都是用蒸汽驶行的。然而现在已经有用电驶行,和用煤气驶行的火车了。依现在我们所知道的火车,和用燃料生能力的火车,实在是没有分别,然而谁能知道我们的后人,不用水力,风力,日光,镭之疏解所生之能力,去驶行火车呢？这样看来,如不以所知为范围,则此负号的类,也当设以有待。因为我们不能断定没有这个"没有"。然而依科学的实证的精神而言,宁可以所知为范围,凡不可思议的负号的类,实在用不着虚设他。若是将来知识增加,寻出此负号的类之存在,则现在所分之类,当然是可以变迁的。试看生物,矿物,原质,各行的分类,都已

第十一章 分类

经受过多少的变迁。若是徒凭一己之空想,将往古来今,上下四旁的所有,包含在一个囊括无遗的分类之中,那是绝对不可能的。

又有数目的分类,重两枝法的,也用两枝的形式以分之,似乎是无谓的举动,因为依数目之性质而言,每个数目,皆与其他数目,自为区别。例如化学家类分原质,依其原子价之不同,而分为单价的,贰价的,叁价的,肆价的等类。若是用两枝法,依丁表分之,未免是穿凿事实,来就理论之范围,那就是论理学中所叫做的丐辞了。

丁

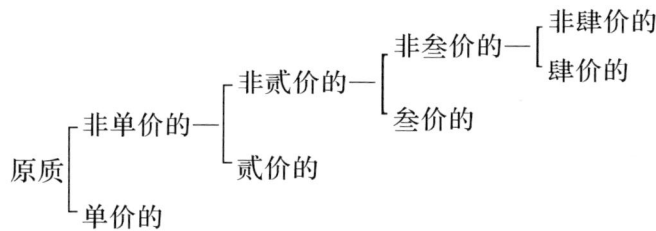

再进一层说,依"有正即可设想有负"之理论而言,则最初的属(Summum genus)是什么?几千年的哲学,不能解释这个问题。依(丙)表所列的共总为物,则有物即有非物,故物仍不能算得最初的属。物与非物之上又是什么呢?便无实证的意义之可言了。又最末的种(Infima species)是什么,亦有甚难言之处。依(丁)表中所列的分个,为原质和化合物。试就原质而言,又可以分为金类,非金类。金类又可以分为分个的原质,如铜,如铅,都是的。然而此铜与彼铜,不能算是同一的,至少也有时间的空间的不同。总而言之,往下分去,稍有异点——无论其异点若何的小——皆可类分。宇宙之间,只有相等的(Equal)东西,没有同一的(Same)东西,那么,真正最末的种,或为无与同类的分个,或包未曾发见的而言,竟直是无限了。故在理论的方面看来，上穷而莫测其初，下探而莫知其末。然而在实用的方面看来，各科学的范围之中，皆有最初的属，和最末的种。例如动物学中，以动物为最初的属，以猫狗等为最末的种；化学中以具体的物质为最初的属，以原质为最末的种。法律中以其国之理性的动物及其产业为最初的属，心理学中以意识为最初的属，都是有一定的范围的。

归纳的分类

归纳的分类，又可以叫做实在的分类，研究中所最常用的。当我们研究物之性质而类分之之时，若能尽得物之性质，层层往下分去，固乃是至好的。然而我们所知道的物之性质，是由比较和经验得来，不过是物之性质之一部分。若云以重要的性质，作分类之基础，则重要二字，究作何解，尚难有确定的意见，还是最显著的呢？还是最古的呢？还是最有因力的呢（Causally influentail）^{又可译为最能生效果的？}还是最能表出同存的性质的呢？即依上节而言，以最能表出同存的性质的为重要，然而彼可以表出此之同存，此亦可表出彼之同存。如一物有三项性质：A，B，C 我们可以说，A 表出 BC 之同存，也可以说 B 表出 AC 之同存，也可以说 C 表出 AB 之同存。这不是一国三公吗？况且自进化学说^{包有机界进化之种之变衍论（Theory of variation of species）和无机界进化之放射化学（Radio chemistry）而}言发明之后，从前所谓天然的类，都已经破除了。从前以自由行动之能否，为植动物之区别，现今我们寻出转蠕（Volvocales）类之生物，以矿物为食^{植物}_性，而又能动，以及多数的微霉，都在动物植物之

第十一章 分类

间。从前以脊椎之有无,为动物界中二类之斩截的区别,现在我们寻出化石中有盾首(Cephalaspis),其组织已成鱼,而其头犹有盾骨^{等于无无脊椎类},和现在生存的狗鱼(Scillium canicula)其脊椎尚为脆骨,其鳞尚硬如刺,这两种都是介于高甲^{Cretacea 无脊椎类}与鱼^{Fisces 有脊椎类}二类之间的。蕨类植物,隐花而有水管束,乃是介于隐花显花二类之间的。化学原质中之砷(Arrenic),碲(Tellurium)等,乃是介于金类非金类之间的。科学愈发达,此种二类中间的过渡物之发见者愈多,而分类之界限,渐渐由天然的,而变为强订的。因为天然界中之万物,形如一树,我们所得接触而研究的,不过是他的一个横截面罢了。若是退而求其根,进而求其杪,并无类之可言,乃是一个永远动的变的推广的分衍的联续(Continuum)。即以人类的美术而言,也是毫无间断的。例如希腊文明和巴比仑文明,埃及文明,从前以为是不相干涉的;现在我们寻出巴比仑、埃及文明,由斐尼西亚而至格列特(Crete),由格列特而至希腊。唐诗阔大,宋诗缜密,似是不同的类;然而西昆诗体,则在二者之间,北书有骨,南书有姿,似是不同的类,然而八分书体,则在二者之间^{这两条例也不过是信手拈来的,我不负精确之责任,因为我并不是文学家。}总而言之,各项美术科学,都是逐渐进化而来的^{参观卷下}。此种进化的变迁,以生物学中之研究为最美备。试就生物而言,设有一生物 A,生若干子孙;AB,AC,AD,AX,布散于若干面积之上。由各处之气候,食物,地势,仇敌,各有不同,故各处的子孙,都要适应环境而变成不同的种。其不合环境者则消灭,例如 AX。其未曾经历若何不同的环境者亦无若何变迁,故仍为原种,例如 AC。其余的子孙,都是逐代依环境之不同而变迁,久而久之,竟直与始祖毫不相侔了。这样看来,分类之动作之中,又有一个最大的目的;这目的是什么呢?

就是各类之彼此血统的(Genetic)关系(亦可译作发生的)。血统的关系愈亲,则其同点愈多,血统的关系愈疏,则其同点愈少。故赫胥黎的分类之界说,又可以经第二次修正,而为物之分类,为实在的或理想的排列,集其同者,离其异者,第一为表出彼此血统的关系,第二为表出同存的性质,第三佑助我们的心思,以领会及记忆此等物之性质。

戊

```
    ┌ AX(灭)
    │       ┌ ADH ┌ ADHM
    │       │     │ ADHL
    │  AD ┤       │ ADHK
A ┤ │     └ ADG(灭)
    │ AC──AC
    │       ┌ ABF ┌ ABFJ
    │  AB ┤       └ ABFI
    └       └ ABE──ABE
```

天然界既是一个渐变的联续,凡不同的物,都有过渡物介乎其中,各物之性质又多。譬如有一物 A,有一班性质与 B 同,有一班性质与 C 同,又有一班性质与他物同。所以我们分类之方法,须将被分物之所有的性质,通同记录下来而比较之。这是归纳的分类所必经的途径,又叫做列载的方法(Diagnostic method)。其同点多者置之距离甚近的处所,其异点多者置之距离甚远的处所。多数共有的同点,算作最重要的,例如植物子叶之单双,动物脊椎之有无,因为他能够作分大类的基础。少数共有的同点,重要较轻,例如猫之爪甲能伸缩,狗之爪甲不能伸缩,因为他只能作分小类之基础。又凡一物之机支,与其特别的习惯关系较少者,也是较重要的性质,例如动物之脊椎,与其陆居,水居,肉食,素食,种种习惯,没有关系,所以较为重要,而可以作分大类的基础。至于齿爪,是和素食肉食有关系的,足鳍,肺,腮,是和陆居水居有关系的,重要较轻,只能作分小类之基础。因为愈与特别习惯无关系的机支,愈不易为环境所变迁,故纵而至于已灭的生物,横而至于遍球的生物,多数都具有这个性质。至于同存的性质,自当通同记录下来,以备将来辨物归类之辅助。归纳的方法,依以上所说的看来,若是欲达精密确切之目的,不是便易的事体,然而我们可以以下三层概括之。

(一)将所有的被汇的分个总集于一处（或在理想之中总集一处）,取其有同点者同归一类。

(二)同点愈多者集之,愈近异点愈多者离之愈远。

(三)有同点者,既归于一类,然后,取他类之与此类异少而同多者又归一大类,如此上行,至最初的共总而止。

生物学中之类,就是由这方法得来的。但是在演绎法中所谓属与种,不过是对待的名词,然而在归纳法中,我们须利用地位之稳固,把种当作最低的类。若是种之下,再有分类,则用族(Variety)以名之。种之上为属,属之上,则另用他项名词,如科,目,纲,门之类以名之,试就(己)表看来,畜狗为一种,狼为一种,狐为一种,然而这三种动物,皆有齿四十二,其爪皆不可握,故同归狗属。畜猫为一种,狮为一种,虎为一种,然而这三种动物,皆有齿三十,其爪皆可握,故同归猫属。又有獒与狗相似,但不及狼狐之甚,故与狗等不同属而同科。又有豹与不同属而同科。又有豹与猫相似。但不及狮虎之甚,故与猫等不同属而同科。然而猫,豹,狗,獒……

己

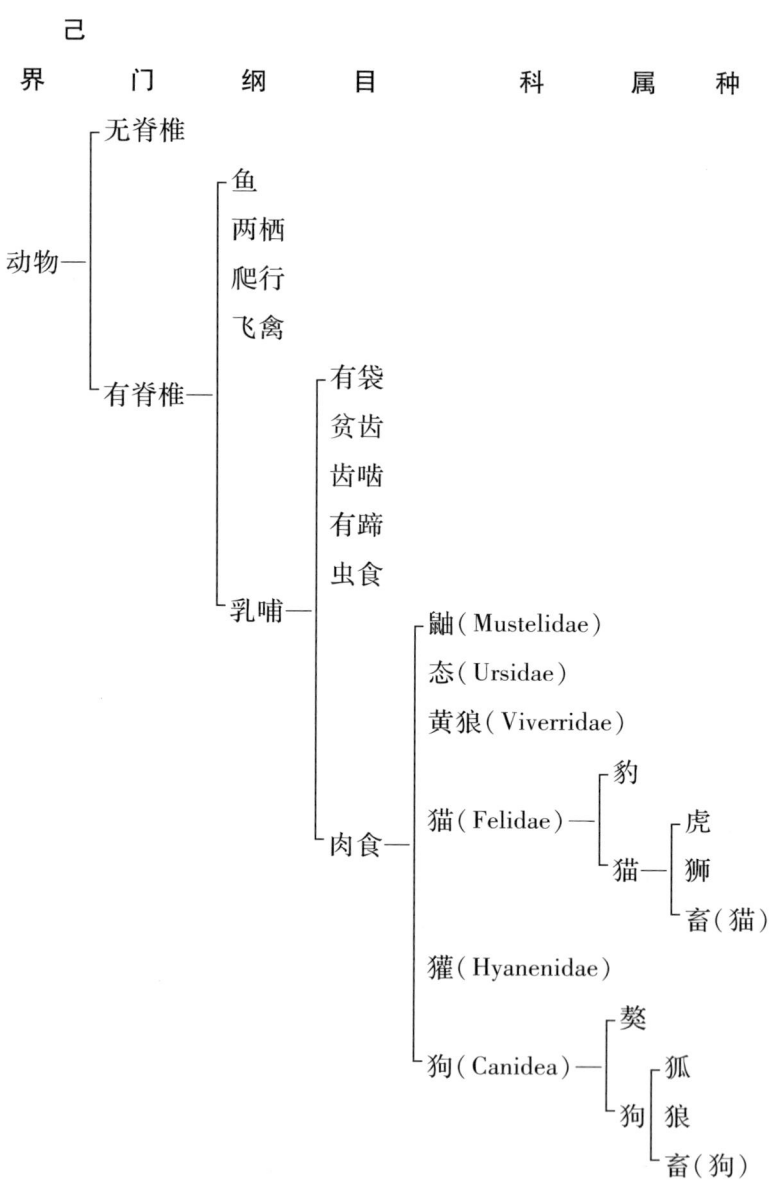

皆有犬牙,皆有爪可攫动物,皆食肉,与牛马等有磨齿,有蹄,食素

者,及兔鼠等有剪牙,善啮者,不同,故同归肉食目。然有肉食,有蹄,等动物,皆胎生,皆以乳哺其幼,与他动物卵生者不同,故同归乳哺纲。然而乳哺,飞禽,等动物,皆有脊椎,与虾,蚊,蚯蚓不同,故同归有脊椎门。有脊椎门与无脊椎门的动物,皆以生物为食料,与植物以矿物为食料者不同,故同归动物界。动物就是动物学中之最初的共总了。

生物学中如此的分类,现在我们都知道不过是强断的,并不是永远不变的。矿物学中之分类,也是如此,因为矿物受热,水,地动,退晶(Devitrification)种种影响,也是在那里时时刻刻的变迁的。进而至于化学中之分类,也不过是天然界之横截面,因为自放射化学和火云之分光镜的分析发明之后,我们都知道原质也是进化而变迁的,不过多数原质之寿算为亿万年,我们无从觇察其生死罢了。物理学中之分类,也不是个横截面,因为固体,液体,气体,之分类,都是依球面之空气过度而定的。

表式的分类　科学之中,有时因为类之界线不清,或分个过繁,我们可以取一个性质最简明的以为表式,而以其他分个之与此表式有一定的同点者,皆归一类。这叫做表式的分类(Classification by types)。表式之本身,也是一个分个。他分个之性质,决不能与此分个皆同;但是我们取此表式之若干性质作为标准,凡他分个之性质,有与此标准同者,即与此标准同类。依严格而言,表式的分类,不能算得逻辑的方法。然而为济穷取便起见,表式的分类,可以有简约之功用。例如植物中之菌类,每以蕈(Agaricus)为表式;动物中之原生类,每以幻式(Amaeba)为表式。至于有机化学中之分类,前人曾有以表式之理论(Theory of types)去驾驭他的。近来化学发达,凡有机物之组织,有许多都已经研究出来了。故有机物之分类，乃是依其组织而定的，但是仍然含有表式的意味。例如凡有 CHO 之群者，皆归醛（Aldehyde）类，而以醋醛（Acetaldehyde）为表式，凡有 CO 之群者，皆归酮（Ketone）类，而以乙酮（Diethylketone）为表式。因下等生物数目极繁，化学中每年新发明的合物，约有二百之多，若取其可得研究的性质总算起来，有同有异，而同异之分量，又是每个不同的。既不能以一刀划断的方法，分成全括同类而不遗的（Inclusive）及不容异类搀入的（Exclusive）类，而又要构成一个逼近的系统，则表式的分类之价值，对于济穷一方面，是极大的，至少也可以算得有系统的分类之第一步。至于在试验的学习里边，更当利用表式的分类。例如我们解剖植物，每类^{如菌类}_{藻类}之中，分个之数，可谓为无穷的，我们只能取出一二可为表式的而解剖之。又如我们分析有机合物，每类^{如醛类}_{酮类}之中，分个之多，也是不胜数的，我们只能取出一二可为表式者而分析之。即如研究一国一时代之思潮，也须取一二有势力的学说以为表式，为研究之门径。例如十九世纪上半之英国政治思潮，可以斯宾塞耳（Spencer）之学说为表式；十九世纪下半德国之道德思潮，可以尼采（Nietzsche）之学说为表式。这都是用简约之方法作研究之基础啊。

总言

总而言之，综合和分类，都是从异点之间求其同点科学知识所以能够有系统，就是综合和分类的功劳，故有人以求同点于异点之间，为科学之起源。大凡我们察觉一个现象的时候，必觉得现在所察觉的,和刚才所察觉的,有异点,然后才能辨别这个现象(Discrimination)。然而我们若是仅能辨别这个现象,仍不过是得着一个负号的报告,无从推论其他点。所以必觉得现在所察觉的,和从前所察觉的,有同点,然后才能识定此现象(Identification)。既能如此识定,那就可以用已知而推论未知了。但是如此的推论,仍须试验来证实他,才能算得真实啊。辨别和识定,乃是人类智慧之活动之两大关键。异点之间的同点,乃是宇宙变迁中之旗帜,叫我们怎样用旧的去对付新的。

第十二章　例外之应付

各科科学之中，都有若干定律为中心。凡该科学范围以内的现象，可以该科的定律去预测他。然而我们与外界相接触，有时发见例外的现象——定律不能预测的现象，应当用什么方法去应付呢？若是定律真有普遍的价值，则不当有例外之发生，但是定律是凭我们过去的经验而构造起来的。过去的经验，无论若何充足，总只能指示我们将来一定的现象，大约和一定的定律相符，并不能保证我们将来一定的现象，永远和一定的定律相符。所以例外是可以随时出现的。但是每个现象，必定有一个因，例外的现象，也必定有个例外的因^{参观剩余之方法}，我们须得研究这个例外的因罢了。这个例外的因，若是我们在别的地方所已知的，我们就可以解释此现象和定律何以不符^{例如以下第一节至第五节之例外}；若是我们所未知的，我们正当利用他做引导去发明新定律^{例如以下第六节至第八节之例外}。所以我们遇着例外的时候，应当有希望构造新解释和发明新定律的乐观，不应当有哀悼旧定律破产的悲观。

况且例外之研究之重要，不但是以上所说的两端。若是我们一生所接触的现象，每次都和预测相符，而且每日所观察的，都是寻常习见的现象，则我们研究之兴趣，就便易趋于颓废了。例外之发见，正足以引起我们的注意，而激发我们的兴趣。预测和结果相符,固然是研究者之赏品^{夫烈纳耳的意思},预测和结果不相符,也是研究者之兴奋剂。因为例外乃真是知识之新材料,我们可以依惊奇之心理,向前探测,这也是科学进步原因之一端。故有人说"惊奇乃是不知之女,又是发明之母。"此种发明之机会,随地都有。即在日用寻常之间,若详加考察,常有未曾注意的例外。因为人类之知识有限,天然界之奇异无穷,凡研究家都可以做发明家,不必气馁心灰的嗟叹英雄无用武之地!

例外的现象,也有种类不同,有不是真正和定律不符的,有可以限制定律之范围的,有可以推翻旧定律而引导发明的。况且一个定律或一个理论成立的时候,虽经过严密的方法,往往不能一时骤增美备,故例外之发现,不但有发明新定律之可能,而且有修补旧定律之功用。所以古语说,例外证验定律(Exception tests rule)。现在照揭芳斯所分的八类,逐类引例说明,然后再说我们遇着例外的时候,应当抱持的态度。他所分的八类,是,(一)虚伪的例外(False exception),(二)貌似的例外(Apparent exception),(三)独殊的例外(Singular exception),(四)极端的例外(Divergent exception),(五)外搀的例外(Accidental exception),(六)未解的例外(Novel exception),(七)限制的例外(Limiting exception),(八)冲突的例外(Real exception)^{以上名称不是完全照原意翻译的}。前五种,可以叫做整理旧定律的例外,后三种,可以叫做引导新发明的例外。

虚伪的例外

虚伪的例外,本身原不存在,不过是偶因心理的悬想所生的错误。至于观察人的心理上，何以生此错误，自然也有因。但是在客观方面的事实，并不成为例外。英王查里斯有一天忽尔问皇家学会一个奇怪的问题："凡物都有重量，现在我用一桶装水，再把活鱼放在里边，而重量不增，是什么道理？请贵会研究。"皇家学会回了一个很聪明的很勇敢的答复："活鱼不增水之重量，是否是真事实。"查里斯尊居优处，何以忽生出如此天开的妙想，外人不得而知，然而必定有个心理的原因。即在科学之中，也有这样的例。哥白尼之地动说，可以解释许多现象，然而有一个虚伪的例外，哥白尼之弟子好久不能解释，这也是地动说迟期获信之原因之一。那时候反对地动说的人说：在船桅上坠一石，此石必落船后，若地球往东旋转，则在塔上坠一石，此石必不坠于塔脚，而坠于偏西之处。当时持地动说的人，没有方法去解释他。其实这是一个虚伪的例外，其本身并不存在。船桅上坠石而石必落后的缘故，是因为船之前行的动，传于此石，故此石有前行之倾向，渐下而渐少。若坠石于塔顶，或坠石于深井之中，不但不应当坠于偏西之处，并且应当坠于偏东之处。因为塔顶处地球旋转之速率，大于塔脚处地球旋转之速率，井口处地球旋转之速率，大于井底处地球旋转之速率。此坠石偏东的理论，已有人用试验证明了。坠石偏西的理论，是完全由错误的悬想生出来的。所以我们观察必要精确啊_{参观第六章}。

貌似的例外

貌似的例外，是说一个现象似乎和定律不符，而实在是相符的。当现象发现之时，在一定的情境之中，不但使定律掩蔽而改样,并且似乎和定律相反而矛盾,故粗心的观察家,往往被他蒙蔽而看作例外。古代科学家以为物有重的,如铜,铁等,自能下坠,物有轻的,如烟,雾,泡,云等,自能上浮,直至加里里约,牛敦才证明凡物皆重,即烟雾泡云,也是重的,不过较轻于空气,所以能上浮罢了。故上浮的物,乃是"凡物皆重"之定律之貌似的例外。又如全返光的现象,乃是光学定律中之貌似的例外。依返光折光定律而言,凡光线自第一容物至第二容物之时,其一部遵守返光律,而返归第一容物,其一部分遵守折光定律,而折入第二容物。若光线自密容物入疏容物中^{如自玻璃入空气},有时无折光而仅有返光,这个现象,叫做全返光(Total reflection)。因为折光角大于临界角(Critical angle)的缘故,故不能折而全返,实在和返光折光定律并不是相悖的。

独殊的例外

独殊的例外,本来遵守定律,不过表现出来一种独殊的性质。这本是算学中的名词。例如球轴线当球旋转的时候,也遵守球转之定律,然而此轴线并不动。又如球之两极,当球旋转的时候,也遵守球转之定律,然而此极点并不动。故在地球上观察各星,各星都有出没,惟北极星不动,并不是北极星和他星不同,是因为北极星正对地球之北极,在地球上看不出他的动罢了。他如圆也可以叫做独殊的椭圆,但其二心之距离为零,椭圆也可以叫做独殊的曲线,但其两端相遇。

极端的例外

极端的例外,和定律也不相悖,但是在特别的情境之中,发现为分量极大或性质最显的现象。金类中之汞,依其熔度言之,可以叫做例外的金类。乳哺类之蝙蝠,其肋皮特别发达而能飞,可以叫做例外的乳哺。然而汞并不悖金类之定律,蝙蝠并不悖乳哺之定律。又如在气候学,社会学之中,此种现象亦多。例如一群人中,有极高的,有极矮的。夏季之温度,有时高于寻常,冬季之温度,有时低于寻常。这都是极端的例外。昔人以为这样不能必定的知识,不能算作科学的知识,然而据或然之理论而言,所有的知识,都不过是或然的。至于多力会作之时,其置境往往不易分析。所以常常发见极端的例外,如暴风,骤雨,大水,以及社会骚动之类。我们对于这些现象之预测判断,或然的等级更低了。

外搀的例外

外搀的例外,是说一个现象不全是由定律所指定的动因所生,而为外来的动因所搀扰;但是这个外来的动因,也是我们所知道的,所以我们能够解释他。例如一个矿物有一定的结晶的形式。拿因果来讲,矿物之分子之编列为因,矿物之结晶的形式为果。然而地下泉水流通之处,一矿物甲可以被泉水渐渐的溶解完了,然后又有泉水已经溶解的矿物乙,自溶液中停淀分出,将甲所遗的模型,渐渐填塞起来,于是生出结晶家所叫做的假式的晶体(Pseudomorph),是乙之结晶形式,不是全依分子之编列而定,乃是依模型之限制而成。如白垩有时具有丝石膏之结晶形式,丝石膏有时具有白垩之结晶形式,这些例外的现象,都是缘于外搀的动因——旧矿物的模型——而生的。又如在白热铂片上加一滴水,则此水珠旋转不止。这个现象,物理学家叫做圆球特境(Spheroidal state)。凡水热至百度$_{因}$即沸腾$_{果}$,白热铂之温度,约在六百度以上,而水珠能不沸腾而旋转,是因为珠外有一层传热极缓的水衣$_{极缓}^{水传热}$,包住珠里的水,使不沸腾的缘故。这一层传热极缓的水衣,是个外搀的动因。

未解的例外

未解的例外,也是说一个现象为外来的动因所搀扰,但是我们还不知道这个动因是什么,换一句话说,这个外来的动因,究竟应归何种定律之范围,尚在须待发明之列。凡我们遇见例外可断为缘于外因的时候,有两条途径可取。若管理此外因之定律为已知的,则可用之以解释此例外,如上节所言之类。若管理此外因之定律为未知的,则须研究他,发明他。这样的例外,有悬停许久而未解的。例如古人见磁石吸铁之现象,和"凡重物皆下坠"之定律不符,因为铁被吸而可以上行;又和彼时所信的"凡轻物皆上浮"之定律不符,因为铁是重的。这个现象,在古时为未解的例外,直至中古之时,物理学家以磁力算作一个与他力相等的力,方才得圆满的解释。又如达尔敦(Dalton)的定份之定律,说:凡一物皆有一定的成分,例如白垩之成分为钙炭养$^{钙百分之四十,炭百分之}_{十二,养百分之四十八}$,然而化学家分析白垩,有时察见其中有镁,和以上所说的成分不同,经历许久,未能解释。直至米朔里施(Mischerlich),从这个现象发明了同式律$^{\text{Law of}}_{\text{isomorphism}}$$^{凡组织相类的合物}_{有同一的结晶形式}$,才把这个现象解释得圆满;因为镁和钙乃是相类的原质,白垩中之钙,可以为镁所代替。是在这个现象之中,定份之定律,为同式之定律所搅扰了。科学之中由未解的例外而发明新定律之例子极多,竟直是举不胜举啊。

限制的例外

限制的例外,是说由此现象而限制定律之应用或缩小定律之范围。当此定律成立的时候,其所根据的事实,并没有与此定律不符的,不过综合过于快邃,将此定律侵越到他所不能管理的现象罢了。此种例外之反对定律,不是全体的,但是局部的。例如从前地质学家定了一个"凡地层皆由海水停积而成"之定律,现在我们寻出黄土石由风停积而成,珊瑚礁由生物停积而成,由此例外而限制"海水停积"之定律之应用。又如亚里士多德定了一个"凡鹅皆白"之定律,直到二千年后。才有人在澳洲发见黑鹅,由此例外,而改变"凡鹅皆白"之定律,为凡欧洲鹅皆白之定律,这就是缩小范围了。

冲突的例外

冲突的例外,是说一个现象和管理这个现象的定律两不相容,

可以使我们推翻这个定律的。凡一现象与一定律相冲突,不是观察有错误,就是定律不真实。若是此冲突的例外,已经证明是真实的,则定律自当归于取缔之列,决没有桎梏新发生的事实,去曲就他的范围的道理。科学史中新旧换代,无时无之。今天强有力的定律,明天也许就不中用了。今天时髦的理论,明天也许就变成古董了。现在只取一两个举例以表明之。鹿化西研究各种酸,设一个定律,说:凡酸皆含有养^{故鹿化西名}_{养为酸素}。然而波陶烈(Berthollet)寻出盐酸中没有养,而其酸性反强,这是个冲突的例外。故波氏推翻鹿氏之定律,而另设"凡酸皆含有轻"^{严格言之,凡酸}_{皆含有轻电胲}之定律以代之。亚里士多德看见管能抽水,而设一个天然怕真空^{言物在真空之中}_{可以升至无限}之定律。然而陶里塞里(Torricelli)寻出水在真空管中,仅能升至三十三英尺之高,这是个冲突的例外。故陶氏推翻亚氏之古说,而另以空气压力之理论代之^{参观物理}_{的方法}。凡判断的试验^{见第}_{八章},对于其所否证之假定,都是冲突的例外。凡是一个冲突的例外发现之时,就是一个定律理论或假定告终之日。科学之中最重谐和,决不能同时同地收纳两相矛盾的门徒。

总言

科学发达,无论在什么阶级,总有例外呈献于我们之前。有人以为科学愈发达,定律愈增加,则例外之发见愈少。其实这是个谬误的见解。科学尽管发达,终不能耗尽天然界之奇异。故例外之发见,可以亘古不穷。英国有一句俗语,每个定律都有例外(To every rule there are exceptions），倒是很不错的。何以随时随处，可以发现例外呢？约有三个原因：（一）试就联合换合之原理而言，由若干原质所发生的现象，可以多至无限。人类知识之范围有限，哪能说天然界所有的现象，都已经我们研究过的呢！（二）定律是由我们构造出来，用以描写外界的动作，就同美术家用油画描写风景一般。油画不是风景的本身，定律也不是现象的本身。现象是繁复的_{因为多数动因同时动作}，定律是简约的。现象是具体的，定律是抽象的，总有若干不符。（三）宇宙进化，时时不同。现在所研究的外界，和古人所研究的不同，将来所研究的外界，和现在所研究的又不同。试问地球初出太阳的时候，有现在的固体地壳吗？地质历史之古生期中，有现在的高等动物吗？人类历史之中古期中，有现在的轮船火车吗？外界既是在那里时时刻刻的变迁，则将来的现象，自然有我们现在所不能察见的。无论推论如何精巧，终不能穷其变化。这样看来，科学之发达，在综合的方面，以定律为中心，在分析的方面，反以例外为起点。倘若此例外是虚伪的，貌似的，独殊的，极端的，外挽的，则我们可以用各区域中固有的定律，参错贯通，以解释新逢的事实。倘若这个例外，是未解的，限制的，冲突的，则我们可以从此例外而求新定律。在以上两层之中，或是联合固有的定律而成一个新理论_{如物理方的法中所引管抽水之例}，或是寻出新定律之存在_{如米朔里施由自垩而发明同式律}，都是于科学进步大有功的。

当我们发现一个出乎意外的——和定律不符的——现象的时候，应该怎么的对付他的？若是遽然因这个例外而抛弃已有的定律，似乎易陷于虚妄；然而天然界中之奇异是无穷的，我们又何能抹然新发见的例外，而保护老朽的定律呢，科学家最重公平，到了这个时候,也无所谓守旧,也无所谓维新。大概应付例外之应经的进径,首先须考订这个例外是否真正存在。若是真正存在,再审察这个例外是否真正和定律不相符。若是真正不相符,再审察这个例外是否可以在旁的区域之内,找出一个定律来解释他。若是不能,那就不能怪我们要"舍其旧而新是谋"了。再从此研究,或可推翻旧定律,以新定律取其领土而代之;或可限制旧定律,而给予新定律以相当的割据的土地;或可另外发明新定律,而深入未曾探过的新大陆。在这些新得的区域之中,层层步步,前进如前,永无终了之一日。罗司金(Ruskin)说,"知之不全,但是知之不止,乃是人生最大的乐趣"。这一句话,倒可以表现科学进取的精神。

第十三章　概括的结论

在以上十二章中，我们已经把科学中所用的方法，分门别类的讨论过了，并且在讨论各种方法的时候，我们已经选择一些具体的例子，来说明他。从这些页数里边，我们可以看得出：科学方法，就是实质的逻辑。这个逻辑的用处，就是叫我们如何制造真实的适用的知识。

知识究竟应该如何制造，各家有各家的意见不同。知识之理论，本是哲学之中打不了的官司。然而类别起来，大约不外乎以下所说的两派。现在我们且看这两派的意见如何，再看科学家的意见，和他们有什么不同的地方。

第一派(归纳派、经验派、无定派、多元派)说："每个事实有每个事实的个性，没有两个相同的事实。宇宙就是无数的分个的事实集合起来的，并没有什么类，什么定律，可以管理他。换一句话说，宇宙是没有秩序的。"这样的意见，恰恰和希腊哲学相反，希腊哲学家以为宇宙就是和一，这一派以为宇宙就是分歧。把宇宙看作无数不同的"形形色色"，本不是不可思议的玄想。而且在进化的方面看来，宇宙一层一层的接续不断的往前进行，每一层所发现的，都是新的，决不会和已经过去的那一层相同。况且宇宙之进行，既是接续不断，则已无层之可分，又何从而比较呢？换一句话说，宇宙是无定的。所以我们不能预测将来，即最近的将来，也不是我们所能预测的。这是

第十三章　概括的结论

从异的方面着想(参观第二章)，也是个性主义之理由之一端，我们自然是承认他的。但是每个事实，有无限的参考点(就是表德或性质)。无论取如何相同的两个事实比较起来，他俩的参考点，决不能完全是同的。然而无论取如何不同的两个事实比较起来，他俩的参考点，也决不能完全是不同的。如果丝毫没有同点，我们实在没有方法去研究他，只能一点一点的记录下来，无系统之可言，还成什么知识呢？个体的事实固然不能抹煞。然而类和定律也有简便的大用处。不过类和定律只能做推测的指导，决不能桎梏事实而纳之于其范围之中罢了。所以科学家的意见，对于"我们预测不能十分准确"，是承认的，对于"我们完全不能预测"，是不承认的。这是科学家的意见和这一派不同的地方。

第二派(演绎派、理性派、有定派、一元派)说："宇宙间的各事实，都是有系统相贯属的。换一句话说，宇宙是有秩序的。若是得着这个普遍的系统秩序，例如类和定律，那分个的事实，都包含在里边了。所以我们从普遍推论分个，是不难一索而得的。而且因果律都是无可辩驳的，有一定的因，必有一定的果。宇宙间的无数事实，都有迭相接续的因果的关系。所以宇宙是有定的。然而既是有定的，为何我们有时不能预测将来呢？这是因为我们的预测所凭借的张本，未曾完备的缘故。若是有一个'超人'，能够看得无限，听得无限，记忆得无限，他必能推论到四海之外，预测到百世之下，都没有毫丝的错误的。"科学最注重因果律——科学之成立，就是靠因果律作脊椎，当然承认宇宙是有定的。然而我们观察是用我们的器官，不是用"超人"的器官，我们推论，是用我们的智慧，不是用"超人"的智慧。所以我们的推论，都不过是或然的(参观第二章)。这样的意见，和意志自由论并不冲突。讲意志自由(Free will)的人,极力的反对因果律,至少也以为:因果律是不能管理意志的。他们恐怕:如果因果律是真实的,是普遍的,我们的意志,将有"为外境的因所强迫,去愿意我们所不愿意的"的时候,岂不是人类的大苦恼吗?殊不知,因果律不过表明一种关系,因不能强迫果,和果不能强迫因一般,不过有个时间的先后罢了。我们的意志愿意倾向何方,不能不受历史和环境的影响。即讲意志自由的人,也不能否认的。只要我们智慧发达,能够明白的分析外界的情境,让我们可以自由的权衡轻重,自由的选择途径,就没有"愿意我们所不愿意的"的苦恼了。再归到推论的本身,我们用我们有限的智慧,去预测将来,不能十分确切的,这个预测究竟确切不确切,还要靠试验来证明他。这是科学家的意见和这一派不同的地方。

那么,科学方法和别的思想方法既然不同,他的特点在什么地方呢?概括起来,我们可以说,科学方法有以下四个特点。

(一)张本之确切　知识最初的起源,都是由于器官的感触,不过当感触的时候,有个主观的"我"在里面认识罢了。这些感触之所得,叫做感触张本(Sense data)。我们所有的不真实的知识,有许多都是由于这些张本之不确切。第五章第六章所说的各种减少错误防备错误的方法,都是叫我们如何能得确切张本的利器,而况各种科学仪器,不但能帮助我们得确切的张本,并且能使我们可以观察我们裸体的器官所不能观察的东西。

(二)事实之分析和选择　当我们研究外界现象的时候,这现象必定呈具复杂纷纭的状况,我们必须把他分析到最小的部分（参观第七章）才能着手。而且如此分析之后,纵云有什么错误,也易于发见出来。分析是智慧的能事,科学中智慧发达最强,所以科学擅长于分析。化学中之原子论,力学中之微分,都是用这个方法的。但是如此分析还不能算完事,我们必定从过去的经验之中,选择那些和我们现在所研究的东西相紧接的观念,综合起来,然后能够得着一个结果_{参观第八章假定之构造和第九章之推较}。这综合一层,若是靠智慧理性,是没用的,我们只能靠直觉去选择。但是既靠直觉,就不是方法所能范围的了。不过这样的直觉,可以培养得来。无论什么问题,我们总得要自身研究一番,使我们自身常有比较创造的机会。这就是自动的教育之原理。

（三）推论之合法　寻常的逻辑,是专门讨论这个问题的;对于这一层,科学方法和他有什么区别呢？科学方法和寻常的逻辑,都注重界说之清晰,都注重概念之确定——赫胥黎把他叫做物理的概念。这是他俩相同的地方。然而寻常的逻辑,把这个概念看做具体的,把他所推论的对象和这个概念看做同一的东西。科学方法以为:这个概念是抽象的,我们所推论的对象,不是界说里纯净的假定不过是这个概念的影子,也许有大同小异的地方_{例如"人是要死的"是人的界说,要死的观念,是人的概念。这是抽象的。现在我们推论某甲,某甲是具体的,某甲的"人"和界说里的"人"或概念里的"人"并不是同一的}。所以推论的结果,若能满足一个界说,都是一个新真实_{参观第九章第一节}。

（四）试验之证实　科学知识,不是纯净的经验——个体的记录所能了事的,必定有选择和推论。但是选择是一种简约之方法,由简约得来的,不是真实的本身_{参观引说}。如何能断定他是真实呢？推论的时候所推论的具体的东西,和用以推论的抽象的概念,因为有时间空间_{构造概念界说之时间,空间和推论之时间空间}之不同,不是同一的,何以知道推论所得的是真实呢？而且概念之成立,也是由选择而来的_{参观引说},概念不能将他所代表的东西的表德,完全包在里边。所以真实之最后的判断,还要靠着试验。如果没有试验证实一层,这知识制造法,并没有完事;试问制造法半途中止,那里能够有良好的产品呢?实验派把实行看做思想的一部分,正是因为这个理由。从前的人说,知而不行,知是无益的;现在我们说,知而不行,并知也不能算作知啊。

科 学 概 论

序[*]

罗素说:"最近一百五十年来科学才成为支配一般人日常生活的重要因子。在这短期时间科学所引起的变化比从古埃及以来所发生的重要得多。一百五十年的科学比有科学以前五千年的文化还要有力量。"

这本来是"老生常谈"。但是在"国医"、"国术"没有消灭的中国,还有重提的必要。我希望读《星期标本》书的青年不要忘记中国之所以落后,完全是因为没有科学并且不相信科学的原故!

《科学概论》是武汉大学校长王星拱先生的名著,用不着我来介绍的。假如我大胆的加以批评,我觉得他所说的科学范围还嫌狭隘一点。支配人生不外乎情感与知识。在知识界内科学方法万能。凡不是用科学方法研究的结论都不是知识。胡适之先生常说:"哲学是假科学"。我们可以说:"科学是真哲学"。这两句话很可以做本书的补充。

丁文江

---

[*] 本序为1935年再版时所加。

第一章　联续和无限

罗素说:"颜诺(Zeno)(希腊哲学家,生于纪元前五百年,相信宇宙是一元而静的,不是多元而动的。)专心研究的问题,乃是无限,至小,和联续的问题。自他一直到我们,每时代中最好的脑筋,都想用方法去解释它;然而大概说起来,并没有什么效果之可言。"我为什么要引这几句话,来做开宗明义的楔子呢?因为:这一类的问题,——有关于宇宙之理论的了解的问题——还没有得到确定不移的解决,倘若有人在这主权未定的田园里边,加意种植,也许可以获取良美的收获。所以这几句话,不应该引起我们的灰心,它应该鼓励我们的努力。

我现在先把几个哲学家科学家所举的关于联续和无限的难题陈列出来,然后再把几个对于这个难题的解释,依次叙述于下。

庄子《天下篇》:"飞鸟之影,未尝动也。一尺之棰,日取其半,万世不绝。镞矢之疾,而有不行不止之时。积无厚而至千里。"

墨子《经说下》:"久有穷无穷。""斲非半,进前取也。前则中无为半,犹端也;前后取,则端中也。斲必半,无与非半,不可斲也。"

这是说一条线不可分为两半的道理。两半之中间为"无",此"无"和点(即端也)一样,是无从分的,故曰前则中无为半,犹端也。若两半的中间,还有一点,而在此点之前或后分之,则此点仍在中间,未曾分过,故曰前后取,则端中也。中为无,既不可分,中有点,则所分有不是各半,故曰无与非半,不可斳也。

毕达哥拉斯(Pythagoras)的无比量(incommensurable)之发见 毕达哥拉斯发明勾方加股方等于弦方的等式,然而他又发明无比量。这个无比量,是由勾股相等的三角而发明的。(勾股相等的三角,就是平方面由两对角分开的一半。)他的证明如下:

试使弦与勾(或股亦可,因为在此例中,勾与股是相等的)之比例为 $\frac{m}{n}$,但是(m 和 n 都是整数,而他俩又没有公分数。)因为勾股是相等的,依勾方加股方等于弦方的等式算之,m^2 必等于 $2n^2$。然而奇数之平方亦为奇数,偶数的平方亦为偶数,m^2 既等于 $2n^2$,则无论 n^2 是奇数或为偶数,$2n^2$ 必为偶数,所以 m^2 亦必为偶数。但是偶数的平方,皆可用四除之而得整数,今 n^2 既为 m^2 之二分之一,则 n^2 必可用二除之而得整数。n^2 既可用二除之而得整数,则 n^2 必为偶数。因为偶数之平方根亦为偶数,则 n 亦必为偶数。但是 m 既是偶数,而 m 和 n 又没有公分数,则 n 必为奇数。是 n 同时必为奇数而又为偶数,乃是不可能的。所以弦和勾(或股)之间没有理解的比例,换言之,它俩是无比量。

颜诺(Zeno)的辩论 如物是多数的,则物之数必能为此多数所表出,不多不少,如物是多数如其数之多,则物是有限的。如物是多数的,则此多数物之间,仍有多数他物,此多数他物之间,仍有多数他他物,以至无限,所以物是无限的。如物是多数的,则物必可分,若分到不可再分的时候,必定无体积,无体积即为无限小,但是物是由无限小集合而成,故物为无限小。如物是多数的,则物必可分,凡被分二部分之间,必有第三部分,此第三部分必须有体积,此第三部分与原有二部分之间,又必有第四第五……部分,此第四第五……部分又必有体积,以至无限,但是物乃是由无限有体积的部分集合而成,故物是无限大。颜诺以为:如果物是多数的,则必为有限的,而又为无限的,既为无限小,又为无限大;这是冲突的,是不可能的;所以他主张一元论。

以上是颜诺证明宇宙一元的说法,他又主张宇宙是不动的。他如何证明这一层呢?他所用的方法颇多(共有四个),现在姑且选择两个有趣味的陈述于下:

亚基儿(Achille)(希腊力士)追乌龟,永远追不上。何以故?亚基儿要追乌龟,必定要先跑到乌龟起程的地方。当这个时候,乌龟已经走过若干空间之点,亚基儿又要补偿这一段乌龟超过的路径。但是亚基儿在补偿这一段路径的时候,乌龟又向前超过若干空间之点,如此以至无限。所以亚基儿只能渐渐底逼近乌龟,但是永远不能追上乌龟。飞矢不动。何以故?当一物占据与它相等空间的时候,此物不动。现在,我们再看动的东西在一定最短的时间,——所谓一瞬(instant)——也是占据与它相等的空间,所以飞矢是不动的。

伽利略(Galileo)之辩论 伽利略所假设的辩论的问题,乃是无限之问题。辩论中的人物,是(甲)Salviati,(乙)Sagreclo,(丙)Simplicious,我们且节引他的辩论如下:

(丙)我知道平方乃是一个数自乘所得的数。

(甲)你必定也知道:"自乘而得平方"的数,就叫做根(平方根之简名词)。凡由根自乘而得的数,就叫做平方(例如一、四、九、十六、二十五)。还有数不是由根自乘而得来的,我现在把它们叫做非平方(例如二、三、五、六、八、十、十一、十二)。如果我说非平方多于平方,对不对呢?

(丙)那是一定的!

(甲)如果我问你:世上有几多平方,你一定答道,所有平方之多,如其根之多,因为一个根只有一个平方,一个平方只有一个根。

(丙)对呀! 对呀!

(甲)如果我又问你:世上有几多数,你不能不承认所有数之多,如所有根之多,因为无论何数,都可以自乘而得一个平方,那就是说,无论何数,都是一个平方之根。那么,我们又可以说:所有数之多,如所有平方之多,因为所有平方之多,如其根之多,所有根之多,如所有数之多。但是起首我们已经说过,有许多数不是平方(例如二、三、五、六、七、八、十、十一),而且非平方多于平方,自一至一百,其中有数一百,但是只有十个平方(一、四、九、十六、二十五、三十六、四十九、六十四、八十一、一百);自一至一万,其中有数一万,但是只有一百个平方;自一至一兆,其中有数一兆,但是只有一千个平方;若往上数去,数愈多,平方愈少。然而数到无限,我们又可以说所有平方之多,如所有数之多。

(丙)这应该如何解释呢?

(乙)我们只能说,所有平方是无限的,所有根是无限的,所有数是无限的。凡无限之数,不能用较少,较多,相等,来计算它。较多,较少,相等,之计算,仅能用于有限的数。

康德的反辩:

(一)正　世界有时间的始端,有空间的范围。

　　　反　世界的时间空间,都是无限的。

(二)正　复杂的物,都是由于简单的部分所构成。

　　　反　复杂的物,不是由于简单的部分所构成。

康德以为在以上所举二项之中，两个冲突的命辞，都可以证明是真实的。他的意思是：

（一）世界如果有时间的始端，这个始端之前是什么？既不能说出这个"什么"，所以世界的时间是无限的。然而试假定世界没有时间的始端，那就是说，无论在何时看起来，都有个永久已经过去，——都有无限的接续的程次已经过去。但是这个接续的程次，是不能用接续的综合（successive synthesis）而完备的。用普通术语来讲，是不能计算得尽的。所以无限的过去，是不可能的。所以世界的时间，是有限的。（空间照此类推。）

（二）无论何物，都可以分析成简单的部分，即至器官不能分析的时候，心思还可以分析它。所以复杂的物，是由简单的部分所构成的。然而凡是外界的关系，都只能发生于空间之中，所以物之组织，也只能发生于空间之中。既然如此，则此复杂物所占据的空间，亦必为简单的部分所构成。但是空间不是为简单的部分所构成，乃是为空间所构成的。所以复杂的物，也不是为简单的部分所构成。

这些问题中之困难点，在什么地方呢？就是时间，空间，物质，还是可分的呢？还是不可分的呢？若是可分的，如物理学中把时间分成瞬（instant），把空间分成点（point），把物质分成尘（particle），则瞬，点，尘，如何能够集合起来而成联续的时间空间物质呢？若是不可分的，何以我们的感触可以分它？我们的智慧可以分它？难道我们感触的世界，和逻辑的世界，都是虚妄的吗？对于这个问题，我们有三个解释：（一）否认时间空间之客观的存在；（二）以时间为联续而不可分的；（三）以时间空间为联续而又可分的。第一层可以叫做哲学的解释，第二层可以叫做心理学的解释，第三层可以叫做算学的解释。从派别说起来,第一层可以说是历史派的解释,第二层可以说是进化论派的解释,第三层可以说是逻辑论派的解释。

(一)否认时间空间之客观的存在

康德对于时间空间的解释,是如此的。他以为空间乃是无限的现成的分量(infinite given quantity)。凡一物之概念,在思想中,乃是此物之表像(representation),此表像乃是储在无限的其他的可能的表像之中,而又概括其他表像。(例如人之表像为要死的性质,然而同时又有其他可能的他表像如两足的性质,能言的性质,能制造东西的性质……不过我们举一以概其他,把要死的性质做人的表像。)但是没有同时包含许多表像的概念,可以为我们所思想。然而空间之概念,是可以如此为我们所思想的。因为空间所有各部分,可以无限的同时存在于思想之中。(几何学中所讲的空间之性质,如点之性质,平面的性质,等等,乃是由物质之权量推演下来的,并非空间本身之性质。)所以空间之概念,和其他概念之由感触得来的不同,它乃是先天的直觉。这个先天的直觉,必定在无论感触何物之前,已经存在于我们的里面,然后综合的而又先天的科学——几何学——的知识,才是可能的。所以空间的直觉之坐位,是在主观里面,为"主观如何为客观所感动"之形式的条件,——为外界感触之普遍的形式。至于时间,也是先天的直觉,因为必定先有这个直觉在我们的里面,然后变之观念,动的观念(空间之变之观念),才能成立。如果没有这个先天的直觉,就没有概念使我们懂得变之可能。例如一物冲突的表德,若是我们没有时间的直觉,如何能够懂得呢?(例如一个人,现在是少壮,将来是非少壮,若没有时间的先后,这少壮与非少壮两个冲突的表德,如何能够存在于同一的人之身上呢?)所以我们的时间的直觉,表现出来许多先天的综合的认识之可能。此种认识,即是动之原理中所必有的。总而言之,时间与空间都是智慧的形式(intellectual form)。我们所有的感触,都要收纳到这些形式之中,然后才有认识之可言,这样看来,时间空间,都没有客观的存在,那就不发生联续和无限的问题了。

  康德又说,命辞之反对有两种:一是辩论的反对(dialectical opposition),一是分析的反对(analytical opposition)。倘若我说:"一件东西不是有好气味,就是有坏气味",这是辩论的反对。这两个反对的命辞,都可以是错误的。因为:有些东西,是没有气味的,也说不上好,也说不上坏;在这个地方,我们对于这两个命辞,不能持不此则彼的意见,因为除彼和此二项而外,还有第三举例,——没有气味的东西(例如玻璃)可以存在。倘若我说:"一件东西,不是有好气味,就是没有好气味",这是分析的反对;于是那些没有气味的东西,都可以归入没有好气味的范围之内。我们在这个地方,只要否认好气味一个条件,我们并不要同时肯定坏气味一个条件;因为对于这些东西,气味本来就不成为它们的条件,还有什么好坏之可言?以前所举的反辞的例子,都是辩论的反对,不是分析的反对,所以反正两面,都可以是错误的。自颜诺以下的人,都以为宇宙(包含以太在内)不是占据无限的空间,就是占据有限的空间。倘若我们抱持不此则彼的标则,当不信第一个命辞而信第二个命辞的时候,我们不但否认"占据无限空间"的一个条件,同时我们把空间当作客观存在的东西,而肯定了"占据有限空间"一个条件,所以陷入困难。但是，倘若我们说："宇宙不是占据无限的空间"，就是"非占据无限的空间"，（这个"非占据无限的空间"和"占据有限的空间"不同。）这两个命辞，是分析的反对。在分析的反对之中，我们可以抱持不此则彼的意见，而不至陷入于困难。因为当我们不信第一个命辞而相信第二个命辞的时候，我们只要否认了"占据无限空间"一个条件，同时我们并不要把空间当作客观存在的东西，而肯定"占据有限空间"一个条件；于是我们可以说：宇宙是"非占据无限的空间"而不致犯错误的罪名，就同我们说："玻璃是没有好气味的"不能算做错误是一样的。其实空间是主观的直觉，不是客观存在的东西，客观界里本没有这个东西，还有什么无限有限之可言呢？不但空间如此，时间也可以仿此类推；不但空间时间都是如此，凡依据空间时间之直觉而认识的现象，也是不能有客观的存在的。总而言之，宇宙是不能离我们而独立的。

（二）以时间为联续而不可分的

柏格森的创化论上，是如此说法。他以为世界上有两种动，一是生命之动，一是物质之动。生命之动是时间的，物质之动是空间的。生命之动是创造能力的，（植物以叶绿质创造能力，动物以神经创造能力。）物质之动是消耗能力的。生命之动是自下向上的，物质之动是自上向下的。宇宙之本体，联续不断，去而不返，推陈出新，无始无终。无以名之，强名之曰时间，或名之曰流动（flux）。当时间往前进行的时候，有扣留（detention）及松散（relaxation）的处所，换言之，即着物的处所。这种扣留或松散的动作，以空间的直觉为目的，但是它同时在心的方面，生出演绎和归纳的智慧；在物的方面，生出秩序的定律。这话怎样讲呢？试为叙述如下：

演绎法在无机的范围里，甚为适宜。虽其初必有定律为前提，然而这个定律或者是可以偶然得到的。一旦得到这个定律，就可以随时用它。但是在心的方面，这样的推论，只能有枝辞的（metaphorically）真实之价值，使我们得一个结论而已。推论和事实，与曲线和切线一般，永相近而欲离。演绎乃是一种制造法，为物质之性质所管理，为物质之活动的连接所陶铸，为物质背后的空间所规订。所以心之推论，只要转到空间，或空间化的时间，往下一停顿就得了。归纳也是如此。归纳是根据于两个原理：（一）有因有果；（二）同因必生同果。依（一）则实在（即本体）可分为片段——因和果，依（二）则在前的与在后的可以相同，时间是无关紧要的。这两点都是研究空间之性质的几何学所注重的。在几何学中，面可分为线，线可分为点，就是和（一）是一样的。几何学中等边必等角，等角必等边，知其一必知其二，拿两个同样的平面模型，可以完全互相遮盖，就是和（二）是一样的。在归纳法之中，以宇宙之间之一个组体为自因自果，凡距离甚远的，都不计算，就是（一）。天然齐一之定律就是（二）。例如用壶装水，烧若干时间，即将沸腾，当我们归纳的时候，我们实在是把今日的壶，水，炉，烧的时间，和沸腾，各种分子，和昨天的壶，水，炉，烧的时间，和沸腾，各种分子，互相遮盖，就同拿两个同样的三角互相遮盖一般。所以演绎归纳，都是演绎空间的动产生出来的。这个动，在心的方面，既生出智慧；在物的方面，又生出物质的原质之复杂，和联属这些原质之算学的秩序。因为智慧和物质，都是同一的扣留与松散的动所产生出来的，所以智慧可以自认于物质之复杂和秩序之中，而恰与物质之复杂和秩序相谐和，而羡慕物质在复杂中的秩序。我们可以说：心

（智慧）在物中寻出心来。物质既然也是引到空间的动所生出的，所以从自由移到必定。所以它的动作，可以用算学的形式去管理它。然而物质的动作，和算学的形式，总只能相符到一定的地位，这是因为物质不是纯粹的空间。如果物质是纯粹的空间，则物质的动作，和算学的形式，可以完全相符了。

他说：从前只有空间的哲学，没有时间的哲学。从前的哲学，都是受过欧几里得几何学的熏陶的，只知道把宇宙当死的静的看待，终日孜孜于剖析的智慧和复杂关系之中，以为宇宙之大观，尽于此矣。而不知宇宙之本体，却完全不是这样的一回事；它是活的，动的，联续不断而不可分析的。试就文人作文作一个比喻而言，当他未曾下笔的时候，他的文思，本是含蕴欲宣，浑然一气的。到了汩汩而来发为文的时候，才把这个文思析成形式的理想，从这些理想，再寻出字句来表明它。离其原来的文思愈远，则可选择的分子愈多，例如我们可以用不同的字句，来表明同一的意见。我们读一首诗，或一篇文，若是徒然羡慕字句之配合适宜，决不是善于读诗文的。我们要从字句之间，深入于作者原来的感想，复活作者的文思。我们观察宇宙，若是徒然羡慕宇宙之算学的秩序，也不是哲学家，我们必须深入于宇宙之本体——生命——流动——时间的里面，视于无形，听于无声，方能算得除锢蔽而探窔奥，致广大而尽精微。这样看来，时间乃是流通不息的联续，空间是时间之扣留松散的处所所生出的；智慧和物质，乃是引到空间的扣留或松散的旁产物。时间不可分析；空间虽可分析，然而非宇宙的本体。至于物质的分析，那更是落于下乘的色相了。

拿这个观念来应用到飞矢不动的难题，可以得一个易于领会的解释。我先将飞矢不动的原理叙述于下：飞矢在一定有限的时间之中,越过一定有限的空间。若把这个时间分成瞬,把这个空间分成点,把飞矢的本身分成尘,则此飞矢中之一尘,在一定的瞬之时,必停止在一定的点,那就是说:此一尘在此瞬之时,在此一点,是不动的。空间既由点集合而成,则飞矢之动,乃是由于这些"不动"集合而成,所以飞矢是不动的。不宁惟是,若是把时间分成瞬,把空间分成点,则无论动得快的,或动得慢的东西,分析到最后的一层,都只能一瞬经过一点,二瞬经过二点,三瞬经过三点,以上如此类推。倘若一瞬可以经过数点,则此瞬可分为更小的部分,不成其为瞬了;倘若须数瞬方能经过一点,则此点又可分为更小的部分,也不成其为点了。所以各种物质之动,无速率大小之可言。复次,不动之间必有动,才能集合成动。在一定的瞬之时,有一尘在一定的点,是不动的,然而在二瞬之间,——"无瞬"——它又是从此点经过无点,而至其邻近之一点,这也是难于了解的事情。所以庄子说:镞矢之疾,而有不行不止之时。然则这些难题,究竟应当如何解释呢?依柏格森说:以前的人把动和动所经历的途径混为一谈,当作同一的东西,所以发生这些困难,这是一个根本的错误。我们须知道,动所经历的途径,是可分的,动的本身是不可分的。今有一矢,自 A 点飞至 B 点,当其初发的时候,弓的弹力已经造成一个自 A 至 B 单独不可分析的动。若在自 A 至 B 的途径之间,指定 C 点,而说在 C 点矢曾不动,则此动是自 A 至 C 和自 C 至 B 两个动相加之共总,不是一个单独的动了。从价值一方面讲起来,以自 A 至 B 之动和自 A 至 C 与自 C 至 B 相加之动两相比较,可以是一样;例如一个人要自后门走到前门,不管他一气呵成底走到,或是在中途休息一次,然后再走到,都没有区别,总之,只要他走到目的地就得了。然而从实质一方面讲起来,它俩确乎是大大的不同,这种不同,在美术里,尤其是在中国的美术里,有时还可以看得出;例如写字,一横一竖,都须一笔成功,若是用两笔凑合起来,决不能和一笔成功的有一样的意味。

拿动和动所经历的途径混成一事,是因为我们在动之外观察的缘故。若是我们在动之内观察,就不能把动当作可分的了。前之观察,是智慧的,后之观察,是直觉的。直觉之观察,不是不可能的,试拿我们一举手一移足为例,就可以看得出。凡一举手一移足,都是一个单独不可分的动。

(三) 以时间空间为联续而又可分的

这是算学的哲学家所主张的,兹就罗素的《用于哲学中之科学方法及其神秘与逻辑》所叙述者而言,从前的人,不懂得无限和联续之性质,所以发生许多困难。现在我们从算学中可以了解这些性质,我们就有解决这些困难的方法。兹将根据于算学的联续和无限之观念叙述于下:

(甲) 算学的联续,乃是级序(series)或秩序的性质。凡多数项(terms)排列成一定的级序之时,即有联续的性质;例如自一至十至百至千……一条线中自左至右之点,一时间中自前至后之瞬,都是级系。如此排列的级系,必有一定的秩序。联续的性质,非属于这些项之本身,乃是属于这些项的一定的排列的秩序;换一句话说:联续的性质,不是属于这些项之原质,乃是属于这些项之关系。

(乙) 算学的联续,乃是有紧密性(compactness)的。算学联续,虽是一级系中项之秩序之性质,然而此级系中之项,又不是有邻次性(consecutiveness)的——不是两相接近的。这是说:凡两相接近的项之间，又有更相接近的项在；例如$\frac{1}{2}$和$\frac{51}{100}$，已经是很接近的了，然而二者之间，又有$\frac{101}{200}$和$\frac{1}{2}$更相接近，$\frac{1}{2}$和$\frac{101}{200}$固然是更相接近了，然而二者之间，又有$\frac{201}{400}$和$\frac{1}{2}$更相接近；这叫做紧密性。算学的时间空间，是有这个性质的。实在的时间空间，有这个性质没有，只能依经验的证据去访求，或者不能得一定的结果，然而必定是和算学的时间空间可以比较的。

（丙）无限是类的性质。凡数中之分子，虽不能一一数出来，然而是可以为此类之概念同时陈列出来的(all given to once)。例如人乃是一个类的名称，我们虽不能把张，王，赵，李，一个一个的数出来，然而我们可以用人的界说的概念，把古今中外所有的人，同时陈列出来，一块儿计算他。无限也是如此。我们固然不能把无限的分子一个一个底数出来，但是它也可以为无限之界说之概念同时陈列出来。（说见丁节）

（丁）无限也是数。此节所言，与上节本是相联接的。从前的人以为，凡数皆是可数的，无限既不可数，就不是数。这种见解，是由于计数的习惯所生的偏见而来。现在我们研究起来，无限也是数，就同一，二，三，四，一般，相等，较大，较小，都可以用到无限上去。罗素有一个有趣的比喻说：有一个人遇着一个牛贩子带了许多牛在那里贩卖，他以为凡牛都是为牛贩子所贩卖的。他日他在牧场上看见许多牛在那里吃草，斗角，他不敢承认这些牛是牛，因为没有牛贩子在那里贩卖它们。这和从前的人因为无限是不可数的，便不敢承认无限是数，是一样的错误，殊不知以可数为数之特性，不过是心理的习惯，并不是逻辑的需要。可数不过是有些数

(有限的数)偶具的性质,并不是所有数必需的性质。数之必需的性质,为其有类的性质。有限无限都是数;凡数都有类的性质。康特耳(Cantor)之数之界说曰:凡一级系中之项数,乃是与此类相同的类之类。此种界说,可以用之于有限数,也可以用之于无限数,也可以用之于零数。例如这里有五个人,这个"五"乃是一个类,凡一级系中之项,具有此"五"之性质者,或为五张桌子,或为五枝粉笔,或为五个任何他物,都属于"五"类。无限也是一个类,凡一级系中之项,具有无限之性质者,或为无限瞬,或为无限点……都属于无限类。凡类都是逻辑的形式,不是感触的实质。这个逻辑的形式,是另外一个世界,和主观的情绪不同,和客观的山川草木也不同。所以夫烈施(Frege)说:数不是空间的,物理的,也不是主观的,但是客观的而又不可感触的。总之,如此说法,无限和有限并没有区别,所以都是数。以无限当作数,并不是逻辑的冲突,不过和心理的习惯相冲突而已。

(戊)无限之外可以有有限。从前的人,以为无限之外不能有有限,现在我们知道无限之外有有限,并不是冲突的。无限的世界之外,可以有其他有限的世界。(参观下段软转性)

以上所说的,是无限与有限相同的地方,但是无限数也有两件性质,与有限数不同:(A)无限数有软转性(reflexiveness),(B)无限数有非归纳性(noninductiveness),即是无归纳性。

(A)**软转性** 依微分之原理而言,函数之限,当一个变量逼近于一定的点的时候,不必与此变量实在抵到此点时的价值相同。这个原理,是算学家所熟悉的。例如气体的体积和绝对温度成正比例,然而此项比例,只能在绝对零度以上,方能有效;若是到了绝对零度,则二者并无比例之可言。倘若原来的比例仍为有效,则体积亦须为零,这是物理上不可能的事情。伽利略的辩答,可以用此原理解释,所有有限的平方之数,实在是和所有有限的数之数相等。但是我们计算的数,若在一定的有限的数之范围以内,此一定的有限的数渐加大,则此范围以内的平方之数,和此一定的有限的数之间之比例渐趋于零。这两件事实,并不是冲突的,因为无限有软转性;有软转性者,加一而不增,无论什么有限的数,加到无限上去,而无限不变。但是较大较小之概念,又可应用于无限的麇集(infinite collection)。无限的这个性质,乃是康特耳所发明的。伽利略之辩问里面,某丙之所不能领会的,是因为他以为——多数的别人都以为——如果较大较小之概念可应用于无限,则无限麇集之中之一部分,必较此无限之麇集之共总,含储较少的项。我们只要否认这个结论,所有的貌似的冲突都消灭了。康特耳所发明的无限之此种性质,初看起来,似乎奇怪,然而这个奇怪的程度,并不超越于"人在地球之对极而皆不坠"之事实之上,非但不奇怪,而且是很平常的事情。

（B）非归纳性　算学的归纳性,就是遗传性,父亲姓赵,儿子也姓赵;父亲姓钱,儿子也姓钱,这就是父姓遗传于子。凡有限的数,都有这个遗传性。今有一数于此,——试言九十,凡大于九十的有限数,——试言一百二十,都有九十的遗传性。因为九十加一而得九十一,九十一加一而得九十二,如此递增三十次,就得一百二十。凡九十的性质,在一百二十里边,都还存在;但是小于九十的数,不必有九十所有的性质。从九十退后渐减,必抵于零,就同各族溯祖,必抵于受姓之始一般。这样的加一个而得比自己较多一个的数之层次,叫做算学的归纳。自零以及所有的有限数,都有可以如此归纳的性质。至于无限数,却不然,无限数没有切近的生身父,因为没有一个最大的有限数。所以逐步增加之方法,不能应用于无限之计算,所以无限的数,也就不能一个一个的数出来。

物理学中之尘,瞬,点,本是从感触张本,用逻辑构造起来的。如此构造起来的尘,瞬,点,都有算学的性质,——是有紧密性的联续。惟其有紧密性,所以是无限。算学的时间,是瞬之无限的麇集,算学的空间,是点之无限的麇集。若是有人设想两瞬两点之间必有空隙,那就是没有紧密性了,那就不是无限的麇集。如此设想,就要入于错误的一途。物质中之尘,也是与瞬,点相同,也是用逻辑构造起来的存体,并不是物理化学中实在讨论的原子分子或电子。

用这些观念去解释动之问题,和以前所讲的大不相同。试就飞矢而言,飞矢前行,在有限的时间之内,经过有限的空间,那就是说:在无限的瞬之麇集之内,经过无限的点之麇集。然而普通心理习惯总以为:试就飞矢中之一尘而言,在此瞬之时,它在此点,在次瞬之时,它在次点,当此一尘正在一点之时,是不动的,于是飞矢之全体是不动的。但是一经如此设想,便错误了。在联续的时间空间之中,无次瞬次点之可言。因为其中没有两相邻次两相接近的瞬或点,这就是紧密性。我们虽可说,矢中之一尘,在一定的瞬之时,占据在一定的点,也可以说,此矢在一定的瞬之时,占据在一定的空间;然而我们不能说,矢中之一尘,在一定的瞬之时,停止——不动——在一定的空间。因为此一定的瞬,没有有限的时间之经历;且此瞬无始无终,二瞬之间,并没有空隙可容我们设想。所谓停止,所谓不动者,乃是在一个有限的时间之中,——无论此时间如何的短,只要不是短到一瞬的地位,——即是经过此时间中所有的瞬之时,此物中之一尘,占据同一的点,此物之全体,占据同一的空间;并不是:在一定的瞬之时,此物中之一尘,占据同一的点,此物之全体,占据同一的空间。所以我们只能说:在一定的瞬之时,飞矢占据在一定的地方;我们不能说:在一定的瞬之时,飞矢停止在一定的地方。所以飞矢不动一句话,是根本不能成立的。

拿算学的言词来讲,一物在动的时候,此物所占据的空间,乃是时间的联续的函数。我们再就一个举例来说明这个意义。设有一尘在 t 瞬之时,举行联续的动,而恰在 t 瞬之时,此尘在 P。今试取其动的途径之一小段 P_1P_2 而言,P_1P_2 包含 P 在内,如图所示。如此尘在 t 瞬之动是联续的,我们必定可以找得出一个早于 t 的 t_1,一个迟于 t 的 t_2,而在 t_1t_2 之间,无论 P_1P_2 是如何底小,这个命辞还是对的。如此,则我们须说在 t 瞬之时,此尘之动是联续的。如果此尘之动,在所有的时间之中,都有如此的性质——都是联续的,则我们须说:此尘之动,是共总联续的。如果此尘之动不是联续的而是跳跃的,如自 P 骤尔跳跃而至 Q,则我们的联续之界说,在 P_1P_2 不能包含 Q 的时候,就不能应用了。所以以上所叙的联续的界说,可以供给动之联续之分析,使我们可以同时承认无限小的瞬和点,而又否认瞬与瞬和点与点之间之至小的距离。

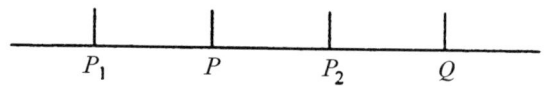

以上各种说法,各有各的根据,各有各的势力。我们究竟如何择其善者而从之,恐怕要依个人的兴味和历史的教导而规定了。

第二章　附时间与空间之相对观

自爱因斯坦(Einstein)普通相对论出世之后,物理学中之基础观念,都经受了极大的变迁,于是学术界中放出一阵奇异的光彩。然而由我们一班的人看来,却同放花筒一样,只见它的光怪陆离的芒焰,而不知它里面的构造是怎样,成分是什么东西。有些物理学家(包含爱因斯坦自己)却也引以为憾,于是用通俗的或比较专门色彩减少的名词术语,将相对论的道理陈列出来,把科学园里的甜葡萄,也送给园外人尝尝滋味。这一篇叙述,就是从《爱因斯坦的相对之理论》——一本通俗的小书,和此种叙述之散见于其他书籍中者,节录下来的。因为它与联续和无限,有深切的关系,所以附属于此。

现在我把这篇叙述分作三段来讲:(一)引导的说明;(二)历史的发达;(三)结论的推广。

(一) 引导的说明

在这种说明里边,我们或者用常见的事情引入相对之原理,或者用相对的眼光,观察常见的事情,往往都可以得与常识不同的见解,——并且往往是极有趣味的故事。

(A)我们在日用的词语里边,常时用"这里"或"那里"等代名词。依相对论讲来,这些代名词,若是真正代表空间中一个绝对的地方,都无意义之可言。例如我指着这个讲台说,我今天在"这里"讲书,我明天再到"这里"来讲书。我觉得这句话是很明白的,大家也以为这句话是无疑问的。其实这句话不过是一个便利的虚诳。这个"这里",——讲台——在空间中并没有绝对固定的所在;因为地球是旋转不息的,今天下午一点钟,这个讲台是在空间中一个一定的地方,到了明天下午一点钟,它在空间中,也不知道转到什么地方去了。所以我所说的"这里",不过是就地球上一件东西做相对的标准而言。于是刚才所引的两句话,可以翻译为:我今天在距离景山亭子一百八十丈的一个讲台上讲书,到了明天,我还到距离景山亭子一百八十丈的讲台上来讲书。但是倘若我如此说,大家一定说我是有神经病,不然就要说我是哲学家。我因为不愿意领受这些好头衔,也只好不如此说了。("那里"之解释依此类推。)

(B)我们用度量方法所得的空间之长短,也不过是相对的,并不是绝对的。例如我今天拿一个很准确的尺,量得这张桌子是四尺长,二尺宽,三尺高。我觉得很对,大家都觉得很对。倘若今天夜里,我们正当浓睡的时候,忽然来了一种神力,把宇宙间所有物件的体积都加大了,——试说加大一倍:这张桌子之长变成八尺了,宽变成四尺了,高变成六尺了,他如房屋,器具,树木,城池,都加大了一倍,我们五尺长的人,也变成了一丈长的人,就是我们所用以量长短的尺,也变成二尺长的分量。然而到了明天清早,我们起来的时候,丝毫不觉得这张桌子的长宽高,曾经加大了一倍,我们还以为这张桌子是四尺长,二尺宽,三尺高。因为所有的物件之长,连我们用作标准物的尺,并且连我们所用以观察外界的眼珠,都加大到同等的地步,我们就没有绝对不变的标准去辨别这个变迁了。所以度量所得的结果,都不过是所量物与标准物分量之比例。倘若有人驳我:"你所说的假设,完全是无稽之谈,宇宙间断没有这样的一回事。"我却要反驳他:"你有什么方法可以证明宇宙间一定没有这样的一回事?"换言之,还是原来的话——倘若宇宙间有这样的一回事,你有什么方法可以觉察出来。

(C) 我们平常对于时间,似乎把它当做确定的客观的东西,所谓纪元前若干年,民国若干年,等等,似乎都是在这一条时间的绳子上,结了若干纽子。即至比常识深入一层的科学里面,也以为时间像一条河,宇宙间的各种事情(即现象),就同河里的鱼一般(旧力学中的观念)。其实时间的本身,并不存在。宇宙间只有事情,没有时间。我在这里讲书,是一件事情;太阳在那里发光,也是一件事情。离了事情,就没有时间。至于时间的先后,自然也是就宇宙间发见的事情相对而言。所谓纪元前五百年者,乃是打那个时候算起,地球绕过太阳五百个圈子,耶稣才出世。所谓民国十五年者,乃是自辛亥革命的时候算起,地球又曾经绕过十五个圈子了。耶稣降世,辛亥革命,地球绕太阳而作公转,都是事情。除了这些事情,我们决找不出一个绝对的时间,绝对的日甲,绝对的年月日;这也可以看得出时间之相对的性质。

今有一件事情,经历若干时间;例如我们在这个教室里讲一点钟的书。我把这件事情的起端,例如敲钟上课,叫做一件事情A;又把这件事情的终了,例如摇铃下课,叫做一件事情B。从我们的眼睛里看起来,A与B两件事情之间,是有一点钟的时间隔开的。但是倘若有一个人在太阳里观察我们,他却可以说这A和B两件事情之间,是有若干空间隔开的;因为地球自转,自西徂东,就我们所在的地方而言,在一点钟以内,已经走过十五度的距离了。所以两件事情之关系,或为时间的,或为空间的,可以因我们所择取的标程而不同。前之标程为地球,后之标程为太阳,这也可以表现时间与空间相对之性质。

（D）设若有一个人,在跑得很快的火车上,抛下一个石头,他从窗子里望着,这石头自上落下的途径,是一条曲线。但是,倘若有一个人在铁路旁边看着,这石头所经历的途径,却是一条直线。所以空间中一条线之曲或直,也是因我们所择取的标程而定的。前之标程是火车,后之标程是铁路。然而有人可以说:此项判断须以铁路的标程为准,因为火车是动的,铁路是不动的。对于这个斥察的询问,我们只要转问一声:铁路是在地球上边,地球是动的呢?还是不动的呢?

（E）设有一个扁鱼,例如比目鱼,扁到薄如一张纸的程度,放在两块玻璃板之间,这两块板中间,有水流通贯注,它就在这个上踢下踏的宇宙间生活着。它的行动,只有前后左右之漂游,而无上下之升降,它只能"光被四表",而不能"格于上下"。于是它以为宇宙是二积次的(two dimensional),(线是一积次的,面积是二积次的,体积是三积次的。)是有长有宽而无高的,是有前后有左右而无上下的。倘若有人告诉它:实在的宇宙是三积次的,有长,有宽,还有高,它必定抵死不承认。倘若再有人忽然把上面一块玻璃板提高,中间仍然有流通贯注的水,它必定仓皇失措,不知道怎样行动,不知道怎样思想(假定它也能够思想),总括一句话,不知道怎样底生活着。此无他,不过是这个三积次的宇宙,和它的生理与心理的习惯不相符合罢了。依相对论讲起来,我们的宇宙是四积次的,有长,有宽,有高,有时间;换一句话说,宇宙的长,宽,高是随时间而不同的(参观B段)。我们骤然听到这种说法,也就茫然莫知其所为，和那个二积次的宇宙里的扁鱼，到了三积次的宇宙里一般，也是因为这些宇宙观，和我们思想的习惯不相符合故耳。其实我们三积次的宇宙观，不过是大致底可以满足我们生活的要求，并不一定是不可动移的真实。我们照这样的宇宙观去走路，不至于绕弯子走不到；我们照这样的宇宙观去测度一件事情发生的时候与所在，不至于茫无头绪底测度不出来。所以我们的思想，都是向这一条途径上往前进行，就成了一个牢不可破的种族的习惯。现在四积次的宇宙观，自然是和这个习惯扞格不相入的；然而，倘若我们因为这个缘故而不承认相对论，我们不必在这里笑这一支扁鱼，恐怕爱因斯坦先生要在那里同样的笑我们了。

（F）依劳伦兹氏变换公式（Lorentz's formula of transformation）（见 B 段）而言，时间之短长——即快慢，也依我们所择取的标程而不同。如果所择取的标程走得快，则此标程之上钟表所记载的时候较长。这样看来，火车上的时间，较长于地面上的时间。然而这个公式，只能在火车的速率小于光的速率的时候，是有效的。倘若在火车的速率等于光的速率或大于光的速率的时候，还照这个公式去推求，就要得很奇怪的结论。这个结论叫做夫拉摩里的幻言（Flamerian fiction）。设有一个人坐着一辆火车，从地球上朝天空里走，倘若火车的速率和光的速率相等，则地球上的各种事情，从他看起来，都是同时发见，那真是"齐彭殇为妄作，天地曾不能以一瞬"。倘若火车的速率，还大于光的速率，则地球上的各种事情，从他看起来，都是前后相反的，先有日落，后有日出；先有今日，后有昨日；先有死，后有生；先有民国，后有前清；先有二十度左右的地球，后有六千余度的火云。庄子说："今日适越而昔来。"若是附会起来，倒是同这个幻言相像。写到这里，我忽然又想起我们乡里又有一曲儿歌：

> 顺唱歌，倒唱歌，先有我，后有哥，妈妈出阁（出嫁也）我打锣，摇篮（小儿所睡之篮）里睡着老家婆（外祖母也）。

不觉喟然叹曰，不图这些乡里小孩们，早已知道了相对论！

（二）历史的发达

相对论之历史的发达，可以分做三个阶级：(A) 是旧力学中之相对原理，(B) 是特别相对论，(C) 是普通相对论。

（A）旧力学中之相对原理

依此项相对原理而言，一个定律，若是对于 K 标程是真实的，对于 K' 标程也是真实的，只要 K' 标程是对于 K 标程举行等速的直线的动。

旧力学中之"速率相加"的算法，就是与此项原理相依附的，试为陈述如下：

今有一火车，在一条铁路上向前行动，其速率为 V；又有一人在火车上向前行动，其方向与火车同，其速率为 W。依"速率相加"之方法算之，此人向前行动的速率，若有一个人在铁路旁边计算，为 V 与 W 相加之总数。若以 W' 代此人行动之速率（依铁路旁边的人的计算），则

$$W' = V + W$$

这是说，以火车为标程，此人行动之速率为 W；以铁路为标程，此人行动之速率为 $V + W$。只要火车之行动对于铁路，是等速的、直线的，则无论用铁路为标程，或用火车为标程，都可以计算此人

行动之速率。这个算法，在力学范围以内，固然没有例外的困难，但是移到光学里边，可是就要发生不同的结果。我们且举一两个例子，来看看它们的结果如何。

今有光自 A 点射至 B 点，其速率为 C（每秒钟三万万密达），又有一火车向前行动，其方向与光相同，其速率为 V。依速率相加之方法去计算，火车和铁路两个标程，和上段所举的例是一样的；不过前例之中，是计算人之行动，此例之中，是计算光之行动，似无其他区别。所以，若以铁路为标程，光之速率为 C，以火车为标程，光之速率为 $C-V$，那么，光之速率是不能有不变的价值了。

然而依海恩波动之理论说来，光是以太之波动，以太是布满空间，包罗万象，无远弗届，静止不动的宇宙之海洋，（此不动是就其全部而言，其中发生的波动，乃是局部的动，全体仍然是不动的；例如海上起浪，浪是局部的动，海之全体仍然是不动的。）其中所发生的波动，是不随标程而变迁的。所以光之速率，无论以地球为标程，或以太阳为标程，或以天南星为标程，都是每秒钟三万万密达。那么，光之速率不变之原理，和速率相加之算法相冲突了。

我们再举一例子，来看看其中是否包含有更深的意义。

在一条直线的铁路上，有 AB 二处同时闪电，又有一观察者立在 M 点，而 M 点恰在 AB 线之正中，AB 两处的电光，自然是同时传到 M 点，于是这个观察者，以铁路为标程，自然可以断定 AB 两处的电光是同时发生的。今有一极长的火车，沿铁路向 B 点进行，其进行有一定的速率，火车上也有一个观察者立在 M' 点，而 M' 点也恰在 $A'B'$ 线之正中。当 AB 两处电光刚发的时候，从铁路上看来，火车上 $A'M'B'$ 三点恰与铁路上 AMB 三点相符合。但是，当 AB 两处的电光到 M 点的时候，火车已向 B 移动若干距离——无论此距离是若干的小。所以 B 处的电光,到 M' 点较早,A 处的电光,到 M' 点较迟。于是在 M' 点的观察者,势必断定 AB 两处的电光,不是同时发生的。这就是说,以铁路为标程,AB 两处电光之发生是同时的;以火车为标程,AB 两处电光之发生,是不同时的。所以每个组体（system）,各有它自己的时间,与其它组体不同;于是时间失其普遍性了。倘若从火车上 M' 点观察,AB 两处的电光也是同时发生,则是"光之速率不变"的定律,又须得取消了。

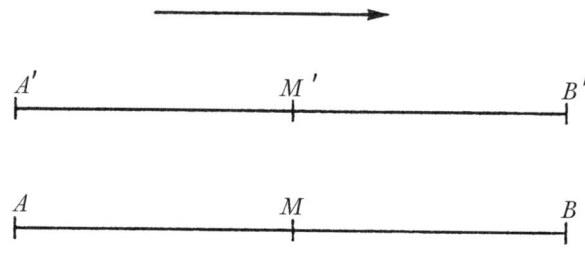

（B）特别相对论

要免除"光之速率随标程而不同"的困难,仅用旧力学中速率相加之方法,是不够的,于是有劳伦兹（Lorentz）氏变换之公式发见。试为叙述如下：

今有二标程 KK' 于此,K' 对于 K 举行等速的直线的动（例如 K 为铁路 K' 为火车）。设有一件事情（即一个现象）发生,我们要规定它所在的地方,我们立三条标线 AB,AC,AD,以 x 记此事情发生之地点与 ACD 平面之距离,以 y 记此事情发生之地点与 ABC 平面之距离,以 z 记此事情发生之地点与 ABD 平面之距离,再以 t 记此事情发生的时间,就可以知道在 K 标程之中,此事情在 t 时之所在的地方。倘若另有 K' 标程沿 x 轴而行动,其速率为 V,而我们欲规订在 K' 标程之中,此事情发生之所在的地方;依伽利略的力学（即旧力学),照上面所说的方法计算下来(即以 x' 记此事情发生之地点与 $A'C'D'$ 平面之距离,以 y' 记此事情发生之地点与 $A'B'C'$ 平面之距离,以 z' 记此事情发生之地点与 $A'B'D'$ 平面之距离,以 t' 记此事情发生的时间),可得 $x' = x - Vt$, $y' = y$;$z' = z, t' = t$。设若 $x = Ct$(C 为光之速率,t 为时间,Ct 为光所经过之距离),则 x' 为 $(C-V)t'$;于是在 K 标程中 $C = \dfrac{x}{t}$。在 K' 标程中 $C = \dfrac{x'}{t'} + V$,那么,C 在不同的组体之中,不能没有不变的价值了。但是依劳伦兹变换公式,则可以免除此项困难,试列于下:

$$x' = \frac{x - Vt}{\sqrt{1 - \dfrac{V^2}{C^2}}} \tag{1}$$

$$y' = y \tag{2}$$

$$z' = z \tag{3}$$

$$t' = \frac{t - \dfrac{V}{C^2}x}{\sqrt{1 - \dfrac{V^2}{C^2}}} \tag{4}$$

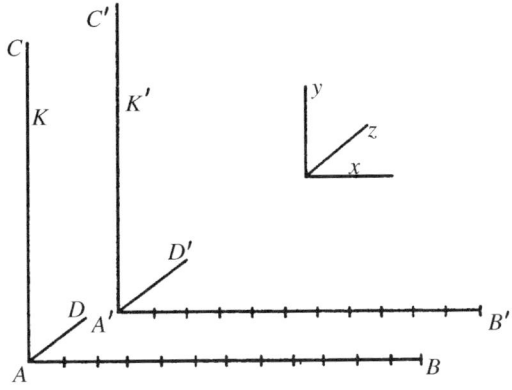

当光沿 x 轴往前进行的时候，$x = Ct$

试将 Ct 代 x 于（1）中则得

$$x' = \frac{(C-V)t}{\sqrt{1-\frac{V^2}{C^2}}} \qquad (5)$$

试将 Ct 代 x 于（4）中则得

$$t' = \frac{\left(1-\frac{V}{C}\right)t}{\sqrt{1-\frac{V^2}{C^2}}}$$

即

$$t = \frac{t'\sqrt{1-\frac{V^2}{C^2}}}{1-\frac{V}{C}} \qquad (6)$$

试将 $\dfrac{t'\sqrt{1-\frac{V^2}{C^2}}}{1-\frac{V}{C}}$ 代 t 于（5）中则得

$$x' = \frac{(C-V)t'\sqrt{1-\frac{V^2}{C^2}}}{\sqrt{1-\frac{V^2}{C^2}}\left(1-\frac{V}{C}\right)} = \frac{(C-V)t'}{\frac{C-V}{C}} = Ct' \qquad (7)$$

于是在 K 标程中，C 是等于 $\dfrac{x}{t}$，在 K' 标程中，C 也是等于 $\dfrac{x'}{t'}$，于是 C 之不变的价值——即光之不变的速率——可以保全了。

依此公式而言，一物之长短，亦依所择取的标程而不同。今有一尺于此，摆在一个标程的 x 轴上，使 x 起首为零，x 终了为一，故 x 轴恰为一尺。倘若此标程沿 x 轴往前行动，其速率为 V，当其行动之时，此尺并非一尺。因为 $x' = x\sqrt{1-\frac{V^2}{C^2}}$，故 $1 = 1\sqrt{1-\frac{V^2}{C^2}}$。而且此组体行动之速率愈大，则此尺之缩短愈甚。倘若此标程上载有一表，此表上所记载的一秒，要比在不动的标程上所记载的一秒较长。因为 $t' = \frac{t}{\sqrt{1-\frac{V^2}{C^2}}}$，故 $1 = \frac{1}{\sqrt{1-\frac{V^2}{C^2}}}$。而且此组体之行动之速率愈大，则此一秒之延长愈多。

这样看来，时间之快慢，和空间之长短，可以随所择取的标程而不同。但是在劳伦兹的变换公式里边，还不过是形式的计算。爱因斯坦更进一层而成为物理的解释。他说时间空间之依标程而不同，乃是真实的，不是虚伪的，乃是实质的，不是形式的，这是他的特别相对论。

再者，依电动学及放射化学而言，一物当行动时之质，体，量，较不动时增加，行动愈快，增加愈大。如其行动之速率为 V，则其增加为 $\frac{E}{C^2}$，故其体量之共总，为 $m + \frac{E}{C^2}$（此 m 为原有之体量，E 为行动时所吸收之能力）。

体量，时间，空间之观念，为一切物质科学之基础观念。所以我们所用以权量它们的单位，就叫做基础单位。从前以为它们是确定而不变的，各项物质科学，都建筑在这个原理上边。现在以为这些存体的分量，都因所择取的标程而不同，这是科学中最大的改革。

（C）普通相对论

奈端力学中之相对原理，只能应用于力学范围以内。若应用于光学，（此乃海恩以光为以太之波动之光学，不是奈端以光为微点之激射之光学）就要发生困难。劳伦兹的变换公式和爱因斯坦的特别相对论,能够解除这种困难。但是只在"K'标程对于K标程所举行的动是等速的直线的"的时候,方能应付得了。倘若K'标程对于K标程举行非等速的非直线的动,则特别相对论也要发生困难。所以爱因斯坦又有普通相对论之发明。依普通相对论讲来,设有一物对于K举行等速的直线的动,同时对于K'举行非等速的非直线的动——即是有速差的曲线的动,则K必发生吸力之现象。此吸力之发生,即由于动之速差与其曲线之性质,——不但如此,动之速差与其曲线的性质,和吸力,并且是同一的东西。今试举二例说明如下:

设有一个箱子 A,悬在四无着落的空中,有一个人在这箱子立着。设有一种神力,将此箱子往上提升,逐渐加快——即是举行有速差的动。这个人手上原有一块石头,现在忽然把它放开,于是这块石头就坠落在这个箱子的地板上,并且坠落得逐渐加快。从这个人的眼光看来,石头之逐渐加快的坠落,是因为地板下的吸力。然而倘若另外有一个箱子 B,也在空中悬着,但是没有神力将它往上提升,永久在那里停住,也有一个人在这个箱子立着。从 B 箱子里的人眼光看来,A 箱子里人手中所放开的石头,丝毫没有动;它所以逐渐加快落到地板上的缘故,是因为那个箱子 A 逐渐加快的往上提升。所以这个石头坠落之一个现象,从一个标程看来,是原于吸力的,从另一标程看来,是原于有速差的动的。其实它俩本是同一的东西。两方面的见解都是对的,不必持二者必居于一的批评。

复次,倘若 A 箱子里的人,用一根绳子把这块石头悬在他的天花板上,自然是石头下垂,绳子紧张。他的力学的解释,是吸力将石头往下吸引,而石头所以不坠落者,因为绳子的张力,恰恰将它抵消了。我们只要权量绳子的张力，就得到石头所受的吸力。然而从 B 箱子里的人看来，是这个箱子的有速差的往上提升的动，从天花板穿过绳子而传到这块石头，而绳子之张力，恰可以收到传达所动之效果，所以石头也随着箱子往上提升。我们只要量得绳子的张力，就可以得到石头的惰性。所以惰性与吸力，并不是两件东西。

以上所举的例，我们把它叫做箱子的例。

复次，今有一盘，在一个平面上绕轴而旋转，有一人坐在盘子上，不在中心，也不靠边，他必定经受一种辐射的外向的力——离心力。在盘子以外的人，以为盘子是动的，其速差自圆周向中心，将此力解释为惰性，就是离心力。但是在盘子上的人，以为盘子是不动的（依普通相对论讲来，他的这个见解并不是十分对的），将此力解释为吸力。所以以 K 为标程者，可以说它是惰性，而以 K' 为标程者，可以说它是吸力，其实彼此都是对的。

以上所举的例，我们把它叫做盘子的例。

设若盘子上的人，制造两架完全同样的钟，把一架摆在盘子边上，把一架摆在盘子中心。这两架钟对于盘子是不动的（就是随着盘子一道动）。他以为这两架钟记录同一的时间。但是盘子外边比盘子里边走得快，至于盘子真正中心的一点，是完全不动的。依劳伦兹原理讲来，盘子边上的钟所记录的时间，比盘子中心的钟所记录的时间长得多。倘若另从一个不举行旋转之动的标程上看来，在不同的地方，时间是不同的，但是这个人不能够觉察出来。

又依劳伦兹原理讲来，一物当动之时，它的与动之方向相同的长，比不动之时较为缩短，动得愈快，缩短愈多。设若盘子上的人，拿尺来量盘子之圆周，因为盘子举行旋转之动，他的尺在量圆周的时候，受了此动之影响，分量减小了，于是他所量得的圆周之长，比此尺不向前动之时所量得的圆周之长较大。他又拿此尺来量盘子之圆径，因为盘子的旋转之动，与尺之长无关（旋转之动与尺之长不同方向），所以他所量得的圆径之长，和此尺不向前动之时所量得的圆径之长一样。若另从一个不举行旋转之动的标程上看来，他所量得的圆周与圆径之比例，不是三小数一四，但是大于三小数一四。然而盘子上的人，却是看不出来。

同样的结论，又可应用到物之体量上去。盘子边上的物件动得快，所以体量增加，盘子中心附近动得慢，所以体量减小。但是这也是从另外一个标程上观察的结果，盘子上的人也看不出来。

在这样的组体上边，各处的时间空间之长，物之体量都是不同的。但是这样的不同，——试说盘子边上一尺之长与盘子中心附近一尺之长之不同——不是跳跃的剧变，乃是联续的缓变。在这样的组体上边，我们若要规订一件事情之所在，仅用 $x\ y\ z$ 三个标线，是不够的，我们还要用时间 t 做第四条标线。而且我们所用的标线，不是直的（笛卡儿的标线），乃是曲的（高司（Gauss）的标线如下页图）。我们并不能设想 $x\ y\ z$ 是属于三积次的空间，t 是属于另外加入的一个东西叫作时间的。我们要设想这四条标线都是属于一个组体——时间空间之联续体（space-time continuum）。这个联续体，不是像有固定性（rigid）的石头（假定石头是有完全固定性的），但是像有柔软性（mollusc）的煤胶。在这样联续体里面，规订一件事情发生之所在，我们须求这个所在点和所设的各级系中那一条标线相值，或与那一条标线之距离（参观下段）；和在有固定性的联续体里边，须求一件事情之所在点与三个标线之距离，也是相同的。因为这四条标线，同是约束一件事情发生之所在点的网罗，无须把前三条属于空间,后一条属于时间。所以我们只须用 x_1, x_2, x_3, x_4,去做记号,用不着 $x\ y\ z\ t$ 几种老记号,使人联想到它们的涵义。爱因斯坦的普通相对论,比特别相对论较优之点,即是:普通相对论可以用有柔软性的组体为标程,而规定一件事情发生之所在,而构造各种天然定律,而以特别相对论中所用的有固定性的标程,为一个特殊的例子;换一句话说,在吸力范围之内,它也可以构造天然定律。

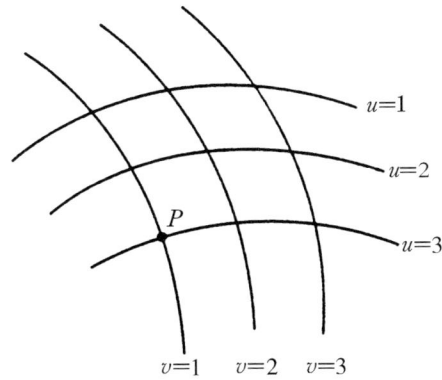

姑以平面而论,试设想有一级系的曲线 $u=1, u=2, u=3$……而且两个邻次的曲线之间,仍有无限的其他同样的曲线;但是它们是永不互相交切。再设想另有一级系之曲线 $v=1, v=2, v=3$……其性质与 u 相同。今欲规定一件事情发生之所在点 P,我们说:P 之标线 $u=3, v=1$。在此平面上任取一点,都有这样的两条标线可以系属它。这叫做高司标线。不但是在二积次的平面上,可以应用,就是在上段所说的四积次的空间时间的联续体上,也可以应用,而且就是在五积次六积次的联续体上,也都可以应用。

依箱子的例,吸力是由于动之有速差,依盘子的例,吸力是由于有速差的曲线的动。由此推之,凡一组体举行有速差的曲线的动,则此组体之附近,必发生吸力之现象。若有一物行动,经过此组体之附近,必受吸力之影响,而改变其方向。将此原理应用于光的例子上去,凡天空中恒星之光,经过太阳附近而至地球的,在太阳附近必为曲线。此项结论,是双方重要的:第一,光在吸力范围之中,举行非等速的曲线的动,与光行直线之旧观念不同;第二,光经过太阳附近而至地球,所改变的方向若干,是可以算得出的。

(三) 结论的推广

把相对论的结论推广起来,在科学中既发生了很大的改革,在哲学中也解除了很多的困难。兹将这些结论之推广,试为陈述于下:

(A) 依奈端力学而言,行星绕太阳而旋转,其轨道为椭圆,太阳居椭圆二心之一。如果我们把恒星当作绝对不动的,而行星之吸力又不能彼此互相牵动,则一个行星绕太阳而旋转之轨道所包含的椭圆面积,对于恒星是不变的。但是从这两个原因所发生出来的错误,我们可以更正。更正之后,一个行星所行之轨道,应该成一个完全无缺的椭圆。以一行星年度计算,从某点起首,必至还至某点终了。换一句话说,一个行星轨道所包含的椭圆面积,对于恒星,永久占据同一的地方。依天文家的观察,所有行星之轨道,都和这个结论相符,但是有一个例外。这个例外,就是离太阳最近的金星。金星轨道所包含的椭圆面积逐渐迁移,其迁移之方向,与其公转自转之方向相同。故其一年所经过的轨道,不能成一个始终衔接的椭圆。其迁移之速率,为每一百年经过角度四十三秒。天文家早已将这个很小的分量测量出来了,但是没有方法可以解释它。

依相对论讲来,凡行星轨道所包含的椭圆面积,对于恒星,本不是固定的,它们都要依着公转自转之方向而迁移,不过因为离太阳太远,或因其轨道几为圆圈而不甚成为椭圆,所以迁移得很少,我们没有方法可以测量得出来。惟有金星之椭圆面积之迁移,每一世纪四十三秒,是比较快的,——虽然还是很小的速率——才能发现于天文家观察范围之中。它不是例外,它是一个易于观察的例子。而且理论的计算和观察的结果,几乎完全相符(其错误不过数秒而已)。于是这一层历史沿袭下来的难题,从此可以解决了。这是相对论之第一个试验的证明。

(B)以上已经说过,凡光线经过一物之吸力范围的时候,同其他物质一样,也要受此物之吸引而与此物较近,改变它的直线的途径而为曲线的途径。依此而言,凡恒星之光,经过太阳之附近而至地球,皆受太阳之吸引,而倾近于太阳。今试以图说明如下:

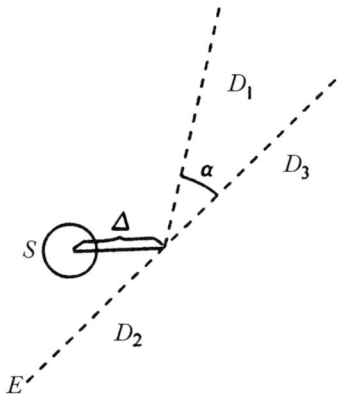

S 为太阳,E 为地球。今有一恒星之光自 D_1 来,到了太阳附近,为太阳所吸引,而与太阳接近,改变其原来 D_1 之方向而为 D_2。从地球上观察,这个恒星之光似乎是从 D_3 来的,于是 D_1D_3 之间,成了一个 α 角度。这个角度,可以从 $\alpha = \dfrac{1.7\,\text{seconds}}{\Delta}$ 一个公式算出来的。此公式中之 Δ,即为光线在改变方向处与太阳中心之距离。这一层测算,是极其重要的,因为它可以让我们用试验去考查。这个试验如何做呢？我们要选择一个完全日食的时候,把经过太阳附近传光到地球的一些恒星,用相片照下来,因为在平常时候,太阳光太强,这些恒星是完全看不见的。再在以前数月或以后数月,太阳在他处的时候,也把这些恒星照下相来。将平常的时候所照的相片为标准,来和日食的时候所照的相比相比较,则日食的时候,太阳周围附近的恒星,必定都向外边迁移至若干的地步。这一层结果,是完全证实了。一九一九年,英国皇家学会和天文学会派人到南美洲的索布拉尔(Sobral),和西非洲的普麟栖粕(Principe)岛,于五月二十九日完全日食之时,将太阳附近之恒星,都照下相片来了。其迁移之角度,果然都和理论所测算的完全相符。这是相对论之最有实力的辅助。

（C）以前曾经说过,若是有一组体 K 是不动的,又有一组体 K' 是动的,则 K' 上之空间较短于 K 上之空间, K' 上之时间,较长于 K 上之时间, K' 上一物之体量,较大于 K 上之体量。此项原理又可以应用于一个原质所发露的或吸收的光份。同一原质在 K 上发露一定的光份,其摆度(frequency)每秒钟摆动之次数与浪(wave length)成反比例为 V,若在 K' 上发露一定的光份,其摆度必较小于 V。今以 V' 代之,则 $V' = \sqrt[V]{1 - \dfrac{V^2}{C^2}}$ (V 为 K' 行动之速率, C 为光之速率)。若就圆形之组体而言,则上列之公式,可以经几层推演而变成

$V' = V\left(1 - \dfrac{Km}{C^2 r}\right)$。在此公式之中，$K$ 为奈端吸力常数，m 为组体之体量，r 为组体之半径。由此公式看来，m 愈大，V' 愈小，换言之，吸力愈大，摆度愈小。

由此言之，同一原质，在体量大的星球上所发露的光份摆度较小，在体量小的星球上所发露的光份摆度较大。摆度小则浪长大，摆度大则浪长小。浪长大的近于红光份的一端，浪长小的近于紫光份之一端。所以星球体量愈大，则其所发露之光份向红光份之一端迁移愈多。但是迁移之分量甚小，难得精确的权量罢了。试以太阳和地球比较，这种迁移之分量，不过为浪长之百万分之二。至于在天空恒星之例子之中，这种迁移分量更难测算，因为我们还不曾知道它们的体量和半径。

总之，同一原质，在天体上所发露的光份，都较在地球上所发露的趋于红光份之一端，因为多半天体，都比地球大。此项推论，若是确实的证明了，将来我们可以用上列的公式去计算天体的体量和半径。同时，它又把朋孙（Bunsen）、克希荷夫（Kirchhoff）的有名的光份分析基础动摇了，——至少在理论方面是如此的。

以上三项是经算学的测算，可以用试验去证明或否证的。还有以下三项的推广，虽不是具有同样的性质，然而在哲学方面所发生的影响，也是很大的。

（D）凡一组体举行有速差的曲线的动，必发生吸力之现象。若另有一个举行等速的直线的动的物件，经过此吸力的范围，亦必改变其行动的原状，而举行有速差的曲线的行动。依此说来，凡光经过吸力范围时，皆举行有速差的曲线的动。从前光行直线的见解（物理学中常以光线代表理想的直线），不能存在了。从前光之速率不变的见解（每秒三万万密达），也不能存在了。

（E）在旧力学中，物质之有吸力，是一个知其当然而不知其所以然的现象。纵然在科学中不成多大问题，而在哲学中确是一个屡费思辨的问题。他们只能说：它是物质里边的一种力，或者说它是物质的固有的性质，有物质即有吸力，吸力即为物质之所以成为物质的第一个条件。现在依相对论讲来，它是原于一个组体之有速差的曲线的动，用不着假定物质里边包含着一种特别的力了。

（F）依旧力学讲来，宇宙中充满了以太，各种物质之活动，都发生于以太之中。以太譬如是海，各种物质譬如是海里的鱼。物质之活动，譬如是鱼之游泳。物质是动的，以太是绝对不动的。于是各种标程虽是相对的，然而以以太为标程，应该是绝对的。现在依相对论讲来，宇宙间完全没有绝对的标程，那么，我们也用不着假定以太之存在了。这一层结论和上一层结论一样，也是替哲学减除一个很大的困难；因为我们从来没有感触过以太是什么东西，而相信它的存在，乃是奥康刀（见方法论）所不允许的。穆勒在七八十年以前，对于以太之存在，就曾经怀疑过。当时学术界里的人，对于以太，和宗教家对于上帝一样的信从得真切。揭方司简直说：穆勒是实证哲学的精神过于充分。殊不知到现在，他的怀疑，竟成了确实的真理，可惜他早已死了，不能看见这一层真理的发明了。

依奈端定律推演而言，物质的世界，应该是一群有限的岛屿，团聚在无限的空间海洋的中心，愈到中心愈密，愈往外去愈疏。如果宇宙是如此的，则凡自中心发出之光，都循着辐射的方向，往四围分散到无限的空间，永远不得回头。于是这个有限的物质世界上的能力，渐渐底贫乏下去了。我再将引到这个结论的证明，陈述于下：

第二章　附时间与空间之相对观

照奈端力学原理，凡力线之来自无限，而止于一个有体量之物者，必与此物之体量成正比例。如果物质的世界之密度 D 是平均的，我们可以寻出一个体积 V，把这个物质世界恰恰包在里边（如甲图）。如此，则物质世界之共总体量为 DV。凡来自无限穿过 V 的球面而止于球心的力线，必与 DV 成正比例。这是就穿 V 的全体球面而言，其穿过球面之单位面积（或为平方寸或为平方尺……）者，必与 $\dfrac{DV}{F}$ 成正比例，或与 $D \times \dfrac{V}{F}$ 成正比例。所以每单位面积里所穿过的力线，与 DR 成正比例（此 F 等于球之面积，R 等于球之半径）。据此公式，R 加大（即球加大），则球面上每单位面积里所穿过的力线也加大，一直可以加到无限，这是不可能的。所以我们只得假定我们物质的世界，中密而外疏，外到无限，则无物质（如乙图）。然而照这样的宇宙观讲来，又要遇着能力逐渐贫困的困难。

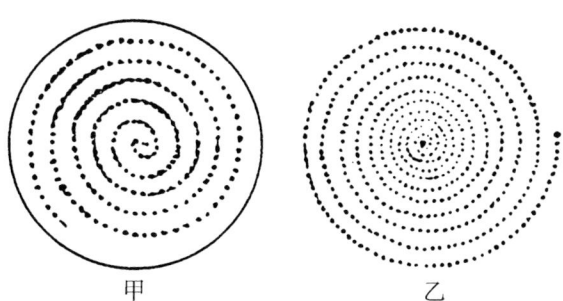

甲　　　　　　乙

依相对论讲来，宇宙是有限的，但是无止境的。试用一举例说明如下：

今有一球于此，球面上有人住着。但是这些人只懂得二积次的宇宙，不懂得三积次的宇宙，只能沿着球面一个极薄的世界里过生活，和第一段里所说的扁鱼一般。在甚小的范围以内，他们可以求得直线。倘若距离甚远，他们只能求得曲线，——虽然他们还以为是直线。在这个世界里,圆周与圆径之比例,不是 π(3.1416),但是较小于 π。设若他们以一点为中心,往周围放出辐射的"直线",而这些"直线"都是等长的,把这些"直线"的末梢联接起来,则得一个圆圈。倘若此圆圈之半径加大,圆周也必定加大;但是,倘若此圆圈之半径加大不止,则必抵赤道的地方;过了赤道之后,则半径愈加大,圆周反来愈缩小;一直到对极而后止。所以从起点算起,所放出辐射的"直线",首先是逐渐离散,以后是逐渐汇齐,最后是达于对极点。

同样的方法,可以应用到三积次的宇宙上边。设若有一位神仙,立在极高的云头上,手上拿着几千几百个风筝,四方八面的放出去。这些风筝不是仅此朝上走的,却是朝周围分走而成辐射的直线。设若这些风筝线是等长的,我们把风筝所到的地点联合成为面积,可以得一个圆球。风筝线之长,即为此圆球之半径。此圆球之面积,为 $4\pi R^2$。但是这是假定宇宙是欧几里得的(Euclidian),然后得这样的分量。倘若宇宙是非欧几里得的(Non-Euclidian),则此圆球之面积,比 $4\pi R^2$ 较小,它实在是 $4\dfrac{c}{d}R^2$。此处 c 为圆周,d 为圆径。倘若半径加大,球面也加大,但是过了一定的限制(和上例的赤道一样)之后,半径愈加大,球面反来愈缩小,一直到相对点而止。所以从起点算起,所放出辐射的"直线"(风筝线),首先是逐渐离散,以后是逐渐汇齐,最后是达到相对点。

所以宇宙是有限的而无止境的。何以是有限的呢?因为是只有此数;何以是无止境的呢?因为是周而复始。于是能力逐渐贫困的困难,就可以根本解除了。

第三章　物质

我们逐日所看的日月星辰草木鸟兽等等东西,乃是哲学家所叫做的物理的对象。这些物理的对象,究竟是否存在,乃是唯心派和唯物派所争论的焦点,就是宇宙之本体之问题。或为此而旁征博引,或由此而远绎穷推,也不知道费了哲学家多少脑筋,用了哲学家多少笔墨。纵令我们说:所有的哲学辩论,都是以此焦点为中心,也不算言过其实。它的性质是极其重要,它的关系是极其繁复,它的范围是极其广大。现在我姑且把各派对于此点的意见择要陈述一番,以引起下文所讲的科学对于这个问题之接续的贡献。

唯心派说:物理的对象是不存在的。他们所持的理由,我想可以用下二种以概括之。

（一）**物理的对象,乃是性质而非本体**　凡是我们器官所能感触的,都是物之性质,不是物之本体。例如这里有一张桌子,我们视官所能感触的,是一定的形式和颜色;我们听官所能感触的,是敲着它的时候之一种声音;我们触官所能感触的,是一定的坚度。这些形式,颜色,声音,坚度,都是桌子的性质。在这些性质之背后,我们决没有方法可以知道有什么东西。但是我们又要承认那里有一张桌子,——桌子的本体——然后才能发生这些性质出来。这样的承认,无论为本能的,例如普通具有常识的人,或为理智的,例如笛卡儿与洛克,以为外界有物质——物之本体——在那里动作,这些动作传到我们的器官上边,才发生各种性质,都是强不知以为知。我们既没有方法可以知道它,而又相信它的存在,岂不是最不合乎论理的一个判断吗?而且我们既不知道物质之本体,则我们所感触的性质,如何能够联接到本体上去,更是不可解释的问题。所以巴拉德烈(Bradley)说:"我不懂得何以糖是甜的。"他的意思是:糖是一件东西,甜是另外一件东西,它俩如何能够联接起来?倘若有人说:因为糖里有糖质,所以糖是甜的,似乎得了圆满的答案了。但是这里又要发生两个问题:一是糖里何以有糖质?二是糖质何以是甜的?这样往下追寻,问题愈闹愈多,而糖和甜这两件东西,不但永远联接不起来,而且距离更远。甜是性质,糖是本体,我们只知道甜,我们不知道有糖没有糖(指糖之本体而言)。这样看来,物之本体——物质,是我们无论如何不能知道的东西,我们还能相信它是实在的吗?

（二）感触不能离我而独立　　再就桌子而论:我们必定看见桌子,我们才知道这里有桌子存在。然而当我们看见桌子的时候,不是眼睛的接触所能了事的。因为:未曾腐朽的死人,也有眼睛,然而我们相信他决不能看见桌子;换一句话说,这张桌子对于死人是不存在的。所以我们当看见桌子的时候,眼睛网膜接触之后,还要加上意识之觉察,我们才能知道这里有一张桌子。意识是在"我"的里边的一件东西——心。足见我知道桌子存在,是因为桌子存在于我的心上。倘若大家都知道桌子存在,是因为桌子存在于大家的心上。然而我们不看见这张桌子的时候,我们也还十分相信桌子仍然存在,并未消灭,这是因为桌子存在于上帝的心上(波耳克烈(Berkeley)的说法)。所以天下惟有心是实在的,宇宙间惟心是本体,倘若没有心,什么都没有了。

第三章　物质

唯物家说：物理的对象是存在的。他们派别较少，所主持的理由，也较简单。他们说：宇宙间惟有物质是实在的。即以桌子而论，那里必定有一张桌子——桌子的物质，然后才能够发生种种性质，如形式，颜色，声音，坚度之类，可以为我们的器官所感触。惟其因为物质是实在的，所以各人所看见的同一的桌子，都是一样的；而且无论在有人看桌子或无人看桌子的时候，那桌子都是存在的，——虽然严格说起来，这两层都没有直接的证明。他们有一句笑话说：您若不相信物质是实在的，请您拿您的头往墙上碰一碰，就知道物质（墙中之物质）是实在的不是实在的了。即如精神的活动，也是由于脑筋物质之变迁，例如用心过度，神经就要发痛，感触之传达，也有一定的速率，和热与光一般。总之，宇宙间之现象，都不过由于原子（现在应该说电子）之碰击而已。

这样的唯物主义，有时叫做素朴的唯物主义，因为下面所说的唯实主义，有时也可以叫做唯物主义。加上素朴二字，就是表示这一层的区别。

唯实派说：心也不是实在的，物也不是实在的，只有感触——目所见的，耳所闻的，手所摸的——是实在的。即以桌子而论，桌子的本体不是实在的，它的形式，颜色，声音，坚度等等性质，是实在的。这些性质，是直接底由感触得来的，若桌子之本体——康德所谓物中之物——乃是由这些感触得来的张本推论而来。凡由推论而来的，都不能算作实在。它是逻辑的构造，不是客观的实质。我们所能直接知道的，只有器官的感触，纵然我们拿头和墙碰一碰，所得的结果，仍然是一种感触——痛而已矣——，仍然不能证实墙之物质之本体（其详见《科学与伦理》章）。这些感触，从客观的方面看来，就是现象。所以唯实论又可以叫做现象论。

若说桌子是不能离精神——我——而独立的,因为独立之意义不易明了,也不是正确的判断。其实桌子有二观,其一是由观察点而定的,可以叫做心理观;其一是不由观察点而定的,可以叫做物理观。桌子的物理观,是可以离精神而独立的。就是桌子的心理观,也是由于观察点所具有的情形而规定,并不是随意所之而变幻无常的。今试举例说明如下:今有甲乙二人同坐在一间屋子里谈心。他俩都看见桌子,椅子,书架,字画,排列成一定的秩序。他俩以为他俩所看见的一切,是相同的,换一句话说,他们的宇宙是相同的。然而详细讨论起来,却不如是。因为:他俩不是坐在完全同一的地方,他们的器官所得来的感触,决不是完全同一的。纵然甲乙二人生理的构造完全一样和孖生兄弟一般,甲于观察这屋子里的宇宙终结之后,让乙去坐在完全同一的地方,去尽他的观察的责任,他俩所感触的,仍然不能完全相同。因为:当这个换坐的时候,屋里的光线,已经改变若干方向了,屋里的空气,已经流动若干次数了,甚至于桌子椅子等等东西之本身,都已经养化至若干程度了。至于他俩自己在这个时候的所经受的生理变迁,还没有计算得到咧。所以我们可以说:各人有各人不同的宇宙,甲有甲的宇宙,乙有乙的宇宙,它俩是不同的。这是由于物之心理观,可以随观察点而不同的缘故。但是,倘若有一个第三者丙,进了这个屋子,加入他们谈心的团体,他又有他的一个宇宙,与甲乙二人所观察的,都不相同。然而我们试想想:这第三个宇宙,能够完全是丙从屋子外边带进来的吗?至少也必定有一部分,是原来存在于屋子里边的,不过因为丙进来,才凭借丙的观察点而发见成为第三个宇宙罢了。这个原来存在于屋子里边的部分,就是物之物理观,是不依观察点而定的,是可以离我而独立的。唯心论的责难,可以由此而答复了。

素朴的唯物家又说：物中必有物质，然后发生现象，并且物中必有一定的物质，然后发生一定的现象，墨发生墨的现象，粉笔发生粉笔的现象，是决不会错的。这两层论断，在实用上固然有最高的价值，然而在理论上，却没有极稳的基础。因为：我们在迷惑的时候——例如见鬼之时，——我们看见一定的现象，然而客观界里，并没有发生这个现象的物质（迷惑之解释见《科学与伦理》章）。所以我们不能一定说：物中必有物质，然后发生现象。如于说物中有一定的物质，然后发生一定的现象，也不是无可辩驳的真理。试为说明如下：

设若海面上有两个浪，从相对的方向逐渐涌来。一个是大而陡的甲，一个是小而斜的乙。甲有甲的形式，乙有乙的形式，换言之，甲有甲的现象，乙有乙的现象。我们姑且承认：甲里有甲的物质，所以发生甲的现象，乙里有乙的物质，所以发生乙的现象。但是它俩现在对面相碰了，相碰之后，甲还是大而陡的，乙还是小而斜的，都还循照原来的方向，都还保持原来的形式，总而言之，都还发生原来的现象。然而这两个浪中所贮藏的水之分子，几乎是完全变换了；那就是说：它俩所包含的物质，几乎是完全换了，但是我们不能够看出来。足见实质变换，形式保存，换言之，实质不同而形式同，并不是不可能的事情。即以化学的原质而论，每个原质，有每个原质之性质，即是每个原质发生每个原质之特别现象。倘若两个原质——试说轻与养——相碰，它俩里边的物质，有一部分互相交换了，但是：它俩还是各自表现原来的性质，还是各自发生原来的现象，我们有什么方法可以看得出来这一层交换的手续！如果我们说：这是决没有的事情，那就是武断；如果我们说：因为它

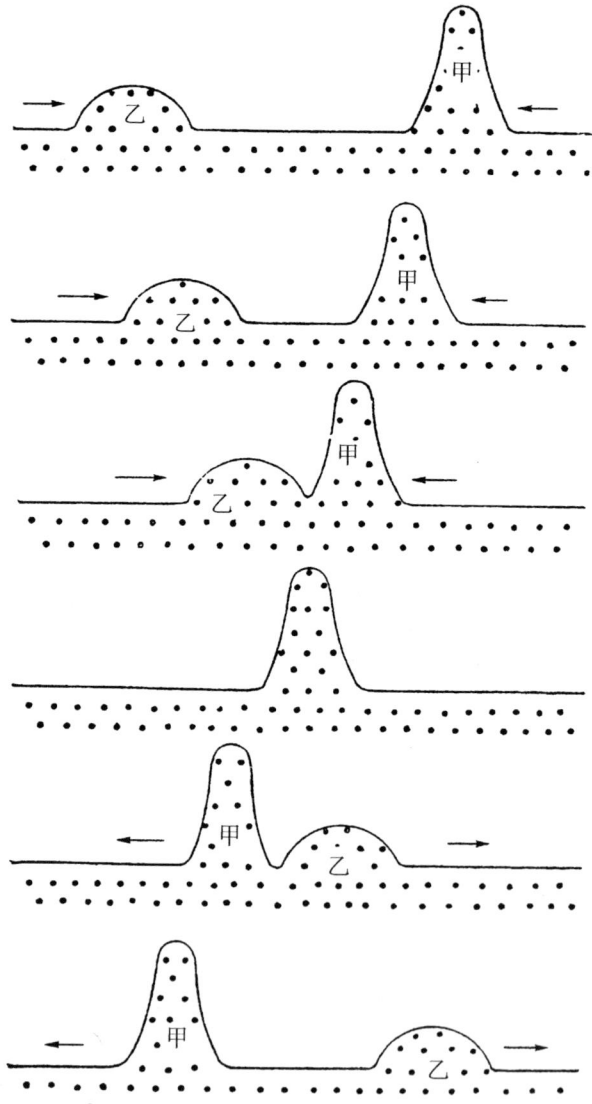

俩还是各自表见原来的性质,所以它俩里边的物质,是一定没有经受过变迁,那就是丐辞。所以我们也不能一定说:物中必有一定的物质,然后发生一定的现象。但是这样讲来,发生同一现象,不必是同一的物质,诸君或者要替科学或常识起恐慌了。诸君尽管放心。今有一物,只要它所发生的现象是同一的,纵然它里边的物质变换了,也无妨碍,我们仍然可以看作同一的物,我们仍然可以构造定律,我们仍然可以构造科学,不过我们不必超过直接感触的范围,去断定不变物质之存在而已。

素朴的唯物派的责难,也可以由此而答复了。

科学对于物质之研究之工作

我们在上面,已经把各派的实在论——对于物之哲学的见解——简单叙述过了。现在我们再看看科学——尤其是物理学与化学——对于这个问题之研究,有什么直接的或间接的贡献。

(一) 科学中物质之基础概念

自奈端建筑近代科学基础之后,科学家对于时间空间物质三件东西,都给予了一些确定的概念。这些概念的名单,自然也曾经过修改与增减。然而这些概念,不但是在科学历史上,占据极重要的位置,即在现代科学之中,仍然供给最便利的工具。这些概念,自然是物质之性质在思想里的代表;不过这些性质,是论理学中所谓第一级的性质,乃是物质之普遍的性质,不是所谓第二级的性质,如颜色形式等等,随各物质而不同的。我现在把科学里所承认的物质之第一级性质,——换言之,物质之普遍的概念,以及这些概念所经受的变迁,分条叙述于下。

A. 占据性 凡物质皆占据空间,而且两个物质,不能同时占据同一的空间。这第二层性质,又叫做互外(mutually external)。它们是物质之最早发见的特性。物质无论如何底小,即小到一个原子的地步,总是有体积的。既有体积,自然要占据空间。至于互外的性质,也须得就原子而言。若体积较大的物质,从外面看起来,似乎可以表现互外的性质,例如二个实心的球相碰,我们不能将此球放置彼球之中。然而用显微镜的眼光看来,却是有隙可乘。例如水因受大压力而体积可以缩小,足见其中尚有空隙的地方;金类物品可以吸收很多的气体,而体积并不加大,足见金类物品之中,尚有空阔的房间,可以容纳气体在里边居住。所以体积较大的东西,不能说是有互外的性质的。惟有原子,是小到不可再分的地步的东西,它必定有互外的性质。化学家甚至有以此为原子之概念之一者。他说:两个原子不能同时占据同一的地方,这是以前的科学家对于最后的物质——原子——的意见。

现在我们对于原子,不是这样看待了。原子内部的组织,和太阳系一般。中心有电核,周围有电子。电核等于太阳,电子等于行星,电子绕着电核而旋转,其中之空隙,可以与太阳系里边太阳与行星之间之空隙同例相比,我们竟直可以说原子是太阳系的缩影。那么,原子之所以成为原子,乃是由于少数动的电子之巡行,不是由于多数静的物质之充牣。原子中间的空隙,可以让他种物质(例如 α 及 β 粒子)穿入,而且我们现在知道在放射化学里边,实在有这种事实发生。所以物质互外的性质,现在也要经受变迁了。

B. 吸力 吸力定律,是奈端所发明的。自他以后,科学家都承认吸力是物质固有的一种力量;此力量之大小,视其体量而不同。凡物皆有体量,故皆有吸力。这两件东西,等于一根绳子的两端,牵了这一端,那一端自然相随而动的。到了近来相对论里边,吸力与惰性成为同一的东西,它是有速差的而又曲线的动之效果。于是把宇宙间一种不可解的,与他种力不相联属的,物所固有的吸力根本取消了。

C. 惰性 奈端第一个动之定律说:凡物在不受外力的时候,必静止而不动,或举行直线的平匀的动。此条定律,除说明物在不受外力的时候所呈现的状态(或为静或为举行直线的平匀的动)而外,在力学中,另行供给两项功用:(甲)力之界说,可以由此而规订。"力也者,改变物之状态者也。"(乙)相等的时间,可以由此而解释。"相等的时间者,乃一物不受外力之时,经过相等的空间所需要之时间也。"以惰性为物之普遍性质,不但在科学里树立了重要的基础,在哲学里,也发生过深远的意义。十九世纪之中,有些哲学家都曾经想用力与惰性去解释宇宙之全体,不过没有得到美满的结果罢了(参观《能力》章)。

D. 可移性 物质虽占据空间,然而不必永久占据同一的空间,它可以自空间之此部分移至空间之彼部分。这就是动;动是动力学中之基础观念。但是以前的动力学,是研究体量甚大的东西所举行的速率甚小的动,例如天体的动。现在的电动学是研究体量甚小的东西所举行的速率甚大的动,例如电子量子之动。从前是研究无限大的,现在是研究无限小的。这两个范围里所发生的现象,有不同的地方,所以动力学与电动学里所用的定律,也不是完全一样的;如体量随动之速率大小而变迁,就是极显要的一个例子。

E.可变性　这是以原质为单位而言，原质是不变的。但是原质以上的物质，如化合物，混合物，都是可以变的。云腾致雨，露结为霜，高山为谷，邱谷为陵，春生夏长，秋实冬藏，都是物质变迁之易征的举例。可是有一件事很奇怪：古代的思想家，都觉得这些变迁现象的下面，总有个不变的东西做基础，这个基础，就是原质。希腊的哲学家有以水（《管子·水地篇》亦以水为万物之本），或以火，或以空气，或以地，为原质的。其后又有以地水火风四者皆为原质的。再进一层，这四个名词，又成为四种性质，冷，热，湿，干之代表，水是冷而湿，火是热而干，地是冷而干，风是热而湿。宇宙万物，都是由这四种性质错综分合而成（此与中国五行之说相仿佛，五行也是性质之代表，木于味为酸，于色为青，火于味为苦，于色为赤，云云）。到了十八九世纪之交，又以各种酸碱为原质。自失勒发明养气，加分底施用电析水之后，我们才知道轻，养，钾，钠等等为原质。一直到这个阶级，都是以为原质是不变的。这不变的原质，共总有八十多个。所有物理的化学的变迁，都是原质以上的变迁。近来放射化学及电子论，发明了原质可变之事实，于是物质之可变之观念，自原质以上的范围，移入原质以下的范围了。

F.不灭性　即是永存性。自鹿化西把定量分析介绍入化学研究之后，于是物质不灭之原理，方才成立。以前所谓不生不灭，不过是哲学的悬想，不是科学的实证。自从鹿化西根据试验，成立了物质不灭的原理，我们方才确实底知道一斤水变成蒸汽，还是一斤蒸汽，一斤糖溶解在水里，还是一斤糖，三斤炭和八斤养气化合，所成的二养化炭之重量，还是三斤与八斤相加之总数。这种定量的研究，在近代化学中极其重要；全部物理的化学，都是由定量研究开辟出来的新区域。但是到了放射化学里边，原子是由电子集合而成，电子是一种动的能力，可以耗散于无限的空间的，换一句话说，是可以消灭的。于是物质不灭的观念，也不免要经受变迁了。

以上六条，是科学中物质之基础观念。上面已经说过，它们在过去曾经做过开国的元勋，就是到了现在，也还不是退伍的将士。虽然经过若干的变迁，我们在逐日学习的科学里边，还是不断的用它们咧。

还有一层，以太之存在，是光学电学及辐射热学所必需假定的。它是无处不有，自然是有占据性，进一层说，以太就是占据之本身。吸力，它是没有的。它也有惰性。它能起波动，是亦可移。可变是说不上的。不灭性也可以说是有的。我们虽不像笛卡儿一定要把以太完全底物质化（见附注），但是我们也把它和客观的物质同样的看待。虽然近来相对论对于它发生问题，但是我们在科学里，还是天天采用这个假定的存体。

【附注】笛卡儿把以太看做实在的物质，——和这张桌子同是一样的实在。他不相信"中有距离"的动作（action at distance）是可能的，（例如灯在此处发光，可以转至彼处；一块石头抛在天空里，虽是离地面有数丈之远，可以受地心吸力之吸引而下坠。）所以他假定宇宙是充满了物质的。各种动作，必定有紧密接近的物质，方可传递。但是物质有几种不同，依其光学的性质，可分为三种：一是发光的物质，例如太阳恒星；二是透光的物质，例如以太；三为暗色的物质，只能返光，而不能发光或透光，例如地球彗星。若就其体质而言，第一种物质是极微细的，是由其他物质上磨刮下来的灰尘，它的行动速率甚大，若与他物相碰，它可以分成小块，将所遇的空隙填塞起来。第二种物质最多，宇宙是它布满的。它是甚小的圆球,但是是有体积的。光之传播,就是它受着压力而摆动。光不是可以经过真空的,但是经过这种物质的。第三种物质最浓厚,就是我们在地球上所遇着的各种东西。它有重量,它也可以传递各种动作。笛卡儿因为不相信"中有距离"的动作是可能的,所以他承认以太为物质;因为要承认以太为物质,所以他说:物质之特性,不是互外,不是有重量,但是占据;他并且进一层说,物质即是占据(Matter is extension)。他否认中有距离之动作之可能,虽是引起物理学中极有用的理论,例如格林(Green)及司托克(Stoker)的光之弹性固体的理论,和法拉第(Faraday)电力管之观念,以及马克斯维耳(Maxwell)的光之电磁理论;然而全部的见解,在科学里,现在只有历史的价值了。

(二) 物质之来原

人类大约都有化繁为简之欲望,他们看见天地间形色纷纭,总想用少数的原则去统驭。所以古代思想家说什么"道生一,一生二,二生三,三生万物";又说什么"惟初建极,道立于一,画分天地,滋生万物";又说什么"天地烟煴,品物流形",这些话不是哲学家驰骋思虑,就是文学家舞弄笔墨。其略具科学性质者,当推地水火风四大之说。又有德毛克里特(Democritus)的原子论,也是近代化学不桃之祖。他说:物质皆由原子所构成,这些原子,有不同的几何形式,所以成为不同的物质。到了十九世纪的达尔敦,从气体分析之结果,发明了定份律,倍份律,换份律——化合之三定律,于是原子论又从理论的宇宙观,变为试验室里逐日应用的规则。自此以后,天下有几多原质,及每个原质之原子量若干,遂成化学中之主要问题。所以十九世纪里有许多化学家都尽力于发明原质及考订原子量之一途。

但是到了这个阶级,又发生两个问题:(甲)化学试验室里所研究的,都是地球上面的物质,这里边的原质,是否与其他星球里所有的原质相同?(乙)这些原质,还是自有天地以来,就是这样多呢?还是同出于一原呢?康德凯布罗曾经创设火云说(见《科学方法论》),答复过第一个问题,说:地球上的原质,和别的星球上的原质,是一样的。布劳司脱(Proust)曾经因为多数原质之原子量都是整数——都是轻之原子量之倍数,创设物质一元论,答复过第二问题,说:各原质都是由轻之原子集合而成。然而这些答复,或陷于空虚,或流于浅薄,都不能谓为圆满。圆满的答复,在近代的分光镜之分析,和放射化学里边,方才寻觅得出来。我现在再把这些答复的内容,各按其相当部分而陈述之。

第一个答复,可以叫做宇宙同质论。从康德的火云说,固然可以推演而得此项结论;然而朋孙(Bunsen)和克希荷夫(Kirchhoff)的分光镜分析,实在是此种理论之可靠的根据。我们知道:寻常白光,可以分成七个光份,谓之联续光份;自红而渐变为橘……自蓝而渐变为紫,是联成一片,分不开的(如图甲)。凡固体烧至白炽之时,都发生联续的光份,例如炭。但是气体在白炽之时所发生的光份不同,它是不联续的;一个特别的原质,在一个特别的地方,发生一条或几条光份(如图乙)。所以我们可以从一个气体所发生的光

甲

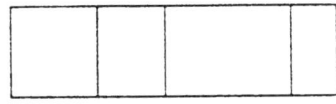

乙

份之地位，考查出来气体所包含的是什么原质。朋孙等拿分光镜把地球上各种原质在成为白炽气体的时候所发生的光份之地位，考查明白，作为标准，然后再考查星球所发生的光份之地位。如果二者相符，则星球上的原质，和地球上的原质，是相同的。星球上的物质，虽不能拿到试验室里来分析，然而星球的光份，是不远"千里"而亲自送到地球上来的。朋孙发明了这个分析方法，真正是大开方便之门啊。

分光镜分析的结果，表示出来：星球上的原质，和地球的原质，大致相同。其所以不能完全相同的缘故，是因为各星球的寿算不同。在衰老的冷的星球上，固体的重的原质较多，在幼稚的热的星球上，气体的轻的原质较多。我们并且寻出在极热的星球上有三种气体 nebulium，coronium，asterium，是地球上所没有的。这一层事实，也可以帮助康德火云说之成立。（但是依原子数而言，不能有比轻更轻的原质，以上三种原质，据理论的推测，都是比轻更轻的原质，所以此三种原质，究竟存在与否，也还是一个问题。）

第二个答复，本来就叫做物质一元论。这个理论，虽然可以说是萌芽于布劳司脱的"轻为所有原质之原质"之假定，但是它还是最近时代之产儿。它的发达的历史，可以分作两部分来讲；理论方面的，为周期律与电子论及电核论，试验方面的，为真空管与放射原质之试验。

周期律 十九世纪中叶，蛮德里也夫（Mendelyeev）发明了周期律，于是原质之分类，方才有理论的根据。若用言词来叙明这条定律之意义，是：原质之性质，乃是原子量之周期的函数。这句话之涵义如何，及其如何与物质一元论有关，恐怕还得要简单解释一番。

第三章 物质

为简约便利起见,我们拿原子量最轻的十七个原质来讲。除去氢(即轻)与氦氪三原质(因为氢在周期表上究属何类,尚为未定的问题,氦氪二气体,乃是无化合性的,不便与其他原质相比较),我们依照它们的原子量依次排列,第一为锂,第二为铍……但是到第八、钠,又另起一排。第八在第一之下,第九在第二之下……如图所示。现在我们试看第一排的原质,有什么可供研究的材料。从锂到砒,原子量逐渐增加,碱性逐渐减小,酸性逐渐加大,它们与养化合的原子价也逐渐加大——其他性质不是如此容易比较的,姑且不说,——就同算学中的级序一般。依同变的归纳律令而言,我们不能不疑心这些性质与原子量有因果的关系。原子量,乃是表示原子中物质之分量的;因此,我们不能不疑心:这些性质与物质之分量有因果的关系。再用一个比喻来讲。设有七个口袋,里面装着棉花。第一个口袋里装一斤,第二个口袋里装二斤……第七个口袋里装七斤。我们试设想:我们并不知道里面装着什么东西,我们但知道它们的重量,一斤,二斤,以至七斤。现在把这七个口袋都放在水里,经过同一的时间,再提出来,它们都吸收

原 质	锂	铍	硼	炭	淡	养	砒
原子量	7	9	11	12	14	16	19
原 质	钠	镁	铝	矽	磷	硫	绿
原子量	23	24.3	27	28.3	31	32	35.5

了一定分量的水。若是第一个口袋吸收一斤水,第二个口袋吸收二斤水……第七个口袋吸收七斤水,我们纵然不知道这些口袋里边装着是什么东西,我们总要疑心里面装着是同一的东西。倘若不是同一的东西——试说一个口袋里是棉花,一个口袋里是木屑,又一个口袋是鸭绒,——则各口袋所吸收的水量,必不能恰恰跟随

口袋重量之增加,而增加到同等的地步。各原质之原子量与其性质之关系,也是如此的。从这样的关系看来,我们虽不知道各原质的原子里面是什么东西,然而我们不能不疑心它们里面是同一的东西。各原质里面既然都是同一的东西,则物质一元之理论,已经有基础了。

复次:从钠到绿,也表示这样同变的关系。原子量逐渐增加,同时碱性逐渐减少,酸性逐渐加大,它们与养化合的原子价也逐渐加大。不但如此,第八与第一性质相同,第九与第二性质相同……第十四与第七性质相同,例如锂与钠同属碱金类,砩与绿同属盐素类。我们看见这样的周而复始的变迁,我们不能不疑心各种原子里面的东西,排列成为一定的秩序。再用一个比喻来讲,我们在学校里上课,星期一上历史地理,星期二上科学概论……星期六上生物学,星期日(或竟称为星期七,与我们所要表明的周期律里的数目相符,也未尝不可)休息逛公园。恰巧,这个月的一号是星期一,二号是星期二……到了八号又是星期一,到了十五号又是星期一。倘若有一位某甲先生,他并不知道世界上有什么星期的算法,(像这样的某甲先生,中国还多得很咧!)可是他能够知道各种功课之内容,从一号起,天天到学校里来旁听参观,并且勤快得很,天天抄写笔记。到了半个月以上,他把他的笔记本子拿来统计一下,他看出来:八号和一号所听的,虽不是同样的东西,但是都是属于历史地理的,九号和二号所听的,虽不是同样的东西,但是都是属于科学概论的。七号和十四号两天,学校里都找不着一个人。于是他不能不疑心课程的排列,和日子之先后有关系。一号八号十五号都归于一类——星期一,这些日子里所授的功课,都归于一类——历史地理。二号九号十六号都归于一类——星期二,这些日子里所授的功课，都归于一类——科学概论……总之，这学校里边总是有一定的系统，决不是紊乱无章的办法。原质之性质依其原子量之次序而发生周而复始的变迁，也是这样的。于是我们不能不疑心这些原质里面的东西，必定排列成为一定的秩序，它决不是偶然的符合。第八原质之原子所包含的物质虽较多于第一原质之原子，然而其排列的最终结果，必定等于第一原质之原子。第九原质与第二原质之关系，也是如此。于是就要引到原子里面如何排列的问题了（见电子论节）。

真空管之试验　以一玻璃管接于一水银抽气筒，管之两端各嵌一铝电极。将此二电极联接于一个感应螺旋与一个电池，使电穿过此管。因为管中空气是不传电的，所以没有电可以穿过管中，所以管中无光；纵令有些微漏电之处，亦不过发生极微的之字光，从此电极而至彼电极（之字者言其左右弯曲如之字形，即 zig-zag 是也）。

若将管中空气逐渐抽出，管中空气压力逐渐减小，则电流逐渐通行。首先发生电花，自此极跳至彼极，其次则发生略如直线之光（如图甲），其次则分为平行长线之光（如图乙），又其次则变为横片之光，黑白相间（如图丙），又其次则横片逐渐减少，而负电极前发生黑圈，名为克卢克司黑地（Crookes dark space），又其次，则此黑圈加大，而管中无光，但是管外发生磷光，而尤以近负电极处为尤甚（此时管中气体压力在 0.03mm）。若抽气进行不已，至于几抵真空之时，则又无电穿过。就这一级系的试验看来，管中空气在呈现普通压力的时候，不能传电，若是把管中的空气完全抽去了（即压力小于0.03mm之时），又不能传电。只有在管中空气极其稀薄之时，可以传电。何以空气在浓厚的时候不能传电，而在稀薄的时候

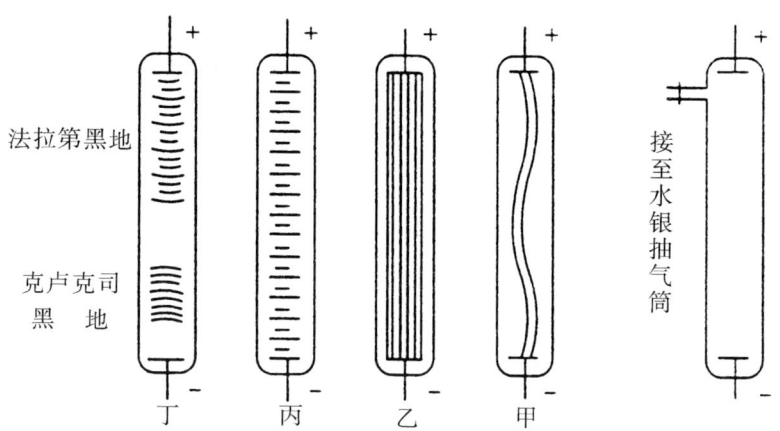

可以传电？倒是一件奇怪的事情，或者空气在极稀薄的时候，已经不是空气的本身，另外变成一种东西。这种东西的性质，是与空气不相同的。克卢克司曾经把这种东西叫做第四状态的物质，比气体还要稀薄得多；它和气体的比较，等于气体和液体的比较，或液体和固体的比较。我们再研究这个传电的自负极至正极的光线，究竟是什么东西。

物理学家和化学家考较出来，这个传电的光线，有下列几种性质：（甲）它可以在相片上发生作用，和普通光一样；（乙）它可以消灭金叶电表所荷戴的正电；（丙）倘有重量甚轻的物件，在负极与正极之间，它可以将此物件从负极推至正极；（丁）它可以为磁石所吸引而改变其方向；（戊）倘若它与固体相碰，则固体发生磷光。上节曾经说过：若是管中气体完全抽去了，则不能传电，而管中无光，所以这个传热的东西，必定是从气体分子里边发生出来的一种物质。现在从（乙）（丙）（丁）项性质看来，它是荷戴着负电的。于是我们断定这个传电的光线，是一群联接相依的荷戴负电的物质。这些物质，叫做负电子，或简称电子。这个光线叫做负极光线，或简称负极光。

还有一层,真空管的试验,不一定要用空气才能得负极光。无论用什么气体,或轻,或养,或淡,或绿,都可以得同样的负极光。足

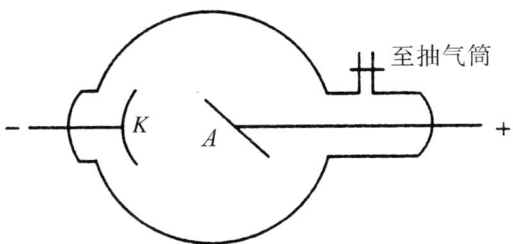

见任何气体之原子,都可以发生电子,进一层说:电子是气体原子之普通的基础。

上面说过:真空管到了一定的阶级,管外发生磷光,又负极光与固体相碰,亦可发生磷光。我们再研究这个磷光是什么。发生这种磷光之最方便的器具,是用一个圆玻璃泡,泡中有一凹形负电极 K,用铝为之,有一平面正电极 A,用白金为之。此白金板与负电极之轴,成四十五度。如此则 K 所发生之负极光,都聚集于 A,与白金相碰,而发生磷光。因为 A 是斜的,所以磷光都向与 A 成垂线的方向走。这个磷光与负极光大不相同。它可以在相片上发生作用,它与有些物质相碰,可以发生磷光。但是它不能为磁石所吸引,而改变其方向,它不能消灭荷戴负电或正电的金叶电表,它的穿透力极大。它能穿过有机物质,就同普通光穿过玻璃一般,它也能穿过无机物质,就同普通光穿过白纸一般。所以有机物质,是完全不能遮住它的;但是无机物质,如果是很厚的,也能够遮住它。若是有人用它照相,妍媸肥瘦,老少喜怒,都照不出来,惟有几根槎桠秃兀的枯骨头。因为它的穿透力很大,它或者不是一种物质,它

是一种极其富于能力的以太的波动,换言之,即是浪长甚短摆度甚大的一种光。这个光叫做 X 光,或叫做乐琴光(Röntgen's rays)。

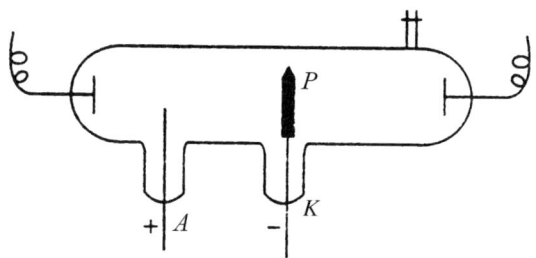

设用一真空管,管内有一正电极 A,有一负电极 K,不在管之两端,而同在管之中部,如图所示。其负电极上载有一多孔的金类板 P,管之两端各联接一电表。将管中气体抽至极稀薄的程度,让电穿过,则 P 之左边,发生负极光。P 之右边,另外发生一种紫色的光。这个紫色的光,和负极光与 X 光都不相同。电表告诉我们:左边的负极光,是荷戴负电的,右边的紫色光,是荷戴正电的。这是它和负电光大不同的地方。它的穿透力甚小,这是它和 X 光大不同的地方。因为它是从负电极的孔隙或通管中射出来的,所以叫做通管光(canal rays);因为它是荷戴正电的,所以又叫做正极光(positive rays)。

把这些光的性质比较起来,负极光是荷戴负电的,正极光是负戴正电的,X 光是中立的。负极光是富有穿透力的,正极光的穿透力极小,X 光的穿透力极大,比负极光的穿透力还要大得多。负极光中之电子体量甚小;约为一个轻之原子体量之一千八百分之一,正极光中之微粒体量甚大,约如气体原子体量之大;而且随真空管中所用的气体为转移。如果所用的气体为轻,则其所发生的正极光之微粒体量,等于轻之原子体量,如果所用的气体为养,则其所发生的正极光之微粒体量,等于养之原子体量。至于 X 光,乃是以太之波动,故无体量之可言。X 光之速率极大,负极光次之,正极光又次之。这是这些光之性质之比较。

现在我们需要一种理论的联贯,把这些光之发源解释出来。当真空管中之气体极其稀薄之时,气体的原子受了电压的影响,分判成为两部:一为负电子,一为正电微粒。就电荷而言,两部是相等的,因为从原来中立的原子,创生电荷,其正负两电必定相等,否则原来的原子不能成为中立。但是就体量而言,两部实在是"大相径庭"。试说一个比喻:今有兄弟二人,平分家产,各得一半,但是一人的子女孙曾,极其蕃衍,一人则孤身孑然。就人口论,则此众彼寡,就产业论,则彼此平均。略与此类相似。经过这样的分判之后,负电子为正电极所吸引,往正电极的方面走,正电微粒为负电极所吸引,往负电极的方面走。若是负电极有隙可乘,则正电微粒穿过负电极而成上段所说的通管光。若是正电极之中,安置一块很薄的铝片,负极光也可以穿过这个铝片——所谓铝的窗子——而发见于正电极之后边(经过铝的窗子的光叫做蓝纳光(Lenard rays))。这个负极光,若与固体物质相碰——最好是金类原质,——则相碰之处,起一种以太波动之中心,和抛石于水之时,石与水相碰之处,起一种波动之中心一般。这样发生起来的波动,就是 X 光。现在有人主张 X 光亦为一种物质,因为负电子与物相碰之时,得着相等的正电,所以成为中立。但是就各种试验结果平均计算起来,还是以 X 光为波动之说,理由似乎较为充足些。

放射原质之试验　一千八百九十六年贝克烈尔(Becquerel)试验 X 光的时候,一个最光耀的思想,到了他的脑筋里边。他想 X 光既能使一些物质——例如 BaPt(CN)——,于相碰之时发生磷光,有一些自行发生磷光的物质——例如含铀的矿物或岩石,——是否可以发生 X 光？从思想方法上讲,因果返行的理论,是否在此处可以适用？于是他用黑纸将黑铀矿（一种含铀的矿物）包裹起来,放在相片上面,再把这个相片放在暗室里边,过了二十四小时之后,用显影药水洗之,相片上果然发生黑影,与所用的矿物形式相同。足见黑铀矿必定发生与 X 光相同的光,然后能够透过黑纸,到相片上发生作用。他又寻觅出来:凡含铀的矿物,都发生这样的光。这个光,就叫做贝克烈尔光。这样的现象,就叫做放射。发生这样现象的原质,就叫做放射原质。

居礼(Curie)看见有一些含铀的矿物,比其他含铀的矿物放射较强,而且有一种夹有杂质的含铀矿物（黑铀矿）,反比纯粹的铀盐（硝酸化铀）放射较强。因此,她推论这一种黑铀矿里必定搀夹着放射极强的物质。她于是做了许多劳苦而荣耀的分析,发明了一个新原质,就是现在甚嚣尘上的镭(radium,或译作铇),镭之放射浓度,比铀大百万倍,但是分量甚少,每吨黑铀矿只含镭小数三七公钱(gram)。自此以后,镭之研究愈精,而原子构造之理论,在化学里也开辟了一个新纪元。

镭之放射,是原子里自动发生的工作,不受任何物理的或化学的情境之规订。所以我们没有方法叫它发生,也没有方法叫它停止,没有方法叫它快,也没有方法叫它慢;而且无论为化合物（如溴化镭）,或为原质,都是同样的放射。它也发生热,此热之发生,乃是亘古的能力之消耗。在镭附近的东西的温度,比空气的温度约高一度半。每一公钱镭在每点钟内发生一百一十八哝(calories)之热,即每年发生八十八万哝之热。若是让一公钱镭变完了（原质变迁说见后）,须得二千五百年。在二千五百年中,一公钱镭发生二千二百兆哙之热,那就是说:几乎等于一吨煤当燃烧时所发生的热。这项热之能力,是自镭之原子里边发生出来,不是由于原子化合而来的。

考察镭之放射之普通的办法,是用一厚重的铅块,刮一个小孔,将镭盐置此孔中,则其所放射之光,在下面与四围的,皆为铅块所吸收,惟向上的一缕,得以自由冲出。如此冲出的光,可以分析成三部分。简单的分析方法,是用磁石分析。若以磁石之北极置于光之右边,则有一部分为磁石北极所吸引,改变其方向而向右,且其改变极多,几成弧形(如图 α)。此部分的光,谓之 α 光。又有一部分为磁石北极所排斥改变其方向而向左,但是改变得不甚利害(如图 β)。此部分的光,谓之 β 光。还有一部分不受影响,仍然保持其原来向上的方向。此部分的光,谓之 γ 光。

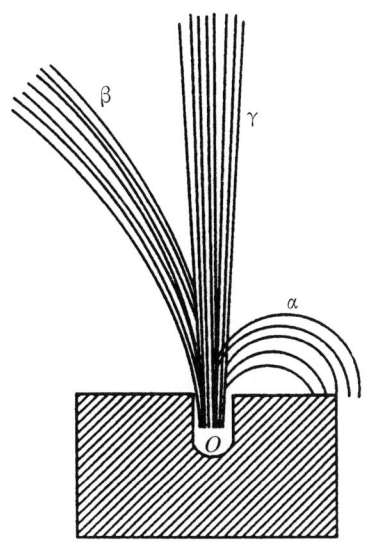

最奇怪不过的一层,是:从此试验所得的 α 光,和真空管之试验所得的正极光相同;从此试验所得的 β 光,和真空管之试验所得

的负极光相同；从此试验所得的 γ 光,和真空管之试验所得的 X 光相同。于是我们知道：α 光之中,是一群联接相依的荷戴正电的微粒,或简称 α 粒子。β 光之中,是一群联接相依的荷戴负电的微粒,或简称 β 粒子。γ 光也是一种极快的以太之波动。诸君请看：这两种试验之方法,材料,范围,都是不同的；真空管之试验,是人为的,放射原质之试验,是天然的（因为放射现象不受物理的或化学的情境之规订）；真空管之试验,所用的是任何一种气体,放射原质之试验,所用的是固体的镭或含镭的盐；真空管的试验,是属于电学的,原来是想考察电在稀薄空气中的作用,放射原质之试验,是属于化学的,原来是想考察一个赤裸裸的原质或盐所发生的磷光。然而所得的结果,简直花花相对,叶叶相当,岂不是一件奇怪不过的事吗！

在试验方面,既发生这样的符合,在理论方面,必定要有一种解释,才能满足我们求知的欲望。今试为叙述此种理论如下：与镭同族的原质,是永久变迁不息的。当原质变迁的时候,每个原子放射出来一个 α 粒子,或一个 β 粒子,或两种粒子同时并行放射,于是另成一个新原质。若是放射 α 粒子,则新原质之原子量减小,若是放射 β 粒子,则新原质之原子量仍与其母相同。若是有千万个原子同时变迁,则必有千万个 α 粒子或 β 粒子放射出来,联接相依,于是成了 α 光线,或 β 光线,即 α 光,或 β 光。当 β 粒子从恒河沙数的原子之中,千冲万撞底放射出来,必定要同许多原子的外部或内部（因为 α 粒子可以穿过原子之内部）相碰,于是发生以太的波动就是 γ 光。经过这番手续而产生出来的新原质,也是永久变迁不息的。于是它也放射 α 粒子,或 β 粒子,其 β 粒子与原子相碰,也发生 γ 光。这样一代一代底递嬗下去,一直到了变成一个不放射的普通原质为止。兹将镭的变迁的系统——镭的谱系列为简表如下：

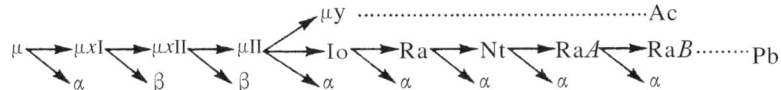

从此表看来，镭是从铀变来的，它又变成氡（Nt，niton）。氡是一种气体，其原子量为二百二十二，是为气体原质中之最重者。有些温泉中有氡溶解其中，温泉能够治病，多归功于此气体。氡又递变不已而成铅。

与镭同族的，还有两系的原质，一为钍（thorium）系，一为锕（actinium）系，都是发生放射现象而变迁不息的，兹不具列。

还有一层：上面说过，α粒子与真空管之试验所得的正电微粒相同，这是就其电荷及其体量之大概而言。其电荷同为正电，其体量皆可与气体原子量同日而语。不过真空管之正电微粒，是随所用的气体而不同的，镭族原质所放射的α粒子，都是为荷戴正电的氦（He，helium）之原子。所以含有铀镭的岩石之中，皆贮藏有氦之气体。这是由于α粒子失去电荷而生的。

电子论与电核论 迈约（Mayer）用一盆贮水，水上漂若干木塞，每个木塞上插一根负极向上的磁针。离水面数寸的地方，悬一个正极向下的大磁石。因为木塞是漂浮的，所以负极磁针受正极磁石吸引之时可以自由行动。到了平衡之时，这些磁针都停住在一定的地位，而成一定的秩序。若是只有一根磁针，则正当磁石之下。若是两根，则平列磁石之下。若是三根，则成三角。若是四根，则成四方（如图）。若是五根，则环绕磁石而成一圈。若是六根，则一根在正中，而五根环绕成圈如前。若是七根，则一根在正中，而六根环绕成圈。若是到了十根，则有二根在中心，八根环绕成圈。负极磁针愈多，则排列愈形复杂，圈的层数也愈加多，就和一层一层的蛋壳一般。汤姆生(Thomson)一直往上推算，若是到了五十八根，则排列成为五层圈子，最外面的一层十九根，其次一层十六根，再其次一层十三根，再其次一层八根，中心只有两根。他

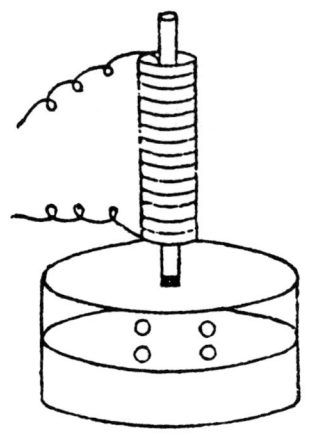

创立一个原子构造的假定，说凡原子皆由许多电子在一正电范围之中，排列集合而成。电子上的负电，与正电范围中之正电相等。故原子是有中立的性质。拿太阳系作比喻：正电范围可比太阳，电子可比行星。行星绕太阳依轨道而旋转，电子也依轨道而旋转。各原质之原子皆由于电子之集合，故物质一元论，至此而集其大成。不过在此假定之中，所谓正电范围，究竟是什么东西，还没有切实的说明罢了。

电核论 罗特弗德(Rotherford)考察 α 粒子穿过金类薄片而改变方向之现象，于是创立电核论，钵耳(Bohr)又参用量子论，修正而光大之。兹为略述于下：

今有千百个球堆集一处，球间之空隙甚少，设有一条尖锐无比

的剑锋,可以穿过这个球堆,则当其穿过之时,经过球间空隙的机会必定很少,经过球之本身的机会很多。(试设想这样的球,是可以让剑锋穿过而不破的)。当 α 粒子穿过薄金板之时,也是如此;它穿过原子间之空隙的机会很少,其大部分的粒子,都是穿过原子之本身。倘若原子内部之组织是平均的,则 α 粒子必不改变方向。然而试验告诉我们:α 粒子经过金类片之后,有一部分的粒子改变方向了。足见原子内部,有空疏的地方,有浓密的地方。他于是创立一个假定,说原子之中心,有一个电核,周围有若干电子。电核戴有正电,电子戴有负电。不过这些电子之数目,不像汤姆生蛋壳式的原子理论所假定的那样多而已。电子绕着电核而旋转。前面已经说过:原子可比太阳系,电子等于行星,电核等于太阳。不过在太阳系里边,太阳大而行星小,在原子里边,电核小而电子大。电核之半径为百万分之一 Au(Armström units, $1\mathrm{Au} = \dfrac{1}{10000000}$ mm),电子之半径为千分之一 Au,原子之半径为十 Au。但是我们不能因为它是如此底小而轻视它。周围的电子,靠着它来维持行动的秩序,因为电子上的负电,和电核上的正电必定相等。一个原子的体量,是完全依它而成立,因为周围电子之体量甚微。还有放射的变迁,都是它的肚皮里的把戏。这电核里边是什么东西呢?罗特弗德又进而假定:它里边是戴着正电的氦与氢(即轻)之原子,(这并不是氢与氦原子之本身,因为它们的本身,比电核大得多,但是从这样物质里可以发生氢与氦之原子出来)和一些电子组合而成。就电核的电荷而论,正负相消之总结果,还有剩余的正电,可以中和周围电子所戴的负电而使原子之全体,呈现中立的性质。电核里边的电子,叫做核电子。周围的电子,叫做空气电子,因为它们包围着电核和空气包围着地球一般。寻常的化学变迁,物理变迁,都不过是空气电子的活动。惟有放射变迁,是从电核里发生出来的。铀与钍为最重要的原质,其电核中之组织,必定是很复杂的,不易趋于稳固,所以永远发现爆烈的现象,这就是放射。当它们放射的时候,戴正电的氦之原子成为 α 粒子,核电子成为 β 粒子。至于 γ 光,则为空气电子所发生。当 β 粒子自核射出之时,速率极大,几乎与光之速率相等,倘与空气电子相碰,则空气电子必跳跃而离其本位,就同弹子受着冲撞一般,然而因为受着电核正电之吸引,又回到原来的地方。当其跳跃之时,以太中起了波动之中心,这就是 γ 光之起点。

但是:这个假定,也有缺陷。电子旋转于一个周而复始的轨道,则必辐射能力于四围。如此则能力逐渐耗失,而轨道逐渐缩小,最后的结果,为电子收入于电核之中。钵耳于是参用量子论以修正之。当电子旋绕于一定轨道之时,原子之全体,是在平衡状态之下,它不能耗失能力,也不能吸收能力。但是电子可以自此轨道跳入彼轨道,这些轨道只能在几个一定的地方,方能符合平衡的状态,不能逐渐缩小,也不能逐渐张大。所以电子之移动,是跳跃的,不是联续的。如果电子从外边的轨道跳入里边的轨道,则辐射一定分量的能力;如果电子从里边轨道跳入外边的轨道,则吸收一定分量的能力。原子在白炽之时发生光份,就是电子跳跃之结果。当其跳跃之时,所吸收的或所辐射的能力为 pv。此处 v 为光份之摆度,p 为布郎克(Plank)常数。此 p 之分量,是完整不能分判的,加要得整个底加,减要得整个底减;它是光能力之单位,所以叫做量子。

这样看来,原子的构造,是有一个短小精悍的正电核坐镇中心,又有若干的负电子,在一定的轨道上,拱卫中枢而旋转。电子与电核之间,都是空无一有的间地。原子量愈大,则电核中之正电愈大,旋绕的电子亦愈多,轨道亦同时增加。电核上有若干单位的正电,各轨道中必有若干的电子——即若干单位的负电,彼此相等,然后原子之全体成为中立。这电核上正电单位之数,即等于近代化学里所谓原子数。轻之原子数为一,氦之原子数为二,锂之原子数为三。以下如此类推。空气电子发生变动,就是普通化学变迁,电核里发生变动,就是放射现在所的确知道的,只有镭族原质发生放射。但是钾也呈现很薄弱的 β 光之放射。或者放射——即原质变迁——是各原质之普遍的性质,不过普通原质之放射,过于薄弱,不易为我们所觉察而已。而且:我们用别的试验,也可以寻觅出来原质之变迁;例如用 α 粒子攻击淡气,则淡气变为氦与轻,所以原质可变之说,已经渐渐成为大家公认的定论。于是讲黄白术者,得着这个消息,可以奔走而相告,曰:葛洪岂欺我哉!

这是近代化学对于研究物质问题之贡献。

在昔有名言,一尘一世界。世界无限尘,尘尘皆实在。

第四章　能力

希腊的赫拉克里图（Heraclitus）说："天下无物,惟有变耳。"但是这些变是由何而来呢？除非我们干脆承认变之本身就是宇宙之本体,我们的脑里,总要发生这样的问题。笛卡儿以为：物理的宇宙,惟物质与动。从静的方面看,是日月星辰草木鸟兽种种物质；从动的方面看,是日出,月没,辰列,星移,草木畅茂,鸟兽繁殖,种种的动。动就是空间中的变,变就是时间中的动。他又说："给我物质和动,我可以制造宇宙出来。"宇宙中的动,是有一定的分量的,不增不减,和物质一样。动只能从此物质直接传递到彼物质,或从一物质之此部分直接传递到物质之彼部分,中间不能有空白的距离。（参观物质篇笛卡儿以以太为物质的见解。）我们只能改变动之方向,不能增减动之分量。宇宙间动之共总的分量,总是那么多,不过由物质互相传递,于是发生种种现象。而且：这个传递,既是直接的,那么,我们所叫做的动,都不过是自动而已。这样看来,力之观念,可以取消,因为用不着加外来的力,才可以发生动出来。所以他以为我们只要把动之传递——简而言之,即是碰击之定律——研究明白了,就可以了解物理的宇宙,无须于凭借力之观念。力之观念,是初民时代从他们永远没有明了的"筋肉的力"之范围里边取出来的,所以它的本身,也没有明了的意义。但是全部的动有何来源,局部的动如何支配,他仍然不免要乞灵于全威的上

第四章　能力

帝。

莱伯尼的哲学系统,是建设在他的单子(monad)上面的。他以为:宇宙之最后的原素,就是这些单子。单子是力之中心;单子之特性为个体与动作。它与原子不同:原子是形而下的,单子是形而上的;原子有部分,有体积,有形式(依希腊德谟克里脱原子论而言),而单子则无之;原子是可以互相化合的,单子是各自存在的。每个单子,是一个小宇宙。它的职务,就是动作。它可以"使多现于一中"这就是我们用内里的心灵照摄外边世界的影子。动作愈充分,则单子愈完美,于是它所照摄的影子愈清楚。但是生人的单子,不是纯粹的心灵,它总搀杂着有气质在里边。气质是怠惰的,是被动的,于是单子动作之进行,因之而受其阻止。所以它所照摄的影子,也就要隐晦不明了。受气质阻止多的,是为愚人,受气质阻止少者,是为智人;完全不受气质阻止者,乃为至圣。

这一段性理学,与我们所要讲的能力有什么关系呢？曰,有之。他的单子,是他的哲学建设之普遍基础;所以他的宇宙观,是动的,不是静的。这个宇宙观,不但是可以应用于心理界,自然也可以应用于物理界。物理界里边也是有力为动作之主司。这个力也是物理的宇宙本身固有的,不是由于外铄的。但是我们不能觉察它的本身;我们所觉察的,总是夹在物质一道。物质也有被动性,阻止力之动作,例如物质的抗力,不穿入性,以及惰性,都是这个被动性之表现。力之动作,就是要征服这些被动性,而发生物质之动。力之动作,是永远有功效的。虽是有时似乎有用力而反不动的事实,例如用一种力去停止一件动的东西,然而这个时候,并不是不动,不过是全体的动变为分子的动,使我们不易观察出来罢了。这就同拿一元银币换成三百六十个铜子一般,三百六十个铜子之中,仍然还有原来一元银币的作用。他反对笛卡儿动量不增减之说,他要用力不增减之说取而代之。动量是量速率而得来的,力是量速率之平方而得来的,这两件是不同的。其实他俩都是对的:笛卡儿所主持的,现在叫做动量不灭之定律(奈端第二定律);莱柏尼所主持的,现在就是能力不灭之定律(热动学第一定律)。因为:莱柏尼的力之观念,是本身自有,非由外铄,是和我们现在能力之观念相同的。

能力之观念,从前虽曾有人局部底或约略底想到(例如培根以热为动,动即是能力之表现,凯尔文(Kelvin)与特脱(Tait)以为,奈端在力学范围之中,已经知道能力不灭之原理)。但是它实在是十九世纪之产品。十九世纪理论物理学有两层重大的进步:一,是能力之假定,这是说:我们假定宇宙间有这样的一个存体,为各种动作之主司;二,是能力之综合,这是说:我们把各种不同的能力,可以融会贯通,而归于同一的标准之下。第一层的进步,是原于潜能力之承认。从前的人也知道一个物件当动的时候,是有能力的,因为它可以使其他的物件自不动的状况变入动的状况。例如一个动的球和一个不动的球相碰,则不动者也就成为动者。但是一个物件在不动的时候,也具有能力,是不易得看得出来的。例如一瓶水放在桌子上完全不动,它里边也贮藏着有能力,因为:倘若把它放出来,它可以冲动许多东西。我们必定承认它有潜能力,然后它当放出之时所发生的动作,才可以得到合宜的解释。第二层的进步,是原于热和电之理论之变迁。动是能力,是从前的人所知道的,光是以太之波动,即为能力之表现,也是从前的人所知道的。但是对于热与电,他们以为是一种稀薄的物质,可以从此处搬至彼处。他们既然把动、光、热、电看做根本不同的东西,那又何从综合起来呢？把热看做能力，首先当推龙弗德（Rumford）（见下热能力节），把电看做能力，应当归功于法拉第（Faraday）（见下电能力节）。自此以后，我们既知道这些存体都是能力，不过表现的方面不同，于是我们就可以用适当的单位当标准，而可以"一以贯之"了。科学里所用以权量能力之标准单位为一俄（erg），一俄为升起（与地心吸力相反）九百八十一分之一公钱重量的一个物件至一公寸之高的时候所需要的能力。

（一）能力之种类

各种能力，虽是根本相同，然而：因为表现程式不同，可以发生极大不同的现象，我们并且用不同的单位去权量它。现在就依这些现象之不同点立论，把它们分为动能力，潜能力，热能力，电磁能力，化学能力来讲。

动能力 这是一个物件动的时候所具有的能力。它是依此物件之体积与其动之速率而规定的。例如台球上的球，当动的时候，若是球之体积大，则其动能力大，若是球动之速率大，则其动能力亦大。我们所用以权量动能力的公式，为 $\frac{1}{2}mv^2$，m 为体积，v 为速率。此记号所代表的，即为此球与他物相碰的时候所生之工作。至于光为以太之动，声为空气之动，都是动能力。

潜能力 凡物不动的时候所有的能力，谓之潜能力。它是依此物之体积和地位而规定的。例如一盆水，在高的地方，潜能力较大，在低的地方，潜能力较小。当水自高处流至低处的时候，潜能力即发现为工作。我们所用以权量潜能力的公式，为 $2gh$。g 为地心吸力，h 为此物所在的地方与其所欲达到的地方之间之距离。又如钟表中之发条，当收紧的时候，也具有潜能力，离其松解时之原处地位愈远，则其潜能力愈大。

热能力 培根虽曾根据许多生热的试验，用他所注重的归纳方法，而判断热为微点之剧烈的动，但是以热为物质之理论，仍然盛行了一百多年。这个理论以为：热是一种稀薄的流动物质，和水一般。当传热的时候，乃是热之物质自高温度的地方，移到低温度的地方，和水自高处流至低处一般。到了十九世纪初叶，有龙弗德者，做兵工厂总监，他看见用铜柱钻刮成为炮筒之时，炮筒和铜屑的温度都加高了。他于是疑心这铜上的热是从钻刮的时候所受的磨擦而来。他做了许多试验，证明这热不是从铜里出来的，也不是从周围空气里出来的。于是他断定：热是从磨擦的动变来的，只要动之供给是不断的，热之发生也是不断的；动是能力，热也是能力。同时达斐（Davy）也做了一个最有效果的试验，证明热是能力。他用两块冰放在冰桶里，桶外用盐冰水围之，使桶内之温度，永在零度以下；再将桶里的两块冰互相磨擦，于是冰皆溶化成水。冰溶化成水，是要吸收热的，凡桶外之热皆消受于盐冰水之中，决不能送热与桶内之冰，使溶化成水，而至零度以上的温度。所以：就此冰所吸收的热而论，除磨擦以外，别无他项来源。于是"热为动能力"之理论之基础，更加稳固了。其后朱尔（Joule）又做了许多试验，找出来热与动之分量的关系，有多少动，就发生多少热，是一定不移的。朱尔的试验，在现在物理教科书里边，仍然占据极重要的位置，诚然是应该的。这样看来，热就是动；不过平常的动，是体量较大的物件之动，热是分子或原子的动，磨擦生热的理由，不过是大部分的动，变成小部分的动而已。

电磁能力 十六七世纪的人,看见有些物件经过磨擦之后,可以吸引重量甚轻的东西,就同磁石吸引铁末一般。于是他们以为这些物件,当磨擦的时候,上边发生有电。这样发生的电,有浓淡之不同。凡与有电的物件相接触者,其本身亦即有电,足见电是可以转移的,于是他们又以为电是一种无重量的稀薄流体。到了十八世纪之初,有都法(Du Fay)者,看见玻璃经磨擦后所生的电,和松香经磨擦后所生的电,大不相同,凡为玻璃上的电所吸引的东西,皆为松香上的电所排斥,反之亦复如是。足见磨擦所生之电,不尽是吸引的,但是也有排斥的。于是他以为各种不同的物件,经磨擦而生电,不是有浓淡之不同,但是有正负之不同;换言之,不是等级的问题,乃是类别的问题。这就是正电负电之观念之滥觞。十八世纪中叶,有挠烈(Nollet)者,创造对流之理论。他说:当磨擦生电之时,有两种极稀薄而可燃烧的流体,对面流动。一个物件所失于顺流的,可以取偿于逆流。凡重量甚轻的物体,在电流之附近,则为顺流所收引,或为逆流所冲散。此种理论,在当时曾经博得多数人的赞同。然而不到十年,又有佛兰克林(Franklin)者研究来丁瓶(Leyden jar)之现象,而创造单流之说来代替它。来丁瓶,是一个玻璃瓶,里边有锡片衬着,外边也有锡片包着。当我们用正电注(charge)到里边锡片的时候,外边的锡片,受了感应的作用,也具有着电的现象:其贴近玻璃的一面(即与里边锡片上正电相近的一边),成为有负电的;其呈露于空气的一面(即与里边锡片上正电相远的一边),成为有正电的。这外面的正电,可以用传电体传到地球上去,于是只剩着负电与瓶里边锡片上的正电两下相持,而里边锡片上的正电,可以尽量增加,比平常一块锡片可以贮蓄较多的电。所以这样的器具,叫做凝电器(condenser)。就来丁瓶外边锡片而论,当受感应之时,同时在两面发生正负不同的电,并不是顺逆不同的两种电流对面流动。实在是一种电流与里边锡片上的电流同一方向流动。试设想里边锡片上的电流,其方向是自内向外的,它可以使外边锡片的电流,都自内向外流出。(他相信"中有距离"的动作是可能的,所以虽是中间隔着玻璃,并不妨碍。)于是外边锡片之外面,加了若干电流的资料,其贴近玻璃的一面,减少若干电流的资料。原来所谓顺逆二流,现在变成加减二号了。(据百科全书:佛兰克林以为来丁瓶之现象,是里边锡片上的正电转移到外边锡片上,据怀特克(Whittaker)电与以太的历史,佛兰克林仍相信玻璃是不能让电流通过的。)

法拉第看见:若把两个磁石不同的极,摆在中有距离的地位,两极之间,洒以铁屑,则铁屑排列成为一条一条的线,从此极达于彼极。他又看见当时有"以太为有弹性的固体"之理论,他根本怀疑"中有距离"之动作之可能,他于是构造起来一个电力管的观念。这个电力管之观念,可以说是现在电磁学中之脊椎。试略为叙述于下:

今有铁板两块,层列于此,中间隔有空隙,可以安置物件。上边一块铁板上,可以增加重量,而使压力加大。倘若中间所安置的物件是固体,则当压力加大之时,此固体里边受了一种张力(strain),使各部分不能占据原有的地位;同时此固体的本身,起了一种弛力(stress),使改变的部分,要回到原来的地位。换言之,它是有弹性的。倘若中间所安置的物件是流体,则当压力加大之时,此流体里边也受了一种张力,要改变其形式,但是此流体的本身所起的弛力很小,纵令发见,也不过表见为滞力(viscosity),不足以与张力相持,故随张力而改变其形式。换言之,即传递原来的压力于各方,而向各方流动。在电学试验之中,也有两种材料,一是传电物,一是不传电物。传电物可与流体相比,不传电物可与固体相比。今有二块铜板,其排列之方法如前,上板注以正电,下板注以负电。如此则二板之间,发生电压。倘若中间所安置的是传电物,则直接让电力通过而电压减少,就同流体传递压力于各方,而向各方流动一般。倘若中间所安置的是不传电物,则电力欲自上板传至下板,而此不传电物呈现一种抵抗的力量,要恢复原来无电压时的状况,就同固体受着压力的时候,里边发生张弛相持之现象一般,于是发生一条一条的电力管,有如磁石两极之间之磁力线。当此之时,此不传电物受着电力(即电张力)之逼迫,与在平常状况之下者不同。所以它可以旋转极光;又电压过大之时,可以发生电花,这两层事实,都是它受着电力逼迫之证据。这样的电力管,不但是在一班不传电物如玻璃,松香,空气,——里边可以成立,即在真空以太里边,也可以成立,因为:以太在别的地方,可以呈现弹性和其他固体一样,在这个地方,也可以呈现不传电的性质,和其他不传电物一样。依法拉第此种理论而言,当传电物传电的时候,并不是传电物的内部有什么电流在那里流动,乃是在传电物周围附近的不传电物(此不传电物在常例中即为空气)里边,起了一种电力的逼迫。电能力之传递,乃是在传电物之周围,而不在传电物之内部。

马克斯维耳更进一层,而构造移换理论(displacement theory),由移换理论,演绎而成光之电磁的理论,说明光与电磁之同性。今试以 AB 两块铜板而言,以二铜丝联接于一个电池 E 之两个电极,A 受正电,B 受负电。倘若 AB 之间是传电物,则此组体中有一联续不断的电流。倘若 AB 之间为不传电物,则 AB 之间,发生上段所说的电力管。在这些电力管中,有正电自 A 移换至 B,但是不传电物有一种反动,将正电自 B 移换至 A,前者是电之张力,后者是电之弛力。二者相等,然后电流不能通行。何以见得这不传电物中有这样的反动的移换呢?因为:倘若我们截断电池之联接,则发见一阵自 B 至 A 的电压,这是用测电表可以考察出来的。这样反动的移换,不能发生于传电物之中,只能发生于不传电物之中(包以太而言),和恢复原状的弹性,不能发生于流体之中,只能发生于固体之中,可以互相比较。

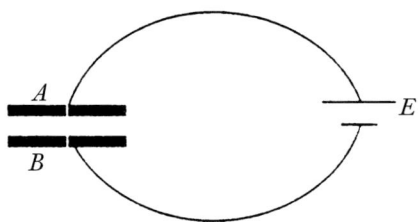

AB 之间,既为电力管所分布,其中张弛二力相持,故不发生其他电磁现象。倘若使 AB 移动,——试说依 AB 平面而行动,则 AB 之间之电力管,亦随之而行动。于是 AB 之间之以太,经受电磁的扰动,而正反双方的移换电流,因之而交互发现。传电物中之普通电流在动的时候,发生感应的现象,不传电物中之移换电流,在动的时候,也发生感应的现象,于是发生电磁的浪动。而且如此发生的电磁浪之速率,与光之速率相等;足见光与电磁之性质相同,它俩皆为以太之波动。于是光学与电学,以前曾为区域不同的科学,现在可以联贯起来了。而且这种理论,又可以解释光之许多部分的性质:如传电物多不透光(例如金属),不传电物多能透光(例如玻璃松香),因为传电物不能有恢复原状出"电弹性",所以不能发生浪动;此种"电弹性",惟不传电物有之。又如极光可以受磁力的吸引而旋转。又如一物所发生的光份,若经过磁力范围,则分散而加多(所谓徐门的影响,Zeeman's effect)。又如一物之折光指号和他的电磁感应性有分量的关系。又如赫尔慈浪(即无线电浪)表现返光折光的性质,与普通光浪相同。这都是马克斯维耳理论之证据。

法拉第和弗打(Volta)又做过一些电化学的试验,寻出电能力与化学能力的关系。凡盐或酸或碱之溶液,经受电解——即电流通过盐或酸或碱之溶液——之时,其两极所停积的物质之分量,依电流之分量而规定。而且一个酸根或一个盐基根停积之时,所需的电流之分量,与其化合价有关系,这就是法拉第化等量之定律。从这些试验,我们知道电能力可以变为化学能力。弗打又创造电池,所谓弗打池(Voltaic cell),用锌溶化于硫酸,而发生电流。从这个试验,我们知道化学能力可以变成电能力。至赫耳姆毫斯(Helmholtz)与亚纶尼斯(Arrhenius)遂创设电解理论。他们说:凡盐,或酸,或碱溶解成为溶液之时,分成两部分的游子(ions 或译电离子或译伊洪),一部分戴有正电,一部分戴有负电。当电流通过之时,戴正电者停积于负极,戴负电者停积于正极。所谓游子,就是戴电的原子,或戴电的根。现在姑且只就原子来讲,一个原子变成游子之时,所戴的电,有一定的分量。一个单价原子所戴的电,可以算做电能力之自然单位。因为我们不能分判原子,所以也不能分判这么多分量的电。这一件事实,是很重要的,因为它引起下段所陈述的电之原子的理论(atomic theory of electricity)。

近来汤姆生及拉谟(Larmor)根据真空管及放射化学之试验,又创造所谓电之原子的理论。戴有负电的电子(以下皆简称电子),是构成原子的基础,所以凡物质中皆有电子。电子也可以单独存在,它在空气中并且常为蒸汽凝结之中心。普通固体之中,也多少有自由存在的电子。溶液中的游子,是一个原子(或一个根)增加一个电子,或减少一个电子;增加的叫做负游子,减少的叫做正游子。各种化学变迁,都是原于这些电子之活动。所谓电流者,是传电物原子中之电子都倾向于一方。所谓电压者,是在不同的地方,电子有不同的密度。所谓电注(charge)者,是增加电子或减少电子而已。这个理论有双层的重要:第一是陈露电能力之分个的性质,它和光之量子一样,是可以割成片段,不是混然一块的。第二是能力与物质之合一,电子是单位分量的电能力,同时它又是物质原子构成的材料。但是这样的电之物质观,与以前单流对流理论,把电看做极稀薄的物质,是绝对不同,大家切莫以为这是复古的举例呀。

化学能力 以二物相和,可以得三种不同的结果:一是搀合;例如沙在土中,水在油中。这是教科书里所叫做的物理的结合;所成的物件,叫做混合物。当这样的结合之时,没有什么能力之表现。但是水和油两种东西,倘若是极细微点之搀合,成为乳液(emulsion),则二者交接之面积上,亦有一种能力,谓之面积能力。第二是溶解;例如糖在水中,铅在金中,可以成一种匀静无瑕的物体,叫做溶液。溶液一类,与其叫做混合物,毋宁叫做化合物,不过不是稳固的化合物罢了。当这样的结合之时,有的要发生能力,有的要吸收能力,但是总有能力之表现。第三是化合;两种东西经过化合而成第三种东西,与原来的两种东西性质绝不相同。这就是教科书里所叫做的化合物。当这样的结合之时,往往有甚大的能力之表现。有的要吸收能力,例如淡与养化合而成淡养化合物;有的要发生能力,例如轻与养化合而成水,炭与养化合而成养化炭。然而以发生能力者为较多。当二物化合之时,如果吸收能力,我们可以易于看出:它们所吸收的能力,就是用在化合它们的工作里边；如果发生能力，则为一较耐寻绎的问题。即以炭与养化合而成二养化炭而论，它俩必需用能力，来完成此化合之工作，不但如此，它俩并且还有很多剩余的能力，发生出来而变为热与光。这些能力，是从什么地方来的呢？它必定是从炭与养之原子里边来的。这就是炭与养之化学能力。它俩原来贮藏多少化学能力，我们不能知道；我们只能知道它俩化合的时候，发生多少能力出来；我们因此又能知道：二养化炭里边所贮藏的化学能力，比原来炭和养里边所贮藏的，减少它俩化合时所发生的分量。若是将来把二养化炭分析还原成为炭和养二种原质，又要将化合之时所发生出来的能力吸收进去。倘若两种原质化合而成一个化合物之时吸收能力，则当此化合物分析之时，也必定要发生同量的能力出来。火药炸力之大，其一部分的原因，就是因为淡养化合物分析之时，发生很多的化学能力，而变成热。我们日常生活中所用的能力，无论为热、为光、为电，都是从有机物质——煤与薪木——里边的炭与轻，和空气里边的养，所贮藏的化学能力，变换而来的。

又如一个原质的分子里边，有几个原子，所谓多原子的分子，例如轻、养、淡、硫（轻养淡之分子中有二原子，硫之分子中有八原子），也要有一种能力来维系它们。倘若要把它们撤开，也要需用能力。这个能力，叫做分子内部能力。分子内部能力，也应该归于化学能力一类。因为化合物里边，是不同样的原子之结合，这样的原质分子里边，是同样的原子之结合，并没有其他根本上的区别。

（二）能力之性质

科学中既假定能力为一种存体，同时必定给予能力以一些基

础概念,换言之,即能力之性质。兹且列叙于下:

(1) **能力能生工作** 能力乃是发生工作的一种主司,而且这种主司之分量,就是由权量工作——它所生的效果——而得来的。无论何种能力,均有发生工作之可能。动能力能发生工作,乃是显而易见的。例如台球上的球,当动之时,可以使不动之球遇之而动;此第二球之动,即是第一球动能力所发生的工作。潜能力亦可发生工作;例如表中发条,当扭紧之时,中有潜能力,至发条逐渐松解之时,可使表中机械行动;此机械之行动,即是发条之潜能力所发生的工作。火车头上之蒸汽,能使火车行动;此火车之行动,乃是蒸汽之热所发生的工作。电动机能使机械运动;此机械之运动,乃是电动机中传来的电所发生的工作。炮筒中火药燃炸,能使炮弹射击;此炮弹之射击,乃是火药之化学能力所发生的工作。照相镜中影片上的银盐,受过光之刺激之后,即行析解而生银;此银盐之析解,乃是光能力所发生的工作。能力好像资本,工作好像交易;我们看见交易之畅行,可以推到资本之活动,我们看见工作之产出,可以推到能力之主持。

古力学中力之观念,不及近代力学中能力之观念的地方有二:(A)力之观念,虽可以解释一部分动的现象,然而力是已经发见出来的,不像能力是隐而待发的。力是实在,能力是可能。若云力能生动,则水何以自流而生动,火药何以因甚小的刺激,而生甚大的爆炸,均不能得圆满的解释。(B)力之观念,不能离物质而独立,能力之观念,可以脱离物质之范围。不过对于这一层,有人以为:能力论过于发展,恐怕渐流于虚妄,就是因为它是可以离物质而独立的。总之,能力者,乃是一个理论的存体,和物质一样,也有人把它叫做具体的观念。不过我们在日用科学里边,须得假定它的存在,然后可以联合事实,以尽其预测将来之责任。但是这样的假定,虽是出于主观的构造,然而必定又依附客观的事实。所以朋加烈说:它虽是共认的(conventional),然而又不是强订的(arbitrary)。

(2) 能力可移 自此条以下三种性质,是与物质相同的。能力之可移,是极明显的。试以一热物与一冷物相遇,则热者渐冷,冷者渐热,至相等时而止,就是热自热物向冷物之移动。北平发电,可至广东,太阳发光,可至地球,这部是能力可移之无限举例中之一二举例。

(3) 能力可变 能力之此项性质,前章已经说到。我们因为知道能力可以互相变换,我们把不需要的假定的理论的存体减少许多,好像宗教里边,由多神变成一神一样。现在即就电弧灯作一个举例而言,电灯厂的汽锅炉中烧煤,使水沸腾而成蒸汽,乃是煤里边与养气里边的化学能力变为热。蒸汽机因蒸汽澎涨而生旋转的动,乃是热变成动能力。倘若用水磨电机,乃是水之潜能力变成动能力。生电机中因为磁线之割切而生电,乃是动能力变成电。此电传到电弧上面,因为空气之抵抗,于是生热、生光、生声,乃是电变成热与光与声。足见动能力,潜能力,热能力,电磁能力,化学能力,光能力,声能力,都可以互相变换,不过要看在何种情境之下,方才发现为何种能力而已。

这一层知识之获得,不但是从性质之研究而来,实在是分量之研究,要居最大的功劳。此种分量的研究,当然也和下段所说的能力不灭一层性质,有极其重要的关系,因为可变与不灭两层,本是互相衔接的性质。我们要推崇龙弗德和达斐,因为他们做了炮筒之试验,和冰之磨擦之试验,发明了热与动能力之互变。要推崇朱尔,因为他发明了热之动的当量,使我们知道热与动能力之分量的关系。要推崇法拉第,因为他做了电磁感应的试验,使我们知道电与动能力之互变。要推崇马克斯维耳,因为他发明了光与电磁之同性。要推崇法拉第和弗打,因为他们发明了电能力与化学能力之互变,与其分量的关系。要推崇柏特烈(Berthelot),因为他做了许多热化学的试验,使我们知热与化学能力之互变及其关系。要推崇力学中钟摆记时之老试验(见下段),因为它可以证明动能力与潜能力之互变,与其不灭之性质。我们试看:那一样物理现象,不是能力的变迁?所以我们可以说:化学是完全研究物质之变迁的,物理学是完全研究能力之变迁的。

（4）能力不灭　上段已经说过,能力可以互相变换,此段是说能力有永存之性质,虽当变换之时,也是不增不减的。这就是热动学中第一定律。此定律之条文,是:一个孤立的——即不与外物相接触的——组体中之能力,不生不灭。若用举例说明,最好是用我们的老当益壮的钟摆试验,来承当这个职务。当钟摆从 A 到 B_1 的时候,它的动能力逐渐减少,它的潜能力逐渐加多。到了 B_1 点,它的动能力是零,它的潜能力是与它在 A 点时候的动能力相等。及钟摆自 B_1 回到 A 的时候,它的潜能力逐渐减少,它的动能力逐渐加多。到了 A 点,它的动能力加到原来的价值,它的潜能力是零。但是在此试验之中,潜能力之记算,都只就此试验之情境而言;若将悬线割断,钟摆坠落之时所发生的潜能力,不在此列。乃钟摆自 A 至 B_2 的时候,它的动潜二能力之变迁,和自 A 至 B_1 时一样。及钟摆自 B_2 到 A 的时候,它的动潜二能力之变迁,又和自 B_1 回 A 时一样。于是完全了一个循环的途径。倘若钟摆与其悬线是一个孤立的组体,则以上所说的变迁,周而复始,可以永摆不休;换言之,即是中古哲学家所梦想的永行的机器。但是钟摆总得要挂在一个钉子上,钉子因磨擦而消耗能力;这个钉子又得要安置在别的东西上,别的东西又得要安置在别的东西上;而且钟摆周围,都是空气,空气与钟摆磨擦,也要消耗能力。所以钟摆不能永行,逐渐减少其振幅,——即 B_1B_2 之间之距离逐渐缩小——底于不动之时而止。我们无论如何,不能得一个绝对孤立的组体,来证明能力不灭之原理,但是就此项试验而言,它可以使我们信从此项定律之真实罢了。

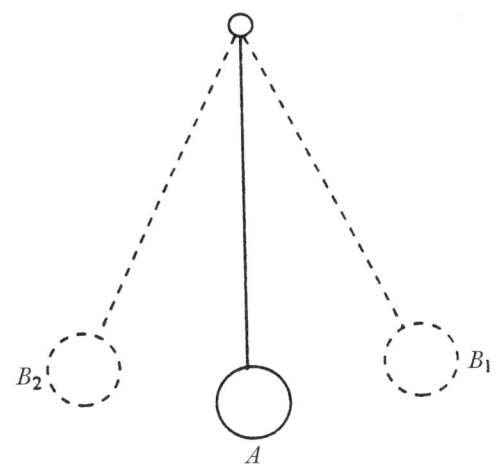

设若以 K 代一组体之动能力,以 P 代一组体之潜能力,K 增则 P 减,K 减则 P 增,无论在何时,K 与 P 相加之总数,是不变的。K 依动之速率而定,P 与速率无关,仅依其地位而定。然而能力既是未曾发见的可能性,我们安得而权量,我们所得而权量的,乃是已经发见的工作。工作乃是能力之函数,不是能力之本身,而权量的结果,又不能证明能力之绝对不灭(例如钟摆试验)。然此犹是就纯粹力学而言,若在化学电学范围之中,不但计算全体的动,还要计算分子内部的动,那就更复杂了。设若以 K 代动能力,以 P 代潜能力,以 i 代分子内部能力;此分子内部能力,或为热,或为电,或为化学能力。则能力不灭之公式,即成为 $K + P + i = C$,此 C 为不变之常数。试以戴有电荷的物点而言,这些物点之互相吸引之能力,——静电能力——视其所戴之电荷而定(在上公式中应为 i 所代表)。然而当此物点行动之时,此物点之动电能力,又依其地位及速率而定。我们不能将此三项能力分开而权量,又何从知道它们的总数是绝对不灭的呢?所以拉莫耳说:我们只能说在此组体之中,总有一件东西,是不灭的。这一个东西,我们叫做能力。

（5）能力自不平渐趋于平　　这就是热动学中第二定律。此项定律,可以从不同的方面,用不同的言词来陈述它,并且可以有不同的名称,表现不同的面相,虽然它所根据的原理,是同一的。它叫做"无用能力之变换"之定律(law of entropy),又叫做"能力之消耗"之定律(law of dissipation of energy);又叫做最少主动之原理(principle of least action);又叫做最多工作之定律(law of maximum work)。它又因为研究的人不同,而有不同的名称,它叫做加耳脑之原理(Carnot's principle),又叫做汉密耳敦之原理(Hamilton's principle),又叫做克劳西约之原理(Claussius' principle)。此项定律之条文,可以叙述如下:

凡一组体当 t_0(t 为时间)时在 A,当 t_1 时至 B,此组体自 A 至 B 之变迁,必定经过最短捷的途径。换一句话说:此物之能力,当变迁时,所发生的工作,总是最大的。例如机器用热生动,有一部分的热,消耗于各部之磨擦,而不能化为有用的工作。这一部分的消耗,乃是不可再少的数目,故其所得的有用的工作,乃是在此机器所居的情境之中,是不可再多的数目。再换一个说法:凡一组体自高温度 T_1 降到低温度 T_2 之时,发生出一些工作(有用的),若将此工作复变成热,归入此组体,它不能使此组体之温度自 T_2 复升至 T_1。倘若要使此组体之温度自 T_2 复升至 T_1,除将其所发生的工作变回成热而外,必定还要从外边另加能力到此组体里边。因为:此组体之温度自 T_1 降低至 T_2 之时,有一部分的热,消耗于磨擦,成为无用的工作;所以我们不能利用这一部分已经消耗的能力,去使此组体之温度自 T_2 复升至 T_1。再另从一方面来讲:凡一组体经受循环的变迁之时(即温度渐降使热变成工作,又将工作变还成热,使其温度升高),每循环一次,必定消耗能力若干,并且在其所在的情境之中,此若干的消耗,是必不可少的分量。所以第二次 T_1 与 T_2 之距离,较小于第一次 T_1 与 T_2 之距离,第三次 T_1 与 T_2 之距离,又较小于第二次 T_1 与 T_2 之距离,一直到了 T_1 与 T_2 相等的时候为止。所以这条定律,也叫做能力消耗之定律,这也就是自不平渐趋于平。中古哲学家费尽脑力,想构造永行的机器,然而总不能"告厥成功"。自发明了这个原理,我们就可以了解他们何以终归于失败。但是这个原理,也并不是用完全的试验,得了绝对的证明。因为这里也有一个困难,同上节所遇的困难,是一样的,——就是:我们不能得一个孤立的组体来做试验。不过凡我们所能做的试验,都往"此原理是真实的"一个方向上引导。我们因此而信从此项原理是真实的。科学即以此项原理为基础,而预测一切物理化学的变迁,也不知道已经供给多少宝贵的收获了。

(三)宇宙能力之问题

倘若我们把宇宙的全体,当作一个有限的孤立的组体,依热动学中两个定律观察起来,要得一个费解的问题。依第一定律说,宇宙间所有的能力，是不生不灭的。依第二定律说，当能力每次变成工作之时，必有一部分消耗于磨擦，归于无用，于是其所能变成的有用的工作，逐次减少，到了最后的一次，就没有有用工作之可言。我们再换一个说法来讲：凡能力必凝集于一处，方可发生有用的工作；那就是说：一物所有的能力，和周围之能力之差数，必定很大，才能发生有用的工作。例如一个火车头中蒸汽之温度，比周围空气之温度约高百余度（过热之蒸汽温度在百度之上），蒸汽之压力，比周围空气压力，约高百余倍。这就是说：蒸汽能力和空气能力之差数甚大，所以能够叫偌大的火车一点钟跑一二百里，——发生有用的工作。反之当夏天潮湿的时候，空气里边的水蒸汽，也是很多的，然而它只能发生出来一种不受欢迎的湿热，不能变成有用的工作；这是因为水蒸汽之温度压力，和杂在一处的空气之温度压力，无甚区别，所以没有工作可以发生。所以：同样多的能力，分布于各处，与凝集于一点者不同。然而能力的趋向，是自凝集渐趋于分布，——自不平渐趋于平。宇宙间的日月照临，雷电交作，风来花自舞，春入鸟能言，兵士冲锋，车夫赶路，文人构思，谋士画策，都是能力自不平渐趋于平的时候所发生的工作。能力必定要在不同的平面上，方有发生工作之可能。若是宇宙间之能力，永远不断底截长补短，自不平渐趋于平，则将来必定有一个时候，宇宙间之能力，通同在一个平面上。到了那个时候，宇宙之全体都是冷的，也可以说都是热的，便无工作之可言了。这样的结论，当然不是以宇宙为美的人所欢迎的。这还不过是往以后推论的结果，若是往以前推论，也有不易了解的问题。宇宙间之各种工作，都是自高平面降至低平面，而且平面逐渐减少，则宇宙"最初"的时候，必定有极多的平面，其中有最高的高平面，有最低的低平面。这样的宇宙，和以

第四章　能力

上所说的温度同一的宇宙,同是一样底不可思议。

这个困难之解决,有下列五种：

(1) 把宇宙当作无限计算。以上所说的困难,是由于我们拿宇宙当作割裂的个体——即孤立的组体——计算。须知宇宙是无限的,这样的计算,就根本不能成立。倘若我们想用这样的计算来推测宇宙,等于以孩童的不倒翁,来推择大人的行动,未免野心太大了。这是司宾塞尔的意见。

(2) 在这个物理的宇宙之外,另外还有一个非物理的宇宙,这个宇宙里所消耗的能力,那个宇宙里可以供给出来。简单说起来,物理的宇宙,是消耗能力的,非物理的宇宙,是创造能力的。物理的宇宙,是必定的,是我们所能够知道的,非物理的宇宙,是自由的,是我们所不能知道的。这个宇宙,或者是在我们的宇宙之上,或者是在我们的宇宙之间。前者就是宗教家的上帝,后者就是创化论家的生命。

(3) 宇宙之中,虽有能力消耗之进行,然而是极其缓慢的,——缓慢到不可计算的程度。试以太阳系一个小范围而言,太阳亘古失热于空中,地球所分受的不过二千兆分之一。依其失热之速率计之,则每年必低数度,即千年应低数千度。然自有人类历史以来,太阳之温度仍然在六千度以上。那么,太阳所失之热,必定有地方可以补偿。但是这个补偿的能力,究竟从什么地方来的呢? 一说:太阳里边的原质与养气化合,以化学能力变换成热以补偿之。若依此说,则太阳面积之每平方英尺,必定每天烧二十吨煤,才能够补偿太阳所失的热。纵令太阳全为煤——炭轻化合物——构造而成,有几千年的工夫,也应当烧完了。而况太阳还不全是炭轻所构成的呢(太阳面积为五十九万兆方英里)。一说:流星陨石,挟其所有的热,陨落于太阳之上，可以补偿太阳所失之热。若依此说，则太阳每天所收集的流星陨石，合拢起来，必定同月球一样大，才能够供给这样多的热。据天文家所观察的，又决没有这么一回事。所以以上两说，都是不足深信的。一说：太阳当失热之时，其中微点，必定收缩，微点收缩，必须吸收能力。太阳所失的热，就是供给这个能力的。微点既经收缩，则太阳体积逐渐缩小，其所吸收的能力，不能为此较小的体积所容纳，于是又化为热而散出。就此热而言，太阳失之，太阳得之。所以太阳亘古失热，而温度亘古不变。其他恒星之失热，或者也是和太阳一样的。宇宙能力之消耗，不过是杞人忧天一样的过虑罢了。

（4）放射原质，当放射粒子而变换原质之时，发生热能力出来。此项热能力，是从原子里边出来的。上篇曾经说过：一公钱镭之变换，可发生二千九百兆啌之热（每一公钱之镭，每点钟发生热一百三十三啌，镭之寿命为二千五百年，故得如上数）；太阳雾围中有镭，已经由分光镜之分析断定了，不过分量很少，其所发生的热，万不足补偿太阳所失之热。但是我们不要忘了太阳的温度，比地球高六千度。在地球上不变的原质，在太阳里边，也许有发生放射的性质，和地球上放射原质一样底变迁。如果这是可能的，则太阳所失于无限大的天空者，可以取偿于"无限"小的原子。于是太阳成冰之危险，可以免除了。

太阳相距太远不易考察，我们姑且先考察我们所住的地球。地球和太阳一样，也失热于天空。依司特洛脱（Strutt）与乔烈（Joly）之试验与计算，地球不但不得逐渐变冷，并且要逐渐加热。地壳中各种岩石，都含着有少数可以生热的镭。只要五十英里厚的地壳含着有镭，与他所曾经考察的岩石具有相同的成分，则此五十英里厚的地壳中的镭所发生的热，已经可以补偿地球所失于天空的热。倘若地心里的镕石,也含着有镭,则地心之镭所发生的热,必定使地心温度加高,因为地壳传热是极缓的,不能将来自地心的热完全消散出去。乔烈并且算出:只要地心镕石含有一兆兆分之二的镭(此数已经比地壳含有镭之成分较低),在一百兆年中,这样甚小分量的镭,就可以使地心温度增高一千八百度。我们要知道:一百兆年,在天体历史上,不算什么了不得的长时期,倘若地心的温度照着这个比例接续增高,则地壳必定镕化而渐返于赤炽气体之状况。但是到了这个时候,球面没有固体的地壳,所以地球失热之速率又加大了;而且温度愈高,失热又愈快(辐射失热之速率与温度之四乘方成正比例),所以地球又因失热而渐冷。冷到了一定的程度,地壳又因凝结而成立,而地壳上之温度,又渐渐底适宜于生物之居住,于是又从安麦帕进化到人类。同样的戏剧又重行奏演如前。他把地球镕为气体之时,叫做赤炽时期,把地球长成地壳之时,叫做地质时期。这样讲来,地球历史之中,有循环不绝的"昼夜"。那么,我们住在地球上的人类,以及一切生物,将来都要经过火焰山一个关头。这是何等凶恶可怕的事情!

要免除这个危险的结论,只有一个方法——就是:假定地心与地壳之成分不同,或者状态不同,地壳中含有生热的镭,使地球不至于渐冷,地心中没有生热的镭,使地球不至于渐热。或者地心中纵然有镭,因为温度过高,压力过大,与地壳状态不同,不能发生原子之变化,所以不能生热。我们不能确定知道地心之成分是否与地壳含有同量的镭,但是地心之状态与地壳不同,是由于地震浪之考察而知道的。或者就是因为这个缘故,地心之镭不发生变化,于是球面可以永保其温度。

地球既是如此,其他行星恒星,或者也得着同样的保障,所以太阳虽失热于天空,而温度可以不变。

（5）以宇宙为有限的而又无止境的。若是走到极端,又要从他方面回来。那么,宇宙之热,宇宙失之,宇宙得之,比上边所说的太阳失之,太阳得之,更为宽大。于是宇宙能力贫乏之问题,在这里就可以解决了。其层次的说明,均见第一篇中,兹不赘。

（四）物质能力是一元还是二元呢？

物质能力的性质,已经分篇叙述过了;物质之八十余种原质,现在已经简约而成共同基础的电子,能力之各类,现在也已经简约而成为同质殊象的存体。但是物质与能力二者,还是各自存在呢,还是此属于彼呢？现在有三种说法：

（1）物质与能力,都是宇宙中之物,但是不同类之物。物质借能力而改换,能力依物质而表现。能力是动作之主司,物质是此主司所用的材料。宇宙是一座大房子,能力是工程师,物质是砖瓦；宇宙是一匹长布,能力是织女,物质是经纬。这样二元论的解释,是普通常识所易于构造而又易于承认的。这种主司之动作,也是有一定的秩序,不是为神力所支配,或为意志所转移。它不是脱离物质而独立的,它的坐位,就在物质之中。所以物性学中还有"物质为能力之乘车"这一类的界说。

（2）物质乃是宇宙间之实在的物——唯一的存体,至于能力,不过是物质之机能,即是物质之动作之方式。那么,能力不过是一个名词,用以表写物质之动作而已。物质与能力所以不能分开的缘故,就是因为能力不是一个独立的东西。当我们想到一物所有的性质,我们就说它是物质,当我们想到一物之机能,或一物之动作,我们就说它是能力。倘若我们另外假定能力为一个理论的存体,似乎为奥康刀(见科学方法论)所不容。例如火车中所装的货物——试说是铁器——抵抗车之行动,就是铁器之物质之抵抗,并不是铁器之中有个潜能力,在那里抵抗;火车头上所烧的煤,增高温度,就是煤之物质之动作,并不是煤中有化学能力在那里变热而增高。如此说法,则物质之动,乃是物质之自动(参观笛卡儿之说),并不是物质里边包藏着一个能力,在那里催促它动。从一方面看来,此说亦能持之有故,言之成理;但是我们为什么只承认物质为物而不承认能力为物呢?物质可移,能力亦可移;物质可变,能力亦可变;物质不灭,能力亦不灭。若云能力是由考察工作而假定的,则物质亦是由考察性质而假定的。依唯实论的讲法,它俩都是逻辑的构造,都不是直接底由器官接触而来,我们实在没有抑此扬彼的理由。

（3）能力乃是宇宙间之实在的物——唯一的存体,物质乃是能力之最高的组织团体。这本是电子论中物质之解释,所谓物质之电子观。电子是构造物质原子之普遍的材料,电子既是电能力,则物质乃是由能力所构成。而且能力加大,则物质加多,例如电子行动加速,则体量增加;能力消耗,即物质消灭,例如电子散失于天空而失其电荷。若是没有电子,那里还有原子?即是没有能力,那里还有物质?能力是动的,物质是静的;能力是宇宙之本原,所以宇宙之基础是动的,其所以成为物质而呈具静的状态者,乃是动于一定的情境之中,适合于一定的平衡方式而已。

（五）物质能力之理论之影响

化学是研究物质的,物理学是研究能力的。因为这两种科学之近代的进步,我们对于物质与能力,得了多少宝贵的知识。这些知识所发生的效果,可以说有二种,一是直接的,一是间接的,直接的是在物理的宇宙论,间接的是在人类一切的思想。

物理的宇宙论,我们已经在这两篇之中说过了。至于物质能力之理论,如何能够影响到一切思想呢?大凡人类之思想,不全是在合法的归纳演绎的方法上进行,连类的推较——即比论,在思想上也占据重要的位置,尤其是在思想之起端的方面,它常时可以做联想的乡导官。我们看见了一朵玫瑰花,而可以想到美人之艳丽,我们看见了滔滔不绝的流水,而可以想到逝者如斯夫。而况在科学昌明的时代,物理化学中种种新异的理论,轰动一时,处在这个时代的人类,纵然不是学习科学的人,只要经过耳目之濡染,那能说不受影响呢?而且:只要我们不是把这种推较,当作绝对的证明,蹈入唯心构造(mental synthesis)之危险,也并没有什么可加訾议的地方。赫胥黎说:十九世纪人类思想之中,有三个观念,是从自然科学里边得来的;一是不灭,二是秩序,三是进化。但是这是前三四十年的话,现在我们也可以说:又有三种观念,是从物质能力理论之中得来的,一是动之观念,二是分个之观念,三是能力与情境之观念。

(1)动之观念 从前的人虽知道万物变化,然而到了原子,那就是变化之穷途。原子是一堆死板板的物质,这里边再没有活动的余地了。依现代的科学看来,一个原子之内部,空隙甚多,它是由于少数的动得极快的微点组织成功的一个组体。它的系统,以至于它的存在,都是靠着这些动的微点——更进一层说,微点的动——建设起来。倘若不动,这些微点也没有了,原子也没有了,一切宇宙都没有了。动之时义大矣哉!我们可以说:莱柏尼的单子经过物质化而实现了。这种观念,既然侵入于我们思想里边,于是我们有意底或无意底常时把它应用于人类一切的活动之范围,并不是什么奇怪的事情。

(2) 分个之观念　从前的原子论,虽是把物质的宇宙分成很小的单位,然而还不及现在电子论中之电子那样底剖析入微。而且从能力方面讲来,电能力之电子,光能力之量子,都成了能力中之分个的单位,再加着力线电力管等等观念,和生物学中之定子,及单位性质之观念,都足以使我们发生多元分个之见解。这些分个各尽各的力量,各据各的范围,各依各的原因,各生各的结果,宇宙之动作,就是这些无数单位的动作之共总,不可以其小而忽之。这样的宇宙观,自然也要流露于其他部分的活动了。

(3) 能力与情境之观念　从前的物理学家,想用力之观念去解释宇宙之全体(不仅指物理的宇宙而言),于是注重物质之惰性;因为依奈端第一定律,力就是征服惰性的一件主司。现在我们把能力之观念代替了力之观念,力是加自外边的,能力是物所自有的。但是物所自有的能力,如何能够发生出来成为动作呢?所以我们不能不注重情境。倘若没有适宜的情境,能力不能发生出来;水之潜能力,倘若没有自上流下的情境,则无工作之可言,煤之化学能力,若没有燃烧的情境,又何能发生光与热?而且能力之表现,究竟属于那一种的方式,也是看情境而不同。电在电弧的情境之中,发生为光,在摩托电动机的情境之中发生为动。煤气之化学能力,在朋孙灯上发生为热,在纱罩灯上,发生为光。我们要使能力表现,要使能力表现为何种方式,都必定要在情境上去做工夫。这种观念,和生物学里环境之观念都影响到了人类一切的思想活动。在物理的宇宙观里边,有力与惰性,及能力与情境之不同,在政治上,有压迫与利导之不同,在社会上,有节制与培养之不同,在教育上,有贯注与启迪之不同,这些"不同",实在都有同的地方。我们试想想:我们人类生活之中,假使只有力与惰性两个因子相克相持,总不如有能力与情境两个因子相生相养,较为适合我们的口味吧!

第五章　生物进化与球面沿革

古话说：少所见，多所怪。试问多所见的，就不足为怪吗？我们试想想山原河海，草木鸟兽，那一样不是可怪的东西！我们祖先，不懂得这些"怪"，所以用许多神话去解释。对于地面形势，他们说什么真火铸出来的，又说什么挠亚洪水冲出来的；对于生物，他们说什么女蜗氏抟土为人，又说什么上帝七日造成的。在十七八世纪之时，虽是有康德拉布拉司说地球是从太阳里射出来的，然而究竟还没有解释球面之变迁；虽有朋奈（Bonnet）说他看见鸡蛋壳里，已经有一个完完全全的小鸡在那里啄米、饮水、抓地皮，然而究竟还没有解释人与动物之发生的关系。一直到了十九世纪科学昌明的时代，才有一个里页耳（Lyell）和达尔文（Darwin）把这一类的神话根本破除，而改用普通的天然力来解释这些怪而不怪的问题。我们且来叙述这些问题之科学的解释。

（一）生物进化

我们试到万生园中看看，有许多花卉果木羽毛虫豸，各种有各种的习惯，各种有各种的形状。但是这些光怪陆离的种，还是自有生以来，就是这么多呢？还是同出于一原呢？从前的人以为：自有生以来，就是这么多种，各种有各种的特性，这些特性，就是亚里士多德所谓"最终法式"。他想把宇宙间事事物物都分成类——在生物界即为种,——每一类有一类的最终法式。虽然每类中分子不齐,不必尽合乎这个法式,然而总有要合乎这个法式之趋向。譬如说:人类之长为五尺半,虽有超过五尺半的长子,和不够五尺半的矮子,然而大家都有要合乎五尺半之趋向;夏天之温度为九十度,虽有时热到一百度,有时只热到八十度,然而所有夏天,都有要合乎九十度的趋向。这样的理论虽是不易受人家的攻击,然而究竟不能餍满实证精神之欲望。中古以后,进化观念逐渐发展,当时大哲学家如康德笛卡儿莱柏尼都有关于进化的学说。但是这些学说不过是哲学的思辨,不是科学的证明;不过是从生物学范围以外的研究,而延及生物学,不是由生物学范围以内的研究,而构成系统的联贯。有系统的科学的生物进化之理论,实在是查里士达尔文一人苦力创造出来的。自他的《原种》(Origin of Species)出世之后,大家才知道这生物界中许多的种,都是同出于一原。生物进化之理论,到了他的手里,才有确定的意义,丰富的证明。现在我们把这个理论,叫做达尔文主义,他实在可以当之而无愧色。所谓达尔文主义,不是专指狭义的竞争,如宗教家之所指摘的,它实在包含全部的进化,换言之,即是说明种类之变迁。

各种不同的生物,既是同出于一原,然而何以自一原而变成许多种呢?这个问题,笼统说起来,是很简单的,——变而已矣。然而详细分析起来,却不是易于解决的。我们先从同的方面看起来,最易看得出的,是同类必生同类。俗话说:龙生龙,凤生凤,老鼠生儿子会打洞。这个道理,就是生物学里所叫做的遗传(heredity)。然而生物界中,如果只有遗传一个因子在那里动作,则始祖所生出的子孙,必定个个都和始祖一样,那就不成其为种了。再从异的方面看来,每个有每个的性质形状习惯之不同,无论如何相近决不能够完全是一样的,俗话说:一娘生九子,九子不像娘;这个道理,就是生物学里所叫做的分衍(variation)。然而生物界中,如果只有分衍一个因子在那里动作,则自始祖起,每代所生出的,都和父母不同,而且彼此都不相同,那么,地球上的生物,纵的横的不过是千万无数的分个,那也就不成其为种了。所以遗传分衍两个因子,必定是相辅而行,才能生出来同之间又有不同,不同之间又有同的种。然而依此说来,生物界中之种,一方面因为遗传而有同,一方面因为分衍而有不同,那么,若把生物界中现在存在的各种排列起来,应该成一个不可辨别的联续;甲与乙相似,甲乙之间,又有丙与甲更相似,甲与丙相似,甲丙之间又有丁与甲更相似,就同无限分数一般。我们试设想在生物族系树(genealogical tree,以表牒叙明生物发生之系统,其形式如树者)上,若是枝桠过于繁密,——繁密到了中无空隙的地位,则成混然一片的堆体,还有什么族系之可言?然而依普通事实看来,有些不同的种,其间似乎有判若鸿沟的界限,又是什么缘故呢?对于这个困难,我们必定另外还要有一个理论来解释它。生物由分衍而来的不同的种,有适宜的,有不适宜的,适宜的生存,不适宜的淘汰。古语说:顺天者存,逆天者亡,我们若把这个天字当作天然的"天"解释,这两句话所包含的道理,就是生物学里所叫做的天择(natural selection)。我们所看见的种,都是经过天择而生存的种,还有许多已经淘汰的种,我们现在看不着了。所以我们觉得这些生存的种之间,有判若鸿沟的界限。这个理论,是生物学中最大的发明,也就是达尔文进化理论之脊椎骨。又有分限(isolation)一个因子,也是"使种之区别加大"之一个原因。例如二海之间有土峡,或者两平原之间有高山,或者两大陆之间有沙漠,则两边生物之区别甚大。这一种原因,也是可以成立此种与彼种之间之界限的。我们现在就遗传、分衍、天择三个理论,各为叙述一番。

(1) 遗传

父母的性质,既与子女的性质有同有异,然则以何种性质遗传下去呢? 还是只有先天的性质——种的性质(racial character)——遗传下去呢? 还是后天的性质——习得的性质(acquired character)——也可以遗传下去呢? 自兰马克(Lamarck)和爱拉斯莫司达尔文(Erasmus Darwin)倡后天性质可以遗传之说,十九世纪中的生物学家,大半都没有反对的。依兰马克的理论,一个机关之发展和退缩,全凭用与不用而定。用者发达,而且将此已发展的机关,直接底遗传下去。所以就此部机关而言,是有"干父之蛊"的气象,一代比一代好。不用者退缩,而且将此已经退缩的机关,直接底遗传下去,所以就此部机关而言,是有"五世而斩"的气象,一代不如一代了。

赫胥黎拿家鸭和野鸭的翅骨和腿骨之重量,互相比较,他寻觅出来家鸭的腿骨较重于野鸭的腿骨,野鸭的翅骨较重于家鸭的翅骨。他从此推论:家鸭和野鸭虽出于同一的祖宗,然而野鸭飞的时候多,家鸭走的时候多,所以野鸭的翅骨发展,腿骨退缩,家鸭的腿骨发展,翅骨退缩。起初不过是小有不同,但是这个发展和退缩之结果,是直接遗传下去的,所以经过许多代数之后,发展者愈见其发展,退缩者愈见其退缩,于是就大有不同了。他又在新生地层之中考察河獏变马之历史,他寻出来最古一层有河獏,其足有五趾;较新的一层中,有三趾马,其足只有三趾了;再较新的一层中,有主趾马,其中趾较大,左右各一趾较小;至于最新的一层中,则有我们现在所看见的马,只有中趾发展最盛而成为蹄,其左右二趾竟缩成微细的软骨。足见河獏进化之时,因为奔走甚多,所以中趾特别发展,其他各趾,逐渐退缩(中趾在奔走时最为得力)。一直到了马的阶级,中趾之发展,已达极点,然后可以有一日千里之能力了。

德康多耳(De Candolle)试验植物,使之受饿,其结果乃得较平常更繁丽的花蕊;用此受饿之植物之种子传下去,其生出之子孙,花蕊亦茂盛。淘沃(Tower)以蕃薯甲虫置之非常温度及湿度之下,因其甲壳坚硬,不起变化,但其所生出的子孙,倒有不同的颜色与花纹,而且递传下去,不复回祖宗之状态。这些事实,也似乎是辅助后天遗传之理论的。

不但筋骨之发展与退缩,可以直接遗传,即脑力之发展退缩,也可以直接遗传的。进一层说,下等的本体(instinct)可以进化成为高等的智慧(intellect)。达尔文把针鱼养在玻璃箱里,以海水注之,箱内安一玻璃墙,将此箱隔成甲乙两段,针鱼放在甲段里,他又把一些活的小鱼,放在乙段里。针鱼本是肉食的鱼,所以它们看见着小鱼,就一往直前底射激过去吞噬。但是它们这种举动,不但是没有果腹而归,而且在那玻璃墙上,碰着一个大钉子。到了碰的次数多了,它们的射激的举动,也渐渐减少了。到了一月之后,他们虽看见墙那边的小鱼,似乎是到了身边,也就望望然而去之。以前见小鱼而射激,是它们的本能,以后见小鱼而不射激,已经是智慧之萌芽了。若是遗传的代数多了,就渐变成种的习惯(racial habit)。猫狗见家禽而不咬,就是种的习惯,由遗传而得来的。亚文(Owen)带着一种猎犬去打猎,他打着了两只野鸡,但是不过受了伤,都还不曾死;这种猎犬的天性,是喜欢生擒禽兽来给它们的主人,所以那中射的禽兽,如果不是已经射死了,它决不咬死着衔回来。但是这一次,它却遇着一个困难的题目:它一次不能衔两个回来。如果它只衔一个回来,又恐怕那一个跑脱了。它徘徊了一些时候，于是它咬死一个，而把第二个活的，衔着回来。不咬死是它的本能，这一次咬死，也就是智慧之作用。兰马克派相信这样习得的智慧，也是要影响到生殖细胞而遗传下去的。

我想乘叙述后天智慧是否遗传的机会，简单讨论动物是否有智慧之动作。动物之有本能，例如蚕吐丝，蜂酿蜜，而且这种本能，是可以遗传下去的，已经成为无可辩驳的真理。但是对于智慧，却有一些意见之不同。有人以为智慧(intellect)与理性(reason)，乃异字而同义。它与语言为同存的性质，是人类所独有的。动物只有本能，如上文所举的针鱼，是小鱼而射激，猎犬不咬死禽兽而衔归，都是本能的作用，即令有遇变迁的环境，而变迁其本性的事情，也不过是属于感觉方面的动作(perceptual process)，不是属于概念方面的动作(conceptual process)。概念是由抽象而得来，抽象须从个体的事实，抽出普遍的概念；这是智慧的作用。概念须有一种符号来维系它，语言乃是尽这个维系的责任的。希尔(Hill)教他的狗开箱子，而以饼干为奖赏，它开一次，可得一块饼干。于是当它的主人在旁边的时候，它就不待命令而开之。以后他把一块热肉，放在箱子里，又将这只箱子放在没有人的院子里，他在一个窗子里望着；这只狗虽是闻着肉味，但是不知道立刻开箱子去取出来。开箱子而盼望主人给饼干，不过是一种感觉的作用，开箱子而自取东西，乃是概念的作用。因为要从它的经验之中，把开箱子和主人和饼干三个概念分开，而把开箱子一个概念联合到箱子里边的热肉上去，不是一只狗所能做得到的。所以我们只能说动物有知性(intelligence)，不能说动物有智慧(intellect)。知性是包含感觉的动作和概念的动作二者而言，智慧是专指概念的动作的。但是感觉的动作和概念的动作，也难有确定的分界。一个高等动物改变它的习惯以应付新发生的环境之时,我们能断定它没有"用此方法得彼结果"之概念动作吗?若说概念动作,在动物进化程序上边,究竟发生在什么时候,我们无从知道,所以我们不能说动物有概念动作之本领,那也是不充分的理由。我们人类不能记忆四岁以前的历史,试问我们能够断定我们人类概念之动作,究竟发生在什么年龄吗?若说语言为概念之符号,则动物亦可吐出不同的声音,表写不同的心理状况。若说联接语言(联结字而成句,联接句而成篇),是人类所独有的,所以惟有人类有概念的动作,那也不是无可辩驳的定案;因为人类也有用简单的声音表现情感之时,动物也能了解简单联接的语言,既能了解,必能成立语言所代表之概念。我们自己听见了敲钟,就到饭厅上去吃饭,我们承认我们自己的脑子里,有一个"凡敲钟的时候都有饭吃"的普遍概念。我们看见一群鸡子听见管家太太祝祝的呼声,就围着她而待哺,我们为什么一定不承认它们脑子里有"凡被呼的时候都有食吃"的普遍概念呢?况且从行为论方面讲来,有一定的激动,都有一定的反应;我们固然不能证明概念之有,却也不能证明概念之无。人与动物都是如此,并没有什么不同,纵有不同,也不过是阶级之不同,决不是类别之不同。但是说到此处,我们要归到遗传之本题了。从动物进化到人类,从本能进化到智慧,必定有后天的因环境变迁而习得的性质遗传下去,才能一步步的提高。这是兰马克派所最注重的一层。

如果后天性质可以遗传之理论,是十分普遍的真理,那倒是很可庆贺的一桩事情。那么,我们只要拼命读一代书,我们的子孙,个个都是孔夫子;我们只要竭力学一代算学,我们的子孙,个个都是奈端。岂不是好!无如事实一方面,却不是如此如愿。我们详细考察,可以否证此理论的事实极多。例如磨擦而生的粗皮,操练而生的筋肉，都是不能直接底遗传下去的。还有一件事，是我们所最常看见的例子；就是：中国女子缠足，年代总也不算少了，然而女子却不是生来就是小脚。至于由学习得来的知能，不能遗传下去，成为良知良能，那更是不待言了。所以近二三十年来，反对此说者，日见其多，然而推源溯始，当推门德耳（Mendel）为第一人。

门德耳的基础试验，仍为现在动物学中所常引的，就是高矮豌豆之配合。以高豌豆和矮豌豆相配合，则所生的第二代豌豆，并非不高不矮，介乎二者之间，如我们的常识所预期的，但是全是高的。若将这第二代高豌豆自相配合，则所生的第三代豌豆，又不全是高的，如我们的常识所预期的，但是四分之三是高的，四分之一是矮的。若将这第三代的矮豌豆自相配合，则所生的第四代豌豆又全是矮的；足见这第三代矮豌豆，是纯矮种。但是第三代高豌豆之中，有三分之一，若自相配合，则所生的第四代豌豆，全是高的；有三分之二，若自相配合，则所生的第四代豌豆，和第二代高豌豆所生的相同；足见第三代高豌豆之中，有三分之一是纯高种，有三分之二是杂高种。今以「」为杂种之记号，列表于下：

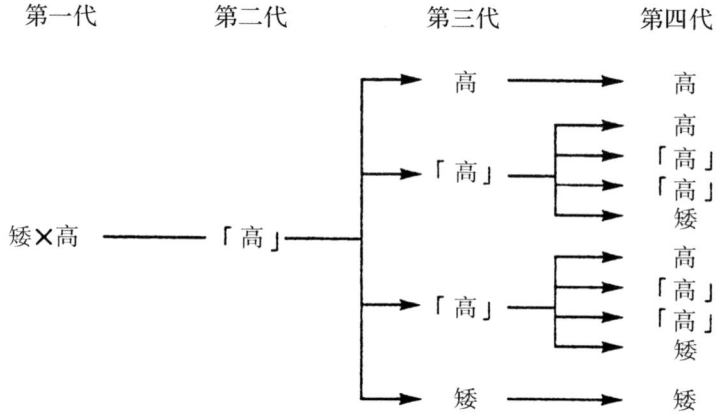

他把第二代必发见的性质(如上例中之高),叫做盛的性质(dominant character),第二代隐藏的性质,叫做衰的性质(recessive character),这盛衰二性质之共总,叫做相配的对偶(allelomorphic pair)。

以上所举的例,不过是一个古老而简单的。以后生物学家对于豌豆之黄(盛)绿(衰)圆(盛)绉(衰),兔鼠之灰(盛)黑(衰),鸡之玫瑰冠(盛)和笔架冠(衰),蜗牛之无花纹(盛)和有花纹(衰),麦之无须(盛)和有须(衰),鼠之平常性质(盛)和旋转之性质(衰),都做过同样的试验,而所得的结果,都和门德耳所考的成分相符。这个成分,就叫做门德耳成分。这些事实,不是后天性质可以遗传之理论可以解释得了的。所以门德耳另外创设一个单位性质之理论(unit character)。此理论之大概,是以一物之所有的性质,分为许多单位,如上段所说的高、矮、青、黄、圆、绉,等等。这些相配的性质,盛者发见,衰者隐藏。但是这个隐藏的单位性质,并不是消灭的,或融化的,它在后代,还要发见出来,就同化学中的原子之不可磨灭一般。有了这个理论,我们才懂得何以子女的性质,有时与父母不同,何以一族系中,有时有一种性质隔一代或两代而发见;推而论之,何以以尧为父而有丹朱,以瞽瞍为父而有舜,都可以藉此而解释了。

近代反对后天遗传之最有名的学说,就是威司蛮(Weismann)的生殖腠津永活(continuity of germplasm)之理论。这个理论,乃是近代生物学中极大的出产品。试为节述如下:

一生物之起首,乃是一个生殖细胞。此细胞乃是由一个精虫与卵结合而成,其中有细胞核,此细胞核中有生殖腠津。当一个生殖细胞由一分判为二,由二分判为四,由四分判为八……而发达为个体生物之时,留着一部分生殖腠津长育为生殖细胞,以供第二代生殖之用，而用其余的部分长育为躯体上的各机关，如手足头尾心肝肺肠之类。后一类的细胞，统称躯体细胞。到了第二代生殖之时，也是"如法炮制"。这样看来，躯体细胞，不过是生殖细胞的附属品、旁产物。人之有死，不过是躯体细胞倒塌罢了。至于生殖细胞，

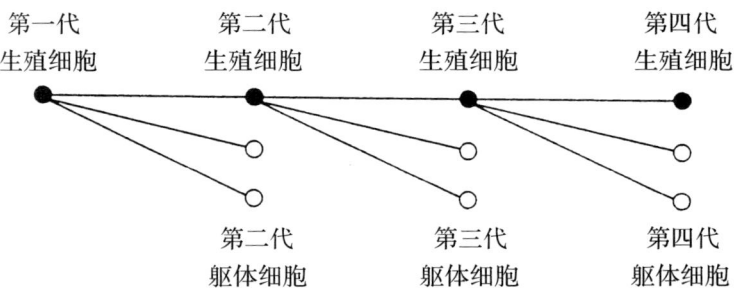

早已在生殖的时候，分判而成为第二代生殖细胞，储藏在子女的生殖机里边，自有生以来，未曾死过；因为一个细胞分判而成两个细胞，不能算做死。生殖细胞，永远在那里分判，所以他说：生殖细胞是长生不死的。而且若依此说，则当一个生殖细胞发达成为生物的时候，已经储留一部分膆津为第二代生殖细胞，那么，儿子乃是父亲的弟兄，女儿乃是母亲的姊妹，父母还未出世之时，子女已经分配出来，父母后天的行为，自然不能影响到子女的性质。所以他说：后天性质是不能遗传的。总之，他以为生殖细胞和躯体细胞是不相搀扰的，躯体细胞，有生有死，生殖细胞，永生不死。生殖细胞是主体，躯体细胞是旁产物，不过用作视听思想消化运动……各种器具，以供给生殖细胞之生活而已。

单位性质，丽附于生殖细胞之细胞核之中。细胞核当分判之时，有染色线（chromosomes）。染色线之多寡，以各种而不同，有一种高甲（虾类），其染色线有一百六十八条之多。但是：无论如何底多，总不能以一个染色线代表一个单位性质，因为一个生物之性质

太多,不是染色线所能代表得了的。所以:我们还要在染色线之下层,去寻单位性质之居停,就同在原子之下层去寻电子一般。一个细胞核在生殖细胞里边,和独立的生物相同,可以藉食料而生长。它里边储藏生殖腜津,就是细胞学(cytology)中所叫做的染色质(chromatin)。(但是生殖腜津有时要包括核中之仁(nucleolus)与核边之中枢围(centrosphere)而言。)这些染色质,是由若干壹旦(idants)集合起来的,每个壹旦,是由若干壹德(ids)集合起来的。这些东西,经过一定染液浸润之后,都可以用显微镜看得出来(所以叫染色质)。这些染色质,在分判的时候,排列成为上节所说的染色线。每个壹德是一个小宇宙,把各种性质发展之可能,都包藏在里边。它的组织,是依过去的历史而规订。每个壹德,又由许多定子(determinants)集合起来。每一个定子,将来即长成一个可以独立底随环境而变衍的机关,例如手足心肝之类。这些定子之集合之形式与成分,都是由历史规订的,换一句话说,性质之遗传,都是靠着他们去担当这一份责任。每个定子,又由许多生质(biophores 或 progen 或 gammules)集合起来。这些生质,或者可以离细胞核,入细胞液而支配其行动。但是这些极小的分子,也出于闻见的范围,近于玄学的存体,无怪行为论家笑称它们为显微镜里面的上帝。

  雄的生殖细胞为精虫,雌的生殖细胞为卵。当精虫入卵之时,精虫核与卵核相接近,两核中之染色质,和在细胞分判的时候一样,发生为染色线。今以鼠为例而言,精虫核与卵核所发生之染色线,其数各为十二,共有二十四。这些染色线复各自剖析,成为四十八。其时核墙消灭,而有两个中枢极(centrosomes)成于两端。此四十八条染色线,有二十四条归于此极,有二十四条归于彼极。每极所得之二十四条之中,有十二条是原于精虫核的,有十二条是原于卵核的。于是这个受精之卵,遂分判而成两个细胞。每个细胞,各得一半原于精虫核的,一半原于卵核的染色线。这是很重要的一层。因为如此,所以受精之卵分判为两个细胞之时,每个细胞核中所有的染色线之数,仍然与未分判时之染色线之数相等。而且一半是原于雄者,一半原于雌者。因为性质之遗传,是由于染色线之分配,已成确不可移之义,所以我们可以论定:凡子女所得自遗传的性质,一半是原于父的,一半是原于母的。以后细胞分判,染色线都是照样的剖析。所以无论分判若干次数,每个细胞里之染色线之数是不变的。总之,精虫核与卵核中之染色质,发生为染色线,及染色线分归两极,这两层行为,必是父母性质遗传子女之枢纽;而且父母性质之遗传,各有二分之一之机会,也似乎是显而易见的。

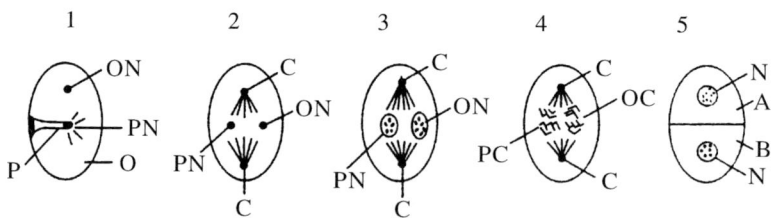

O 为卵;
P 为精虫;
ON 为卵细胞核;
PN 为精虫细胞核

C 为中枢极;
ON, PN 为细胞核

ON, PN 中之浓点为染色质

OC, PC 为染色线

A, B 为受精之卵初次分判之二细胞;
N 为核

照单位性质之理论讲来,生物性质之单位,是有一定的,不能创造,也不能消灭。那么,后天的性质,自然不能加到原有性质里边,一道遗传下去。照腺津永活之理论讲来,生殖细胞与躯体细胞是不相搀扰的,那么,躯体细胞方面的后天行为,自然不能影响于生殖细胞,而遗传于后世。所以这两种理论,是同属于后天性质不能遗传之一派的。

但是威司蛮的理论,也不能博取全部的生物学家的信从。其持异议最盛的,是为赫特维(Hertwig)。他反对的理由是:(一)生殖腺津永活理论中之所假定的细胞核之别择的分判,——即是一部分成为躯体细胞之核,一部分成为生殖细胞之核,使原来一种细胞成为两种细胞,——并没有切实的证明。而且增倍的分判,——即一个细胞核分成两个细胞核,与原来细胞核完全相同,而且彼此完全相同,——反来有较多的实据。例如单细胞的生物——如酵母——并无躯体细胞与生殖细胞之分,它的分判总是增倍的分判。(二)低等动物——如马蝗——之重生,无论割切那一部分,都可以长成一个单位的动物,即高等动物亦有修补损伤之能力;足见不同样的细胞,可以通融使用。(三)植物可以萌生,以一枝番薯藤插于土中,即成一个独自生活的番薯,足见其躯体细胞之中,有生殖细胞之分子。(四)高等植物可以移接,梨树上可接桃子,篙子上可以接菊花,足见不同种的细胞,都可以交相为用。(五)人可以换血,以强壮者的血液贯入患血亏的血管,可以收得与自己血液相同的效用,足见在不同个体中之细胞,——血轮——也可以代行供养之职务。(六)用人工分判海猬之卵,各部皆可长一个生物,足见此卵之各部,皆有生殖腺津。他根据这些事实,反驳威司蛮的理论。他以为一个生物,各机关(如呼吸机关消化机关)的细胞,有各自特别的性质,然而都有一种潜隐的性质,为此一种生物所共有,而此潜隐性质,即依据于可供生殖的物质。任何躯体细胞之中,都有此种可供生殖的物质,不一定要以生殖细胞为限。

所以:后天性质不能遗传之说,虽是博得多数之赞同,然而:倘若我们说绝对不能,也未免失之急切。新兰马克派极力想设法转圜,改变兰马克原来的简单方式,即威司蛮本人,晚年也承认后天的行为,可以影响生殖膵津之内容。现在讲遗传的,大约都以为后天性质,是不遗传的,但是"可以发展后天性质"之可能性,是遗传的。例如一个白人居于热带,可成棕色,然而他的儿子,决不是生来就是棕色。这就是说:他的棕色的——后天的——性质,没有直接底遗传下去,但是他的可变棕色之可能性,是遗传下去的。总之,一个性质之因子有二:(一)细胞之组织,(二)环境之刺激,二者缺一,则此性质不能发生。但是环境之刺激,有常存的,如空气、日光、食料、仇敌;有不常存的,如社会上情境之变迁。我们往往把由于常存的刺激而发生的性质,叫做先天的性质,或种的性质,把由于不常存的刺激而发生的性质,叫做后天的性质,或习得的性质。其实里边必定有一定的组织,外边必定有一定的刺激,才能发生一定的性质,无分于先天后天啊。以上所说的,都不过是把已有的性质保存下去,所说的变迁,都不过是退步的变迁,这就是说:将原有的性质减少若干而已。然而自单细胞进化而到我们人类,其中必定有进步的变迁,这就是说,有些时候,必定加入一些新性质。这个进步的变迁,由何而来,现在生物学家还没有一定的解释。倘若他们能够给予我们一定的解释,则我们对于各种生物,——包括我们自己人类而言——要加入什么性质,就加入什么性质,其有益于人类,或者比蒸汽机还要大得多。我们说及这一层,就不能不讨论分衍了。

(2)分衍

生物之性质不同,原于其细胞组织之不同,然而细胞组织,何以渐到不同的地位呢?实在要归功于分衍。我们可以把分衍分为二类：(A)寻常的分衍，或简称修改；(B)出轨的分衍，或简称剧变。

(A)寻常的分衍 我们试到一个会场，考察人之高度，最高的或有六尺多高，最低的或有四尺高，然而普通多数总在五尺半左右。若用方格纸统计之，以竖标记人数，以横标记高度，则必得一抛物线状的曲线（如图）。加耳敦(Galton)、皮耳孙(Pearson)等用这个方法，去量各种的性质，如豌豆之大小，树叶中之水脉之数，牝猪右前腿之母络腺(Müller's glands)之数，所得的结果，都是这样的。这样的曲线，叫做错误发见率之曲线(curve of frequency of errors)。依此曲线观之，一类中之一种性质，必有一个平均代表。多数分子之此种性质，皆在平均代表之左右。离平均代表愈远，则分子之数目愈少。这个平均代表，又谓之种的平均(race average)。这样看来，一类生物之性质，各分个俱有微有不同之处，所谓物之不齐，物之情也。但是：倘若只就一种生物之一种性质而言，其不齐之程度，或相倍蓰则有之，然而总不能远离于种的平均，不至于或相什伯，或相千万的地步。

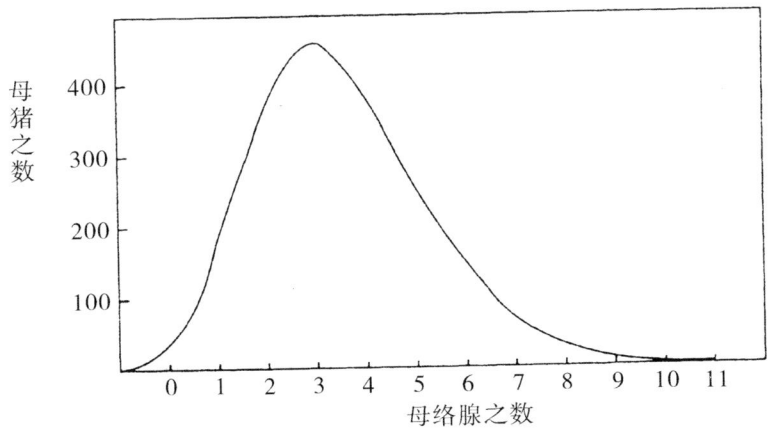

这些事实，和加耳敦祖先定律(ancestral law)极有关系。依祖

先的定律而言,一个生物之性质,由遗传而得自每个祖先的部分,等于此代祖先之数之反数(reciprocal,或译交换数)之平方。例如最近的一代祖宗,只有父母二人,则子女得自父母各人的部分,为 1/2 之平方,即四分之一。那就是说一个生物之先天的性质,有四分之一,是从父遗传下来的,有四分之一,是从母遗传下来的,共总有二分之一,是从最近一代的祖宗遗传下来的。其次最近的一代祖宗,有祖父、祖母、外祖父、外祖母四人,则孙子孙女,得自祖父、祖母、外祖父、外祖母各人的部分,为 1/4 之平方,即十六分之一。那就是说:一个生物之先天的性质,有十六分之一,是从祖父遗传下来的,有十六分之一,是从祖母遗传下来的,有十六分之一,是从外祖父遗传下来的,有十六分之一,是从外祖母遗传下来的,共总有四分之一,是从其次最近的一次祖宗遗传下来的。再往上溯,仿此类推,距离代数更远的祖宗,所遗传下来的部分更少。一直推到安麦帕,我们由它遗传下来的部分,真正是微乎其微了。所以同种的生物,其性质必定大致相同,因为它们多数的祖宗,都是相同的。它们不是"同出于一祖",它们是同出于多祖。所以寻常的分衍,总是在种的平均所能代表的范围以内,不能发生新种出来。

(B) **出轨的分衍** 依旧兰马克派说,生物变迁,本无所谓剧变。生物之变迁,是逐渐的、缓行的,不是骤尔而来的。以分个的生物而言,一机关之发展与其退缩,全凭用与不用为转移。用与不用,全凭环境之需要与不需要为转移。需要则用,不需要则不用,固然是人之常情;用则发展,不用便则退缩,却也是天之常理。在分个的方面(ontogenetically),既是如此,在种族的方面(phylogenetically),也是如此,而且化石学里,还有许多的例子,可以证明。这些发展或退缩的机关,都直接的遗传下去,阅时既久,由小不同而集成大不同。这就是缓变之说。此说颇似近理,而且和常识所预期的,也甚相符,所以在生物学界中,占据势力八九十年,即达尔文自己,也以为生物之分衍,是逐渐的,是偶然的,其所以能成种的缘故,全由于天择之淘汰与保存。

以分个的进化,推较到种族的进化,也有可信的理由。高等动物在胚胎阶级之时,常有一些机关,与低级动物在长成分个之时相同。即以人类而言,其在胚胎阶级之时,心只二房,与鱼(已经长成分个的)相同,脊骨为脆骨,与一种低级鱼相同,后体有尾,与一班哺乳动物相同。又如肱足(蛤蜊)类中之各种,最低级者其壳平滑,较高级者其壳有横埂,再较高级者,其壳上之横埂更显,再较高级者,其壳既有横埂,又有直埂,最高级者有刺。这些刺,就是直埂横埂之交点之发大。但是有刺的肱足在个体发育之时,仍然经过以前几层的阶级。其余与此相类之例尚多。此种事实须有理论方面的解释。负解释之责者,是惟温习之理论(recapitulation theory)。高等动物在胚胎里,由一个细胞——受精的卵——发育成为分个的动物,要经过"自单细胞进化而为人类"所有的历程,就同温习旧课一般;换一句话说,分个方面的胚胎之发育,就是种族方面的进化之缩影,把亿万年的路途,用几个月的工夫走完了。分个方面之发展与退缩,既原于用与不用,则种族方面之发展与退缩,也是根据同样的理由。于是分衍的问题,就可以得到相当的解释了。

但是推较终是推较,不能算稳固的证明。依温习理论而言,种族相近的动物,在胚胎里,其相近的程度,应当更高,且可以高到几乎不可辨别的地步。然而有些相近的动物,在胚胎时的区别,比长成分个时的区别还多,例如节足动物类中之环行蚰(Peripatus)。所以分个进化和种族进化,也不能算作同一的现象。而且在种族进化方面，要发生后天性质遗传的问题；由于用与不用而发展或退缩的部分，如何移注而入于生殖细胞，以遗传于后世，是不易获有明显的证明的。我们只能说：这些发展与退缩的影响，总能修改生殖细胞之内容，到了第二代的时候，如果遇着与第一代发展或退缩时所受的同样环境之刺激，又发生同样的组织而已（参观上章）。

德斐里（De Vries）试验番石榴（Œnothera），而得与缓变之说相冲突的结果。此项植物传种若干代，与原种无殊，及至数代之后，骤尔发生许多不同的新种。所以德斐里创一理论，说生物进化有两个时期：(a)固定的时期，在此时期内，父子沿传不变；(b)骤变的时期，在此时期内，生物向各方面骤尔变迁，而发生不同的种这个变迁，是骤来的，似乎是无因而至的。然而我们与其说是无因而至，宁可说我们不知道它的因罢了。由此看来，生物的进化，不是联续的，但是跳跃的。

这样的分衍，总是因为细胞组织有变迁哪。但是细胞组织之变迁，是从何而来呢？我们取其简便，且把各家理论对于此点可以有相当的解释者，分为二类：(a)由于外的，(b)由于内的。

（a）由于外的 由于外的理论，又可以分为二类：(甲)直接的，如爱莫耳（Eimer）之说。生物组织之变迁，全由外界的刺激而来，如热、光、潮湿、食料、仇敌之类。试举一例而言，植物之有绿色，似乎是常存的性质。然而只是在日光中生长的时候，是如此的，倘若生长在暗室里，则成为无色的。这是因为外面没有日光之刺激，里面就没有叶绿质之发生。总而言之，凡细胞组织之变迁，都是物理的与化学的反应。(乙)间接的，如达尔文之说。外面的环境，并不能促使内部发生变迁；但是许多生物之内部，若有若干不同的变迁，则外面的环境，可以有选择的权柄。其变迁与环境相适应的,即保存之,其变迁与环境不相适应的,即淘汰之。外面的环境,和考试人一样,组织之变迁,和赴考的学生一样。考试人不能直接叫学生去读什么书,但是:若是学生所读的书,与考试人所定的资格相符,就可以中选了。

(b) 由于内的　由于内的,也可以分为二类:(甲)生力说(bathmism),如哥布(Cope)所主张的。外界的环境,有一定的需要,生物不能答复这些需要,就不能生存。但是生物都有生存的欲望,生物的生命,是有目的的。因为要达到生存的目的,所以时时刻刻底试验各种方法,来适应这些需要,以满足其生存之欲望。这就是努力(effort),也就是生力(growth force)。因为有这个生力,所以发生组织之变迁,去适应外界的环境。这样看来,组织变迁之中,有心理之分子。(乙)创化说,如柏格森(Bergson)之创化论。每个细胞都是时时进化不已的,时时变迁的,就是时时创造的,而且所有的变迁,无论如何写远,都保存于现存的细胞之中。那就是说:所有过去的历史,都是现在发见的现象之原因。推而论之,这些历史的影响,不一定发见为可觉察的变迁,但是潜伏而不灭,到了一定的时候,可以都发见出来,成一个很猛烈的变迁。所谓剧变者,就是这一种的变迁而已。

除以上数说之外,我们还可依门德耳的原理,而有下列两种解释:

(a) 婚配(amphixis)和杂婚(hybridization)　当生物生殖之时,父母的性质,各有一半的机会遗传下去。若父母性质不同,即所生的子女,或与父同,或与母同,例如前段所叙述的豌豆;或与父母俱不同,而另具一新性质,例如白玫瑰与红玫瑰配合,则生绛玫瑰,尖长叶柳与扁长叶柳配合,则生梭形叶柳(在尖长扁长之间),

是成一新种。此新种与他种相配合,又可以发生别的变迁。威司蛮以婚配为分衍之唯一的因子。但是如此说法,也有极大的困难,因为由婚配而发生的变迁,不能出于种的平均性质之范围;由杂婚而生的子女,往往不能传种,例如骡,或传种一二代而即绝,例如山羊与绵羊杂婚而生的子孙,若自相配合,不能有绵延之世胤。不过此项传种之限制,似在动物界较大,而在植物界较小而已。

（b）单位性质之互相影响　一个生物之性质甚多,我们可以设想:每个性质,有一个单位的东西,在里边为之主持。这些单位的东西,互相搀搅,其所得的结果,不期定是物理的结果,——彼此相加的总数,它们可以得化学的结果——彼此化合而另生一种新东西。只要这个新东西,以后永不析解开来,也就等于一个单位性质了。

（3）天择

说到天择,我们须将竞争和适应合在一道来讲,因为这三项是分不开的。我们首先且谈生物之生殖的能力;生物生殖之能力,实在是大到可惊的地步。蕨草之一个楠囊（spore sac）中之楠,有一万之多。一对青蝇,可生二千蝇卵,孵出之后,至两星期,又长成生殖期成熟的青蝇;这二千青蝇,又能生二百万蝇卵,每个蝇卵,又孵出一个青蝇。足见生物之所能生殖,远超过于地面之所能供养,僧多粥少,势不能不起争端了。这就是达尔文的生存竞争。近来相信克鲁泡特金学说者,推崇互助主义,以为达氏生存竞争之说,已经完全打破,这实在是戴着伦理的蓝眼镜,去观察天然现象。两个狗为着一块骨头而打架,不能说不是同类的竞争;我们文明人类拼命底防虎疫霉,不能说不是异类的竞争。不过人类有道德的情感,不应该抹煞同情的本能,有推测的智慧,不应该不计算最终的利害;

而且这两层之重要,远超出于兽类的简单竞争之上,我们当然是承认的。

生物界中,有同类互助的现象,是为动物之群性(social character)。例如昆虫类之蚁与蜂,其分工合作之组织,可比于法治的国家;飞禽类中之雁与骏鸟(paradise birds),哺乳类中之羚羊,都是出则同阵,处则同居,共同工作,互相守望;他们都是富于群性的动物。又有异类互助的现象,是为同生(symbiosis)。例如豌豆与其根上所附丽的细菌,豌豆以细胞液供给细菌为食料,细菌使空气中之淡固定而为淡合物,以充豌豆之肥料。石南与一种细菌,亦是如此。又有同栖(commensalism)之现象,亦为异类互助之一种。例如寄居蟹寄居于海葵硬管之下端,寄居蟹以海葵为保护之武器,海葵藉寄居蟹而移动,又藉以获取食料。又如一种海鸠与鳄鱼同居,海鸠啄食鳄鱼身上之水蛭,鳄鱼以海鸠为灵敏的警察。又如水母与目虾,虾食水母之分泌液,水母因虾之逃走,而知避免仇敌之袭击。由此言之,狼狈相需而行——如果此故事是真的,——实亦互助之一种,特用之以喻朋比为奸,于是就失去良好的意义了。这是生物互助之一班举例。达尔文也曾经注意到同类互助的事实;他以为这是一种竞争生存的方法,因为有些弱小的动物,不如是不足以生存。但是到了克鲁泡特金的手里,互助之重要之程度因之而加高,互助之责任之意义,也因之而更加神圣了。

达尔文之竞争,并不是专指"夺人之食而食之",他是注重在如何可以得食的本领。没有一班人去应考,若是有人排挤同僚而获选,是不道德的;若是有人竭力用功"揣摩风气"而获选,并不是不道德的。生物竞争,也是像揣摩风气的。它们变迁其本身的组织,以适应环境之要求,以便生存,并没有若何不道德的意义,而且生物之变迁,不期定要走同一的途径,——不期定都是一样的——有变迁得好的,与环境相适合,就为天然所录取而保存;有变迁得不好的,或是不曾变迁的,与环境不相适合,就为天然所淘汰而灭亡。凡淘汰的,都是不善变迁的,那更不能怪人家变迁得好了。所以达尔文的竞争之理论,与克鲁泡特金的互助之理论,不是根本的冲突,乃是延续的发挥,后者较前者更为详切而已。

为天择所保存的生物,不但可以保存自身,并且可以多占传种的机会,而且可以使他们的后裔之生存的能力逐渐增加。试取一个例来说明这个道理。设若有一处发生一种瘟疫,必定有若干人遭瘟疫而死。假使这些人都没有防疫的知识,则遗剩下来的经过瘟疫而获愈的人,必定是身体强健的,必是细胞可以战胜疫霉的。在此次瘟疫之后,只有这些遗剩下来的人,在那里传种了,而且他们受过瘟疫而获愈,他们对于这个瘟疫的抵抗力,格外加大,这和防疫血清注射,是同样的道理。我们并且可以相信:这个抵抗力,有可以遗传下去的,所以他们的后裔,对于瘟疫的抵抗力,也加大了。例如一种瘟疫对于甲民族是致命的,而对于乙民族没有同等的危险性,这是因为乙民族的祖先,已经受过这种瘟疫多次,而抵抗力加大了。据说:中国人染着白喉症,往往可以获愈,西洋人在中国染着白喉症,往往是致命的。西洋人遇着流行感冒(influenza),有可以获愈的,但是自白人到了美洲,红印度人为白人所带来的流行感冒所杀害的,比他们为白人殖民政策所残伤的,还要多得多。

达尔文的天择——天然的选择——之理论,是从人为的选择比较而来。他看见农夫以及畜牧家之选择种子,而设想天然界中也有一个主体在那里选择,不过这个主体,不是人道的农夫,也不是神道的上帝,它就是天然的环境。自从这个理论发展完备之后,又渐渐回头推到应用的人为的选择上来。农艺、园艺、畜牧各种艺术之中,应用此项原理而收良美的效果者,已是不可胜数。美国有一次有一地方苦旱,有一班人去考查旱地的状况,其中有一少年学生,忽然注意到枯槁的麦田之中,有少数发育如常的麦穗。他想到这几株麦,必定是能抵抗旱灾的。于是用此种麦所结的种子,为普遍的麦种,果然可以避免旱灾。加耳敦竟直成立所谓优种学,要凭藉这个原理,来选择人种,使优秀分子多传继胤于第二世;这也算是进化原理之应用,到了无远弗届的地步了。

与天择的理论同时发生,而其重要之程度较低,而且其后又有渐趋衰落之势的,是为性择之理论。当达尔文创设此项理论之时,华烈司已经表示过不满的意见;因为:就此项理论而言,配偶选择之主权,皆操之于雌性;雄蜘蛛之跳舞而表现其腹部之花纹,雄孔雀之大张其彩屏之尾,以及其噌嘈的鸣声,都是为着要引起雌性之选择;华烈司对于雌性动物审美的本领,颇觉怀疑。达尔文以后也以为"雄性之美丽与强壮者,得传种之优先"一层原理,只能适用于多妻的动物,至于一夫一妻的动物,即美丽强壮之程度较低者,亦有传种之机会。其淘汰与生存,则皆决定于寻常生活之中,而不是决定于生殖的生活之中。假使达尔文之性择之原理,可以推到人类,则世人之劳碌而求富贵利达者,在消极的方面,是要免除室人交讁之困难,在积极的方面,也不过要可以施施从外来,骄其妻妾而已矣。

(4) 总论

生物进化,就是遗传、分衍、天择三个因子,在那里动作。这几项动作,都是和物理的现象一般,依照天然定律而进行。所以兰马克说：进化乃是一个天然的现象，所谓天然的者，就是有一定的因果的关系。德斐里说：进化乃是可以用试验方法去研究的题目。达尔文的最大的功劳，也就是把生物现象的神秘性打消，而置之于试验科学管辖权之下。生物进化，就是随环境而变迁，用不着加上一层自不善而进于善，自不美而进于美的意义。

近代人类思想所受于进化理论的影响，大而且广，是不待言的。我们只要看进化二字应用之普遍，就可以发见它在人类思想上所占据的势力。社会也说进化，文艺也说进化，工业也说进化，甚至宗教也说进化。但是在这些所谓进化里边，都有自不善而进于善，自不美而进于美的意思，不是生物进化之原义。我并不是说：我们人类各种动作之进化，不应该趋向于美善之目标；我是说：人类进化，和生物进化一样，只要以生存与进步的欲望为基础，就可以解释一切的动作。所谓生存者，就是获得维持生活之资料，以供给体魄之营养（此指个体生存非指种族生存而言）。所谓进步者，就是不以现在的生存为满足，而求取较好于现在的生存。若是我们要把这种理想的较好于现在的生存，叫做善的美的，却也未为不可。至于实际上还是较好与否，还是美善与否，那只能在结果上去下批评。就这样进步的欲望而言，人类无异于生物，但是人类有发展最高的智慧，既可以预定将来的目的，又可以计划趋向此种目的的方法。从此点说来，即是人类比动物高的不可以道里计的地步。我们以智慧为工具，可以寻出来：有如何的组织可以适合如何的环境，有如何的环境，又可以发展如何的潜能。所以人类进化，不但是讲求变迁里边的组织，以适应于天然，并且要讲求改造外边的环境，使原有的天才不至于淹没下去，这都要凭藉首出庶物的智慧去做工夫。我们不要侈谈尽善尽美的究竟，而抹煞如何得此善美的工作。庄子说:得鱼忘筌,但是:没有筌,如何能够得着鱼呢?

(二) 球面沿革

现在我们所居住的地球,有高出海平面约三万英尺的高山,有深入海平面四千英尺的深洋,有广袤十余万方里的高原,有流经三千英里的江河;舟车络绎,树艺繁妩,使我们可以藉此为舞台,以尽人文进化之能事。然而这样可赞美的——或者是可诅咒的——地球上面的形势,所谓山原河海,也不是自地球初生以来就是如此的。它自太阳射出的时候,不过是一团赤炽的气体,因为失热于天空,于是球面凝结而为地壳。地壳成立之后,又经过无数的变迁,方成为现在的形势,而且现在的形势,也不是固定不移的,它又要经受同样的变迁,而发现其他的标样。换一句话说,球面上的各种形势,都是由"现在还在球面上发生变迁"的各种天然主司(natural agency)制造出来,并没有什么神秘的地方。

这些天然主司,可以分为二大类:(1)地外主司;(2)地内主司。地外主司分为空气、水、生物三种。地内主司,分为火山、地震、壳绉三种。大风括土,自高处搬至低处,就是空气可以变迁球面形势之举例。黄河流域之黄土石,都是百万年前由风停积而成的。水能变迁球面之形势,更是显而易见的。大水冲倒堤坝,就是水之破坏的例子;湖底停积泥淤,就是水之建设之例子。水之流动速率大者,破坏多而建设少;水之流动速率小者,破坏少而建设多。生物变迁球面之形势,似乎是不常见的;然而我们试作详细的考察,泽薮之间,有水草蒿莱腐朽成泥,蚯蚓可以化石成土,珊瑚可以长成大岛,植物可以长成煤层,都不是稀奇罕见的事实。至于火山喷发,在我国内部,无从看见;然而现在球面上还是很多的;例如日本及意大利,而太平洋沿岸,都有蜿蜒不绝的火山山脉,所以地理学家说:太平洋有一火带围之。地心之中,储有熔石,如半流体,流动奔荡,若是遇着石层之空隙或弱点,即行溃堤而出,是为火山;若是没有寻着出路,它也可以把上面的石层凸起而成山,这或者也是壳绉之原因之一种;或者可以把上面的石层逼迫而破裂了,这或者也是地震之原因之一种。而且球面之石层,似乎有一定的处所,为固定的大块(blocks)。例如非洲大陆、欧洲大陆、印度半岛、中央亚细亚、太平洋海底,皆是这些大块,它们自有地质历史以来,不常随壳绉而升降,但是前后左右互相移动。凡夹在大块中间的处所,名曰地渎(geosynclines)。凡地渎所在的地方,受两边大块之逼迫或延张,最易于发生山陵起伏之壳绉,以及火山地震各种现象。至于大块移动之原因,或者是因为地球旋转,地壳之各部失了力之平衡,或者是因为地心镭质之发热,下面之石层逐渐熔化,而上面漂浮的地壳,渐入不固定的状况。总之,地内主司之原因,较地外主司之原因,较难解释,因为它们是较难为我们所考察的。

　　地外主司之动作,是使球面自不平而渐趋于平。地内主司之动作,是使球面自平而趋于不平。现在球面之形势,就是这两类主司同时动作之结果。以上所说的一段,就是地质变迁论之大意。我们在下面再说球面变迁及生物进化之历史大纲。

(三) 地质历史

　　生物变迁和形势变迁之理论之大致,既已如上文所陈述了。把这些变迁之事实记录下来,成一个有系统的历史,就是地质历史。地质历史和人类历史一样,也分有期代之不同。地质历史之分期,即以石层中化石所代表的生物等级之高下为标准。成立较早的石层,其中所含的化石,必定原于等级较低的生物;成立较迟的石层,其中所含的化石,必定原于等级较高的生物。依化石所代表的生物之等级,地质学家把地质历史分为四期:(1)无生期;(2)古生期;(3)新生期;(4)人生期。古生期又分为初古中古二期,新生期又分为中新次新二期。

(1)无生期

在无生期时,球面温度甚高,或者水中溶解物质过多,尚不适宜于生物之生活,所以没有生物,因此没有化石遗留下来。此时球面之大半,皆为海水所遮蔽。凡此期内成立的石层,因为阅时过久,所经历的地壳变迁过多,都改变了它们原来的组织,而成为变形石。

(2)初古期

此期中之动物,都是海居的无脊椎类。此期中之植物都是海藻。所以此期又叫做无脊椎期。然而当此期之终局,动物已有鱼类,植物中已略有蕨类发现。此期中最重要的生物,在前半为三叶(Trilobita),在后半为笔形(Graptophita)。三叶归节足门,与近代生存之虾略同,笔形归腔肠门,与近代生存之珊瑚略同。二者属种繁多,各具形态不同;然取其共相言之:三叶身分十二节,每节有附支一双,但是附支发达甚大,和它的正体成川字形,所以叫做三叶。头部有数节熔化而成的头盔,左右有二眼。因为在深海里要看得清楚,所以它们的眼睛有甚大者。头旁有二长刺,是保护身体的。笔形为一个联合同生的动物,有干若干支,每干上有水孔若干,每一水孔,乃是一个独立的生物,其内有肌花可以伸缩,干内有公管,

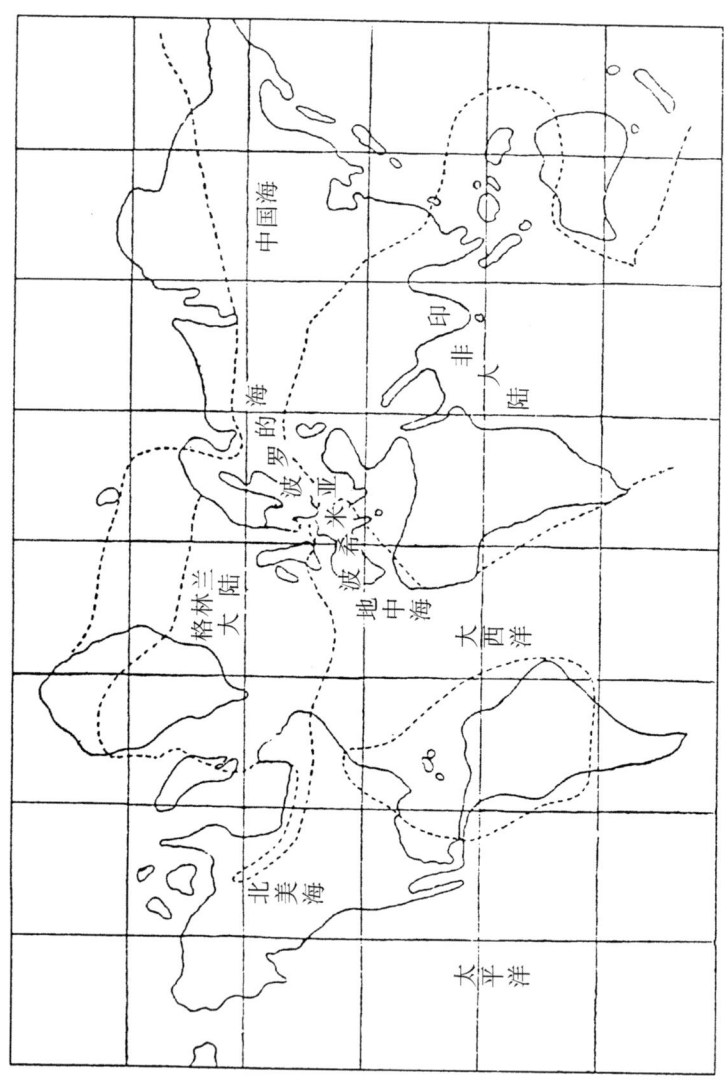

初古期中（奥岛代）球面形势之大概

第五章 生物进化与球面沿革

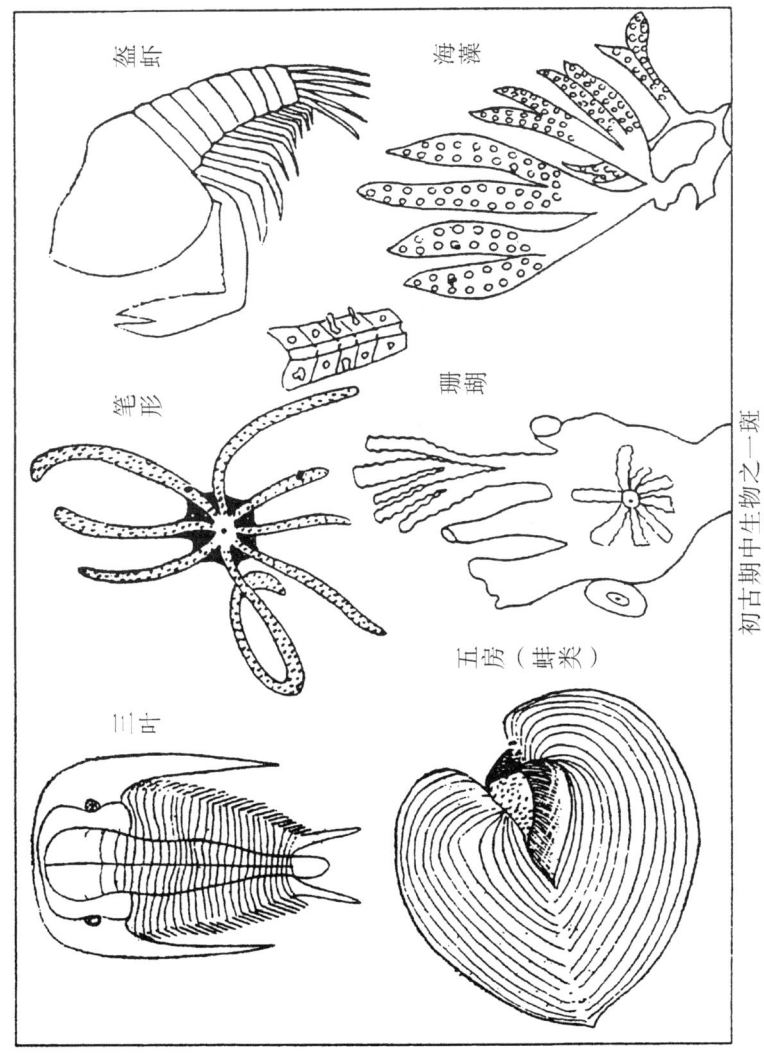

初古期中生物之一斑

水自孔流入，在公管内联合生活，与现今生存的珊瑚无异。

此二类生物，可以为初古期之全权代表。因为此二类生物世系甚短，笔形在此期未完之前完全灭绝，三叶也几乎完全灭绝，而且此二类生物分布之区域极广，球面各洲，几乎无处无之，所以它们是此期中化石之标准。

当此期之初叶，欧洲与北美之间，有一个北水大陆，即格林兰大陆；非洲与南美之间，有一个非巴大陆。今日长狭之大西洋，在此时期，乃是中间有海而南北皆有大陆。我国北部，此时似亦为陆地。至中叶时，海之面积逐渐推广，东有中国海。非洲与南美之间，亦低降成海，而非洲与印度联成大陆，为印非大陆。欧东有波罗的海，欧西南有波希米亚地中海。这些海都是相通的，因为各处的笔形都是一样的。至此期之末叶，有些处所，受了地壳引起之影响，海之面积又退让，如来因河流域、波罗的海、乌拉山、格林兰及北美西境都是的。

（3）中古期

中古期之生物，以鱼和隐花植物为最盛，所以此期又叫做鱼期。世界煤层之大半都成立于此时，所以又可以叫做煤期。其余无脊椎类，如肱足、珊瑚，也是很多的。此期中之鱼虽多，然而都是属于硬鳞目的，而非高等鱼类。头上多有甲，身上有硬刺，尾为无叉，骨多为脆骨，这都是刚自无脊椎类进化而来的证据。此期中之植物，皆为隐花植物之蕨类。然而因为此时二养化炭充足，温度和暖，有高至十余丈者，不像今日生存蕨类之凤尾草那样矮小。此期中陆地之上，草木繁盛，所以有两栖动物发生。至此期之末叶，两栖动物已经代鱼而为主人翁了。爬行动物也在此期之末叶刚才发见。又此期末叶，居于海内碱湖的生物，都是现退缩不昌的状态。

第五章 生物进化与球面沿革

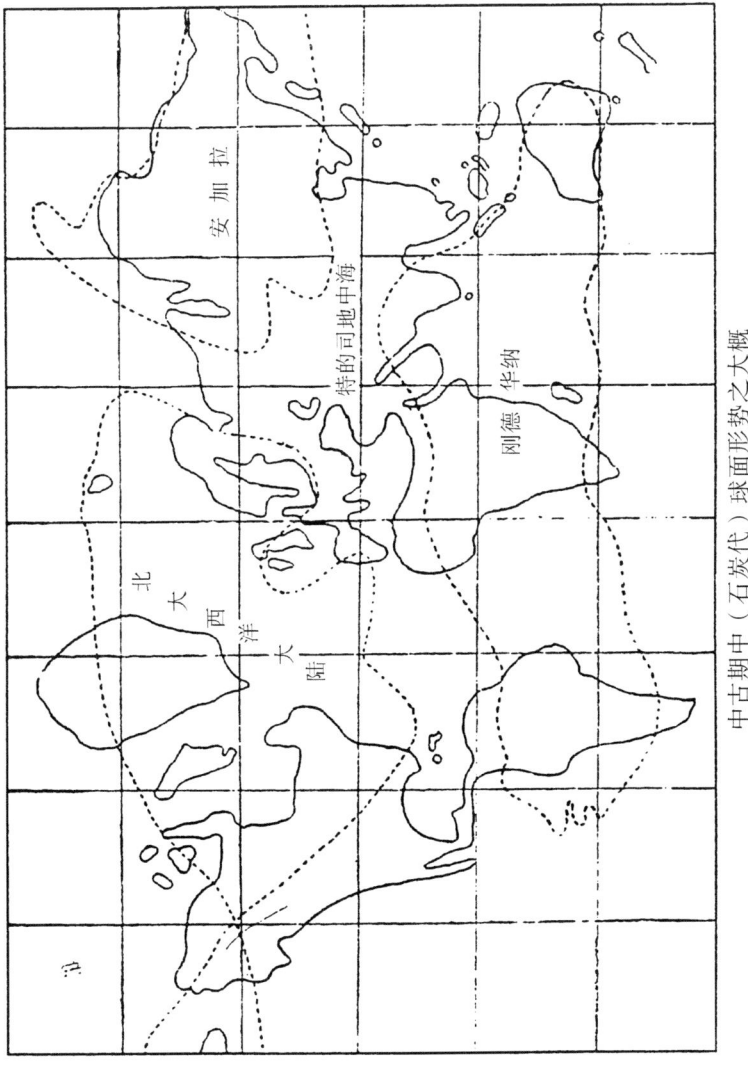

中古期中（石炭代）球面形势之大概

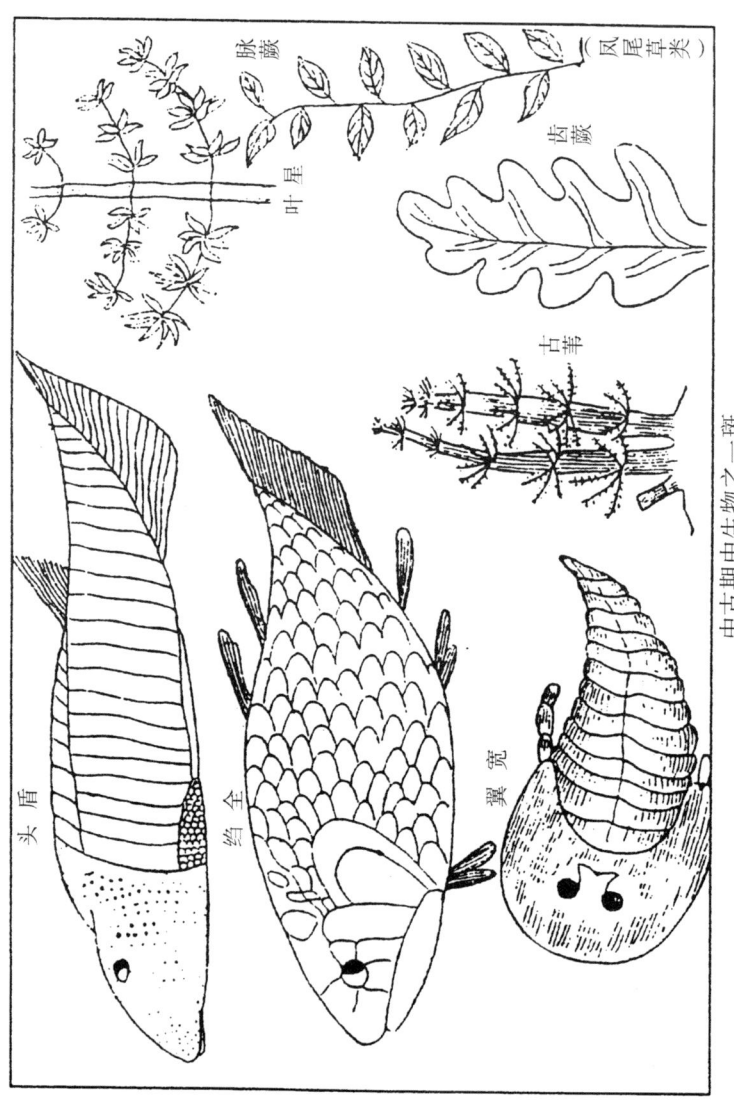

中古期中生物之一斑

当此期之初叶,各处的海洋都逐渐侵占陆地。欧亚之间,或有一欧亚海。北美洲亦或有一北美海。北大西洋中有一大陆,叫做北大西洋大陆,即初古期之格林兰大陆所引起而加大者。沿此大陆之旁,为旧红沙岩停积之处。南半球亦有一大陆。至中叶时火山发现甚多,故地面变迁亦极多。然而要其总结果而言,北半球有一大陆,联接欧亚北美,叫做安加拉(Angora);南半球亦有一大陆,联接南美非澳,叫做刚德华纳(Gondwana)。此二大陆之间,有一个地中海,叫做特的司(Tethys)。其最要的特点,是:此时地面都高出海面不多,故易于浸没,又易于升起,所以长成极厚的煤层。煤层上之灰石岩极厚。由此可推当时空气中之二养化炭极多。因为这些灰石岩,都是直接底或间接底由海水吸收空气中之二养化炭而成的。直接的吸收,是化学的,由于碱性钙镁之结合;间接的吸收,是生物的,由于多孔动物之甲壳之生长。煤层中之植物,和现在热带植物相似,由此可推当时气候温和。至此期之末叶,北半球火山发现甚多;北美之东因此而成阿巴拉其山脉(Appalachian chain),欧洲因此而成许多的内海。其所以易成内海者,也是因为陆平面与海平面相差不多的缘故。

(4) 中新期

中新期中之生物,爬行极多,所以此期又叫做爬行期。飞禽哺乳,俱发见于此期之末叶。凡古生期中之生物,如植物中之古蕨类,动物中之盾首鱼,至此期中都淘汰干净了。所以中古中新二期之交,乃是生物进化之大关键。

此期中之生物,自然以爬行为主。此期中爬行种类极多,有居海的,有居陆的,有能飞的,有肉食的,有素食的,有犬齿的,有平齿的,有乱齿的,有有喙的。它们的躯体都很壮伟,多半有四五十尺

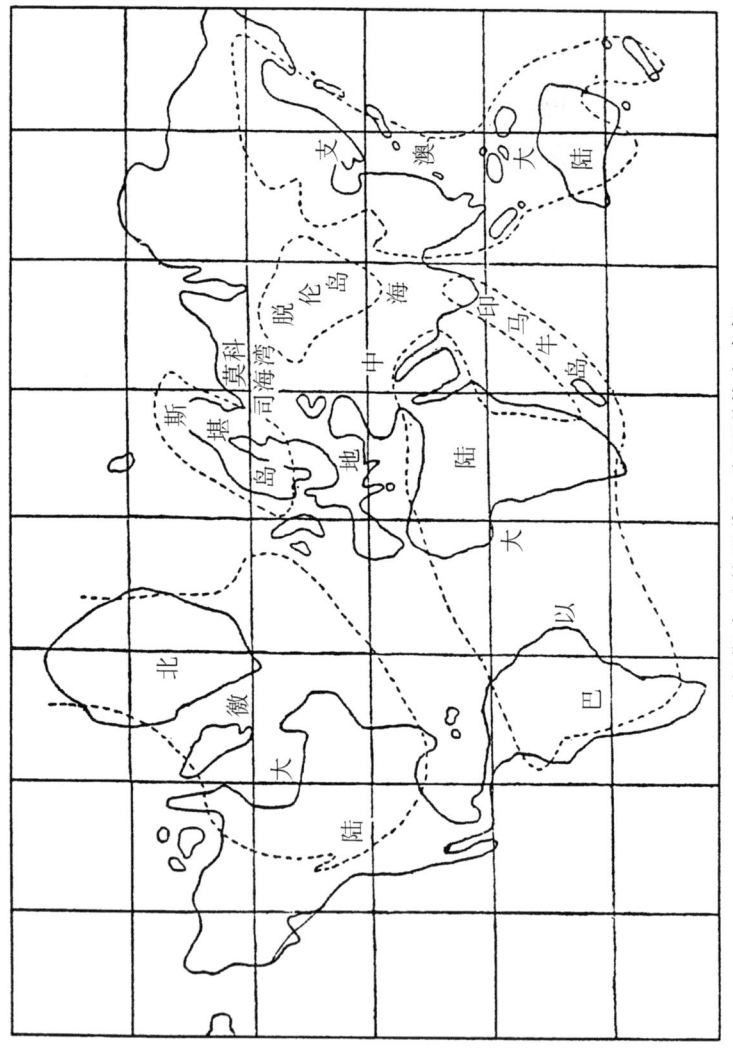

中新期中（侏罗代）球面形势之大概

第五章 生物进化与球面沿革

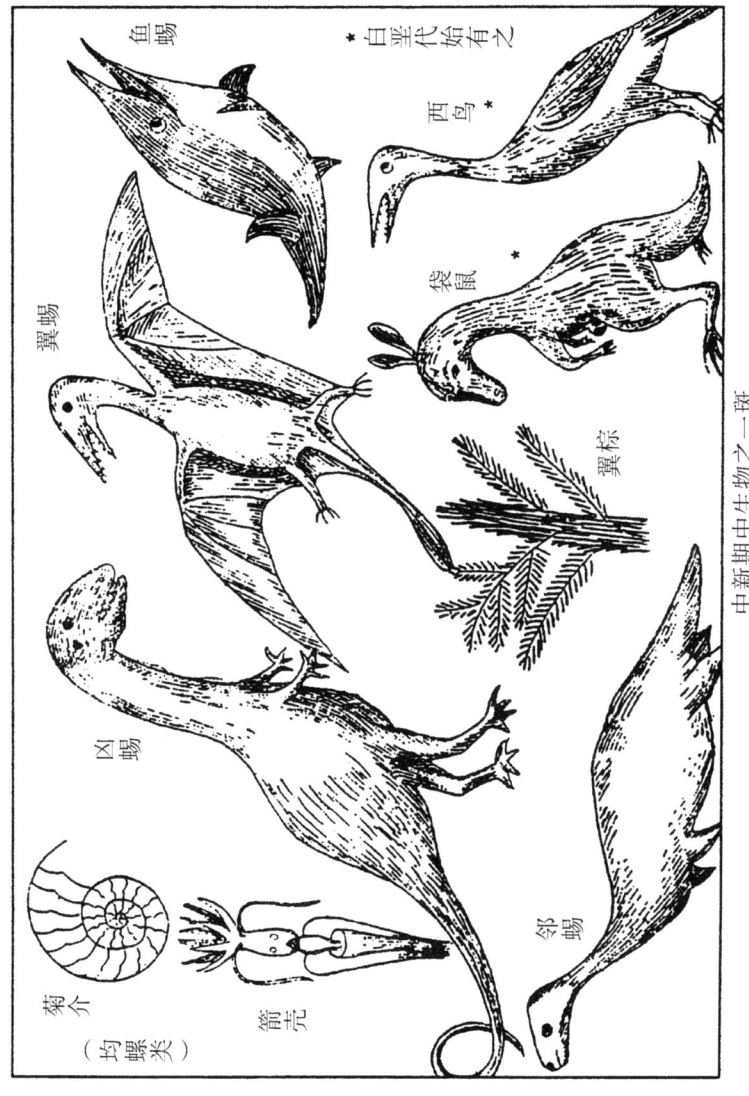

中新期中生物之一斑

长,甚至有长至百尺的。有鱼蝎,其爪轻薄如翅,可以泅水。又有邻蝎,其爪亦如棹,如现在之海狮,亦能泅水。这都是居海的。又有半陆半海的,如凶蝎,可以人立而行。凶蝎有素食的,有肉食的,其素食者更大。有翼蝎,其前肢之拇指极长,拇指及身之间有皮联之,可供飞行之用,略如现今之蝙蝠。若教现在生存之龟蛇数典而念其祖先,应该有不胜今昔之感慨了。

飞禽之见于此期者,皆有齿而平胸,因为它们尚未脱除爬行之性质。但是飞禽或者是哺乳发见未久之时,从哺乳发生出来的横出一枝的支派,不是从爬行直接而变演出来的。然而此期之飞禽,总是等级甚低,与爬行还是很接近的。

哺乳之见于此期者,皆为有袋类(如袋鼠),或单管类(如鸭嘴兽),其肢长而尾甚大,与此期之爬行略同。

植物中蕨已渐衰,棕(叶干类)松(球实类)等裸子植物起而代之。包子类之植物,亦已见于此期之末叶。

当此期之初叶,欧亚之间,极多内海,还是上期遗留下来的。然而内海之面积逐渐扩张,自阿耳皮斯至中国,皆为大海。至中叶时,有火山发现,东方成一大陆,叫做支澳大陆。北美洲成一大陆,叫做北徽大陆。南大西洋成一大陆,叫做巴以大陆。欧亚之间,有二大岛,叫做斯堪岛、脱伦岛。海与岛之间,海陆交错甚多,所以有许多三角洲停积。至此期之末叶,海面又加广。自西欧至西亚,皆为海,亚东澳西亦为海。北美之西,和南美巴西亦为海。至中新次新之交,始有壳绉行动,造成现今之大陆。

(5)次新期

次新期中之生物,以哺乳为主了。中新次新之交,也是生物变迁形势变迁中之关键。中新期中霸盛一时的爬行动物都淘汰了,即令有存在的,也把它们的原来的组织变掉了。无脊椎中之菊介、箭壳也淘汰完了,又有他种较新的生物出来代替它们。质言之,现今生存的生物,都发迹于此期之中。赫胥黎研究出来的马趾之进化,也是在此期发见的。至于此期中之软体动物,和现在生存的种类相同的极多;因为从此期到现在,没有什么剧烈的形势变迁了。植物中之包子类,也逐渐滋盛于此期之中。总之,此期是开现代的先声的时代。

当此期中,火山发现甚多,造山壳绉之运动亦甚显明。现今球面之最高山,如喜马拉亚、阿耳皮司、安第斯、落机诸山,都是此期中之壳绉运动所规定的。我国辽东山东之玄武岩,似乎也是此期中之火山所喷出的。德国著名的褐煤,亦成立于此期。

(6)人生期

人生期中之生物,自然以人为主了。当此期之初叶,有冰川广被欧洲北美,其流及之区域甚广,有如现今之北冰洋、南冰洋。故有谓地球旋转之轴迁移地位者。他处亦有片段的冰川。人类始祖生活于这种冰天雪地之中。他们都是洞居的,有毯象与之为伍。此种毯象多绒毛,能御寒,不像现在热带的象。但是近来有人找出来在次新期之末叶,已经发见人类之遗迹,则人类之产生,实在人生期之前,不过经过很长久的野蛮时代,与木石居,与鹿豕游,方才到了有文字记载的历史时期。所以布郎说:夜比日长得多,考古学家的责任,就是拿烛光照明此夜之黑暗。他们把人类进化分为三代:一曰石器代,二曰铜器代,三曰铁器代。铜器之发明所以较铁器为先的缘故,是因为铜矿有鲜丽之颜色,较铁为易寻,而铜之炼冶艺术又较铁为简易得多。石器代又分为二代,一曰古石器代,二曰新石器代;古者粗率不文,新者形式美备。古石器代又分为二

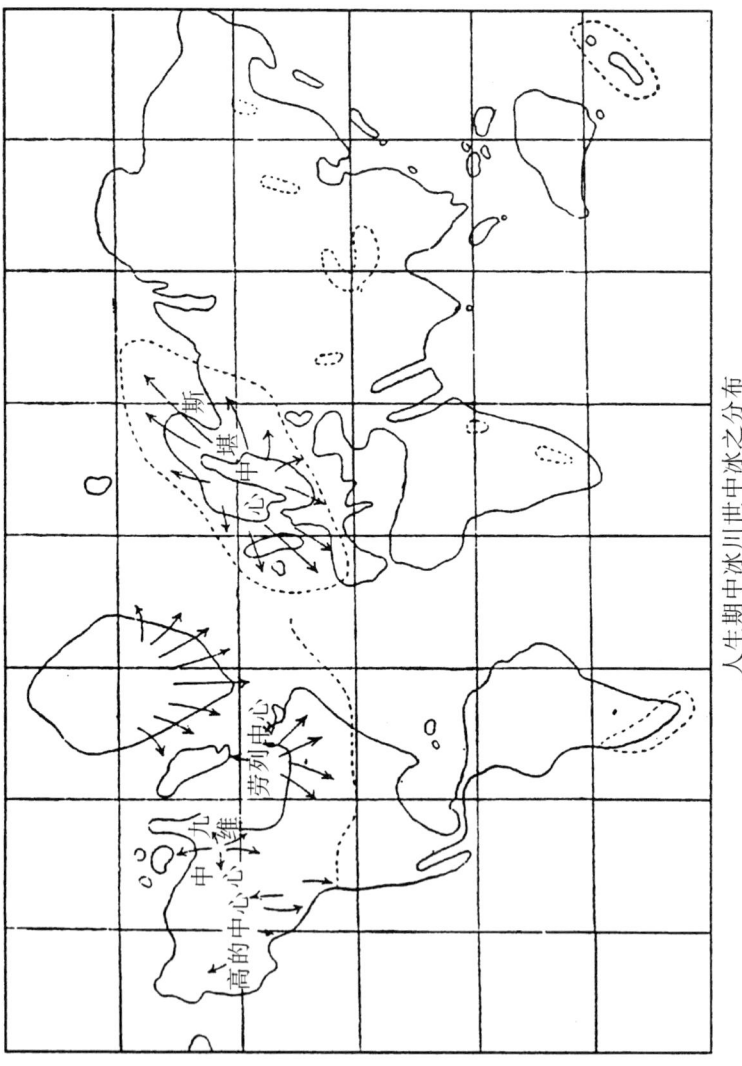

人生期中冰川世中冰之分布

第五章　生物进化与球面沿革

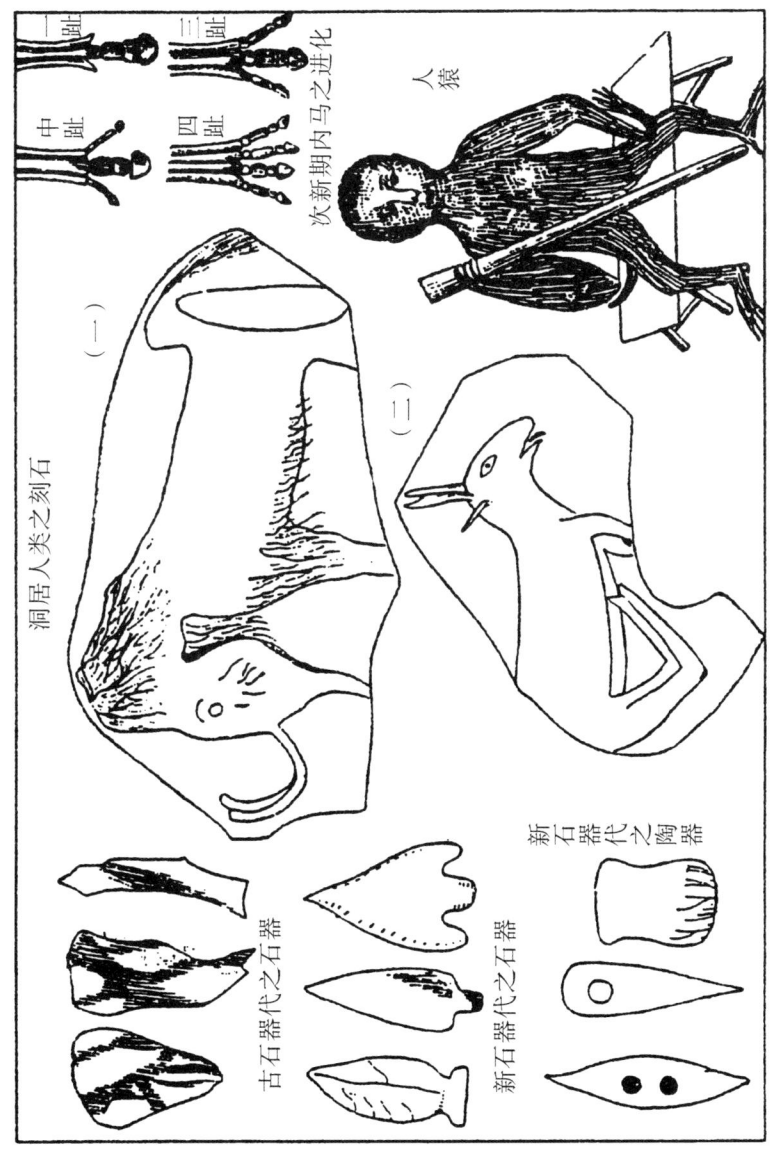

代,一曰毯象代,此代人类与毯象同居,此种毯象,现今已无生存者;二曰雪鹿代,此代人类与雪鹿同居,与现今哀司基莫人略同。但是以上所分之代,自然也不是普遍全球的。现今各民族之文明程度不同,古代各民族之进化,也可以有先后不同的。

考古学家掘取此时人类之遗迹,已有雕刻图像的石壁,有殊生动可观者。足见初民也有审美的情感,因为这些雕刻对于他们,决无实用的价值。

以上所说的一切,可以归到一个哲学原理之下,曰进化,曰变迁。把这个观念应用到一切世界上去,或者还有讨论的余地,但是物质的世界——包有机世界而言——是进化的,变迁的,已经是无可辩驳了。

从生物学里边,我们知道许多生物进化的理论;从地质学里边,我们看见许多生物进化的证明。进化就是变迁。生物变迁不已,并没有一定不移的种。所谓种者,就是有一定的形态、机能、习惯,与他种有不同的地方。生物的种,既不是一定不移的,则其形态、机能、习惯,自然都有随时流动的性质。人类为生物之一,当然也逃不出这个普遍的公例。推而论之,人类的语言、文字、典章、制度、风俗、礼教、行为、思想,无时不可经受适应的变迁,以期达到生存的目的。不过人为万物之灵,其生存之意义,较之生物生存更为深远而已。古话也曾说:穷则变,变则通,变迁并不是什么稀罕的事情。所以我们看见"自古未有"的东西,用不着瞠目而咋舌。从十九世纪的人看来,自古未有出没云霄的飞艇;但是从中新期中之伟大的爬行动物看来,从来没有能用口舌说话的人。

第六章 科学与哲学

把各种学术下一个确定的界说，往往不是易于做到的事情。要下各种学说之界说，不外以各该学术所研究的范围，或其所使用的方法为标准。然而范围相同的，方法不必同；例如这里有一株玫瑰花，从文学（严格说来应为文艺）方面研究起来，要领会她的颜色如何娇艳，她的香味如何幽馥，她的颜色香味，以及其他可爱的性质，如何构成一个完全的美。从植物学方面研究起来，要考较此花之花图为辐射式，为上下式，或为不称式，其雌蕊之位置为高的，或为低的。方法同，范围也不必同；例如物理学及化学同为用试验方法的科学，但是物理学研究能力之变迁，化学研究物质之变迁。概括起来，把大类动作之产品分为大类的时候，可以用方法为标准；凡用信从的方法者为宗教，凡用领会的方法者为文学，凡用实证的方法者为科学。把大类分成小类的时候，可以用范围为标准，凡研究有机物者为生物学，凡研究无机物者为矿物学，凡研究物质者为化学，凡研究能力者为物理学。

但是：哲学和科学的界限，应该从何处去分呢？依各种学术之互相关系而言，哲学介乎宗教文学与科学之间。它所用的方法，也有近于宗教文学的，例如直觉哲学；也有近于科学的，例如实验哲学。所以，若从方法一方面下手，不像文学和科学之界限之明瞭。依各种学术之消长变迁而言，近来科学发展，一日千里，似乎把哲学的领土侵略殆尽了,哲学尚有其本身的范围与否,还是一个问题;如果是有的,其范围究竟是什么,也是各人有各人的说法不同。所以,从范围一方面下手,也不是同矿物学与生物学,或物理学与化学之界限之比较底确定。我们现在把几种说法汇集起来,分门别类而陈述之,各项之下,加以批评,全部之终,加以结论:这似乎是解决这个问题——或者也是解决任何问题——之正当方法。

(一) 哲学与科学之范围不同而其方法亦不同

(1) 哲学是研究本体的,科学是研究现象的

这一种主张,质而言之,哲学就是本体论,科学乃是考订各物度数的学术。哲学研究形而上的道,科学研究形而下的器。凡讲神秘哲学的人,其立论大都如此。兹就柏格森之创造进化论大意而言,现象是貌似,本体是实在。现象是无时间性的,本体是有时间性的。现象无时间性,所以是因果的,本体有时间性,所以是自由的。因为现象是因果的,所以我们可以用论理的方法去研究,因为本体是自由的,所以我们不能用论理的方法去研究,我们只能用直觉的方法去领会。这话怎么讲呢?凡无时间性的东西,无论在什么时候,都是一样的。今天有一块铜,受热则澎涨,这一块铜,到了明天,还是受热则澎涨,就令到了百年之后还是受热则澎涨。所以我们可以用归纳的论理概括起来,说:凡铜受热则澎涨。至于有时间性的东西,随时把历史加在里边,就同一个雪球在雪地里往前轮转一般(用柏格森自己所爱举的例子),时时刻刻加大。今天有一块铜,受热则澎涨,这一块铜,到了明天,固然也是受热则澎涨,然而这一块铜,从今天到明天,其中原子电子之互相的位置,已经

不同了,这一天之中,它同外界的空气、日光……及观察者,发生许多关系了。一块铜的本体,要包括这些历史而成,所以永远不是同的。论理的推论,必定凭藉"同因必生同果"的齐一律;在这个本体界里,既无同之可言,则论理智慧失其作用,于是我们不能不问道于直觉。他并且把许多下等动物之本能之伟大为举例,来帮助他的直觉学说之成立;因为下等动物之本能,和人类的直觉,都是根据于生命之冲动,本来是同样的东西(参观联续和无限)。

注重这种方法的人,不但把它应用到本体上去,他们以为对于任何问题,都可以用这个方法去解决。试看朋加烈,自叙其伏详函数(Fuschian function)之发明。他起首研究这个问题,深思苦虑,经两星期之久而无结果。有一天晚上,他吃多了一点黑加非,睡不着觉,正当辗转反侧的时候,他觉得有许多观念在脑子里驰骋冲触,到了后来,有两个观念联合起来,成了一个系统。第二天清早起来,不过证明结果就完了。又过了若干时日,他跟随矿业学校的人出去旅行,把他所研究的东西都忘了。有一天,他出去游玩,一脚刚踏上车,一个新的理论——他所用以说明伏详函数的变换(transformation)和非欧几里得几何学的里边的变换,是相同的——骤然在脑子里发见出来,并且他觉得这个新理论,是一定靠得住的。以后有了闲暇,他果然证明了这个理论之真实。他叙述这两个以及其他的举例的意思,是要表明出来那一种骤然发见的光明,——直觉——可以解决问题,可以发明新理论。他以为凡是当我们尽心研究一件东西的时候,首先是意识的我(conscious ego)在那里用论理的方法进行,到了意识的我停止工作了,仍有一个非意识的我(non-conscious ego)在那里研究。研究得了结果,于是报告给意识的我,就是一个新解决,或新发明。这个非意识的我,用什么方法去考较,我们当然无从知道,因为"他"是无意识的。

这样底注重直觉,我恐怕未免太过了。我们研究问题,仍当注重论理的追索,把许多旧有的观念,互相攻击,互相分化,互相错综,互相联络,总有若干观念联合起来,成一个言之成理的理论。首先研究不得结果,以后骤然发见出来,自然也是间有的事情。然而这个骤然发见,仍是根据于当初的研究,并不是无因而至的,而且这样的发明,究竟真实不真实,仍须经过证明,其错误之可能,总比用论理方法直接所得的结果,还要大得多。

（2）哲学是研究知识的,科学是研究事实的

这一种主张,换而言之,就是哲学研究"知",科学研究"所知"。所以有人说:哲学就是知识论。这是一个普遍的倾向,因为近代哲学家多半拿哲学解释为经验之分析,不像古代哲学家拿哲学解释为物之最后的性质之考订。这或者也是一种进步的倾向,因为本体是须由研究知识间接得来的。康德似乎已有这样的区别。康德的哲学,以纯粹理性之批评为中心,换言之,就是知识论。他所研究的问题,不是知识之如何发源,如何进化,乃是知识之如何可能,根据于何种条件。前项问题属于心理学,后项问题属于知识论。心理学为科学之一支,知识论即是哲学。心理学与知识论之区别,即是科学与哲学之区别。心理学研究各种精神的即心理的事实,——认识、概念之成立,印像之组合,及情绪之发生,欲望之发展等等,及管理这些事实之关系之定律。知识论研究在何种条件之下,知识方才可以成为知识。心理事实的研究,和生物学一样,须用历史的方法,即发生的方法(genetic method)。知识论里须用超越的方法(transcendental method)。所谓历史的方法,乃是比较各事实之发生的多数原因,而汇集于其同者,归之于一个定律之下。

所谓超越的方法,乃是吾心之自然发见的动作。心理学中之材料,乃是个别的,起于后天的经验。知识论中之材料,乃是普通的,根于先天的固有。前项的真实,须诉之于经验之证明。后项的真实,无待于经验之证明;若亦诉之于经验之证明,往往发生冲突或虚伪(例如康德之反论,见联续与无限篇)。但是须认定经验之条件,即建设经验之范畴。此种认定或建设,乃是智慧之机能,俯拾即是,心所同有,永久存在,非由外铄。这样超越的方法,与经验无关,——其无关到什么田地呢?他竟直说:这样超越的自觉之中的观念,若移置于经验的自觉之中,或为明瞭,或为模糊,丝毫不成问题,甚至于或有或无,也丝毫都不成问题。但是我们必定先有此种潜隐的范畴,然后当遇着客观的事实之时,方可分别应付,而成各种辨别的判断。例如在分量的方面,我们先有了单一的范畴,我们才能判断一件东西为普遍的;我们原来有了众多的范畴,我们才能判断一件东西为个别的。在性质的方面,我们原来有了实在的范畴,我们方才能判断一件东西是有;我们原来有了虚无的范畴,我们方才能判断一件东西是无。

固然,本体及事实之研求,必有待于知识,犹之乎房屋之构造,必有待于工人。我们必先将"知"知道了,然后才可以审察"所知"之靠得住靠不住,故知识论必先于本体论。然而当我们用超越的方法研究"知"之时,我们已经承认了我们当"知"之时,甚至于当用超越方法本身之时,有一个自觉之存在。这个自觉之存在,也是一个"所知",和其他科学的事实一般,仍然有客观的性质。所以我们无论如何超越,根本上仍然脱不了经验的势力。况且当研究知识之时,总要用一些由后天经验得来的观念。排斥实质于世界之理解部分之外,乃是人家讥诮洛克(Locke)的隽语。绝所知而言知,乃是不可能的事情。洛慈(Lotze)对于新康德派曾加一种批评,说:日日磨刀而不切东西,将成劳顿无聊的工作。这样看来,哲学的磨刀,固然是重要的,科学的切东西,也是很重要的,而且刀的本身,也是一件东西,即磨刀所用的石头,也还是一件东西,世上果有绝对超越的方法吗?

(3) 哲学是研究形式的,科学是研究实质的

依这种主张,哲学就是论理学(或直称逻辑)。物之存在,本可以分析为两种东西:一是物质(matter),二是形式(form),或是说:一是原素(element),二是关系(relation)。形式或关系,必定依附物质或原素而表现,但是形式或关系之本身,另外是一个世界。它和客观的对象不同,因为它不能发生直接的感触(例如日是圆的,月是缺的);它和主观的情绪又不同,因为它不能随我为转移(例如我的喜怒,是我所自感,不是人所共感的)。它是客观的,但是不是实质的。凡是沾滞物质的,都是科学,例如植物学之研究花草,心理学之研究心理现象。凡是脱离物质的,就是哲学,例如数学中之二加二得四,不问还是二人加二人得四人,或者二马加二马得四马;论理学中之"若凡甲皆为乙,今有一物为甲,则此物亦为乙"。只问甲乙之关系如何,不问甲乙所代表的实物。数理哲学及概念论理学皆为哲学;因为数学只管数之较大较小或相等,不管所数的是什么东西;论理学只把思想当思想(即概念)来研究,不管所思想的是什么东西。这是概念论理学家(如汉密耳敦)及数理哲学家(如罗素)的意思。兹就罗素之立说言之。

哲学研究形式,科学研究实质。形式是普遍的,不随时间空间而不同,实质是个别的,其中总有一些性质,是随时间空间而变迁的。研究实质的方法,既以经验为本源,复以经验为归宿。凡管理

第六章　科学与哲学

实质界一切的定律,须先由经验归纳而成立;既成立了,此定律之真实不真实,仍须随时随地用新经验来证明。经验证明到什么地方,定律就真实到什么地方。若是有一天发现一种经验和原有的定律不符,则此定律即刻失其真实的地位。所以科学的定律,是可以新陈代谢的。至于研究形式的方法却不同,它完全凭藉理性。理性为吾人所固有,不像经验是由于感触得来的。形式的真实,是永久的,它要把过去未来都包在里边。因为我们只能经验过去,不能经验将来,所以我们不能凭藉经验来成立形式的真实。但是,理性是不受时间限制的,所以形式的真实,要凭藉理性而成立。经验不能证明它,也不能否证它。例如论理学中有一个命辞:"凡鱼皆能游水,今有鳝是鱼,故鳝亦能游水。"大家都认为是真实的。倘若拿一条鳝鱼试验起来,把它放在水里,竟直同石头一般,毫无游水的本能,在实质方面,这个命辞固然失了真实的价值,然而在形式方面,其真实仍然存在。因为,这个实质的命辞,可以简约而成一个形式的命辞:"凡属于某类(鱼)的东西,都具有某种性质(游水),如果有一件东西(鳝),是属于此类的,则这件东西也必定具有某种性质。"其中彼此关系,永远存在于天壤之间。至于某类是否都有某种性质——即凡鱼是否都能游水,今有一件东西是否属于此类,——即鳝是否是鱼,却要让给动物学家去考查,不关哲学家的事。

　　由此言之,研究科学须用经验,研究哲学须用理性。惟其要用经验,所以要在观察试验上做工夫。惟其要用理性,所以注重纯粹的推论。我们觉得各种形式的真实,是放之四海而皆准,推之百世而无敝,然而又不能用"最能证明真实"的经验方法去证明它,所以我们不能不诉之于理性。依大家公认的常则说来,经验是后天的,理性是先天的。但是理性是否能脱离经验而独立,无从试验出来,故理性与生俱来之说,也不过是一种假定。詹姆司说:形式的知识,其本身亦是经验之一种。皮耳孙以为:我们有两个世界,一是感触的世界,二是概念的世界。感触世界里的东西,是个别的,概念世界里的东西,是普遍的。但是概念世界,是由于抽象的作用,建筑在感触世界的上面;那就是说:它没有单独存在之性质。例如我们必定先看见张、王、赵、李,个别的人,然后才有"人"之普遍的概念。人类抽象之本领,也是由于"利用经验"之本能发展而来。离感触而言概念,离物质而言形式,离经验而言理性,那是无根之木,无源之水,毕竟是立不住脚的。

(二) 哲学与科学之范围相同而其方法不同

(1) 哲学在前而科学在后

哲学与科学,都以全世界为领土。但是,我们对于世界各部分的知识,有充足的,有不充足的。我们研究一种东西,或为生物,或为矿物,或为社会,或为心理,先有哲学作急先锋,探险于未知之疆域,然后有科学一步一步底切实布置起来;就同欧洲列强攫取殖民地一般,其先有教士、商人或游历家向各处探险,探得之后,然后有军事家去征服,政治家去管理,实业家去发展财源,把它弄成一片可居的土地。所以哲学重在思辨,科学重在证实。因为对于一种新问题,我们所知道的张本过于薄弱,观察试验,都不易于举行,所以我们只能用比较自由的思辨。思辨所得的结果,当然不如观察试验所得的结果之准确,它带着可辩论的色彩。所以,在科学里边,有时虽有两个或两个以上的对敌的理论,然而彼此交战,不要多少时候,胜负就决定了,胜负既经决定,于是只有一个理论遗存下来;在哲学里边,却常时有几种言之成理持之有故的理论,同时存在。有人竟以可辩论为哲学之特性。这是因为:在科学里边,我们可以用判决的试验(experimentum crucis)取其一而去其余,在哲学里边,常有不能应用判决试验的困难。又因为:在哲学探险时期,我们往往可以虚设一个假定的存体,去解释一个问题,到了科学证实时期,假定的存体,若非万不得已,决不容它存在。这个奥康刀(Occam's razor)之限制,乃是科学中之重要的精神。古列的科学原理里边,是如此立论的。他并且用一种比喻,说:哲学所思辨的,等于日蚀时之模糊的部分,科学所证实的,等于日蚀时之光明的部分,但是模糊的部分以后也要变成光明的。

　　从学术史上看来,有一些例子,和这种立论,可以互相印证。希腊的德谟克里脱(Democritus)和罗马的卢克里西(Lucrecius)在两千年前,已经想到物质由原子集合而成,各原子大小不同,形式不同、重量不同,原子相碰,则可互相冲动,原子的结合与冲动,完全由于物理的力量,并无神道力量夹杂于其间。他们的原子论,实在是哲学的思辨。一直到了十九世纪,达尔敦才从多数含炭气体之试验,证明原子之存在与其结合,于是规订原子论中之各种定律。物质一元之说,在希腊时代,也已经有人想到,不过他们有以为是原于水的,有以为是原于火的,有以为是原于空气(即风)的,有以为是原于土(即地)的。一百多年前,蒲劳司特(Proust)以为物质由于原质之积合,而各种原质皆由于轻之集合。这都是摸索窥探的思辨。一直到了近来三十年间,由放射化学及光学,方才证明各种原质,都是由于同一的基本物质——电子——集合而成,并且把这些电子之电学的性质,及管理电子行动的定律,都考订明白了。不过近代科学中所说的物质之一元为电子,古代哲学中所说的物质之一元为地水风火之一而已。然而各种论理中之要点,皆为物质一元,虽是隔了一两千年,其立论的纲要,仍然是一致的。

但是哲学之思辨,亦不可过于勇猛,以致与证实的科学,不相衔接。十字军中"童男女无罪必能克敌"之荒谬的见解,佛经中"三千世界"之想入非非的宇宙观,何曾不是思辨的结果？它可有哲学的价值呢？这是所谓纯粹的唯心的构造(mentalsynthesis)。唯心构造的危险,不但是科学哲学所不能容,也是寻常思想中所必须避免的。培根说:人类智慧之前进,不必加翅膀去鼓舞它,但是要坠一个铅铊去滞留它,就是因为要防杜思辨过甚之弊病啊。

（2）科学在前而哲学在后

它俩也是以全世界为领土,但是科学先从局部方面详细考察,把各局部研究所得的结果,聚在一处,于是哲学集其大成,组织一个系统起来,安置于一个普遍的原理之下。这似乎和普通论理学中所讲的归纳的方法,是一样的。然而这个哲学的组织,比普通归纳方法,更为深远一层,更为抽象一点。普通归纳,是从事实而构成定律；哲学组织,是从各科学中之原理、理论、定律、而构成更普遍的系统。例如从水至百度即沸腾,至零度即结冰,水银至三百六十度即沸腾,至零度下三十九度即结冰,炭养二气至零度下八十度即沸腾,至零度下二百余度即结冰几个例子,而构造成一个定律,说:凡物质皆可依温度之高低,而变迁其状态；这是普通的归纳。又如从化学中物质之化分化合,物理学中能力之互相变换,生物学中生物之历代分衍,地质学中球面之海陆递变数种理论,而组织成为"宇宙是进化的是变迁的"一个宇宙观；这是哲学的组织。由此言之,科学在前,故其方法重在分析,哲学在后,故其方法重在综合。分析不离个别的事实,其结果在于事实之描写,发见各种事实之性质及其彼此的关系。综合是到了普遍的原理,其结果在于全部之了解,及全部与局部之关系之了解。据此而言,全部不仅是各局部相加之共总,各局部之所得,加在一道,仍须经过抽引汇归的手续,然后能成一个系统;这才到了解之地步。分析得愈密,则其所得的结果,愈确切而精微。综合分子愈多,则其系统所包含的范围愈广;综合层次愈多,则其系统愈高远而难明。因此:所以有人把哲学叫做科学之科学(scientia scientiarum)。但是论理学也叫做科学之科学;这两个实在有不同的意义。论理学之所以叫做科学之科学,是因为各科学之建设,都必定要用论理的方法。哲学之所以叫做科学之科学,是因为哲学要用科学所得的材料,来构造它的系统。薄耳孙(Paulsen)的哲学引说,和唐姆生(Thomson)的科学引说里所陈述的,大概也是如此的。

从学术史上看来,也有一些例子,和这种说法相符合。在试验的方面,有物理学证明了热光电磁之互变,有力学证明了潜能力与动能力之互变,又证明了热与动能力之相同,又证明了永行机器之不可能,然后才有热动学中之能力不灭,能力自不平渐趋于平两条普通的原理。有了这个原理,才有能力论中"能力主使一切"之观念。自生物学发明了"机关用之则发展,废之则退缩"种种事实,化石学中发明了许多古有今无的生物,及地质变迁与生物变迁之互相的关系,历史学中考订了一些民族兴衰隆替之理由,然后才有一个普遍的有科学意义的物竞天择之进化论。自化学证明了原子之存在,而"物质之成分是个别的,不是联续的"之说稳固了;自电学与放射化学发明了电子之存在与其行动,而"电为原子所组成"之说(言电之成分亦为个别的)方能成立;自光学研究出来光份之浪长为整数之函数,而量子论(言光亦为个别的非联续的)方能成立;有了这些局部的基础,我们方才有"一切物质能力皆非联续的"之普遍的理论。近代的多元哲学,以为宇宙为无数的多元组合而成,虽然在历史上还有其他的哲学根据,不是完全根据于这些物理化学的新发明,然而实在是因为有了这些新发明,然后敢于出而问世,毫无怯缩的态度了。

但是:哲学集其大成,固然有莫大的功劳,然而过于急速的综合,和过于冒险的思辨,有同样的危险。若是科学分析尚未底于完密之时,而哲学就遽然收拾起来,打一篇报捷的通电,其结果不免于自欺而欺人。达尔文做了十九年的观察试验,然后综合成为他的进化论。还有许多科学家做了一生的工作,仅仅把局部的事实描写下来,竟直未曾做过广大的综合。朋加烈说:古人综合,我们笑他以不同为同,我们综合,又安知后人不是同样底笑我们呢?人类本有好作综合的癖性,我们对于这一层,还应当有相当的防备啊。

(3)哲学是全部的,科学是局部的

哲学立原理以统事实科学就事实以求原理。所以哲学的方法,是先有一定的原理,而后即事实以印证之,如果事实有复杂或有不尽明了的性质,则仅仅选择与此原理相符合的事实来做辅助。科学是以事实为事实而研究的,决不穿凿事实于原理之下,亦不避免冲突的事实,而保持固有的原理。哲学中用作根据的原理,是从信仰或武断、或直觉、或理性的方法规定下来的,既经规定之后,奉守之而不移。科学中除叙述事实之外,也有原理,但是科学中之原理,是根据于观察试验而得来的。若是后来观察试验的新事实,和固有的原理不符,科学很愿意修改,甚至于完全抛弃她的固有的原理。这就是所谓试验室里的态度。必有如此的态度,而后科学才能有切实的进步,才能有新异的发明。马赫(Mach)不甚满意于一班哲学家的态度,其对于科学与哲学之批评,大致是如此的;他并且具体底说明科学方法与哲学方法之不同。试为述之如下:

哲学家总要解决物之真相和我之真相两个问题。这两个问题未曾解决,他总觉得踌躇不安。他要引导科学家去显露这种不成问题的问题,而把其他问题——心物相交而发见于感触界的现象——付与实证科学家去研究。但是科学家所贡献的最近的结果,——不是与事实相离甚远的结果——又不足引起哲学家的注意。他们早已知道了,或者他们相信他们早已知道了宇宙之基础的原理。不特如此,他们还要用他们的原理,来批评科学所得的结果,甚至于修改科学所得的结果,以适应他们的需要;或者因为科学所得的结果,和他们的气味不相投,他们也可以抛弃之而丝毫无所顾惜。科学家的思想与工作,与以上所说的大不相同。他们不幸,没有一个不可动摇的原理作护身符,所以他们把他们的理论观念——纵然是有根据的——都当做临时的假定的东西,就是实验哲学里边所谓利于进行的工具。他们当工作之时固然有理想的目的,但是它的实现,是逼近的,是缓进的,往往留之将来,而不妄诩为已有;因为一个问题中各分子之关系常是复杂的,不是立刻可以一目了然的。所以:科学家永远有劳苦的工作而无止境。

这样的诋谌哲学,或者也不足以折服每个哲学家的心。笃信一个无可怀疑的原理,而使所有的事实迎刃而解,本是哲学家笛卡儿的态度。就是科学家达斐,遇着试验的结果与原理所预测者不同的时候,也是宁可怀疑试验之错误,而不怀疑原理之差谬。足见笃信原理,并不是要不得的劣根性;不过要看此原理之来历如何。

如果它是经过严密的方法锻炼出来的,则我们对于它的态度,虽不至于效死弗去,然而也不能弃若弁髦。换言之,如果我们相信一种原理之笃实之程度,要和此原理准确之程度为正比例,也就庶几乎可以无大过矣。

(三) 总论

　　从以上各种理论之中,我们看得出一些共同点。哲学是偏重理论的,科学是偏重事实的;哲学是偏重思想的,科学是偏重试验的;哲学家多用脑,科学家多用手。在崇尚哲学的人看起来,哲学精微科学浅陋,哲学扼要,科学逐末。在崇尚科学的人看起来,哲学渺茫,科学切实,哲学武断,科学谦虚。依历史沿革和近代趋势而言,哲学的历史甚长而进步甚缓,科学的历史甚短而进步甚速。因为哲学中的结论,没有切近的证明,所以易于发生辩论;科学中的结论,都是紧密依据于观察试验的,所以其所得的领土,虽不是"子子孙孙永宝用",然而却不是朝秦暮楚,旋得旋失的,而且近代哲学,都有科学化的性质。这不是因为科学势力大了,而使哲学屈伏于其下,是因为哲学在历史上所制造的虚浮无着的辩论,实在是太多了。拘迫过久,则思解放,紊乱过多,亦思秩序,于是我们渐渐觉得要多在耳闻目见的方面做工夫。假使现在有一个哲学家,因为他自己偶尔高兴,不管事实究竟如何,依随他自己的癖性建筑一个哲学系统起来,其立脚总是不稳固的。惟其因为立脚不能稳固,所以大家对于它也没有久远的信从,则此系统之摧毁,或者比此系统之建筑,还要容易。所以我们可以说:科学是要用科学的方法,哲学也要采取科学的方法,换言之,即具有科学的精神,方能成为哲学。二者之方法渐渐底要趋于一致了。

由此言之,哲学与科学之范围,既不能有此疆彼界的区分,而二者之方法,又渐趋于一致,则在宇宙方面凡哲学所应研究的,都可以付与科学去研究,在人生方面,凡哲学所应解决的,都可以付与科学去解决;那么,只要科学昌明,哲学将由衰弱而渐至于灭亡了。是又不然。"哲学为科学之科学"之一个命辞,实在包含着深切的意义。哲学固然不能脱离科学而另有独立的存在,但是哲学仍然有它的合法行使的职权。它的职权在什么地方呢?就是各种科学之和一。哲学之和一各种科学,与各种科学之和一其范围以内的真理(即各种科学中之假定理论定律等等)一般。各种科学之和一,可谓低级的和一,哲学的和一,可谓高级的和一。后者之自然性,及其合法与重要,与前者相同,不过提高一层罢了。如果没有这个高级的会同的和一,——如果各种科学,各自有其最后的目的,而又与其他科学无关——则各种低级的科学,竟直不能成立。若是有哲学来尽这个会同的职务,则各种科学本身之重要或附属之地位,及其间之秩序与谐和之关系,都可以有适宜的处置。此不为彼而牺牲,但是,惟其因为彼此有互相的关系,且为全体之一部,而反得其尊重的价值。

我们若能了解各种科学之性质,而使之分工合作,则彼此皆得不少的互助。有一些问题,不是一种科学所能解决得了的。笛卡儿因为了解代数与几何之性质,而以代数的分析,去研究曲线之性质,于是创设解析几何,为科学开辟一个新途径。放射化学方面镭之研究和电学方面 X 光线之研究,共同创立物质之电子论。代数与几何是如此,物理与化学是如此,进而至于理化与博物也是如此,再进而至于自然科学与社会科学,也是如此。各科专门研究,只能增富各科的知识至一定的程度,若想再行前进,须有较宽大的眼光——即是照注其他专门科学的眼光——为之引导,方可底于成功。

而且:我们的胸襟是天然狭隘的,我们应当防备而更正,不应当固定而增浓。文学家看见商人,鄙视之为市井之狙侩,而商人又以为文学家是住在寒冷不适用的月宫之中,可笑亦复可怜。科学中分界太严,和宗教中分界太严,同为人类之不幸。我们研究一种专门学术,只知道此种学术里边之曲折深邃的处所,我都探寻得无微不至了,而对于宇宙人生的大体却以为毫无价值,而漠不关心,一旦使之应付此种学术以外的问题,往往流于乖僻背谬而不自知。我们尊崇我们自己所专一学术,而看不起其他学术,和一个人专门寻找人家的短处,同为道德的错误。在行为方面,我们固然不能实践所有的善,但是我们应该爱慕所有的善;在知识的方面,我们固然不能得着所有的真实,我们也应该培养对于所有的真实之爱慕。这一种培养的责任,就是哲学——科学之科学——所应该担负起来的。

总之,科学致力于事实之分析,哲学致力于原理之综合。只要我们以科学为基础,而综合又不陷入于急遽的弊途,则哲学不会成为幻想的构造。同时,有哲学以总集科学之大成,则科学不至于破碎支离而无所归宿。那么:哲学与科学,既可以得着一与多的谐和,而各种科学又可以得着彼与此的谐和,那就是分工合作的好结果了。

第七章　科学与美术

　　科学和美术，都是人类动作的出产品。但是这两种出产品，却具有——至少大家都以为如此——不相调和的性质；他俩的不相调和的程度，虽是不及科学和宗教不相调和之程度之高，但是一定在科学和哲学不相调和之程度之上。至于科学家和美术家的本身，往往也抱持各自极端的意见。科学家说：美术是完全凭藉主观的偏见弄玩意，倘若美术统治了人生的疆宇，世上人都要成为疯子了。美术家说：科学是一件死板板的东西，倘若用科学来分析人生，不过剩了几根枯骨头，那还有什么价值吗？

　　我们持平而论，科学起于智慧的动作，美术起于情感的动作。这两种动作，都是人生的一部分。人生有一个完整的和一，其各部分的动作，似乎不会互相冲突，互相排斥，以至于绝对不能相容。它俩既是人生不同部分之动作，它俩自然有歧异的地方，它俩既然同是一个人生的动作，它俩自然有联络的地方。我们现在把它俩的歧异和它俩的联络，分为两层来讨论。

（一）科学和美术之歧异

　　（1）科学是客观的，美术是主观的

　　科学是研究真实的，美术是宣发美感的。科学研究之步骤，先将对象的真相,尽量底用客观的方法描写出来,然后再寻觅各种对象之彼此的互相关系,用一定的定律或公式,排列成为系统,不容有丝毫情感,搀杂在进行步骤之中;所以科学的结果,是人人必须承认如此的。美术宣发美感,美感也是一种情感。凡情感皆可以随时地而不同。美感也是如此。无论在创造者的方面,或是在赏鉴者的方面,都是主观的动作,可以因人而不同,——至少也可以因人而微有不同。但是这样说法,要引起两个疑问:(甲)美术固然是主观的,科学也不是完全客观的。科学乃是人类智慧的出产品,智慧也是内部生活(精神生活、心灵生活、我、心、自己)的一部,即是主观方面的一部分。太阳系各星球之距离,不经智慧的排列,不能成为钵德定律;铜铁受热而澎涨,不经智慧的综合,不能成为"凡金类受热则澎涨"一个普遍的命辞。至于其他包含事实较多的理论,必须凭藉于智慧之构造,那更是不待言了。科学知识,乃是秩序的物,和智慧的我,共同组织起来的,而且认识之起点——概念之构造——由兴趣而发生,所以有"智慧是用情感洗刷过的"的说法。这样说来,科学何曾是完全客观的呢?对于这个疑问,我们的答案是:科学中的定律、假定、理论,等等,照以上的说法,固然有主观的分子——智慧——夹乎其间,然而我们所说"美术是主观的",却另有不同的意义。美术者,乃是指美术作品(work of art)而言。一件美术作品,必须我们感觉它的美,方能成为美术。这个感觉,乃是"美术之所以成为美术"之重要条件。一句很好的音乐,必须我们听了,能够发生不知肉味的兴会,方才成其为美术,否则不过是一片嘈杂的声音;一幅很好的字画,也必须我们看了,能够发生悠然神往的情致,方才成其为美术,否则拿去盖酒坛也可,甚至于拿去上茅厕,亦无不可;不像科学中的定律,人人都觉得是一定不疑的。所以一个科学定律的真实，我们可以用权威（authority）叫人家去相信；一件美术品的美，我们只能用熏陶（也可以说感化（influence））叫人家去赞同。（乙）科学固然是客观的，然而美术也不是完全主观的。兹就写实的油画而言，天然界里有什么山水草木，他们就画什么山水草木，天然界里有什么亭阁楼台，他们就画什么亭阁楼台；这完全是天然的影子，岂不是客观的吗？再就写实的小说而言，它是把社会实在的状况赤裸裸底和盘托出，岂不也是客观的吗？对于这个疑问，我们的答案是：一个美术家当创造作品的时候，无论如何用客观描写的方法，总免不了要经过几度剪裁（selection）。他将可以表现他所要表现的性质的部分呈列出来，而抛弃与此性质无关的部分。他决不能把客观界里一草一木、一虫一鸟、一砖一瓦、一举一动——总而言之，一点一滴底尽量描写出来，而且这一层剪裁的适宜与否，就是美术家成功和失败的关头。至于小说家，无论是如何底极端写实派，其所著的小说之中，总免不了——并且总有许多——同情、羡慕、怜惜、恶恨种种情感，充满于字里行间，决没有像科学叙述那样客观的。油画家有一句话，说他的颜色，有他的脑子和在里边；其实美术家的作品，岂但是有他的脑子和在里边，他竟直是把他整个的人和在里边。所以一幅油画和一张照相不同，一篇小说和一段历史不同。前者是美术，是主观的，后者是科学，是客观的。

（2）科学是普遍的美术是个别的

科学在概念上进行，美术在情感上进行。科学定律理论里边所讲的东西，无一不是抽象的概念。科学说：凡金类受热则澎涨，所谓金类者，是包含一定性质（例如金类有一定的光泽、坚度及其传热传电等等性质）的概念，并不是指这一块具体的铜，或是那一块具体的铁。所谓受热者,乃是温度增高(或依物理学而言,是分子行动之速率加大)的概念,也不是说用这个酒精灯所发生的热,或是用那个电阻炉所发生的热。所谓澎涨者,是体积加大的概念,也不是这件或那件东西的澎涨。把这三个概念联合起来,就是一条"凡金类受热则澎涨"的定律。固然,这样的定律,必须凭藉事实,才能构造起来。然而从感触界的事实,到概念界的定律,已经经过一番抽象的工夫。惟其是抽象的,所以是普遍的,放之四海而皆准,推之万世而无敝。美术却不如是,当美术家创造美术的时候,他从感触的方面,或记忆或幻想的方面,得了若干材料,加了他自己的情感,——愉快、悲哀、愤恨、怜惜等等——再用他的经过训练的手术表写出来,然后成一种美术品。这件美术品,是外面的材料(记忆、幻想之最初的根源,也是由外面来的;说见下篇。)和里面的情感,如胶似漆的挼合在一起,不能分开的。外面的材料,不能每次完全一样,里面的情感,更不能每次完全一样。所以各美术家的美术作品,不能完全一样;即就同一的美术家而言,他每次的作品,也不能完全一样。以台阁华贵的王维,而可以说出"雨中山果落,灯下草虫鸣"一类凄凉冷静的话头;以淡泊闲放的陆游,而可以有"楼船夜雪瓜洲渡,铁马秋风大散关"一种英豪奋发的感想。美术为宣发情感之动作,情感本是随时变迁的,所以就美术而言,今天的我和昨天的我宣战,本不是什么了不得的怪事。这样的冲突,是哲学家所最忌讳的,不是美术家所最忌讳的。总而言之,每一件美术作品,是一丛颜色,或是一节声音,或是一篇文字,或是一片金石,和创造者当时的美的情感之经验之双方的化合。到了美术之爱者赏鉴的时候,观摩游泳,一往情深,从这些颜色、声音、文字、金石里边,领略到美术家创造的时候所有的美的情感之经验。恰当此时,美术之爱者似乎他的本身到了美术家的境界,他看见美术家的人格活现在他的眼前,借成语来讲,可以说是见尧于羹,见尧于墙;他又和美术家深表同情,休戚与共,借成语来讲,可以说是象忧亦忧,象喜亦喜。美术之爱者和美术家中间的路途,不是时间空间所能隔得断的;只须有美术品为媒介,彼此可以互通声息,甚至于彼此可以和合而为一人。这是美学里所叫做的自由的宣发(free expression)。自由的宣发之意义,就是说:美感是可以依附美术品而重行发见的;也就是说:一个创造家可以用美术品把他的美的情感之经验宣发出来,而且这个美术品到了赏鉴家的面前,又可以宣发与创造家同样的美的情感之经验。无论时间是如何底长,空间是如何底远,这种自由的宣发,仍然是毫无滞碍的。所以美术作品,和实在的天然风景不同;因为风景随时间而变迁,——无论是如何底微缓,它总是在那里变迁——今天的玩赏家,和明天的玩赏家,决不能玩赏完全同样的风景,即不能宣发完全同样的情感。美术作品和科学定律又不同,科学定律在发明家的眼里,和在学习者的眼里,固然都发生同样的意义,但是决没有情感的反应羼杂在里边。总而言之,美术者,是就美术作品而言,每一件美术作品,是一定的颜色声音等等客观的材料,和一定的悲哀愉快等等主观的情感合组而成的。这些组合体,乃是一个具体的共总。惟其是具体的,所以是个别的。

(3) 科学是应用的美术是游戏的

我们的生活,本来有两部分:一部分是应用的工作,一部分是非功利的游戏,——一部分是"勤有功",一部分是"戏无益"。我们试看我们家里所豢养的猫狗,他们吃饱了的时候,还要彼此互相追逐,互相胁扑着闹玩意儿。未成年的儿童,喜欢游戏,那是不待言了。就说我们已经成年的一班人罢;到了没有严重的责任负在肩背上的时候,我们也要找几个朋友来谈天,或是出去到什么地方去旅行。若是用应用的功利的眼光看起来,当谈天旅行的时候,我们所说的话,那一句不是废话,我们所走的路,那一步不是冤枉路。应用的工作,完全以维持生命为目的。非功利的游戏,与维持生命之目的漠不相关,及其兴之所至,一切可以破除,甚至于可以牺牲性命。这两种活动,都是人生之自然的活动,而且也是人生必需的活动。没有第一种的活动,则人类之生活基础无从维持,没有第二种的活动,则人类之生活意趣无从宣达。科学是属于第一种的,美术是属于第二种的。

但是有人对于把"科学属于应用的"这一层,可以发生疑问。他们说:科学之中有两类,一是应用科学,如各项工程学,二是纯粹科学,如各种理论科学。凡纯粹的科学,其目的在求知,既不以应用为起源,又不以应用为归宿(参观科学方法的引说),何以能说所有的科学,都是应用的呢? 这个疑问不难答复。我这里所说的"科学是应用的",有两层意义,试为陈述于下:

(甲)凡是科学,无论为应用的,或是为纯粹的,和普通应用的工作,都是采取同一的途径。此项途径维何,就是因果律的原理。大凡各种动物,都有利用经验的本领(profit by experience)。一只松鼠吃了一个色红而形圆的葡萄,觉得其味甚甜,而又可以饱肚子,下次见了其他色红而形圆的东西,就联想到甜味而又可以饱肚子的性质。其义若曰:红色和圆形是因,甜味和它的可以饱肚子的性质是果;这就是所谓兽类的因果之信从(animals believe of causality)。在比较简单的天然环境之中,它们有了这样的信从,它们的生命就可以维持下去了。不过到了比较复杂的人为环境之中,仅此有这样的信从，有时还要归于失败。飞蛾只"知道"有光的地方必定温暖，而不知道灯烛可以伤其身；被拘的雀子只知道凡是可见天日的地方，必定有自由的出路，而不知道窗子上的玻璃乃是穿不过去的城墙。所以人类的智慧，因之而特别发展；因为他们要在复杂现象之中，不为貌似所蒙蔽，而寻出真正因果的关系，方能应付逐日发现的问题，而达到维持生命的目的。科学之构造，以因果律为脊椎，她是智慧之最精密的结晶品。然而科学之进行，并不是于日用寻常的心思材力之外，另外辟一个蹊径的；我们研究原子之组织，和我们审度交易所之胜负，同是用智慧之活动。这种活动，原来是为应用——维持生命——而发生的。所以上面说，科学和普通应用，采取同一的途径。

（乙）依实验哲学讲来，天下就没有真正纯粹的理论科学。一种科学之最近的发源，和最近的效果，可以和应用毫不相关；但是它的最初的起源，和最后的效果，还是和应用有密切的关系，——不但有密切的关系，并且就是应用的本身。试举一例而言，一个野蛮人摘谷果而充饥，完全是应用的。但是因为要增加谷果的收入，于是乎要研究土壤之肥硗，要研究气候之凉暖，前一层就牵涉到化学，后一层就牵涉到气象学。到了化学分析各处的土壤，又牵涉到地质学；到了气象学说明四季之中，地球与太阳之关系，又牵涉到天文学。到了地质学研究化石，又牵涉到动植物学；到了天文学计算恒星之出没，又牵涉到数学。所以一种科学，其纯粹之程度，无论如何底高，总是间接和应用有关系的。野蛮人类和文明人类之不同，就在此点。野蛮人类只能直接满足维持生命的欲望，文明人类能够间接满足维持生命的欲望。野蛮人类必定耕而后食，织而后衣，文明人类可以不耕而食，不织而衣，但是他们所做的工作，却是都和耕织有联贯的关系。这就是分工的原理。这样说来,不但科学中所用的方法和普通应用相同,而且科学的本身就是应用。

至于美术则不然,它的任务,是宣发我们的浓炽的美感。美感原是一种情感,情感是盲目的。它只知道——或是不知道——愉快、悲哀、雄壮、缠绵。它决说不出来:愉快何自而来,悲哀底于何境,雄壮之内涵如何,缠绵之外延奚似。倘若你能够把这些答案源源本本底说出来,那是你的智慧说出来的,不是你的情感说出来的。情感只能觉得,智慧方能知道。当我们用智慧来分析情感的时候,情感的本身已经过去了;不过我们承认:我们可以把它当作其他记忆的客观事实同样去研究罢了。人生只有智慧可以指导我们走上维持生命的途径(下等动物有本能维持生命,但是智慧是由本能进化而来;参观生物进化篇)。情感是没有这个本领的。美术就是情感之宣发,所以美术是不能应用的。

因为科学以应用为依归,所以科学和日用生活中的应用工作,都要把宇宙的全体分成片段来考较。必定这样分析,方才可以预测。预测乃是科学之能事,亦是普通应用所极注重的一层。例如当我们看见一块铜的时候,它的无限的历史,及其与他物无限的关系,都呈献于我们的面前。惟其因为我们要考较它,所以我们只能把它的一定的性质选择出来,构造成为一个概念。我们有了铜之坚硬之概念,我们就可以拿它来打一把刀(普通的应用);我们有了铜之"受热则澎涨"之概念,我们就可以写一条定律,说铜受热则澎涨(纯粹的科学)。因为美术不受维持生命的势力所压迫,所以它不要计较成功或失败的结果。(即如预测将来一类的作用。)因为不要计较这些结果,所以不要研究彼此因果的关系,它要把宇宙全体的美整个儿领会得来。这样的领会,乃是美术家或美术之爱者的内部的生活和宇宙全体两相凝合两相印契的征象。美术作品，不过是二者中间的介绍，为领会宇宙全体的美之一个钥匙，做一个象征的记号而已。我们看了一幅秋山平远的图画，我们所能领略得到的，乃是一种清远静逸的意味，决不只图画上所写的几片青山、几株红树；我们读了《春江花月夜》一篇诗歌，我们所能领略得到的，乃是一种隽朗活泼的气象，决不只诗歌中所载的一条长江，一轮明月。然而这还可以说：图画诗歌是天然风景的印影，印影和实在，必有大部分的类似，所以我们可以由代表想到本身。我们再就音乐而言，我们更可以看得出美术品实有介绍之性质。凡文明人类的音乐，不是仅仅摹仿天然界的声音的，它完全是听官之刺激，没有其他的背影。但是我们以这样刺激为介绍，可以领会宇宙全体之美，可以宣发我们的内部生活之变迁及其发展之层次。这里似乎有些神秘的意味；借人家成语来讲，可以说是："心存六合之表，神游太始之初，窅杳之中，无物无我，不障不碍，而宇泰定焉，天光发焉，乃极乐处也。"（参观附注）倘若你一定要问一个美术家：他领会得对不对，他的内部生活之变迁与发展，和已经用智慧分剖过的客观界是否两相符合、两相印证，他必定说你是俗人，笑你是傻瓜，甚至于破口骂你是冥顽不灵的动物。因为：他原来就不负这个责任；这个责任，是科学家所应该负的。

【附注】清朝乾隆时代，有一个布颜图论山水画，有与此种说法相似的地方，兹特附注于下，以见吾国美术理论之一斑。

或问山水画学何由而好也？曰，吾不知其然而然也，似有所不能已者也。窃思吾之所不能已者，殆有所偏僻而溺焉。盖人之性鲜得中，必有所偏好。人之所好，人皆知之，有博弈而好焉，有服饰而好焉，有珍味而好焉，未闻有山水而好焉者。夫山水之间，冷坞荒陬，棘篱茅舍，而居之者淡然，而视之者渺然。人之所必不好者，而吾独溺之，是吾之所溺，不溺人之所溺，而溺人之所不溺，此问者之所大惑不解者也。不独问者惑而不解，而吾亦无以自解也。岂其为名乎？而身应显爵，虚誉无所取。岂其为利乎？而体腹充饶，衣食无所仰。岂其为人乎？而绘事末技，于人无所重。岂其为己乎？而墨沈淋漓，于身有所劳。既不为名，又不为利，且不重于人，反劳于己，而吾乃孜孜于斯，屹屹于斯，虽毫末而笔走不辍，吾真无以自解也。此吾之所谓不知其然也。顾不知其然而然之中，必有然其然之据。吾试思之，其先天之葆光乎。光葆于中，而阐发于外，嗜好随机而发：不发于彼而发于此，亦先天之蕴用有不可测者也。讵非性之所分，而情之所钟乎？吾故谓有所不能已者也。其所谓不能已者，非独此好然也。大凡嗜好皆有所不能已者。若以此好诮彼好，以彼好诮此好，皆过矣。盖此好即彼好也，彼好即此好也。同一好也，又何歧异于其间哉。第彼好之所不能已者，吾未始知之，而此好之所不能已者，吾知之矣。吾知其能旷、能逸、能远、能大、能悠、能久、能安、能乐，吾少时慕之，壮时好之，老则溺之。少时如立洪崖而观沧溟，壮时如卧蘧庐而梦华胥，皆在可已不可已之间，悉为已陈之刍狗。今老矣，方如登堂而观钟鼓，欲罢不能矣。吾之作画也、窗也、几也、香也、茗也、笔也、墨也、手也、指也，种种于前，皆物象也。迨至凝神构思，则心存六合之表，即忘象焉，众物不复见矣。迨至舒腕挥毫，神游太始之初，即忘形焉，手指不复见矣。形既忘矣，则山川与我交相忘矣。山即我也，我即山也。惝乎恍乎，则入窅眇之门矣。无物无我，不障不碍，熙熙点点，而宇泰定焉，天光发焉，喜悦生焉，乃极乐处也。舍此极乐，吾将安往。故吾所谓不能已者也。知吾之所不能已者其门人时乘乎。

（二）科学与美术之联络

（1）美学有益于美术

美学就是研究美术的科学，换一句话说：就是用科学的方法，去研究美术之普通原理、审美的根据和美术创造者的动机。总之，它要把美感从本能感觉的范围之中，升到理解的水平线之上。但是有人对于这种办法，根本发生疑问。他们说：美感是一种极深邃的、极高尚的、极玄妙的情感，我们不能用方法去分析它。其实这种疑问，实在是把美感过于神秘化了。思想和情感，同是一个人生的动作，不会有互外的性质。心理学里边，研究情感的地方很多，美感既是情感的一部分，为什么独独反抗科学之研究呢？固然，从来不曾有人把美感详细分析出来，然而过去的失败，不一定阻止将来的成功。我们研究美学，是有可以得着良好结果的希望的。

我们既承认美感是可以研究的，我们再把美学有益于美术之发展之几点来说一说：（甲）美学可以满足美术家理论的要求。一个美术家抱持一定的标准，创造了若干美术作品，倘若没有理论的根据和解释，来保护他的作品之价值，他总觉得是一件很大的遗憾。美学就是供给这种理论的宝藏。（乙）美学可以帮助美术之爱者构成审美的判断，增加赏鉴的愉快。当我们看见一件作品的时候，我们要判别它的美丑，固然有一大部分是凭藉我们的主观的情感，但是美术作品，也必定要满足一定的美的条件（如和一、特显、均衡之类），方能使我们能够发生美感出来。美感固然是人心之所同然，然而也要有适宜的培养，相当的指导，知道这些条件的意义（例如全部不相冲突之谓和一，易于引起一种印象之谓特显，多一合宜主从适当之谓均衡），才能构成审美的判断。美学就是讨论这些条件之普通原理，及其在各种艺术里边之具体的表现。若是我们看见一种作品，其价值与我们所抱持的标准相符，我们的爱慕的情绪，必定格外底深切，因之而心领神会，也格外底有手挥五弦目送飞鸿之概；岂不是赏鉴的愉快因此而增加吗？（丙）美学可以引导美术家走入成功的途径。美学说明美术之必须具有的条件如何，美术之应当避免的弊忌如何；这种原则，不独为专门家的科律，并且逐渐浸润于群众意趣之中。一个时代有一个时代的美术意趣，一个民族有一个民族的美术意趣。美术家和别人一样，也是要受一个时代一个地方的美术潮流所支配的，纵然他反抗这个潮流，他还是逃不掉这个潮流的影响。若是他对于美术之意义，有明瞭的了解，他可以免除许多错误，而比较容易底于成功。美术家必须了解美学，就同工程师必须了解物理学一般。一个工程师，若是不能了解物理学，就只会按部就班去支配机器的应用，而不能因时制宜，也不能谋改良的进步；一个美术家，若不了解美学，也只能用呆板的方法，去临摹揣仿原有的榜样，而缺乏创造的能力。创造固然有待于天才，然而天才也必定经受有益的培植，才不至于淹没下去。美学之一部分的责任，就是讲这种培植的方法的。

（2）科学增加美术的材料

美术家的重要职务，固然是宣发内部的美感，然而他也不能不观察外部的事物。不过他的观察，是领会之引端，不像科学家的观察，是研究的基础而已。他观察了宇宙之若干部分，而引起一定的美感，又用他的美感为出发点，在他所观察的东西上面，加以美化的装饰。例如雄健、流动、静穆、阔大等等字样，都是美术家所常用以描写事物之性质的形容词。而且这些性质，在他的心目之间，竟直可以经受实在化而变为不易捉摸的存体。于是这些形容词,都变成抽象的名词。这些存体的真实和虚妄,另外是一个问题;但是它们实在是美术的材料。科学发展,不但不摧残这些材料,并且增加这些材料,或者就原有这一类的材料,又从而发挥而光大之,深泳而浓炽之。兹将科学所供给的这一类的材料,试举数端,胪列于下:

雄健 从天文学里,我们知道千千万吨的地球,为吸力所支配,在一定的轨道里,周流不息底旋转。从地质学里,我们知道茫茫数千里的大洋,可以为火山冲起而成大陆和高山。从放射化学里,我们知道一个原子之摧毁,其所发泄的能力,可以移动很大的火车头。从科学观察得来的天然权力之雄伟,岂不值得我们的惊骇赞叹吗?

阔大 试以一粒豌豆代表太阳,照同样的比例,应当以一粒小米代表地球,而安置于离豌豆一寸的地方,则最近的恒星,其大亦如豌豆,应当排列在六华里之外。恒星之外,更有恒星,宇宙之外,更有宇宙。我们人类不过是住在这一粒极细的小米上的生物。又试想:我们若乘极快的火车,从地球走到太阳里去,须得二千余年。我们知道这些事实,我们岂不更要发生宇宙阔大的感想?比之苏子由所说的于山见嵩华之高,于水见黄河之大且深,岂不是更高更大且深吗?

悠久 依星球失热速率计算,我们的地球大约有一百兆年至四十兆年,太阳大约有五百兆年至一百兆年。依生物进化速率计算,地球之寿算,已有数百兆年。自放射原质发见之后,从星球里面放射原质所发生的热,和星球外面所损失的热,合并计算,于是地球太阳的寿算,又因之而增加不少。或者有人以为把地球的寿算,用年数来计算,徒然摧毁"天长地久"的赞美。但是:倘若我们用人生数十寒暑两相比较,岂不适足见天地之久远。而况太阳之外,还有其他恒星,其他恒星之外,还有其他他恒星;他们的寿算,并不能计算得尽的。所以以上所说的计算,反足以使宇宙悠久之性质,格外加深,那一种八千为春八千为秋的比喻,竟直是皮毛之论了。

众多 从物理化学里,我们听说:在标准压力温度下的气体,每立方公寸中有四千兆兆个原子。从生物学里,我们听说:生物之种,约有一兆至二兆之多,每种中又有亿兆京垓的分个。我们对于宇宙间品物繁庶的印像,岂不要格外加浓吗?

流动 从物理学里,我们看见各种能力之改换。从化学里,我们看见各种物质之变化。从进化论里,我们看见各种生物滋生繁殖,推陈出新,形态蜕幻,种族递嬗。于是我们更觉得宇宙全体,如川流之不息,如日月之互移,又何曾妨害美术家的玩赏呢?

秩序 天文学告诉我们:太阳系的八大行星,各随其轨道而转移,一丝一毫都不紊乱,似乎比面磨上的驴子,和水车上的水牛,还要守规矩。结晶学告诉我们:各种原质或化合物当结晶的时候,其原子或分子排列之方法,都是一定不移的,比我们兵式体操的阵势还要整齐得多。放射化学告诉我们:原子里的电子电核,各有各的力量,而共同成一个系统。细胞学告诉我们:细胞里的胞核与胞液,各有各的机能,而共同负一种职务。由此看来,大而至于星球,小而至于原子细胞,都表现美满的秩序。秩序是美术中重要的栋梁,也是科学中最明显的旗帜,还能说科学有碍于美术吗?

连轴关系 无猫则无橄榄,而科学说出:无猫则有鼠,有鼠则无蜜,无蜜则无蜂,无蜂则无雌蕊雄蕊之媒介,无媒介则无橄榄之收获。月晕而风,础润而雨,而科学说出:月晕为水蒸汽弥满天空之征象,各部分温度不同的空气不能互相调和,于是乎激而生风(这或者是月晕而风的解释),础润为空气中水蒸汽超过露点之征象,所以要下雨。天地之大,现象纷纭,科学能够在似乎两不相干的现象之间,找出彼此的关系出来,于是我们对于"事有必至理有固然"的事与理,更觉得有深切的意味。除非我们相信"牛顿用折光的原理毁坏了虹之灿烂的美观"那一种偏见,科学之发见天然现象之连轴关系,总是加进美术家赏玩的兴趣的。而且它又增加美术家赏玩的材料,因为有许多东西,从常识的眼睛看起来,是漠不相关,而从科学的眼睛看起来,却是有脉息相通的联络;天下岂有漠不相关而可以发生趣味的东西吗?

总之,美术家所得自天然的美感,科学总只有帮助它的地方,决无摧残它的道理。固然,美术似乎偏向于不可知的惊奇,而科学却是全重于可知的理解;然而可知是科学之当然的目的,不可知未必即是美术之不可缺乏的原素。况且科学也并不完全扫灭人类的惊奇,我们可以说:它的工作,实在是把初级的惊奇,改进而为高级的惊奇。高烈里基(Coleridge)说:人类有两层的惊奇,第一惊奇是无知(ignorance)之女,第二惊奇是赞美(adoration)之母。第一层是说当未曾研究之前见而不知的惊奇,第二层是说在既经研究之后知其"如何"而不知其"何以"的惊奇。我们又可以说:第一层的惊奇是对于未知(unknown)的惊奇,第二层的惊奇是对于不可知(unknowable)的惊奇;他的两句话倒是对的,不过他的赞美,是宗教之皈依,我们可以把它改为美术之游泳而已。

(3)科学可以改善美术之工具

科学对于美术这一层的用处,固然是很浅显的,然而却也是很重要的。孔子说：工欲善其事，必先利其器。美术作品之中，除文字诗歌，仅须有简单的笔墨就可以动手外，其余各种，都不是徒手所能成功的。油画有待于颜料，音乐有待于乐器，建筑有待于木石，工具愈精，自然作品愈佳，科学因物致用，所以有益于美术。倘若有人一定要以为：物质文明愈进步，则美术作品之价值愈低，那么，最好的美术作品，只能产生于穴居野处之时，恐怕考古学中，也没有这样的证据罢！而且还有一层：美术为人类产品之一种，其所包涵的意趣，自然也要随时代为转移。只有古董物品，和古典文学，是"惟其古也，所以雅也"；其他美术，都含具有时间的分子。审美的判断，固然不是没有经过美学熏陶的街上人所能发展到健全的地步，然而也决不是要从坟墓里掘起白骨头，来担负这个责任。所以我们一方面要提高群众审美的程度，同时也要把审美的标准，安置在多少和当代生活水平线平行的地方，不要使创造者专走乖僻自苦的途径，而赏鉴者也不至于老把美术作品看做月亮里的王宫。科学是随时代改进人类生活的，倘若美术也能够随时代而演进，则科学之有益于美术，更不止于改良美术之工具这一层了。

我们把以上所讲的合拢一处看来，科学和美术，固然有许多不同的特性，然而它俩互相联络的地方，却也不少。如果两方面的工人，有各自的进行，同时又有双方的了解，决不会发生根本冲突起来。原来，它俩本是同一人生的活动，既是同根生，又何至于相煎太急呢？

第八章　科学与伦理

天地不仁,不为一个人生一个世界;如果一个人有一个世界,则此人可以任意行动,而无碍于他人之生存,岂不是好! 天地至仁,不为一个人生一个世界;如果一个世界上只有一个人,则此人之身体与精神上的营养,一切都无所取给,又何从而生存,岂不是不好! 现在,一个世界上生了许多人,而这许多人又都想生存在一个世界。除了少数抱牺牲主义的圣贤,决没有要摧残自己的生存,以救济他人的生存的人,所以我们可以说:人类当然都有利己的天性。但是除了少数特殊强暴的例外,也决没有要毁灭他人的生存以利便自己的生存的人,所以我们又可以说:人类似乎也都有利他的动机(说见后)。因为利己和利他界说不明,取途不定,所以人类社会之中,发生了许多纠纷和冲突。自古以来,也不知道有多少圣人、贤人、哲学家、宗教家、政治家,都想用一种方法来解除这个困难:或者是立言以教人,或者是修己以率世,或者是洁身自好而与世无争,或者是摩顶放踵以求有利于天下,都是为着这一个问题所驱使。据此看来,这个问题不能解决,人类的纠纷和冲突永远不得停止。伦理学家的基本职务,就是要解决这个问题。我们且看看有几种可以解决这个问题的方法。

(一)区别　因为利己和利他的目的不同,方法不同,结果自然也不同,我们不如索性把它俩分为两事。同时我们又要大家都减少利己的行为,而增加利他的行为,于是另行明白底或隐约底设立一个人类行为的教条,说:人类的行为都应该往利他的方向去做。但是利己利他的判别,究竟从什么地方取决呢?综核起来,约有两种说法:

(1)有用直觉为标准的,说:人类有判断善恶的直觉,这个直觉就是良知,良知是人类所独有的。例如孟子所说孩提之童,无不知爱其亲,及其长也,无不知敬其兄之类。有良知自然可以判别善恶,利他是善的,利己是恶的,我们的行为当然要舍恶而从善。反对进化论的宗教家,大致都主张如此。他们以为人与兽类不同,人有自己觉性(self-conciousness)之存在。所谓自己觉性者,就是觉得有一个自己存在于我的心里。从自己觉性之中,可以表现永远觉性(eternal conciousness)之存在。所谓永远觉性者,即是上帝,即是自然流行的天理。完美的自己觉性,就是上帝之缩影。自己觉性,能够化需要为动机。动机是由自己觉性所规定的,所以是自由的。

(2)有用理性为标准的,说:理性告诉我们,那一种行为是当做的,那一种行为是不当做的。因其当做而做之,乃谓之善。善的动机,不但是善的行为之必需的条件,并且就是善的行为之唯一的价值。倘若善的行为,不是由于善的动机,那不过是骗人,或者是安慰自己。骗人固然是欺世盗名,安慰自己,也是自私自利,都没有善的价值。要为(去声)善而为善,不是因为乐于为善而为善,乃是真善。善的本身就是目的,并不是以善为手段,而另有其他的目的。用"善为目的而非手段"为形式的抽象的原则,则在任何实质的具体的行为里边,都可以规订那件是当做的,那件是不当做的。不但如此,惟其以理性为标准,我们方能知道我们是自由的。我们既是认定"为(去声)善而为善",所以我们的动作,不是因为受了功利的刺激,但是真正是和理性的自己相符合的。这种理性,又可以叫做道德的自觉心(moral conciousness)。康德以及其唯心派的流裔,是主张如此的。

(二) 调和　利己是人类的显明的天性,用不着要什么学说来鼓励它。但是利他的动机,却不是同样简单的。我们要人类多做利他的行为,我们须得研究人类利他的动机后边,是否隐藏着有利己的背影。如果是有的,我们不如把它俩的关系明白底表彰出来,叫大家都明白这个道理,然后因利己而利他,就可以事半而功倍。不然,仅仅用严厉的教条,叫人家去为善,用苛刻的戒律,叫人家去不为不善,是没有多大的用处的。我们且看看这一类的说法如何。

(1) 个人与社会的关系,和个人与个人的契约一般,契约是必须彼此共同遵守的。个人对于社会的义务,也同遵守契约一般,是为双方的利益而遵守的。所以共同的利益,和私人的利益,必须联合起来。社会或政府的公平,和个人的忠实,是互相对待的。这都是人为的道德,在文明人类之中,方才发生。所以道德的行为,是有利于己的。即如利他的行为,也是为着满足自己同情的情感。总之人原来都是利己的,所以道德判断,只是一个社会对于共同利益判断而已。这是休谟以及边沁功利派的说法。

(2) 凡利他的行为,原来都是为着有愉乐的报酬。利他的行为是手段,利己的愉乐是目的。但是积时既久,手段的本身,可以变成目的。譬如一个人拼命的赚钱,本是为着要图生活之安适。赚钱是手段,安适是目的。一旦成了守财奴,他就竟直以赚钱为目的了。由此推之,凡一切悬想的愉乐与痛苦,好胜心、自利心、同情心以及一切道德的情感,都是从简单的愉乐与痛苦的刺激集拢起来的组合体。这样看来,凡利他的动机,都是由于心理的联想而发生。当初是有利他行为 A,于是有利己的愉乐 B,以后因为想有利己的愉乐 B,于是发生利他的动机 A。不过积时既久(如果后天性质可以遗传,则此一"时"字可以包含一个人的祖先历史而言),A 和 B 之联想,不是这样简单而已。这是密耳以及感情派的说法。

(3) 人类与兽类虽是同出于一原,然而人类是已经经过进化的阶级的。人类之所以超出兽类,就是因为在人类里边,人性特别发展,而其原有的兽性,逐渐退缩。人性中之高级的部分,就是群性。而其最高级的发展,就是对于全部人类的博爱——为人道而牺牲。所以为人而生存,非为己而生存,乃是人类最高的德性。倘若我们能够表现人类最高的德性,天下还有比这件事更为愉乐的吗?所以道德和愉乐,是分不开的。由此看来,利己和利他,不是根本的冲突,乃是次第的发展。这是孔德的说法。

(4) 行为乃是适应环境以达目的的动作。道德的行为,也是如此。但是行为也是进化的。因为行为之进化,人类之生命之范围扩大了,生命之意义深远了。初民之行为,其目的仅在个体生命之保留。比较进化的人类的行为,其目的则为保留家族或种类的共同生命。第三级之保存,可以包含第二级第一级的保存。这样的共同生命之保存,自然给予我们一种充分的愉乐。有这样的愉乐,然后才能使生命具有值得生活的价值。所以利他之中,就包含着有利己的分子。这是斯宾塞尔以及进化派的说法。

科学之见解

以上所列的各种说法,固然也有从科学发生出来的,例如进化派之理论。这里所说科学之见解,乃是专指此篇所叙述者而言。此篇所叙述的科学之见解,若就其性质而言,倒是和调和的理论比较相近。科学之功效,既不只轮船火车之应用的技能,也不只热涨冷缩之物理的理论。它对于这样底大问题——利己利他的问题,伦理学中的基本问题,——必得也有一种特殊的贡献。我想:科学对于伦理学之贡献,有两大端:一是物我观,二是因果律。

(一) 物我观

自古以来,各哲学家有各哲学家的宇宙观。唯心派说,宇宙之本体是心,唯物派说,宇宙之本体是物。科学以现象为宇宙之本体,这就是科学中的宇宙观。从这个宇宙观,可以看出物与我之关系。我们试看这种宇宙观究竟如何。

设若有一根针,刺到我们的手上,我们必定觉得"我"痛得很,我们又觉得这个痛,是从外边的一个物——一根针——发生出来的。这样的见解,是从我们的老祖宗野蛮人类沿袭下来的。野蛮人类以为他的一张皮,就是物和我之间之不可磨灭的界线。凡在皮以外的都是物,凡在皮以内的都是我。这个谬误的见解,到了现在时候,仍然为我们不知不觉底保存于头脑之中,或者我们实在是保存着这个见解,我们却不承认我们的见解——物和我之区别——是如此底粗浅的。然而:倘若有人问,我们的见解究竟如何,我们又答不出来。其实,物和我是不能分开的,换一句话说,"我"并没有独立的存在。我们讨论这一点,且分物质的我和精神的我二层来讲。

(1) 物质的我　这个物质的我,就是身体发肤等等组织。野蛮人以为这明明白白底是一个我,除非死了,是永久存在的。这个见解,当然是很容易驳消的。一个人现在是小孩子,将来可以变成大人,一个人今年没有胡子,明年可以有胡子。设若有一个人,当二十岁的时候,有一定的容貌状态,我们把他的这个容貌状态,叫做他的二十岁的"我",而且这个二十岁的"我",可以离开他自己而生存,而其容貌状态又永远不变,和一张相片一般。但是他自己却继长增高底往前生活着。到了四十岁的时候,他又有一定的容貌状态,我们把他的这个容貌状态,叫做他的四十岁的"我"。假若他的二十岁的"我"和他的四十岁的"我"有一天在街上对面相遇,他俩必定不能认识自己,即令旁人,也必定不能认识他俩本是一个人。一个"我"在不同时候,竟直不能被人认识是同一的,还能说是永久存在吗?还能说是永久不变吗?

　　从生理学讲来,生命只是消长的变迁(metabolic change)。我们一方面吸收食料进去,构造成为神经、筋肉、皮肤、骨骼、脆骨、血液、凌巴液等细胞,而存置于身体之中;这是长的变迁(katabolic change)。一方面又藉养气的养化力,撞散这些细胞物质而成为水、二养化炭以及含淡的有机酸各种东西,而排泄于身体之外;这是消的变迁(anabolic change)。野蛮人所看做的物和我之界线——他的一张皮,——若用分子的眼光看起来,实在是内外交通,一点儿障碍也没有。即皮肤的本身,也随同一道变迁。这些细胞,分起来看,和单细胞的下等生物一般,个个都有独立的生命。合起来看,各尽所能,成了一个有机系统,就是我们所看做的"我"的生命。其实"我"的生命,就是许多细胞的生命集合起来,并非另外有一个东西。所以斯宾塞尔说:生命是各部分之互组(corroboration of parts)。我们再看这些细胞,生的生,死的死,竟直是变迁不息的;我们实在说不出在那一群特别细胞既生之后,未死之前,有一个我的生命,而在其余的时期以内,没有我的生命。试拿一座北平城来做比喻,无论城里的男女老少,生死不息,而这座城(指此城之组织不是城墙房屋)仍然能继续存在,但是不能独立存在。若是北平城里的人都死完了,那北平城也就化为乌有了。

再就针刺指头之例来说:我们总以为痛是从外边的针发生出来的。若是我们害了盲肠炎,我们又以为痛是从里边的盲肠发生出来的。其实我们一张皮,既不能为物和我之界线,则无里外之可言。针和盲肠都不过是"物"罢了。但是有人说:针和盲肠固然都是物,然而针或盲肠发生的痛,是一个精神界的活动,总是属于我的。针是大家都能看见的,盲肠若解剖之后,也是大家都能看见的,因为它们是属于外界的物的。至于痛,只有我一个人知道,因为痛是属于内界的我的。说到这里,我们试想想什么是我们所叫做的针,不过是尖锐的形式、白的颜色、金的光泽等等性质。这些形式、颜色、光泽等,都不过是视觉器官所供给的感触(sensations)。(即如盲肠,也不过是如虫的形式肉红的颜色等等感触。)若是把针刺到指头上,又有一束神经供给我们一种感触——不受欢迎的感触,——我们把这感触叫做痛。由此看来,视觉器官的神经所供给的感触,——形式颜色光泽——和指头上一束神经所供给的感触,——痛——感触虽不同,其为感触则一。试问除实用的方便而外,我们还有什么理由把前项的感触,推到假定的针的实体上去,而说它是物,把后项感触,推到假定的心之实体上去,而说它是我呢?这样看来,物和我是没有根本差别的。所以罗素说:心也不是实在的,物也不是实在的,只有感触是实在的。这才真是物我一体哩。

（2）精神的我　这个精神的我，简约起来，就是指我们各人不同的性质——和平、激烈、怠惰、发奋、洁净、肮脏、狡猾、愚呆等等——而言。我们讨论这个题目，最好是分做两层：（甲）先天的我，（乙）后天的我。

（甲）先天的我　先天的我，是由祖宗遗传下来的。生物之各种性质，不是直接底遗传下去，但是这些性质之发展之可能，却是直接底遗传下去。这些可能都是依附于上代生物之生殖细胞里边的。上代生物性质发展之可能，有多少遗传下去呢？依加耳敦祖先定律说起来，最近的一代最多，次近的一代次之。由此往上类推，代数愈远，其遗传者愈微（参观生物进化篇遗传章）。总之，这些先天性质，都是由祖宗遗传下来，而且是由无限多的祖宗（依加耳敦的定律，代数愈远，祖宗愈多）遗传下来的。试问这样多的祖宗，还是属于外界的物呢？还是属于内界的我呢？我想：我们不能不承认是属于外界的物罢。

（乙）后天的我　先就概念而言，我们对于同一的东西，各人可以构造不同的概念。例如有一支毛笔在此，一个国民学校的学生看见了它，就构造起来下列的概念：一根长圆坚硬的管，管杪有一撮柔软的麻和羊毫。一切生物学家看见了它，就构造起来下列的概念：长圆坚硬的芦管，中间有如星的水管束，柔软的麻和羊毫，每根中间都有洞通的微管。一个化学家看见了它，就构造起来下列的概念：长圆坚硬的芦管，和柔软的麻和羊毫之中，都是纤维质布满了。一个物理学家看见了它，就构造起来下列的概念：长圆坚硬的芦管，和柔软的麻和羊毫之中，都有无限的电子在那里旋转不息。若是文学家，又要想到对客挥毫。若是绘画家，又要想到濡毫染素。这是因为各人过去的经验不同，所以各人的兴趣不同，所以对于同一的东西,可以构造起来不同的概念。然而各人对于毛笔的概念之中,又有一部分是大概相同的,你觉得笔管是长圆的,我也觉得笔管是长圆的,我觉得笔端是柔软的,你也觉得笔端是柔软的;这又是什么缘故呢?这是因为我们的器官——经验所穿过的窗户——有同样的组织。我们眼睛,大概都能在离眼睛十英寸的地方,看见二百五十分之一英寸的物件,我们耳朵,大概都能听见每秒十八摆以上的音响。所以我们所见闻的宇宙,大致是相同的,就同"大概相同的模型,必定铸出大概相同的机器"一般。若是拿下等动物来比较,例如具有复眼(即千百眼珠合在一处)的青蝇,它所看见的这支毛笔的颜色、形式,必定和我们具有单眼的人类所看见的,大不相同。

马赫有一个寓言,虽是很鄙俗的,但是很精辟的。他说:有一个人公孙三代同游维也纳京城。他自己是一个五六十岁的老工程师,他的儿子是一个二三十岁的少年,还带着一个三四岁的小孙子。游过之后,各人叙述各人对于维也纳的印像。这一位老工程师说,他只看见同蜘蛛网一样的电车道。他的儿子说:他只看见满城里充满了漂亮的女人。他的小孙子说:他只看见街道两旁玻璃窗子里所陈设的机关灵活的不倒翁。这段寓言所要表现的道理是:各人的兴趣,对于概念之构造,有选择分子的主权。固然:客观的概念,要以共同的观察为凭;然而概念总不免于具有强订的色彩,经验和兴趣,却是有重大的力量的。

再就记忆而言:记忆和感触,并没有性质的区别。我们还用毛笔做举例来解释这个命辞。照前面针刺指头的举例里边的道理推来,毛笔并不是一件外界的东西,它不过是一群感触之汇合。我们现在所要讨论的是:这一群感触,还是完全都从最近的感触得来的呢？还是有一些是从过去的经验得来的呢？当我们看见这支毛笔的时候，我们的最近的刺激，不过是笔管之长圆的形式和白的颜色，和笔端之尖锐的形式和黑的颜色。至于笔管之坚硬性和笔端之柔软性，我们并未曾用手摸它们，我们何以知道呢？然而我们却是知道：倘若我们用手去摸它们，我们的触官必定报告我们，笔管是坚硬的，笔端是柔软的。这是因为我们曾经有过"笔管是坚硬的，笔端是柔软的"的经验，储留在记忆界里。当我们的视觉器官感触了毛笔的形式和颜色的时候，我们把记忆界里所储留的笔管的坚硬性和笔端的柔软性，凑合在一道，而构造成为毛笔之概念。若是各人过去的经验不同，——例如生物学家有生物学家的经验，化学家有化学家的经验，——则其所构造的概念，自然可以不同。这些经验，都是从过去的感触得来。足见我们构造概念之时，都要受过去感触之支配，并不是有一个独立的我，可以毫无凭藉突如其来底在那里构造啊。

而且记忆就是过去的感触，感触就是现在的经验。我们把现在所感触的叫做感触，把过去所感触的叫做记忆或经验，不过是取其实用的方便。其实，记忆和感触之间，并没有一个划分的界限。设若有电光闪过我们的面前，我们的网膜上边自然有一种光的感触。倘若这个电光是很强的，则电光过去之后，我们仍然觉得电光之存在，经过若干时候，此项感触方才渐渐稀薄，而消灭于最近的记忆之中。较远的记忆也是从较近的记忆渐渐接续上去的。这样看来，现在的感触，和最近的记忆，以及最远的记忆，都是接续不断的。因为现在的感触是实在的，所以过去的感触——记忆——也是实在的。

再就迷惑、误忆、妄想而言：当迷惑的时候，我们看见实在没有的东西,例如见鬼。当误忆的时候,我们把未曾发见的事实,当作曾经发见的事实,例如我昨日并未出前门,而以为曾经出前门。当妄想的时候,我们把不可能的事实,当作可能的事实,例如我们在人间,而想到金堂玉户的极乐世界。这些迷惑、误忆、妄想,也是现在或过去的感触;它们都是实在的。我们所以"不承认它是实在的"的缘故,是因为这些感触,和其他的感触,不能互相符合罢了。例如我们见鬼(视官的感触),到了把手去捉他(触官的感触)的时候,他就没有了。我们误忆了昨日曾经出前门,但是我又记得昨日曾经下雨,又记得我昨天衣服并未曾湿,于是我觉得这些事实不相符合。我想到金堂玉户,但是抬头一看,却是纸糊的窗子,和石灰涂的墙。倘若我们把这些迷惑,误忆,妄想,逐一分析成为零碎片段的感触,鬼之容貌、举止,及前门、下雨、湿衣,和极乐世界之金堂玉户、每一个感触,都是实在的。即如梦之不能成为实在,也是因为它和其他的感触不相符合的缘故。至于构成梦的分子,也都是由过去的感触而得来,件件都是实在的。

再就意见而言:当我们解决一个同一的问题的时候,我有我的意见,你有你的意见,我的意见是由我的历史环境构造起来的,你的意见,是由你的历史环境构造起来的。我们无论用什么方法——演绎、归纳、推较——去思想,都是把过去经验的分子选择集合起来。无经验而思想,是不可能的,不但是不可能的,并且是不可思议的。但是有人说:当我们构造概念解决问题的时候,所用的材料,固然是过去的经验,然而总有一个内部的东西——我,自己、心——在那里把这些经验分子集合起来。这也是应有的疑问,但是并不是不能解决的疑问。"我"是由于过去经验分子集合起来这些分子,无论如何集合,总要成一个"我"。在此意义之中我们也可以说经验是原质，"我"是一种形式之存在。不过这个形式的"我"，和其他形式的东西，却是不同。其他形式的东西（例如类之观念，关系之观念，参观联续和无限篇），永久存在，不依构成此形式的原质之增减而变迁。此处所谓形式的"我"，乃是随经验分子之增加而变迁的。经验变迁不息，"我"亦变迁不息，如果经验大致相同，则其所构成的"我"，也是大致相同。经验是器官的感触，"我"就是这些感触之集合，并不是另外有一个形而上的"我"，可以脱离经验而存在。揭芳斯说：生命就是变迁，杜威说：生命并不是动作的东西，生命就是动作。就其本义而言，却和以上所说的相同。如此说法，并没有什么奇怪。现在的科学把许多向来所承认为客观的存体，例如时间、空间，都简约而为器官的感触。即如物质、能力，也都是从我们所观察的性质（即感触），用逻辑方法构造起来，并不是客观的实在。外而物是如此看待的，内而我又何曾不可以如此看待呢？将这些形而上的存体一概取消，也是合乎奥康刀（见假定之节）用的规则的。

这样看来，物质的我，既是和外界的物互相交换变迁不息的，精神的我，又是由于先天的生理组织，和后天的器官经验所规订的，那么，物和我还能分离得开吗？

（二）因果律

科学之构造，以因果律为脊椎。因果律之阐明，使我们知道有因必有果，有同因必有同果，有一定分量的因，必有一定分量的果。宇宙间的现象，固然纷纭复杂，然而却是有条分缕析的因果关系，在里边联贯起来。或一因而生数果，或一果原于数因。涓涓不塞，

第八章 科学与伦理

将成江河,海面上的浪纹,永远存在于海水之中。天下决没有无因之果,也决没有无果之因。所谓"无因而至""毫无效果"一类的话头,都不过是我们常用的夸诞的言辞,在科学意义里,是绝对的不通的。有一咖的热,自然可以使一立方寸的水升高一度,但是也只能升高一度,不能够多,也决不会少。青天响炸雷,是我们所用做突如其来的比喻,然而空中必已有隔绝的电流;蜉蝣撼大树,是我们所用做劳而无功的寓言,然而树皮上毕竟有爬梳的痕迹。这真是种瓜得瓜,种豆得豆,如响应声,如影随形。我们不种善因,决不能徼幸希望善果之获得;我们种了善因,也不能因为立时没有善果,或者表面没有善果而灰心。勿以善小而不为,勿以恶小而为之。我们若是明白了因果律之深切的意义,及其活现的关联,我们责任心,应该要增加到何等的地步!

但是有人恐怕因果律之势力,经过普遍的承认,就要摧毁了我们意志之自由。他们以为意志自由,是我们极可宝贵的一件家资,无论如何,是不可丧失的。若是人类意志,也受因果律之支配,则意志必受外界的因所逼迫,我们将有"愿意我们所不愿意的"的时候,那时何等的不幸呢!于是想种种方法,来加以强有力的保障。我想:这一种保障自由的工作,固然是可以钦佩的,然而并不是必需要的。我们讨论因果律和意志自由的问题,可以分为三层:(1)因果律是否有逼迫意志的意义?(2)意志是否自由?(3)如果意志不能自由,是否在人生方面,有如他们所指摘的坏结果?

(1)因果的关系,和左右前后一样,仅仅是一种关系,虽是十分确定的,但是没有逼迫的意思。因不能逼迫果,果也不能逼迫因,和左右前后不能互相逼迫是一样的。我们所以有"因似乎逼迫果"的误解,不过是因为在时间之中,因在先而果在后。其实时间的先后,和空间的左右前后,同是形式的关系,并没有根本的区别。倘若我们住在夫拉摩里的世界里边(见时间与空间篇),时间的先后是颠倒的,先有明日,后有今日,我们以死入世,以生出世,果在先而因在后,那么,果又可以逼迫因了。因与果是相对的,用算学名词来讲,此是彼之函数而已。由此看来,"我们的意志,将受外界的因之逼迫"一句话,就根本不能成立了。

(2)意志之成立,不是直接底由于器官的刺激,其中尚须经过一定的过程,而在此过程之中,历史的经验占据极重要的位置。当我们受了外界的刺激的时候,必有过去的经验由联想召集而来,于是才发生欲望。例如一个小孩子看见一枚苹果,于是联想到苹果的甜味。有现在的刺激(看见苹果)和过去的经验(苹果的甜味),由联想集合起来,然后发生想吃苹果的欲望。但是过去的经验甚多,一个刺激,可以发生不同的联想。由不同的联想,而可以发生不同的欲望。例如以上所说的小孩子,他看见一枚苹果,一方面联想到苹果的甜味,而发生吃苹果的欲望,一方面又联想到父母的教训是应该遵守的(假使他的父母当这个时候告诉他不要吃这个苹果),而发生不吃苹果的欲望。于是这两个欲望战争起来了。但是我们须得紧记:这个战争,并不是像两国的战争,另外有一个第三者的"我"在那里作壁上观,取其胜者而舍其败者。因为"我"是过去的经验构造起来的,所以这就是"我"和"我"的战争,不但"我"是战争者的本身,并且"我"就是战场。究竟谁胜谁败,还是靠过去的经验而规定。再就上列举例而言,这个小孩子若是娇生惯养的,必定是吃苹果的欲望战胜了,若是受过适当的训练的,必定是不吃苹果的欲望战胜了。

当欲望交战之时,我们觉得"我"可以经过不同的途径而得不同的满足(在上列举例之中,一个是领略苹果的甜味,一个是获取遵守父母教训的美德)。但是只有一个满足,是可以实现的,于是我们只把一个欲望选择出来。有一个欲望选择定了,即构成意志之基础。这一层的选择,有由机械的习惯而规定的,有由比较的研究而规定的。例如我们清早起来,就上学校去读书,已经成了习惯的动作。虽然有时偶然有请假出游的欲望,——除非出游的地方,有极有兴趣的引诱,——必定立刻取消,仍然归到经常的途径。但是,倘若我们遇着新发生的问题,例如一种政治或社会运动,当这个时候,没有一个具有固定性的"我"可以倚靠,于是我们须得把各种目的之实现,——学业之重要,国家之利益,毁谤之避免,名誉之获取等等,——互相比较,然后"择其善者而从之"。由于习惯的动作而规定的,固然归功于过去的经验;由于比较的研究而规定的,也是识解之指导、教育之训练、风俗之濡染、各种经验汇合之结果。又何曾有其他主人翁,在帷幕的后边操纵一切呢?

　　意志既成立了,其次的问题,就是实行。实行是一种动作,凡动作都是要消耗能力的。机器的动作要烧煤,这一种动作所需要的煤,在什么地方呢?我们可以答复:有两件东西,足以供给实行意志之燃料。(甲)是预期的愉乐:当选择欲望之时,每个欲望都呈现一个美满的目标,其为"我"所选择的,必是具有最美满性的目标。有此美满的目标,做理想的引导,同时又感觉在现在实际生活之中,缺乏这个美满的目标,这是一种不满足,也就是一种痛苦。由痛苦而求愉乐,乃是天然的趋向,这就是实行的能力之源泉。(乙)是成熟的品性:一个人有一个人的品性,有的品性是善的,有的品性是恶的。此种品性之成立,是由于过去的同类的欲望之满足。这话怎么讲呢?欲望满足一次,就是它所预期的愉乐实现一次。到了下次发生完全相同或者大致相同的欲望的时候,前次曾经实现过的愉乐,格外底在我们面前活泼泼底呈露出来,于是它的引导进行的力量,亦复加大。此次如此,下次更甚。若是经历的次数多了,则我们每次的行为,都是倾向于此种愉乐所引导的方面,于是成立一个人的品性。反之,一种欲望,当我们选择欲望之时,经过抑制而遭摈弃,则此种欲望,在下次发生的时候,其引导进行的力量,必定减小。积时既久,可以由衰弱而渐至于死亡。由此看来,品性就是屡次意志倾向一方面(或善或恶)的结果。一个人有了一定的品性,无论有无阻碍,总只看见他所预期的目的,故其意志甚强。所以品性之表现,就是实行能力之供给。(见杜威《心理学》)

即就实行阶级而言,若是我们要大家都行善而去恶,我们不能轻视客观的环境,即不能轻视过去的历史。低级的简单的痛苦和愉乐,例如饥寒则痛苦,饱暖则愉乐,本能可以告诉我们一个判别的方法。至于高级的复杂的情感,例如美感与同情,所谓道德的美丑(moral beauty or deformity),群众的哀乐(social pain or pleasure),——人溺己溺,人饥己饥,先天下之忧而忧,后天下之乐而乐,——是要经过文化的培养,方能发展到完美的地步的。一个小孩子和一个成年的人的愉乐与痛苦,不必相同,一个野蛮人和一个文明人的愉乐与痛苦,也不必相同。从个人方面着想,要避痛苦而求愉乐,因为痛苦近于死,愉乐近于生;从世界方面着想,要去恶而行善,因为恶就是狭隘的利己,善就是广博的利他。如何使这两种标准谐和而不冲突,除了从教育上贯输一种起出小己的识解,和风俗上增加一种深切感人的鼓励,还有什么其他的方法?所以外界的经验,是极其重要的。至于品性之成立,由于过去的同类欲望之满足,如何使大家所有的善的欲望都可以满足,所有恶的欲望都归于失败,那更是要靠着社会制度之力量了。

(3)在以上所说的意义之中,我们的意志,是不自由的。但是这个不自由,和寻常我们所说的不自由,大不相同。寻常所说的不自由,是由于物和我的方向不同而发生,我所走的方向是要向东,而物所走的方向偏要向西,所以我们觉得不自由的痛苦。这里所说的不自由,是由于物和我的方向相同而发生,物所谓为善的,我亦以为善,物所谓为恶的,我亦以为恶,并没有寻常所说的不自由之痛苦。但是主张意志自由的人又要骇怕起来了。他们说:照这样的道理说下去,我们将要流于庸俗而不自知。庸俗所分判的善恶,不必一定合乎真正善恶的标准。倘若世界上都以善为恶,以恶为善,而我的意志却随此为转移,岂不是"载胥及溺",而永无"同登彼岸"的希望吗?

我想这也是逾量的忧虑。人类本来有两种天性,一是维持生命的天性,二是生命向上的天性。所谓生命向上者在伦理方面,就是离恶而向善。假使有人一定要问人类何以有生命向上的天性,那就同要问"人类何以有维持生命的天性"一般,我们不能有圆满的答复。我们所能够答复的是:倘若人类没有这两种天性,那么,世界上早已没有人类了。一个人如果有戕害自己生命的天性,他如何能够生存?世界上的人,如果都有戕害他人生命的天性,甚至于父杀其子,弟弒其兄,那么,世界上还能留着一根人毛吗?足见人类一方面要维持自己,一方面也要维持他人,不过所谓他人的范围,要随进化的程度而扩张罢了。第一种天性,固然是人类兽类所同有的;第二种天性,在兽类之中,也有幼稚的萌芽。例如鸟雀之剔翎梳羽,是审美的观念之滥觞,动物之群居同生,是爱群的德性之矫矢。到了人类,这种天性自然要发展到更高的程度。反对进化论的人,以为进化论家把兽性加入于人性之中,于是人的品格降低了。其实进化论家是把人性排列于兽性之上,正是人的品格升高了。

固然,这里所谓离恶向善的善与恶,只能就抽象的形式而言,不能就具体的内容而言。善恶之形式,只是善是善,恶是恶。善恶之内容,才说到何者为善,何者为恶。善恶的形式,是绝对的,是无比较的。善恶的内容,是相对的,是有比较的。我们虽是有离恶向善的天性,我们却还有时有离善向恶的行为。但是这一类的冲突,并不能证明人类没有离恶向善的天性,因为:我们所说的两种天性,——不但第二种离恶向善的天性,并且第一种避死趋生的天性,——都是就形式而言,不是就内容而言。若就内容而言,则动物亦偶有避生趋死的行为,例如飞蛾之扑灯,游鱼之吞饵,我们又何能说它们没有避死趋生的天性呢?生死之形式也是绝对的,生是生,死是死;生死之内容,也是相对的,也是有比较的。这句话初听着似乎很奇怪,但是我们试想想,我们实在有最好的生,有次好的生,有不好的生,甚至于有不如死的生,有最苦的死,有次苦的死,有不苦的死,甚至于有贤于生的死,以及生有何益,死有何害,如何可以避死,如何可以趋生,这都是内容的问题,不是形式的问题。

人类所共有的这两种天性,都不过是形式方面的天然趋势,至于见诸行为,——避死趋生离恶向善的行为,——都要经过具体化而成为现象界的事实。凡现象界的事实,都是和各种情境有关系的。因为在天然状况之中,规订生死的情境,往往是比较简单的,得之则生,不得则死,所以第一种天性之表现,在多数的地方,只要本能的直觉,就可以指导到不错误的途径。至于在人类社会之中,规订善恶的情境,往往是比较复杂的,此亦一是非,彼亦一是非,此亦一善恶,彼亦一善恶,所以第二种天性之表现,在多数的地方,必须凭藉使用智慧的知识,才能辨别善恶之意义,审定去从的方法。知识是从外界的经验得来的。外界既然供给我以辨别审定的知识,则我自然应该担负去恶从善的责任。科学是尊崇真实的,在知识的方面,既不能强不知以为知;在道德的方面,又岂能知之而佯为不知吗?如果如此,那就是作伪的行为了。不知者不坐罪,知法犯法,罪加一等,这两句法律的旧话,倒可以借做论理的判断。自古以来,也是先知先觉的人,他的知识可以叫他知道一班人之所不知道的,于是仍以他自己所知道的为标准,而指导其行为,所谓以先知觉后知,以先觉觉后觉,我们方倾慕之不暇,又何尝要阻碍他们呢!

如果意志之不自由,不过像以上所说的:以判别善恶内容之大权,归之于外界的知识,那么,它对于人生,我想只有减少自用自专的坏处,增加能知能行的好处,又何曾有他们所忧虑的危险呢?

总之,由外界的刺激,而发生欲望,由欲望的联想,而呈现引导的目的,由各种目的之比较与选择,而构成意志,由意志之规定,而又以过去的经验为动力,而见诸实行,固然是层层都有因果的关系;然而决没有像寻常所说的不自由那一种痛苦。因果律的了解,只能使我们增加责任心。它并不是叫我们把责任推到外界上去。而"我"却悠然无事,因为物和我是分不开的。如果这样底不负责任,那就不是科学的见解了。

(三) 总论

从物我观看来,物是我的环境,我是物的分子,环境的物好了,分子的我也就好了；但是环境如何能够好呢？又要各个分子的我尽力去做。从因果律看来，物的情境，是我的行为之因，我的行为，又是物的情境之因；而且我们必定从各种专门科学之中，知道了天然界（包含人类社会而言）各种现象之具体的因果的关系，于是我们才能有方法进行，以达到人群进化之目的。人所以为万物之灵，不但是改变一己之组织，以适应天然的环境，他能够改造天然的环境，以符合人类的希求。知道物和我是分不开的，于是一方面固然要尽其在我，一方面还要于物有济，所以我们不仅是注重主观的身心，还要特别注重客观的事业。知道因与果有一定的关系，于是我们一方面怜悯他人的个人罪恶之所由来，而亟思在社会上加以有效的拯救，一方面明白自己的个人行为在社会上所发生的影响，而发生"天下兴亡、匹夫有责"的责任心；前一层就是恕以待人，后一层就是勇于自任。

物与我既不能分，则利己与利他，自然也不能有相反的区别。上面曾经说过，人类都有维持生命的天性，但是也有生命向上的天性。维持生命是利己，生命向上，在伦理方面的表现，就是利他。利己的愉乐，本能和极浅的智慧就能告诉我们。利他的愉乐，是要高级的智慧才能呈露出来。这样高级的智慧，不是先天的方面所谓道德的自觉心所能供给的，它要凭藉后天的经验；换言之，它是文化的产儿。所以政治教育，以及一切社会制度，都要把人类往"以利他为愉乐"的一条路上引去，才能收获使人勇于为善的成功。为（去声）善而为善固然价值很高，然而它给我们一种高不可攀的印像，大有高山仰止，景行行止，心向往而不能至的样子。为愉乐而为善，固然似乎有买卖的习气，然而却是使大家都觉得易于从事，熙熙皞皞，纯成自然，大有不识不知顺帝之则之概，这是何等底太平景象！我们试想想：我们为义务所催促，终不如为兴趣所引导；只要结果的共总，总是有利于天下，又何必要把天理人欲的分界碑（假定实际上是有这样的分界），竖得像金字塔那样高，而把我们的民胞物与的乐趣，一概看过不值一钱呢？

在形式方面，我们离恶向善的方向，如前段所言，已经为天性所规定，于是我们所要研究的，乃是善恶之内容。何者为善，何者为恶，如何使善发生愉乐，如何使恶发生痛苦，这都是实际生活里边所应逐日解决的问题。解决的方法怎样呢？有知识以扩其见地，有情绪以砺其力行；科学哲学，是有益于前一层的，美育群育，是有益于后一层的；而又培之以经济的营养，辅之以政法的准绳，凡圆颅方趾之人，人同此心，心同此理，使其从之也轻，故其行之也远，则天下同归于善，自然有沛然莫之能御之势了。

王星拱先生学术年表*

1888 年(光绪十四年)

7月17日,王星拱出生于安徽怀宁(今属安庆)高河埠王家大屋(今高河镇凌桥村)的一个贫寒私塾教师家庭。

1902 年(光绪二十八年)

考入安徽大学堂(1905年改称安徽高等学堂)学习。

1907 年(光绪三十三年)

以优异学业于安徽高等学堂毕业。

1908 年(光绪三十四年)

考取安徽省首批留学英国官费生,入英国伦敦理工大学学习化学。

1910 年(宣统二年)

加入中国同盟会欧洲支部。

1916 年

毕业于英国伦敦理工大学,获硕士学位,归国。

1917 年

应北京大学校长蔡元培之聘,任教北京大学化学系。

1918 年

---

* 本年表由李维武撰写。

在北京大学开设"科学方法论"课程。

1919 年

5 月 4 日,北京爆发爱国学生运动,对此表示积极支持。是月 10 日,与马叙伦、马寅初、李大钊等作为北京大学教职员代表,赴北洋政府教育部请愿,挽留因学生运动被迫提出辞职的蔡元培校长。

6 月,协助陈独秀在北京娱乐场所散发陈独秀起草的《北京市民宣言》。陈独秀被捕后,积极参与营救活动。

发表论文《科学的起源和效果》、《科学的真实是客观的不是?》。

1920 年

参与护送陈独秀秘密离开北京前往上海。

发表论文《罗素的逻辑和宇宙观之概说》、《什么是科学方法?》、《物和我》。

在"科学方法论"课程讲稿基础上,著《科学方法论》一书,由北京大学出版部出版,全书分《序言》、《引说》和正文《现象界之复杂》、《或然之理论和他的测算》、《归纳的论理》、《现象的权量》、《错误之免除和减少》、《观察和试验》、《逼近之理论》、《假定之用法》、《知识之类别》、《综合和推较》、《类分》、《例外之应付》、《概括的结论》十三章。

1921 年

受少年中国学会邀请,就关于宗教问题作讲演,以《王星拱先生的讲演》为题发表于《少年中国》杂志。

发表论文《环境改造之哲学观》。

译英国哲学家罗素著《哲学中之科学方法》一书,由商务印书馆出版。

1922 年

与李大钊、吴虞、李石曾等联名发表李大钊起草的《非宗教者宣言》。

发表讲演记录《环境改造论之根据》。

1923 年

任北京大学化学系主任。

科学与玄学论战发生,积极参与论战,发表论文《科学与人生观》,强调"科学可以解决人生问题",成为以丁文江为代表的科学派的重要成员。

1925 年

被安徽省教育厅聘为安徽省立第一高级中学校长。

1927 年

李大钊在北京被奉系军阀逮捕杀害。因与李大钊关系密切,被迫携家离开北京前往南京避难,任南京第四中山大学(1928 年改名国立中央大学)教授兼教务长。

1928 年

国民政府大学院正式筹建国立武汉大学。由大学院院长蔡元培指派,与刘树杞、李四光、周鲠生、麦焕章、黄建中、曾昭安、任凯南组成国立武汉大学筹备委员会,负责国立武汉大学筹建工作,并被任命为武汉大学理工学院筹备主任、武汉大学建筑设备委员会委员。来到武汉大学任教授,任武汉大学理工学院院长。

1929 年

3 月,武汉大学理工学院分为理学院和工学院,改任理学院院长。3 月至 5 月,在武汉大学代理校长刘树杞辞职后、新任校长王世杰到任前,出任代理校长,在讲话中提出:"我们要秉承学术独立的精神,以满足我们共同求知的欲望,使武汉大学不愧为全国知识的中心。"

6月,任武汉大学副校长。

7月,兼任安徽大学校长,为时一年。

1930年

3月,兼任武汉大学教务长。

10月,由于国民政府教育部下令裁撤大学副校长,不再任武汉大学副校长。

著《科学概论》一书,作为《国立武汉大学丛书》之一种,由商务印书馆出版,全书分《联续与无限》、《附时间与空间之相对观》、《物质》、《能力》、《生物进化与球面沿革》、《科学与哲学》、《科学与美术》、《科学与伦理》八部分。

1932年

在武汉大学作题为《大学的任务》的讲演,提出:"大学的任务,在道德方面要树立国民的表率,在知识方面要探求高深的理论,在技能方面要研究推进社会进步的事业。"

发表论文《细胞及体素之通透问题》。

1933年

4月,在王世杰调任国民政府教育部部长后,任武汉大学代理校长。

9月,在武汉大学开学典礼上提出:"本来大学的目的有两层:(一)知识提高,(二)人格培养。各国大学,对于这两个方向之注意,有轻重之不同。武汉大学对于这两点是并重的。"

1934年

5月,由国民政府行政院任命为武汉大学校长。

1935 年

12 月,在北平学生"一二九"运动影响下,武汉地区学生爱国运动爆发,武汉大学学生积极投身运动,成立武汉大学学生救国会。是月 30 日,因武汉大学学生正式宣布罢课,提出辞职。

所著《科学概论》一书由商务印书馆再版,丁文江为该书作序,序中提出"哲学是假科学"、"科学是真哲学",表达了胡适、丁文江、王星拱为代表的 20 世纪 20 年代经验论科学主义的共同纲领。

1936 年

1 月,经武汉大学师生的挽留和慰问,恢复校长工作。

6 月,与四川大学校长任鸿隽、浙江大学校长竺可桢、中央大学校长罗家伦、重庆大学校长胡庶华、华西协和大学校长张凌高联名致电国民党中央和国民政府,表示拥护对内和平统一政策。

1937 年

7 月 7 日,日本侵略军发动全面侵华战争。是月,参加国民党中央为动员抗日战争在庐山举行的座谈会。

9 月,在武汉大学开学典礼上指出:"我们的道路,是已经选定了,而且是敌人压迫着我们所必须走的一条路——抗战的一条路。""我们大学学生,应当作国民的表率。我们应当咬定牙关,撑起脊梁,抱必死之决心,争最后的胜利。我们相信:有志者事竟成,苦心人天不负,国难被除、民族复兴之光明的旗帜,是树在前途等着我们的。"

11 月,邀请陈独秀来武汉大学作题为《怎样才能够发动民众》的讲演。

1938 年

日本侵略军逼近武汉,武汉大学被迫撤离珞珈山新校园,搬迁至四川乐山继续办学。

2月,致函四川省政府协商迁校地址,主持校务会议通过迁校方案。

3月,安排部分教职员和一、二、三年级学生先期分批入川,并于4月开始正式上课。

5月,前往四川乐山处理迁校后的各项事务,事毕返回珞珈山。

7月,四年级学生在武汉毕业离校后,率其余教职员工最后撤离珞珈山,经湖南进入四川,与先期入川师生汇合。

11月,被国民党四川省执行委员会任命为国民党武汉大学区党部筹备委员。

针对中共党内王明、康生指责陈独秀"为汉奸匪徒,曾经接受日本津贴而执行间谍工作"一事,与傅汝霖、段锡朋、梁寒操、高一涵、张西曼、陶希圣、林庚白等致信《大公报》、《武汉日报》、《扫荡报》,以《来函照登》为题于3月16日同时刊出,为陈独秀辩诬。

1939年

发表文章《抗战时期中之科学教育》。

1940年

在困难环境中关心和帮助学生。时为外文系学生、后为著名作家的吴鲁芹回忆说:1939年底1940年初,她因家境贫寒身患重病,不得不由乐山前往成都就医,王星拱校长闻讯后,亲自写信给中大、齐鲁、华西三大学联合医院院长,使她得以减少费用、住院治疗。

在国民党中央一再催促下,国民党武汉大学区党部建立。

1941年

国民党武汉大学区党部改选,任监察委员。

受四川省教育厅邀请,以《科学与抗战》为题作讲演,发表于四川省教育厅编《学术演讲集》第二辑。

1942 年

兼任武汉大学研究院院长,筹备并设立武汉大学文史研究所和理科研究所。

1945 年

参加中国国民党第六次全国代表大会,当选为国民党第六届中央监察委员。

7 月,辞去武汉大学校长职务。

9 月,由国民政府行政院任命为中山大学校长。

12 月,出任中山大学校长。

1946 年

武汉大学在抗日战争胜利后迁回珞珈山。此时的武汉大学设有文学院、法学院、理学院、工学院,下设中文系、外文系、哲学系、史学系、法律系、政治系、经济系、数学系、物理系、化学系、生物系、土木工程系、机械工程系、电机工程系、矿冶系,并有文、法、理、工四个研究所,有教授百余人,经过八年战火,学校得以保存和发展。

1948 年

随着中国政治局势的重大变化,与国民党当局的矛盾迅速激化。

3 月,蒋介石电令国民政府教育部部长朱家骅,更易中山大学负责人。

5 月,被迫提出辞呈,告病还乡。

1949 年

6 月,前往刚解放的上海就医。

10月8日,病逝于上海永川医院。上海市市长陈毅送挽幛悼念,上书"一代完人"。

11月,武汉大学师生在珞珈山下校园中举行追悼大会,深情遥祭老校长。

1966年

译著《哲学中的科学方法》,由台湾商务印书馆重新出版。

1993年

在武汉大学期间的讲演《努力使武汉大学不愧为全国知识的中心》、《让武昌变成文昌》、《求学的方法》、《大学的任务》、《武汉大学所应当注重的精神》、《抗战时期应采取的态度和趋赴的方向》、《抗战与教育》,收录于刘双平编著《漫话武大》一书,由武汉大学出版社出版。

1995年

译著《哲学中的科学方法》,由台湾商务印书馆第二次重新出版。

2008年

诞辰120周年。塑像落成于武汉大学樱园老图书馆西侧。所著《科学概论》一书,作为《武汉大学百年名典》丛书之一种,由武汉大学出版社重新出版,李维武为该书写了《再版前言》。

(撰者附识:本年表的编写得到了武汉大学档案馆吴骁同志的帮助,参考了他撰写的《王星拱生平大事记》,特致谢意)

王星拱的人生、著述与科学主义哲学思想

李维武

　　王星拱是20世纪中国著名的教育家、化学家和哲学家。他以化学家的身份开始自己的学术生涯,而以教育家和哲学家的身份在20世纪中国学术文化史上留下了深刻影响。作为教育家,他在20世纪30—40年代的十余年间先后主持了武汉大学与中山大学两所国立名校,是20世纪中国著名大学校长之一。作为哲学家,他与胡适、丁文江同为20世纪20年代经验论科学主义的主要代表人物,先后撰写了《科学方法论》与《科学概论》两部有影响的专著,阐发其科学主义哲学思想,推动了20世纪中国科学主义思潮的深入开展。《科学方法论》一书,由北京大学出版部于1920年出版,至今90年间一直没有新版刊行。《科学概论》一书,由商务印书馆于1930年作为《国立武汉大学丛书》之一种出版,2008年由武汉大学出版社列入《武汉大学百年名典》丛书重新出版。现在商务印书馆又将两书合为一册,纳入《中华现代学术名著丛书》出版,为21世纪的中国学人了解、研究王星拱的科学主义哲学思想提供了基本读本。为了便于今天的读者理解王星拱其人其书,在这里对王星拱的生平、著述与科学主义哲学思想作一简要介绍,而着重说明的则是王星拱这两部著作的思路与意义。

一、王星拱:20世纪中国著名的教育家与哲学家

王星拱,字抚五,安徽怀宁(今属安庆)人。1888年7月17日,出生于安徽怀宁高河埠王家大屋。1908年,赴英国留学,学习化学。1916年,毕业于英国伦敦理工大学,获硕士学位。学成归国后,受北京大学校长蔡元培之聘,任教北京大学化学系。

王星拱自青年时代起,就关心祖国的前途和民族的命运。在英国留学期间,他曾参加孙中山领导的反清革命运动,于1910年加入中国同盟会欧洲支部。归国后,正值新文化运动的高潮时期,他来到当时运动的中心北京大学任教后,即积极投身运动。他与新文化运动领袖陈独秀既是同乡又是挚友,不仅在陈独秀主持的《新青年》上发表多篇文章,而且对陈独秀的进步活动予以了多方的支持和保护。他与同在北京大学任教的著名共产党人李大钊关系密切,1927年李大钊在北京被奉系军阀逮捕杀害后,他因之不得不携家离京南下避难,以后便留在南方,先后在南京第四中山大学、武汉大学、安徽大学、中山大学等校任教。

王星拱曾长期担任大学校长,特别是长期主持武汉大学,成为20世纪中国的著名大学校长和著名教育家。1928年,由南京国民政府大学院院长蔡元培的指派,他与李四光、周鲠生、曾昭安等著名学者组成国立武汉大学筹备委员会,负责国立武汉大学筹建工作,并来到武汉大学任教。从此,他的名字、他的事业与武汉大学连在了一起。在武汉大学发展史上,他是继张之洞、王世杰之后又一个对武汉大学的发展作出过重大贡献的人物。他来武大后,先

后担任理工学院院长、理学院院长、副校长、教务长诸职,并一度兼任安徽大学校长。1933年,他接替王世杰出任武汉大学校长。任职后,一方面多方筹措资金,主持完成了新校舍的建设工作,使一个美丽的大学校园出现在珞珈山下、东湖之畔,奠定了今日武汉大学主体建筑的格局,塑造了武汉大学的标志性景观;另一方面规划了武汉大学的未来发展,积极把武汉大学建设为中国名校,明确提出武汉大学办学的特点在于知识提高与人格培养并重。他说:"本来大学的目的有两层:(一)知识提高;(二)人格培养。各国大学,对于这两个方向之注意,有轻重之不同。武汉大学对于这两点是并重的"①。但随后而来的日本侵华战争,中断了武汉大学的正常建设和顺利发展。1938年,武汉大学被迫撤离珞珈山新校园,搬迁至四川乐山,在战时环境中继续办学。抗战八年,岁月艰辛,王星拱一直坚守校长岗位,在极困难的条件下努力维持并发展学校,耗尽心血,功不可没。武汉大学能够在战火中渡过难关,生存发展,成为全国名校,是与这位校长的领导和努力分不开的。1945年,王星拱调任中山大学校长,未能在抗战胜利后与武大师生一起重返珞珈山。王星拱虽长期担任学校领导职务,却始终是一个正派严谨的学者,公私生活一丝不苟,深受武大师生爱戴,被称为"清官校长"。在几十年后当年武大师生所写的回忆录中,这位老校长的人格风范备受推崇和怀念。

王星拱还是20世纪中国哲学史上的一位著名哲学家。在哲学思想上,他同曾留学英国的严复、丁文江一样,深受经验主义哲

---

① 王星拱:《武汉大学所应当注重的精神》,《漫话武大》,武汉大学出版社1993年版,第204页。

学传统的影响,认同实证主义的经验证实原则,以科学化、实证化为现代哲学的发展方向。正是这样,他拥护陈独秀在新文化运动中树立的"科学"旗帜,是科学主义思潮的坚定拥护者和积极推动者,并参与1923—1924年间的科学与玄学论战,与胡适、丁文江一起成为20世纪20年代经验论科学主义的主要代表人物。在论战中,王星拱发表《科学与人生观》一文,强调并放大科学方法(主要是自然科学方法)的作用,坚定地支持丁文江及他所代表的科学派。在文中,他认为科学所得以构造的根据在于两个原理,一是因果之原理(Causality),另一是齐一之原理(Uniformity)。因果之原理是说,宇宙中之各种现象必定有因果关系,没有无因而至的,也没有不生效果的。齐一之原理是说,同因必生同果。这两个原理具有普遍性。"人生问题无论为生命之观念,或生活之态度,都不能逃出这两个原理的金刚圈,所以科学可以解决人生问题。"①后来上海亚东图书馆把科学与玄学论战的各方面文章汇编成书,亦题名《科学与人生观》,王星拱的这篇文章也收入其中。这样一来,"《科学与人生观》"一名,就有了两个含意:一是指王星拱写的这篇文章,二是指亚东图书馆编的这部文集。从这里也可以看得出王星拱文章在当时的影响。王星拱还翻译了英国哲学家罗素的《哲学中之科学方法》一书,对罗素的科学方法加以介绍,而他自己也受到罗素的深刻影响。这本译著由商务印书馆于1921年出版,成为王星拱与商务印书馆的第一次结缘,后来台湾商务印书馆又曾于1966年和1995年两度重新出版该书。

---

① 王星拱:《科学与人生观》,《科学与人生观》,山东人民出版社1997年版,第286页。

王星拱的科学主义哲学思想，更集中地体现在他的两部哲学著作——《科学方法论》与《科学概论》中。《科学方法论》成书于王星拱在北京大学任教之时，问世于新文化运动高潮中，这是中国第一部现代科学方法论专著，在中国科学方法论发展史上占有重要的地位。如果说在王星拱著书之前，"科学"已经与"民主"一起成为新文化运动的旗帜，科学方法也已为陈独秀、胡适等新文化运动领袖所大力提倡，那么他的《科学方法论》的问世，才使得人们对于现代科学方法论有了真正的系统而深入的了解。《科学概论》成书于王星拱在武汉大学任教之时，问世于新文化运动结束之后，这是对20世纪20年代经验论科学主义开展的系统总结，成为自严复以来20世纪中国科学主义思潮发展的一座里程碑。如果说自严复开始，中国科学主义思潮试图通过建构科学宇宙论，沿着科学化、实证化的路向发展中国哲学，那么王星拱的《科学概论》则完成了这一建构。可以说，这两部著作思路一贯，前后呼应，堪称姊妹篇，都是王星拱的哲学代表作，也都是20世纪中国科学主义思潮开展的标志性成果。《科学概论》由商务印书馆于1930年出版，这是王星拱与商务印书馆的第二次结缘。

王星拱相继在北京大学与武汉大学写出这两部著作，也与他的教育思想直接相关联。作为集化学家、哲学家与教育家于一身的学者，王星拱十分重视大学教育中的自然科学与人文科学的贯通、科学精神与人文精神的结合。在《科学方法论·序言》中，他就表达了自己的教育理想，指出："自从蔡孑民先生到北京大学之后，大学里的各部分，都极力的要革除'文理分驰'的弊病：因为'文''理'不能沟通，那文学哲学方面的学生，流于空谈玄想，没有实验的精神，就成些变形的举子了。那科学工程方面的学生，只知道片段的事实,没有综合的权能,就成些被动的机械了。这两种人材,都不能适应将来世界之环境。试问我国教育之目的,能说不是要造就适应将来世界环境的人材吗?如何能够达到这个目的,自然要从各科的教学同时下手;但是我希望这一部小书,在这个大功业之中,也能尽他分内的力量。"①在《科学概论》中,他从联续与无限、时间与空间、物质与能力论述起,一直谈到科学与哲学、科学与美术、科学与伦理的关系,指出自然科学不只是面对自然世界的学问,而且是与人文世界相关涉的学问。他的这两部著作,正是这种教育理念的具体体现,并在北京大学与武汉大学相继作为教材使用,引导学生们在自然科学与人文科学之间建立联系、有所贯通。

  王星拱作为老同盟会员,与国民党渊源颇深,在 1945 年还当选为国民党中央监察委员,但他在担任大学校长期间,却承继了蔡元培主持北京大学时所培育的治校精神,主张学术自由和思想包容,不赞成国民党控制学校。在他开始任武汉大学校长的 20 世纪 30 年代中期,就有赞成马克思主义的进步学者范寿康在武汉大学哲学系课堂上介绍唯物辩证法,用唯物史观讲授中国哲学史,并在此基础上写出了教材《哲学通论》、《中国哲学史通论》,分别由中华书局和开明书店出版。他对学校中的师生言行,甚至中共地下组织的活动,也持较宽容的态度,保护和营救过不少进步师生。1948 年春夏时期,随着中国政治局势出现巨大变化,担任中山大学校长的王星拱与广东国民党当局的矛盾迅速激化,并在国民党最高层引起很大反响。蒋介石在给国民政府教育部长朱家骅的电文中称:"据报广州中山大学自王星拱接长后,对学风极为放任,因之

---

① 王星拱:《科学方法论》,北京大学出版部 1926 年版,序言第 1 页。

反动分子利用该校作宣传赤化根据地,一般反动教授学生在学校附近乡村从事秘密组织活动,至为积极。所有反动刊物报纸等到处张贴,明目张胆,肆无忌惮。该校同情本党或曾入三青团学生,常受若辈威胁,影响社会人心至巨。今后整顿之道,对该校校务负责人应予更易,另选党内干员接充,始足以辟邪说,攻异端,挽学风,正视听,防患未然等情,希注意切实整顿为要。"①高压之下,王星拱被迫提出辞呈,告病还乡。1949年,当国民党政权在中国大陆崩溃时,王星拱选择了留在中国大陆,等待新中国的诞生,与国民党最终决裂。

1949年10月8日,王星拱病逝于上海。上海解放后的第一任市长陈毅,对这位著名的学者兼教育家予以高度评价,誉之为"一代完人"。11月13日,武汉大学师生在珞珈山下、东湖之畔的校园中举行追悼大会,深情祭奠这位为武汉大学作出重大贡献的好校长。在今天的武汉大学中,王星拱老校长的雕像坐落在学校的最高建筑樱园老图书馆的西侧,他每日都默默地注视着这片他为之付出心血、寄予希望的美丽校园,注视着这所正生气勃勃向前发展中的著名学府。

二、王星拱与20世纪20年代经验论科学主义

王星拱作为20世纪中国的著名哲学家,是与20世纪20年代

---

① 转引自桑兵:《1948年中山大学易长与国民党的派系之争》,《学术研究》2008年第1期,第99页。

经验论科学主义相联系的。

20世纪中国科学主义思潮,启始于严复;而至新文化运动,特别是经过这场运动中的科学与玄学论战,形成了20年代经验论科学主义。这个哲学派别的主要代表人物,当推胡适、丁文江与王星拱。① 胡、丁、王三人的基本思路是一致的,即通过对科学与哲学关系问题的论争,强调科学方法的意义,否定形而上学,建设科学宇宙论,推动现代形态中国哲学沿着科学化、实证化的方向发展。丁文江在为王星拱《科学概论》所写的《序》中,引了两句话,一句是胡适所说的"哲学是假科学",另一句是他自己所说的"科学是真哲学",正可以概括他们的这一思路,看作是他们共同的基本纲领。②这一纲领包含了两方面的内容:一方面是对传统哲学本体论的批判,即"哲学是假科学";一方面是对科学主义哲学体系的建设,即"科学是真哲学"。这两个方面,一破一立,本是不可分割的,但具体到胡、丁、王三人中,对于这一纲领的贯彻却是互有区别、各有侧重的。

丁文江对于形而上学的批判最为坚决和彻底,其主张在科学与玄学论战中鲜明而典型地表现出来。在这次论战中,丁文江作为科学派的代表人物,激烈地反对以张君劢为代表的玄学派为确立本体论存在的基础所作的努力,指出科学与哲学的关系史,就是一个科学各部门不断从哲学中分化出来而获得独立发展的过程,亦即传统的形而上学由包罗各门科学内容而走向解体的过程。在

---

① 关于自严复以来中国科学主义思潮的发展,详见李维武《二十世纪中国哲学本体论问题》第三章《科学主义思潮对本体论的探讨》,湖南教育出版社1991年版,第96—162页。

② 参见丁文江:《科学概论·序》,商务印书馆1935年版,序第1页。

古代哲学家那里,形而上学作为根本哲学,包罗了宇宙人生的一切重大问题,但随着近代科学的发展,各种科学部门相继独立出来,只剩下本体论这块地盘。在这种情况下,传统哲学的形而上学已经过时,出现了新的科学的哲学——"科学知识论"①。"这种知识论是根据于可以用科学方法试验的觉官感触,与正统派哲学的根据不同。"②根据科学知识论,感觉经验是证明物体是否存在及物体本质是什么东西的最根本的根据;离开人的感觉经验,不可能证明物体是否存在,更不能说明物体本质是什么东西。这样一来,形而上学所追求的超感觉经验的本体,就成为不可证明其有无的东西了。因此,形而上学终将会失去自己的立足之地与存在价值。丁文江由此而断言:"在知识界内,科学方法是万能,不怕玄学终久不投降。"③

胡适在 20 世纪 20 年代贡献最大、影响最大的哲学活动,是他对于科学方法的大力倡导。胡适所讲的科学方法,主要是实验主义(即实用主义)的科学方法。他始终把实验主义作为一种科学方法来解释、来宣扬。在他看来,实验主义是对近代经验主义加以改造的结果。在以往的经验主义者那里,经验只是依靠瞬息的、原子的、单独的感觉构成的,是被动的、守旧的、盲目的,因而又有理性主义者提倡理性,设置本体,用以综合、组织散漫的感觉经验。而实验主义则把经验看作是人、自然、社会交互作用所产生的连贯而有意义的活动,这种活动也就是生活,具有文化的意义。根据这种

---

① 丁文江:《玄学与科学——评张君劢的〈人生观〉》,《科学与人生观》,第 48 页。
② 丁文江:《玄学与科学——答张君劢》,《科学与人生观》,第 195 页。
③ 丁文江:《玄学与科学——评张君劢的〈人生观〉》,《科学与人生观》,第 51 页。

科学方法,胡适对传统哲学本体论观念进行了猛烈的批判,认为既然经验就是生活,那么就没有必要再像理性主义者那样去为分散的经验找一个统一的理性,设置一个绝对的本体。他强调用这种科学方法来研究宇宙人生问题,通过十个命题,提出了一套包括宇宙论在内的"科学的人生观"的框架①,主张用这一框架来取代传统的形而上学。总的来说,胡适通过倡导科学方法,对于这个纲领的两个方面都有贡献,但这种贡献又往往没有来得及充分地展开。

王星拱在哲学上与胡适、丁文江二人相呼应,认为科学不论对于认识和改造自然,还是对于认识和修养人生,都有积极的作用。他说:"科学之于人类,不但是在物理的方面,有利用厚生之利益;他在道德的方面,使人能深辨是非,而改变物我之观念。"②但同时,王星拱的科学主义哲学思想又有自己的特点。一方面,王星拱虽重视科学方法的倡导与研究,但却与胡适的主张并不完全相同:胡适主要是把实验主义作为一种科学方法来解释、来宣扬,对科学方法的论说主要是立足于哲学,因而其论说很简要;王星拱则主要是对现代自然科学方法进行探讨与阐发,对科学方法的论说主要是立足于科学史,因而其论析很详细。王星拱倡导与研究科学方法的基本思想及其特点,在《科学方法论》一书中得到了集中而系统的体现。另一方面,王星拱最有建树的,是在经验主义基础上对于科学宇宙论的建设,这是丁文江、胡适所不及之处。丁文江所重视的是对传统形而上学批判的一面,而很少顾及新的哲学形态建设的一面。胡适虽然提出了"科学的人生观"的框架,但那仅仅是一

---

① 关于胡适提出的"科学的人生观"框架,详见胡适《〈科学与人生观〉序》,《科学与人生观》,第23—24页。
② 王星拱:《科学方法论》,第8页。

个大而化之的论纲,当时没有、以后也没有加以详尽的展开。王星拱则于倡导科学方法、参加科学与玄学论战之后,对新的哲学形态建设作了潜心研究,建立了一个相当完备系统的科学宇宙论体系。这个体系在《科学概论》一书中具体地、详尽地展现了出来。正是有赖于王星拱的《科学概论》,胡、丁、王的共同纲领才得到了全面的贯彻,他们对于科学主义哲学体系的建设才卓有成就。因此,王星拱的《科学方法论》与《科学概论》两书,对20世纪20年代经验论科学主义的开展作出了重要的贡献。

三、《科学方法论》的哲学思路及其意义

在《科学方法论》一书中,王星拱结合科学史的实例,对科学方法的内涵及其在科学发展中的意义进行了系统阐发,形成了一套现代科学方法论。

王星拱认为,科学发展是科学理论与科学应用共同推进的结果。他说:"从历史上看来,科学之进步,不是单在应用一方面进行,也不单是理论一方面进行。若是单在一方面进行,则科学不能发达到现在的地步了。"①而在科学理论方面,科学方法是极重要的组成部分,现代自然科学的发展是与现代科学方法的建立密切联系在一起的。他说:"科学初发生的时候(指文艺复兴时代),所谓科学,不过指算学、天文学、力学数种而言。以后科学的意义,渐渐的增长,所以科学的范围,也渐渐的推广。到了近代,我们以为:凡

---

① 王星拱:《科学方法论》,第2—3页。

是确切的、明晰的、有系统的学术,都可以叫做科学。……换一句话说,凡是经科学方法研究出来的,都可以叫做科学;因为科学之所以为科学,非以其资料之不同,正以其方法之特异。"①因此,科学方法对于科学发展有着直接的和重大的意义,是科学发展不可或缺的关键性因素。

什么是科学方法呢? 王星拱认为,科学方法是以科学的经验(即观察与试验)为基础的实证方法和逻辑方法。这种以科学的经验为基础的实证方法和逻辑方法,不同于传统的形式逻辑方法。他说:"自孔德 Comte 提倡实证主义,穆勒 Mill 实行逻辑革命以来,科学方法之重要,渐渐的为公众所承认。因为中古经院派遗留下来的逻辑,陷于形式的窠臼,于实事的研究竟直漠不相关,所以有科学方法出来取而代之。"②他认为,这种新的科学方法,如果换一个名字,可以叫做"实质的逻辑 Material Logic"③。"这个逻辑的用处,就是叫我们如何制造真实的适用的知识。"④作为科学方法的"实质的逻辑",与传统的"形式的逻辑"有着明显的不同之处:"形式的逻辑重推论,实质的逻辑重试验;形式的逻辑重定律,实质的逻辑重事实;形式的逻辑重理性,实质的逻辑重直觉;形式的逻辑重传衍,实质的逻辑重创造;形式的逻辑重证明,实质的逻辑重发明;形式的逻辑是静的,实质的逻辑是动的;形式的逻辑把未知包在已知之中,像一个小圈包在一个大圈里边一样,实质的逻辑把未知伸在已知之外,像从一条直线向前另外伸长一条直线出来一

---

① 王星拱:《科学方法论》,第 5 页。
② 王星拱:《科学方法论》,第 6 页。
③ 王星拱:《科学方法论》,第 6 页。
④ 王星拱:《科学方法论》,第 310—311 页。

样。"①因此,王星拱所讲的科学方法,是与孔德的实证主义与穆勒的逻辑学相联系的、建立在科学的经验基础上的现代自然科学方法,而不是那种传统的"形式的逻辑",既与传统的归纳派、经验派的逻辑方法不相同,也与传统的演绎派、理性派的逻辑方法不相同。在他看来,"实质的逻辑"对于科学发展意义重大,"科学之所以能有进步,因为他无处不用这个方法,无处不有这个精神"②。

依据对科学方法的这一基本理解,王星拱在《科学方法论》一书中着重环绕主观与客观、或然与必然、已知与未知、观察与试验、真实与错误等关系问题,对现代科学方法论作了进一步的系统阐发:

第一,主观与客观的关系问题。王星拱所讲的科学方法既是以科学的经验为基础的实证方法和逻辑方法,因此首先便涉及主观与客观关系问题。在《科学方法论·引说》中,他就明确地提出了这个问题。他说:"科学是什么呢?乃是人类智慧之出产品,在心的方面和思想律相符,在物的方面又适宜于外界的。心的方面的动作,有思想律去管理他;物的方面的动作,有天然定律去管理他。这两方面都是有定的,然后科学才能构成。"③在他看来,科学知识的形成,是"心的方面"与"物的方面"共同作用而相结合的产物。人立足于科学的经验,以主观的思想律去发现、把握客观的自然律。因此,"从经验的方面看来,足见外界的物,是有一定的秩序,经由各律而进行的;而我们的智慧,若是经由思想律而审度,可以逐渐的寻出这些秩序,用定律去管理他。科学的真实是把智慧

---

① 王星拱:《科学方法论》,第6—7页。
② 王星拱:《科学方法论》,第7页。
③ 王星拱:《科学方法论》,第9页。

的我和天然的物,同装在一个不可分离的圈子里,何曾是完全客观的呢!"①具体地看,主观与客观、思想律与自然律的互动与结合是这样开展的:"宇宙各部之各方面,和我们的器官,有联续不同的接触,输入于意识范围之中。由我们的直觉,从这些多而异的中间,选择出简而同的出来,用以构造知识,如定律、理论、假定等等。故我之自己,乃是外物变迁之认识所靠作定准的。换一句话说,我就是参考之中心点。"②由此可见,科学对自然界的认识和把握,不只是"物"对于"我"的客观反映,还包括了"我"对于"物"的主动探求;这种"我"对于"物"的主动探求,在于发挥思想律的能动作用,以发现、把握自然律。发挥思想律能动作用的一个很重要方面,就是掌握和运用科学方法,可以说,"科学的真实是用简约之方法求出来的"③。什么是"我"对于"物"进行探求的"简约之方法"呢?王星拱说:"就是抛除无关紧要的情境,在异之间求出同来。唯其如此,所以我们能用过去预测将来,因为过去的现象和将来的现象只要有重要的同点,我们就可以预测,至于无关紧要的情境,只好不计算他。"④这就从主观与客观这一基本关系中,引出了掌握和运用科学方法时必然会遭遇到的或然与必然、已知与未知、观察与试验、真实与错误等一系列关系问题。说明并解决这些问题,成为《科学方法论》一书阐述现代科学方法论的着重点。

第二,或然与必然的关系问题。王星拱认为,从科学的经验出发,科学研究中的或然与必然就成为一对关键性的矛盾。对于这

---

① 王星拱:《科学方法论》,第 11 页。
② 王星拱:《科学方法论》,第 12—13 页。
③ 王星拱:《科学方法论》,第 14 页。
④ 王星拱:《科学方法论》,第 14—15 页。

对矛盾,历史上的哲学家长期以来存在着不同看法,形成了归纳派、经验派与演绎派、理性派的分歧。归纳派、经验派认为,每个事实有每个事实的个性,没有两个相同的事实,宇宙就是由无数的单个的事实集合起来的,并没有统一的秩序,这就否认了宇宙的必然性而只承认宇宙的或然性;演绎派、理性派则认为,宇宙间的各个事实都是有系统相贯属的,因而宇宙存在着统一的秩序,若是把握了这个普遍的系统秩序,单个的事实都已包含在这个秩序里边了,这就否认了宇宙的或然性而只承认宇宙的必然性。这两派矛盾的根源,在于他们都以"形式的逻辑"为科学方法。在王星拱看来,"实质的逻辑"是对这两派观点的超越,主张宇宙的必然性与宇宙的或然性其实是联系在一起的:一方面,由于人的认识的有限性,人们用假定、理论、定律去解释天然界现象的关系,都不过是或然的;另一方面,运用以科学的经验为基础的归纳方法,则能由或然进至必然,其根据在于这一方法的运用是以天然齐一律作为保证的。他说:"我们可以用归纳的原理,用少数经验的事,去预测多数未曾经验的事。这样的预测当然也有假定的性质,然而这个假定的性质,是含在擅定的阶级里,不是含在推论的阶级里。若是擅定情境(就是因)是同的,就能推论结果(简单说就是果)是同的。这就是天然齐一 Uniformity of nature 的定律。至于这个定律如何证明,并无人能说得出。我们只能说千万无数的经验都指向这个定律的路上去。"① 在这里,他通过科学的经验肯定了归纳方法的合理性和有效性,从而对休谟提出的归纳问题从一定意义上作了回答。书中第一章《现象界之复杂》、第二章《或然之理论和他的测算》和

---

① 王星拱:《科学方法论》,第42页。

第三章《归纳的论理》,就对这个问题作了着重阐述。在科学与玄学论战中,王星拱又在《科学与人生观》一文中强调了齐一原理在科学中的普遍性。

第三,已知与未知的关系问题。王星拱认为,既然以科学的经验为基础的归纳方法是科学的重要方法,那么在运用归纳方法时就必然会遭遇从已知到未知的问题。他说:"我们所有对于外界的知识,最初都是原于经验。那些我们未曾接触的将来,又何从而道呢?有人必定答道,因审度 Reasoning 而知道。因为审度的功用,就是能告诉我所在一定的情境之中,有一定的现象必将发现。然而我们要问:如果我们可以拿器官去观察这个现象,那就用不着审度了;如果我们不能拿器官去观察这个现象,又凭借什么去审度呢?这样看来,在归纳的审度之中,必定用'已知'去推'未知'。但是把'已知'和'未知'摆在一处,由一个定律去统辖他俩,那么我们的知识之中,似乎加了若干新材料(指未知的)了。然而没有新接触,不会增加新材料于知识界。凡推论的审度,无论是演绎的,是归纳的,都不过是拿出我们经验的内容(指已知的)揭出而整理之罢了。"①那么,如何从已知去推论未知呢?如何认肯这种推论的合理性与有效性呢?王星拱特别强调了因果律。他说:"归纳是什么呢?就是求各现象之因果的关系而构成定律。凡现象都有因,因前又有因,一直到第一因而止,或者到无限而'止',都不是我们所能讲的。现在我们就呈具于我们面前的现象逐件研求,知道既往将来之中,因必有果,果必有因,因曾为果,果又为因。这因果的关

---

① 王星拱:《科学方法论》,第43—44页。

系,是有定的。这叫做因果律。"①从已知到未知,实际上是建立在因果律基础之上的。而从已知到未知的归纳方法中,王星拱十分重视综合与推较两种推论方法。他说:"科学之价值,在能用已知推论未知,用少数经验的现象推论多数未曾经验的现象。这样的推论有两个方法:从分个推论到共总,叫做综合;从此分个推论到彼分个,叫做推较。这两种推论,都是从观察所得的若干同点,推论其他的同点,不过在综合里边,我们可以知道这些同点之彼此的因果的关系;在推较里边,我们尚不知道这些同点彼此关系若何。总而言之,我们所有的推论都是自狭而广、自少而多,所以我们推论所得的知识,都可以算得新的。"②而运用演绎方法,则是不能达到这一目的的,因为"演绎中之结论,已包含在大前提之中,不能算得新的了"③。对于归纳问题及其综合与推较方法,书中第三章《归纳的论理》和第十章《综合和推较》作了专门阐述。在科学与玄学论战中,王星拱又在《科学与人生观》一文中强调了因果原理在科学中的普遍性。

第四,观察与试验的关系问题。王星拱认为,科学方法的基础在于科学的经验。他对科学的经验进行了考察,认为科学的经验不是原本就存在的,而是经历了一个发展过程:"经验最初的起源,往往由于无意的接触——开眼必有所见,张耳必有所闻——由这种无意的见闻,再用假定经验双方进行,于是成个有系统的科学。……但是无意的接触,不过是发起兴趣的起点。从此往下,若是没有有眼光有系统的研究,仍是没用。我们怎样去研究呢?就是先

---

① 王星拱:《科学方法论》,第45—46页。
② 王星拱:《科学方法论》,第244页。
③ 王星拱:《科学方法论》,第244页。

设个假定,然后用经验去证明。"①因此,王星拱特别重视对科学的经验加以探讨。他认为,科学的经验可分为两种,一是观察,二是试验。这两者是有区别的:"在天然的情境之下,记录现象之进行,叫做观察。用人力改变天然的情境,然后记录现象之进行,叫做试验。"②两者相比,他更看重试验,认为:"试验的结果,比观察的结果,较为确切。因为在试验的时候,现象之情境,是我们自己规定的,所以可疑之点较为少些。"③因此,"纯粹的观察之价值究有多高,实有可以怀疑之处。我们现在所注重的,是要把人力的改造加入于天然界之活动之中,再看这'非天然'的结果,可是和指导的预测相符。而且判断真实错误之本领,试验也比观察高得多。"④但总的说,他认为观察与试验的区别只是等级问题,而不是类别问题。书中第六章《观察和试验》,就对这种获得科学的经验的方法作了专门说明。

第五,真实与错误的关系问题。王星拱认为,科学的目的当然在于求得真实,但真实的求得又往往与错误相伴随。对此,他对科学的真实进行了分析,认为科学的真实可分为三种:一是经验的真实,这是由直接的观察试验得来的;二是方法的真实,这是由推论得来的;三是擅定的真实,这是无从证明而我们必须擅定的。"这三种真实之价值,据科学家唯物的意见,以第一种为最高,因为他是经历制造最少的。"⑤但即使是来自科学的经验的知识,也会出现

---

① 王星拱:《科学方法论》,第 133—135 页。
② 王星拱:《科学方法论》,第 135 页。
③ 王星拱:《科学方法论》,第 135 页。
④ 王星拱:《科学方法论》,第 136 页。
⑤ 王星拱:《科学方法论》,第 177 页。

不真实的问题,存在着错误的出现。王星拱说:"知识最初的起源,都是由于器官的感触,不过当感触的时候,有个主观的'我'在里面认识罢了。这些感触之所得,叫做感触张本 Sense Data。我们所有的不真实的知识,有许多都是由于这些张本之不确切。"①这样一来,在他看来,如何减少乃至避免观察和试验中的错误,就成为科学方法中必须考虑的问题。他说:"科学既是要求真实,自然要免除错误,纵然不能免除,亦必得把他减少到最低度。"②如在讨论观察问题时,他就明确指出了出现错误的原因:"我们当观察的时候,要得确切的结果,必须留意以下三种情境是否是错误的来源:(一)心理的情境;(二)器官和仪器的情境;(三)外界的情境。"③对于心理的情境,他强调:"我们若是要得确切的结果,不能有主观的偏见。"④对于器官和仪器的情境,他认为:"器官和仪器之观察,也有一定的限制。天然界中也许有微细的现象,不是器官所能观察的。……就便说到仪器,也许有微细的现象,不是我们现在所有的仪器所能观察的。"⑤对于外界的情境,他特别提醒人们:"就令心理公平,器官准确,然而还要考察外界的情境是否尽为观察界所收罗。因为天然界所呈的现象,有易为我们所观察的,有不易为我们所观察的,有竟直不能为我们所观察的。"⑥在书中第五章《错误之免除和减少》中,王星拱对试验中外搀因素对权量的干扰问题作了专门探讨,认为:"从我们所要权量的现象的方面看来,这些外搀的现

---

① 王星拱:《科学方法论》,第 315 页。
② 王星拱:《科学方法论》,第 108 页。
③ 王星拱:《科学方法论》,第 139 页。
④ 王星拱:《科学方法论》,第 139 页。
⑤ 王星拱:《科学方法论》,第 143—144 页。
⑥ 王星拱:《科学方法论》,第 145 页。

象,乃是扰乱的分子,就是错误的根源。"①对此,他吸取了耶芳斯的科学方法论,提出在物理学试验中减少乃至免除错误的六种方法:(一)免除(Removal);(二)常定(Differentiation);(三)更正(Correction);(四)赔偿(Compensation);(五)反覆(Reversal);(六)平均(Means)。在他看来,运用这些方法,能对外搀因素对权量的干扰有一个清晰的把握,以减少乃至免除错误。

通过上述问题,王星拱的《科学方法论》一书对现代科学方法论作了系统而深入的阐发。他最后把这套科学方法论归结为四个特点:(一)张本之确切;(二)事实之分析和选择;(三)推论之合法;(四)试验之证实。这四个特点之中,他尤其重视试验证实的意义,认为试验证实不仅比观察更为重要,而且对于全部科学认识活动具有决定性意义。他指出:"科学知识不是纯净的经验——个体的记录所能了事的,必定有选择和推论。但是选择是一种简约之方法,由简约得来的,不是真实的本身。如何能断定他是真实呢?推论的时候所推论的具体的东西,和用以推论的抽象的概念,因为有时间空间(构造概念界说之时间空间和推论之时间空间)之不同,不是同一的,以何知道推论所得的是真实呢?而且概念之成立,也是由选择而来的,概念不能将他所代表的东西的表德,完全包在里边。所以真实之最后的判断,还要靠着试验。如果没有试验证实一层,这知识制造法,并没有完事。试问制造法半途中止,那里能够有良好的产品呢?实验派把实行看做思想的一部分,正是因为这个理由。从前的人说,知而不行,知是无益的;现在我们

---

① 王星拱:《科学方法论》,第 108 页。

说,知而不行,并知也不能算作知啊。"①这四个特点,鲜明地体现了王星拱所阐发的现代科学方法论不同于传统的"形式的逻辑",是以科学的经验(即观察与试验)为基础的实证方法和逻辑方法。

正是这样,王星拱的《科学方法论》一书在20世纪中国哲学史乃至20世纪中国学术史上有着多方面的意义:

第一,从中国科学方法论的发展看,《科学方法论》一书是中国第一部以"科学方法论"为书名的学术著作,不仅明确地引入了"科学方法论"概念,确立了科学方法论在中国学术中的重要位置,而且系统而深入地阐发了现代科学方法论,标志着中国科学方法论实现了由传统形态向现代形态的历史性转换。在中国科学方法论发展史上,《科学方法论》是一部具有重大意义的著作。

第二,从新文化运动的开展看,《科学方法论》一书是与运动中科学主义思潮的狂飙突进相联系的,既是科学主义思潮的产物,又扩大了科学主义思潮的影响。1915年,陈独秀在《敬告青年》一文中提出"科学与人权并重"时,对科学方法的理解就很简单,仅仅归结为"以科学说明真理,事事求诸证实"②。1919年,胡适在《实验主义》一文中把实验主义作为一种科学方法加以介绍时,将其方法简明地概括为两个根本观念:"第一是科学试验室的态度,第二是历史的态度"③,也未能对科学方法作充分论说。而在《科学方法论》一书中,王星拱则对如何获得科学的真实作了细致深入的探

---

① 王星拱:《科学方法论》,第318页。
② 陈独秀:《敬告青年》,《陈独秀著作选》第1卷,上海人民出版社1993年版,第135页。
③ 胡适:《实验主义》,《胡适文集》第2卷,北京大学出版社1998年版,第212页。

讨,进而阐发了一系列科学方法问题,用他的话说:"科学是求真实的。……然而科学的真实,果能算得真实吗?这倒是个很有研究的价值之问题。"①这种对科学方法论的理解,以及由此对现代科学方法论所做的系统而深入的阐发,弥补了陈独秀、胡适等新文化运动领袖倡导科学方法的不足,深化并推进了新文化运动中科学主义思潮的开展。

第三,具体到20世纪20年代经验论科学主义发展看,《科学方法论》一书对这一哲学派别的思想开展有着直接的影响。丁文江在科学与玄学论战中阐发的一些关于科学方法的重要观点,如"凡是事实都可以用科学方法研究,都可以变做科学"②,"爱因斯坦谈相对论是科学,詹姆士讲心理学是科学,梁任公讲《历史研究法》,胡适之讲《红楼梦》,也是科学"③,就明显地受到这部书的影响。这些观点的来源,其实就是王星拱在书中所说的:"凡是经科学方法研究出来的,都可以叫做科学;因为科学之所以为科学,非以其资料之不同,正以其方法之特异。宇宙间之资料,总不外乎天地日月、草木鸟兽、政教风俗、爱憎苦乐等等。便是在非科学的学术(如文学、宗教之类)之中,所用的也是这些资料。从这些资料之中,若是探求真实出来,那就成为科学了。"④

今天的新文化运动批评者,往往以陈独秀、胡适等新文化运动领袖缺乏现代自然科学训练为理由,指责他们在新文化运动中提倡"科学"实际上是空喊"科学",因而断定新文化运动对中国科学

---

① 王星拱:《科学方法论》,第9页。
② 丁文江:《玄学与科学——答张君劢》,《科学与人生观》,第188页。
③ 丁文江:《玄学与科学——评张君劢的〈人生观〉》,《科学与人生观》,第53页。
④ 王星拱:《科学方法论》,第5—6页。

发展并无实质性的推动作用,以此作为否定新文化运动的根据之一。但这些批评者忽略了一个基本的历史事实,这就是当年还有一批留学归来的自然科学家积极投身新文化运动,有任鸿隽和中国科学社所创办的《科学》杂志在中国踏踏实实地播撒现代自然科学的种子,也有王星拱撰写《科学方法论》在中国系统而深入地介绍现代科学方法论。因此,决不能轻易断言新文化运动只是空喊"科学"。对于这些自然科学家对新文化运动的重要作用,陈独秀在当时就已经指出了。1920年2月,他在武昌文华大学作了题为《我们为什么要做白话文?》的讲演,最后列举了若干"能达高深的学理"的"实例",其中就有"王星拱、任鸿隽底科学论文"①。陈独秀讲的这些内容,在1920年2月12日的《晨报》上早已刊出,后来又收入到《陈独秀著作选》等文集中。只是这些文献,没有为今天的新文化运动批评者所注意罢了。

四、《科学概论》的哲学思路及其意义

在《科学概论》一书中,王星拱对自严复以来中国科学主义思潮发展中、特别是对科学与玄学论战中所提出的主要哲学问题进行了重新思考与探讨,由此而阐发了自己的科学主义哲学思想,建构起一个相当完备系统的科学宇宙论体系。他的思考与探讨、阐发与建构,主要是沿着下面的基本思路而展开的:

---

① 陈独秀:《我们为什么要做白话文?——在武昌文华大学讲演底大纲》,《陈独秀著作选》第2卷,上海人民出版社1993年版,第105页。

第一,明确划分科学与哲学的界限。自科学与玄学论战始,科学(主要是指自然科学)与哲学的关系问题就被凸显出来,成为科学主义思潮与人文主义思潮论争的焦点,成为20世纪中国哲学家确立自己哲学体系的前提。王星拱在建构科学宇宙论体系时,敏锐地把握住了这个前提,对此作了认真的探讨。他对科学与玄学论战的经验教训作了较深刻的反思,克服了胡适、丁文江乃至自己倡导科学方法万能论的偏激情绪,认为科学与哲学是不同的学问,都有其存在的理由。他进而指出,要实现科学与哲学的划界,单凭区分科学与哲学的研究范围和研究方法是不行的,而需要有一种历史的眼光。为此,他把历史上有关这一问题的探讨分列为两大类,一类是主张"哲学与科学之范围不同而其方法亦不同"①,另一类是认为"哲学与科学之范围相同而其方法不同"②。第一类主张又包括三种观点:(一)认为哲学是研究本体的,科学是研究现象的,如柏格森;(二)认为哲学是研究知识的,科学是研究事实的,如康德;(三)认为哲学是研究形式的,科学是研究实质的,如罗素。第二类主张也包括三种观点:(一)认为哲学在前而科学在后,如古列;(二)认为科学在前而哲学在后,如汤姆森;(三)认为哲学是全部的,科学是局部的,如笛卡儿。王星拱认为,通过这种种理论的考察与比较,可以发现其中的一些共同点,从而能大致确定哲学与科学的各自特点,这就是:"哲学是偏重理论的,科学是偏重事实的;哲学是偏重思想的,科学是偏重试验的;哲学家多用脑,科学家多用手。"③根据哲学与科学各自的这些特点,就不难对两者作出明

---

① 王星拱:《科学概论》,第210页。
② 王星拱:《科学概论》,第220页。
③ 王星拱:《科学概论》,第230页。

确的区分,说明什么是哲学、什么是科学,从而解决科学与哲学的划界问题。

第二,重申哲学发展的科学化、实证化方向。王星拱指出,哲学尽管与科学有着明显的区别,两者不能混同,但近代哲学发展的趋向只能是科学化、实证化。长期以来,由于哲学与科学之间的不同,使崇尚哲学的人与崇尚科学的人见仁见智,各执一端:"在崇尚哲学的人看起来,哲学精微,科学浅陋,哲学扼要,科学逐末。在崇尚科学的人看起来,哲学渺茫,科学切实,哲学武断,科学谦虚。"①这两种看法似乎都有自身的合理性,但如果从哲学与科学的发展史上看,就不难发现,科学毕竟比哲学高出一筹。他说:"依历史沿革和近代趋势而言,哲学的历史甚长而进步甚缓,科学的历史甚短而进步甚速。因为哲学中的结论,没有切近的证明,所以易于发生辩论;科学中的结论,都是紧密依据于观察试验的,所以其所得的领土,虽不是'子子孙孙永宝用',然而却不是朝秦暮楚、旋得旋失的。而且近代哲学,都有科学化的性质。这不是因为科学势力大了,而使哲学屈伏于其下,是因为哲学在历史上所制造的虚浮无着的辩论,实在是太多了。拘迫过久,则思解放,紊乱过多,亦思秩序,于是我们渐渐觉得要多在耳闻目见的方面做工夫。"②这就是说,哲学史与科学史都已表明:正是由于哲学离开了经验,使其理论无法证实,不能定论,争来争去,没有结果,从而造成了哲学老大不前,发展缓慢;也正是由于科学立足于经验,使其理论能以证实,成为定论,不断得到积累和丰富,从而使得科学突飞猛进,后来居上。这就要求哲学一反自己的非经验的思辨传统,努力向科学学

---

① 王星拱:《科学概论》,第 230 页。
② 王星拱:《科学概论》,第 230—231 页。

习,走科学化、实证化的道路。哲学的科学化、实证化,就是要求哲学回到经验中来,摒弃无定论而常争论的形而上学追求,采用科学的方法,具有实证的性格。他说:"假使现在有一个哲学家,因为他自己偶尔高兴,不管事实究竟如何,依随他自己的癖性建筑一个哲学系统起来,其立脚总是不稳固的。唯其因为立脚不能稳固,所以大家对于它也没有久远的信从,则此系统之摧毁,或者比此系统之建筑,还要容易。所以我们可以说:科学是要用科学的方法,哲学也要采取科学的方法,换言之,即具有科学的精神,方能成为哲学。二者之方法渐渐底要趋于一致了。"①在这里,王星拱强调了哲学对于科学的依赖性,反对离开经验、离开科学方法来讲哲学的发展。他还指出,随着哲学的科学化、实证化,在这个意义上可以说,原来哲学的问题都可以用科学方法来解决:"在宇宙方面,凡哲学所应研究的,都可以付与科学去研究;在人生方面,凡哲学所应解决的,都可以付与科学去解决。"②

第三,重新定位哲学的作用。王星拱认为,这种哲学的科学化、实证化,并不意味着哲学要变成为科学,由衰弱而渐至灭亡。他强调,面对科学的发展和哲学的科学化、实证化方向,哲学仍然有其存在的合理性。他明确指出:"哲学固然不能脱离科学而另有独立的存在,但是哲学仍然有它的合法行使的职权。"③哲学的合法行使的职权在于:哲学是各种科学的合一、综合。他说:"哲学之和一各种科学,与各种科学之和一其范围以内的真理(即各种科学中之假定理论定律等等)一般。各种科学之和一,可谓低级的和一;

---

① 王星拱:《科学概论》,第231页。
② 王星拱:《科学概论》,第231页。
③ 王星拱:《科学概论》,第231页。

哲学的和一,可谓高级的和一。后者之自然性及其合法与重要,与前者相同,不过提高一层罢了。"①这种合一、综合对于科学发展来说是至关重要的:(一)由于各门科学之间的界限太严,限制了彼此间的了解;而有一些重大的科学问题,不是一门科学所能解决的。在这种情况下,"若想再行前进,须有较宽大的眼光——即是照注其他专门科学的眼光——为之引导,方可底于成功。"②(二)由于各门科学仅专注于宇宙人生的某个方面,因而对于宇宙人生的大体往往毫无认识,漠不关心。在这种情况下,必须培养一种关于整个宇宙人生的价值观:"在行为方面,我们固然不能实践所有的善,但是我们应该爱慕所有的善;在知识的方面,我们固然不能得着所有的真实,我们也应该培养对于所有的真实之爱慕。"③这两个问题的解决,都离不了哲学的合一、综合作用。因此,王星拱把哲学称之为"科学之科学"。他说:"'哲学为科学之科学'之一个命辞,实在包含着深切的意义。"④在这个基础上,王星拱对于科学与哲学的关系及哲学的作用作了重新理解。在他看来:"科学致力于事实之分析,哲学致力于原理之综合。只要我们以科学为基础,而综合又不陷入于急遽的弊途,则哲学不会成为幻想的构造。同时,有哲学以总集科学之大成,则科学不至于破碎支离而无所归宿。那么,哲学与科学既可以得着一与多的谐和,而各种科学又可以得着彼与此的谐和,那就是分工合作的好结果了。"⑤这就是说,哲学不能作为形而上学继续存在,而应作为"科学之科学"向前发展。在这种

---

① 王星拱:《科学概论》,第 231—232 页。
② 王星拱:《科学概论》,第 233 页。
③ 王星拱:《科学概论》,第 233 页。
④ 王星拱:《科学概论》,第 231 页。
⑤ 王星拱:《科学概论》,第 234 页。

情况下,哲学既吸取了科学方法,有了坚实的基础,又保持了与科学不同的作用和地位,不致完全变成一种科学。这样一来,王星拱就对哲学的科学化、实证化作了与胡适、丁文江不尽相同,但却更为深刻的理解。他看到了哲学的科学化、实证化,不是简单地用科学改造哲学,使哲学变成科学方法,而应当保留哲学的生存空间和生存权利,肯定哲学有各门具体科学所不可取代的价值和作用。这对于20世纪20年代经验论科学主义的"哲学是假科学"、"科学是真哲学"的基本纲领,无疑是一种合理的修正和完善。正是这样,王星拱从"哲学为科学之科学"的哲学观出发,建立了一套科学宇宙论体系。

第四,以感觉经验为科学宇宙论的基础。王星拱认为,他所要建构的科学宇宙论的基础仍是感觉经验。他说:"我们不必超过直接感触的范围,去断定不变物质之存在"[①]。这是因为,哲学家一旦试图超出这个范围去认识宇宙的本体,就必然会陷入康德所说的"二律背反"的困境,根本无济于问题的解决。王星拱指出,哲学史上的唯心论者和素朴唯物论者都曾陷入这种困境。他说:"我们逐日所看的日月星辰草木鸟兽等等东西,乃是哲学家所叫做的物理的对象。这些物理的对象,究竟是否存在,乃是唯心派和唯物派所争论的焦点,就是宇宙之本体之问题。"[②]在唯心派看来,物理的对象是不存在的。他们认为,物理的对象乃是性质而非本体。凡是我们器官所能感触的,都是物之性质,不是物之本体;物之本体——物质,是我们无论如何不能知道的东西,当然不能相信其存

---

① 王星拱:《科学概论》,第72页。
② 王星拱:《科学概论》,第63页。

在。而感触是不能离我的心或上帝的心而独立的;因此,天下唯有心是实在的,宇宙间唯有心才是本体;倘若没有心,那就什么也没有了。在唯物派看来,物理的对象是存在的。他们认为,宇宙间唯有物质是实在的,宇宙的各种现象都不过是原子的碰击。由于物质是实在的,因而它的各种性质可以为我们的器官所感触,而且人们的感觉是一致的。用一句笑话说:你若不相信物质是实在的,请您拿您的头往墙上碰,一碰就知道物质是不是存在的了。王星拱认为,这两派观点都存在自身的理论矛盾,难以自圆其说。唯心派以心为实在的本体,是强调了观察物理对象的主体性而忽视了被观察的物理对象的客观性。对物理对象的认识,实际上有二观:"其一是由观察点而定的,可以叫做心理观;其一是不由观察点而定的,可以叫做物理观。"①心理观是认识的主体性,物理观是认识的客观性。从心理观出发,各人有各人不同的宇宙;从物理观出发,则肯定了物理对象可以离我、离心而独立存在。唯物派以物质为实在的本体,是强调了现象背后必有物质存在,而忽视了现象并不能表现本质。不仅发生同一现象,不必是同一的物质,甚至我们看见一定的现象,然而客观界里,并没有发生这个现象的物质。例如,人们在迷惑时见到鬼,就不能说有产生鬼的物质。因此,不论是唯心派还是唯物派,只要当他们超出经验范围去追求本体,不论这个本体是心还是物,都会产生"二律背反"。正是这样,王星拱主张科学宇宙论应当放弃对本体的追求而立足于经验世界。他在对唯心派与唯物派进行批判时,对强调经验的马赫一派的唯实主义(实在论)表示赞同:"唯实派说:心也不是实在的,物也不是实在

---

① 王星拱:《科学概论》,第67页。

的,只有感触——目所见的,耳所闻的,手所摸的——是实在的。即以桌子而论,桌子的本体不是实在的,它的形式、颜色、声音、坚度等等性质,是实在的。这些性质,是直接底由感触得来的,若桌子之本体——康德所谓物中之物——乃是由这些感触得来的张本推论而来。凡由推论而来的,都不能算作实在。它是逻辑的构造,不是客观的实质。我们所能直接知道的,只有器官的感触,纵然我们拿头和墙碰一碰,所得的结果,仍然是一种感触——痛而已矣,——仍然不能证实墙之物质之本体。"①他认为,唯实派所强调的这些感触经验,从客观方面讲,就是现象。由于唯实派主张本体不是实在的,只有现象才是实在的,因此它又被称为现象论。在这一点上,科学与唯实派是一致的。"科学以现象为宇宙之本体,这就是科学中的宇宙观。"②科学对于物理对象的探讨,都是对现象界的探讨,都是以感觉经验为基础的。科学的概念原理是通过经验的观察试验获得的,也能够为经验的观察试验所修正或否证,而不会像离开了经验的哲学本体论那样,总是处于"二律背反"之中。正是这种试验室的态度,使得科学有切实的进步和新异的发明。因此,王星拱主张重新拿起"奥康的剃刀",剃掉那些既不能证实、又不能证伪的形而上学的实体、本体,把目光转向现象界的经验认识。

第五,在经验论基础上厘定科学宇宙论诸范畴。王星拱认为,科学宇宙论既以感觉经验为基础,那么科学宇宙论诸范畴都必须在经验论的基础上加以厘定。他从经验论出发,首先对科学宇宙

---

① 王星拱:《科学概论》,第 67 页。
② 王星拱:《科学概论》,第 266 页。

论的最基本范畴——"物质"概念进行了厘定。他认为,以往的哲学家都去追求物理对象的本体,结果不知道费了多少脑筋,用了多少笔墨,也无法说明物质是什么。而只有像科学那样,运用经验的观察试验研究物理现象本身,才能获得关于物质的正确认识。在科学家看来,物质就是具有以下性质的实在:(一)占据性;(二)吸力;(三)惰性;(四)可移性;(五)可变性;(六)不灭性。这些性质都是通过经验的观察试验所证实的。因此,"它们在过去曾经做过开国的元勋,就是到了现在,也还不是退伍的将士"①。这种通过经验的观察试验所确立的物质概念,具有一种确定性。当然,某些科学的物质概念,由于为以后的经验的观察试验所证明其不能成立,也必须加以摒弃。对于"以太"概念,就应如此。他说:"我们从来没有感触过以太是什么东西,而相信它的存在,乃是奥康刀所不允许的。"②对于科学宇宙论的其他一些基本范畴,如能力、时间与空间、有限与无限、生物进化与地球变迁等,王星拱也都按照经验证实原则进行了清理。凡是不能为科学所证明的内容,即淘汰之;凡是能为科学所证明的内容,则吸取之。就拿生物进化来说,自中世纪以后,进化观念就逐渐发展起来,当时一些哲学家如康德、笛卡儿、莱布尼茨等都提出了关于进化的学说。"但是这些学说不过是哲学的思辨,不是科学的证明;不过是从生物学范围以外的研究而延及生物学,不是由生物学范围以内的研究而构成系统的联贯。有系统的科学的生物进化之理论,实在是查里士·达尔文一人苦力创造出来的。自他的《原种》(*Origin of Species*)出世之后,大家

---

① 王星拱:《科学概论》,第78页。
② 王星拱:《科学概论》,第59页。

才知道这生物界中许多的种,都是同出于一原。生物进化之理论,到了他的手里,才有确定的意义、丰富的证明。"①这种科学的生物进化论包括了三项内容:(一)遗传;(二)分衍;(三)天择。这些内容都不是思辨的猜测,而是通过经验的观察试验所证实的。科学宇宙论所接纳的生物进化概念,当然只能是这种经过经验科学证明的概念。从这个意义上,可以说"达尔文的最大的功劳,也就是把生物现象的神秘性打消,而置之于试验科学管辖权之下"②。通过这种在经验论基础上对科学宇宙论诸范畴的厘定,王星拱确立了他的科学宇宙论的基本框架。

从20世纪中国哲学史看,王星拱的这些思考与探讨,特别是他所建构的科学宇宙论体系,有着重要的意义:

第一,在王星拱之前,中国科学主义思潮开启者严复曾率先引入西方的经验主义传统与实证主义的经验证实原则,在此基础上以牛顿力学和达尔文进化论为其思维框架,建立起以"天演论"为特征的科学宇宙论,从而解构了中国古代本体论与宇宙论相结合的传统思维方式,开启了中国现代科学宇宙论的发展。与严复相比,王星拱的科学宇宙论也是以经验主义作为基础的,但却没有以某种自然科学理论作为思维框架,而是对有限与无限、时间与空间、物质与能力、生物进化与地球变迁诸科学基础问题进行了较系统深入的探讨。他的这些探讨,既不是纯哲学的角度的探讨,又不是纯科学的角度的探讨,而是用"科学之科学"——哲学对科学之综合的眼光看待宇宙论问题,解释宇宙论问题,从一个新角度开启

---

① 王星拱:《科学概论》,第150—151页。
② 王星拱:《科学概论》,第186页。

了对科学宇宙论体系的建构。

第二,王星拱的科学宇宙论,强调以感觉经验为基石,主张立足感觉经验认识现象,反对超感觉经验去追求本体,表现出鲜明的拒斥形而上学倾向。他对历史上的唯物论和唯心论的批判,固然未能立足于辩证唯物主义的高度正确评价唯物论与唯心论长期对立与斗争的意义,但确实是抓住了传统哲学本体论将世界二重化、把本体与现象相对置的要害,指出了传统哲学本体论尽管坚持本体一元论,但却不能解决世界二重化问题的困境,揭示了哲学的出路在于摒弃传统的本体观念。这些思想比之严复、丁文江、胡适对传统哲学本体论的批判更为深刻。他批评素朴唯物论者,认为"拿头和墙碰一碰"不能证明物质本体,也是正确的。后来,武汉大学的另一位校长、马克思主义哲学家李达,也不同意用"搬一块石头来证明物质第一性的搞法"①。

第三,在对传统哲学本体论深入批判的同时,王星拱的科学宇宙论又孕育了重建哲学本体论的契机。首先,他提出哲学应当是"科学之科学",这本身就包含有形而上学的倾向。其次,他在思考人生问题时,主张科学与哲学、美术、伦理结合起来,达到真、善、美的统一。他说:"何者为善,何者为恶,如何使善发生愉乐,如何使恶发生痛苦,这都是实际生活里边所应逐日解决的问题。解决的方法怎样呢? 有知识以扩其见地,有情绪以砺其力行;科学、哲学是有益于前一层的,美育、群育是有益于后一层的;而又培之以经济的营养,辅之以政法的准绳,凡圆颅方趾之人,人同此心,心同此

---

① 参见陶德麟:《中国当代哲学问题探索》,武汉大学出版社 1989 年版,第 267 页。

理,使其从之也轻,故其行之也远,则天下同归于善,自然有沛然莫之能御之势了。"①在这里,不仅科学的意义范围受到了限制,而且科学宇宙论本身也被赋予了人文主义的形而上学的色彩。正是这样,丁文江在为《科学概论》所写的《序》中对王星拱提出了批评,认为王星拱"所说的科学范围还嫌狭隘一点。支配人生不外乎情感与知识。在知识界内科学方法万能。凡不是用科学方法研究的结论都不是知识。"②这一批评,恰从反面说明王星拱对20世纪20年代经验论科学主义的基本纲领加以了修正和完善,甚至有了突破。

因此,王星拱在《科学概论》中所建立的科学宇宙论,对20世纪20年代经验论科学主义具有双重的意义:既是这一哲学派别合逻辑发展的结果,又是这一哲学派别临近终结的标志。王星拱之后,科学主义思潮由对传统哲学本体论的拒斥转向了对哲学本体论的重建:不是从经验出发拒斥本体,而是在经验基础上确立本体;不是完全否定传统哲学本体论,而是吸取其中具有生命力的范畴加以现代意义的改铸。这就产生了金岳霖的"道论"体系。由此来看,王星拱是中国科学主义思潮发展中的一个承先启后的人物,《科学概论》是20世纪中国科学主义思潮发展的一座里程碑。

---

① 王星拱:《科学概论》,第292页。
② 丁文江:《序》,《科学概论》,序第1页。